中国社会科学院刑事法学科重点学科论坛
FORUM OF CRIMINAL LAW DEPARTMENT OF CASS

刑事法 前沿

NEW REPORTS IN CRIMINAL LAW

（第八卷）

主　编　陈泽宪
执行主编　樊　文

社会科学文献出版社
SOCIAL SCIENCES ACADEMIC PRESS (CHINA)

刑事法前沿

（第八卷）

撰译人　〔美〕戴维·嘎兰德

〔瑞士〕萨比娜·格雷斯

〔德〕汉斯－约格·阿尔布莱希特

〔德〕马克·恩格尔哈特

〔德〕托马斯·魏根特

（以姓氏拼音为序）

陈泽宪　　陈子楠　　樊　文　　黄　芳　　黄　涛

刘家汝　　吕凤丽　　孙世彦　　宋健强　　王士帆

向泽选　　杨宇冠　　赵晨光　　周维明　　周漾沂

Contributors

Chen Zexian (**Chief Editor**): Professor and Director of Institute of International Law, Chinese Academy of Social Sciences (CASS)

Fan Wen (**Acting Editor**): Associate Professor and Deputy Director of Criminal Law Department at Institute of Law, CASS

Huang Fang: Professor at Institute of Law and Institute of International Law, CASS

Sun Shiyan: Professor and Director of Public International Law Department at Institute of International Law, CASS

Song Jianqiang: Director of Institute of International Justice Research, Harbin Institute of Technology

Xiang Zexuan: Researcher and Deputy Director of Institute of Procuratorial Theory at Supreme People's Procuratorate; Senior Procurator of the Second Rank

Yang Yuguan: Professor and Deputy Director of Procedural Laws College of China University of Political Science and Law

David Garland: Arthur T. Vanderbilt Professor of Law and Professor of Sociology at New York University, USA

Sabine Gless: Professor for Criminal Law and Criminal Procedure at University of Basel, Switzerland

Hans – Jörg Albrecht: Director of Max – Planck – Institute for Foreign and International Criminal Law and Professor at University of Freiburg Faculty of Law, Germany

Marc Engelhart: Researcher at the Max – Planck – Institute for Foreign and International Criminal Law, Germany

Thomas Weigend: Professor and Director of Institute of Foreign and International Criminal Law at Cologne University, Germany

Liu Jiaru: Doctor of Heidelberg University, Postdoctoral Research Fellow at Institute for Foreign and International Criminal Law, University of Cologne

Zhou Yangyi: Assistant Professor at College of Law, National Taiwan University

Zhao Chenguang: Lecturer at Institute of Criminal Law, Beijing Normal University

Zhou Weiming: Doctor Candidate at Institute of Law, CASS

Lü Fengli: Doctor Candidate at Institute of Law, CASS

Wang Shifan: Assistant Professor at National Cheng Kung University Department of Law

Chen Zinan: Doctor Candidate at Criminal Justice College of China University of Political Science and Law

Huang Tao: Doctor Candidate at Institute of Law, CASS

卷首语

《刑事法前沿》是中国社会科学院刑事法学重点学科主办的学术论坛的成果。

中国社会科学院刑事法学学科创建于 1958 年，其前身是中国科学院哲学社会科学部法学研究所刑法组（三组），研究领域包括刑法学、刑事诉讼法学及相关学科。50 多年来，刑事法学学科的研究人员共出版专著、译著、教科书、工具书等数百部，发表学术论文、译文、研究报告和法制宣传文章数千篇，其中许多著作获省部级以上优秀科研成果奖。学科先后有十多位知名专家应国家立法机关的聘任，直接参与了多项刑事法律及相关法律法规的起草、论证工作，并及时推出一批重要的研究成果，为我国刑事法律的不断完善与正确实施做出了积极贡献。学科有多位专家受聘在国家司法机关兼任顾问、专家咨询委员，经常就一些重要司法解释和疑难刑事案件提供咨询意见，在刑事法律实务界颇具声望和影响。刑事法学学科研究人员先后承担一百多项国家、中国社会科学院和法学研究所的重点科研项目，所形成的主要科研成果对我国刑事法律学科发展和刑事法制建设产生了重要影响；在刑法基础理论、刑事立法改革研究、犯罪学、刑罚学、经济刑法学、刑事诉讼法学等领域均有突出建树，出版了一批具有一流水平的学术代表作；形成了理论刑事法学与规范刑事法学研究兼顾并重，刑事实体法学与刑事程序法学研究相得益彰，刑法学研究与犯罪学研究融会贯通，中国刑法学与国际刑法学研究交叉互动的学科特色。经 2002 年 8 月 6 日中国社会科学院院务会议批准，法学研究所刑事法学学科被确定为中国社会科学院"重点学科建设工程"项目。

《刑事法前沿》不仅是中国社会科学院刑事法学学科研究人员检验科研成果的园地，也是面向全国刑事法学界，反映学科前沿动态和发展趋势，展示名家研究精品和青年才俊优秀成果的窗口。

《刑事法前沿》诚邀中外刑事法学名家就刑事法领域的一些前沿问题、重大理论和实践问题，进行深入探讨，阐发精论。

《刑事法前沿》将密切关注国际刑事法学界的最新研究动态，选用国际知名刑事法学家授权首发的重要论文，荟萃高水平国际学术研讨会的优秀文章和精彩评论。

我们热切期待《刑事法前沿》成为中外刑事法学界切磋交流的乐园，为繁荣刑事法学研究，推进中国刑事法治增添一份动力。

陈泽宪

2015 年 7 月

目　录

犯罪学

国际刑法

CONTENTS

立法改革

检察管理与检察权的公正行使

摘　要：检察管理通过对直接影响或者制约检察权公正行使的各项要素的调配和组合，间接地推动检察权的公正行使。由于传统的行政式的检察管理模式背离了检察规律的基本要求，导致检察管理在推动检察权公正运行中的功能发挥受阻。要使检察管理推动检察权公正运行的应然性功能得以正常发挥，在检察队伍的宏观管理上，必须建立检察人员的分类管理制度，用司法官的管理模式对检察官进行管理；在检察人员的微观管理上，必须建立检察人员履职和道德表现的管理台账，为检察干部的晋升提供客观依据；在检察业务的管理上，必须进一步深化案件管理机制的改革，强化检察权运行的过程监督；在对下级检察院的管理上，必须增强各下级检察院独立办案和独立决策的意识；在检察经费的管理上，必然加快检察经费保障制度改革的进程，排除因经费保障的地方化所引发的检察权行使中的行政干涉。要通过对检察管理相关内容的革新，为检察权的公正行使提供高素能的主体、高效的决策机制、有效的监督机制以及科学的物资保障机制。

关键词：检察管理　检察权　公正行使　应然功能　路径选择

现代检察制度是随着国家将刑罚权分解并由不同的国家机关承担侦查、起诉与审判职能而产生与发展起来的，规制国家刑罚权的正确行使是现代检察制度诞生的一个重要起因。从制度渊源看，公正应当是检察权的权力禀赋。我国检察机关又被定位为国家的法律监督机关，法律监督是检察权的本质属性，也因此决定了追求国家刑罚权的公正行使、确保国家法律

---

* 向泽选，最高人民检察院检察理论研究所副所长，研究员，二级高级检察官。

的正确统一实施是检察机关的重要使命。作为督促国家刑罚权规范运行的检察机关本身对检察权的行使应当是公正的，并且应当能够明察刑罚权运行中的不规范现象。但检察权的行使者同样是具有利益追求和偏好的"经济人"，而非绝对的"理性人"，检察权一旦作为一种公权力在社会中运行，必然具有其他公权所具有的扩张性和侵犯性，同样需要外力的制衡，需要排除权力运行中的外部干扰以及需要其他的制度保障。可以说，在确保检察权公正行使的诸多要素中，检察管理不是直接影响检察权公正行使的要素，它在促成检察权公正行使中的地位和作用也因此容易被忽视。事实上，检察管理以对检察资源合理调配和检察事务合理安排和部署的方式，为检察权的公正行使创造条件，检察管理与检察权的公正行使依然存在严密的逻辑关联。本文拟对检察管理在促成检察权公正行使中的功能，传统检察管理模式在保障检察权公正行使中存在的问题及其解决路径进行阐释。

一　检察管理在促进检察权公正行使中的应然性功能

检察管理[①]是指人民检察院为了实现检察职能和检察活动的目标，依法运用组织领导、计划调控、决策指挥、沟通保障和激励创新等手段，对各种检察资源进行调控和运用的活动。[②]　检察管理的内在机理表明，检察管理是通过对直接影响或者制约检察权公正行使的各项要素的调配和组合间接地推动检察权的公正行使，各项检察资源的组合形式不同，其所产生的推动检察权运行的效能就可能不尽一致，即便是同一项检察资源，如人力资源，其不同的组合形态在检察权运行中可能发挥的效能也不一样。因此，检察管理在推动和保障检察权公正行使中的地位和作用是不能忽视的。要在深入研究和深刻认识每一项检察资源以及各项检察资源的不同组合形态在推动或者确保检察权公正行使中的地位和作用的基础上，积极发挥检察管理对检察资

---

① 从检察管理的运行机理及其目标看，检察管理应当定位为检察机关对其内部事务（此处的事务包括人、事以及物）的组织、协调、管控和运用。检察管理的主体包括上级检察机关、检察机关的领导者和检察机关的检察人员。检察管理的内容大体可分为管事和管人两方面，具体包括检察业务管理、检察行政事务管理和检察队伍管理等。本文无意对检察管理的具体内容进行阐述，只是从宏观层面论述检察管理在检察权公正行使中的作用、现行检察管理模式存在的问题，以及解决问题的宏观路径。

② 朱孝清、张智辉主编《检察学》，中国检察出版社，2010，第525页。

源的调配效能，实现各项检察资源的优化组合，从而为检察权的公正行使发挥保障、调节和矫治功能，为检察权的公正行使创造条件。

首先，保障功能。即检察管理者通过对检察资源的调配和组合，挖掘和调动检察人员的创造性，提高其他检察资源的使用效率，为检察权的公正运行提供人力、物资和技术等方面保障的功能。检察官是检察权的行使主体，但检察权一体化的运作机制又决定检察权的运行不是依靠单个人的力量实现的，不同检察官的组合所产生的效能是不一样的，在不同的境遇下，同一检察官主体发挥的作用也不尽一致，检察管理通过对检察人员的调配和使用，提升检察官在检察活动中的创造性。同时，检察权的运行还需要其他检察辅助资源，如检察经费、检察技术和检察信息等要素的支撑，检察管理者按照检察活动基本规律的要求，以及实现检察权公正运行对各项辅助性资源的需求量，为检察权的运行提供充沛的资源供给，避免因资源供给不足而使检察权的运行轨迹发生异变，为检察权在法定轨道上运行提供人力资源和其他资源最佳组合的保障性供给，确保检察公正的最后实现。

其次，调节功能。"调节"即为适应客观情势的状况及其发展趋势所进行的调配和节制。检察管理对检察权公正运行的调节功能，就是根据既有的检察管理模式对检察权运行质量和效能的影响度，亦即根据对既有管理模式在检察权运行中所发挥的效能的评估指数、社会经济结构的变迁对上层建筑各要素提出的要求，以及社会公众对检察公正状况的满意度，适时地对检察管理的模式、内容、重点乃至方式进行调控的功能。检察权要依靠检察官的推动方能按照特定的程序运转起来，检察官在推动检察权运行中投入的精力和用心程度，以及检察官的心智状况影响检察权的运行质量，同时，检察权的运行质量又与其他检察资源的供给状态密切相关。在相对恒定的时间段内，检察管理者使用的检察官是特定的，① 配备的其他检察资源的量也是固定的，特定的检察人力资源和其他资源相互作用影响

---

① 正是这些被重用的检察官在推动检察权向前运行中发挥骨干作用，其他检察官在检察权运行中发挥的只是辅助性作用，但这些辅助性作用也能影响或者制约检察权的运行进度和效果。如果被重用的检察官具有很强的检察技能和其他综合素养，如品德高尚、才华出众，并且是通过公平的方式产生的，则他们能率领和影响其他检察官与其一道推动检察权在法治轨道上向前运行。如此，检察权的公正行使就获得了权力行使主体上的保障。否则，就很难从推动检察权运行的团队上确保检察权的公正性。

检察权的运行质量。如果检察权的质量状况能够满足检察公正的要求，检察管理者自然应当维持既有的管理模式。反之，如果检察权的运行状况与检察公正的要求相去甚远，或者存在一些技术上的问题，或者出现手段与目标相悖的情形，则应当根据检察权公正运行对检察官素质以及其他资源状况的要求，适时地进行调适，直到其能够满足检察权公正运行的目标为止。可以说，检察权的运行质量应当成为检察管理发挥其调节功能的直接诱因，同时也应当成为影响检察管理改革乃至整个检察改革的重要动因。

最后，矫治功能。矫治即矫正和医治。检察管理对检察权运行的矫治功能，就是通过对检察权运行中出现的偏离法治标准的现象进行矫正和纠偏，确保检察权在法治轨道上运行的功能。检察管理中对人的管理，是通过对检察人员进行科学合理的调配和使用，间接地实现对检察执法活动的规制，并通过处罚或者调换检察执法中的违法违纪人员，警戒其他检察人员规范使用检察权，将检察权的运行定位在法治轨道上。对事管理中的对案件的管理，则是按照检察权的运行规律和法定标准和程序，直接对检察办案以及办案结果进行跟踪监督和审核，检测检察执法是否存在违反法定标准和法定程序的现象，并对发现的与法治准则相悖的现象进行纠偏，确保检察权的公正行使。对事管理中的对经费和技术等的保障性管理，是通过对检察办案中需要的经费和技术等的管理和调适，确保检察执法办案不至于因技术和经费短缺而诱发执法不公或者受到法外因素的干扰，间接地为检察权的公正运行提供保障。检察管理对检察权公正运行的矫治功能，尽管是防治检察权脱离法治轨道恣意运行的治标性措施，但只要矫治功能发挥得及时、准确，就能纠正检察权运行中出现的各种非理性现象。由于检察管理对检察权运行中的非法治现象更多的是事后的纠正，客观上可能妨碍或者延误检察人员执法意图的实现，因而矫治功能没能引起足够的重视。检察管理对检察权运行中非法治现象的矫治，在某种程度上还属于新生事物。要使该新生事物获得普遍的认同，首先要建立检察管理矫治检察权运行中的非法治现象的制度规范，关键是要培植与这种制度相关的社会认可的心理文化，起码要督促检察权的行使者接受检察管理对检察权公正运行的矫治功能，唯此，方能确保矫治功能的正常发挥。

检察管理直接作用的是对检察权运行质量有制约力的检察资源，通过对检察资源的调配和使用，为检察权的公正运行施加影响，也正是由于检察管理对检察权运行质量的影响是间接的，检察管理在检察权运行中的地位和作用没有得到应有的重视。从检察权的运行机理以及制约检察权运行质量的要素看，检察管理应当定位为制约乃至决定检察权运行质量的一个根本性要素。在检察体制和检察机制相对恒定的情况下，检察管理是决定检察权运行质量的关键因素，这应当成为定位检察管理在检察权运行中的地位和作用的基调，但这一理念要得到社会的认同，尤其是要得到决策者的认可，并使其真正成为影响和制约检察权运行质量的实践要素，还需要经历相当长的时间。正如一位美国学者指出的："那些先进的制度要获得成功，取得预期的效果，必须依赖使用它们的人的现代人格、现代品质。""如果一个国家的人民缺乏一种能够赋予这些制度以真实生命力的广泛的现代心理基础，如果执行和运用这些现代制度的人，自身还没有从心理、思想、态度和行为方式上都经历一个向现代化的转变，失败和畸形发展的悲剧结局是不可避免的。"① 只有当检察管理能够影响和制约检察权运行质量的观念真正得到社会公众特别是检察人员的普遍认同，"才会沉淀为一个社会及其成员稳定的深层心理结构，才能规范他们的思想、态度、价值取向和判断方式等各方面"。② 如此，检察管理在推进检察权公正运行中的应然性功能的发挥也就是情理之中的事了。

二　现行检察管理模式在保障检察权公正行使中的问题

检察管理按照检察活动基本规律的要求对检察资源进行合理调配，实现检察人力资源和其他资源的优化组合，提升有限检察资源的适用率，从而为检察权的公正行使创造条件。由于检察管理的直接对象是静态的检察资源，并通过各项检察资源的合理调配和组合，间接地推动或者影响检察权的行使，③ 检察管理在促进检察权公正行使中的作用是隐性的，因而没

---

① 〔美〕英格尔斯等：《人的现代化》，殷陆君译，四川人民出版社，1985，第4～5页。
② 欧卫安：《刑事辩护制度的文化视野》，《中国刑事法杂志》2000年第1期。
③ 检察权的公正行使需要检察体制、机制上的保障，检察权的独立行使、检察官的准入制度、检察官的遴选制度、检察官的培训考核制度、检察职业保障制度、检察权的运行轨道、检察监督制度、案件管理制度和检察经费保障制度等，都是促进和保障检察权公正行使的制度因素。尽管其中的任意一项都不足以直接完全地保障检察权的公正行使，但它们分别从不同侧面促进检察权的公正行使。

有引起足够的重视。① 也正是由于检察管理与检察权公正行使这种隐性而非显性的逻辑关联，导致了检察管理模式革新的滞后，致使现行的检察管理模式在本质上依旧属于传统管理模式的范畴。而正是这种传统的管理模式固有的弊端，制约了检察权的公正行使。

在对人的管理上，存在两大弊端。

第一，完全按照行政管理的模式对检察人员进行管理，忽略了检察官作为司法官在行使职权中应当具有的独立性特征。

对检察人员进行有效管理，是检察管理的重要内容。尽管检察机关实行一体化的领导体制，但检察机关在本质上属于司法机关的范畴，检察官属于司法官，也因此决定了应当采用司法官的管理模式②对检察人员进行管理。但长期以来，我国沿用公务员式的行政化管理模式③对检察人员进行管理，没有按照检察人员中不同身份类别的要求进行分类管理，混淆了检察官与其他人员的身份差别，无法从管理模式上体现检察官的司法官属性，更无法从管理上凸显检察官在检察机关的主导地位。

对检察人员采用公务员式的行政管理模式进行管理，会强化检察机关的行政色彩，冲淡检察权的司法属性，培植检察机关内部的行政化文化氛围，强化检察人员对行政首长的依附性心理，弱化检察官的独立性心态。对行政首长依附性心态的强化，会使检察人员养成一切按照行政首长的意志办事的习惯，弱化了检察人员钻研检察业务、提升检察技能的进取心。而检察技能的降低必然会影响检察人员执法水平的提升，使得具有浓厚司法属性的检察办案活动演变成单纯的"上命下从"式的行政活动，使检察办案完全偏离司法活动正常的运行轨道，从而降低执法办案的质量，影响检察权的公正行使。检察办案中出现的违法现象以及接连发生的冤错案

---

① 也造成了在论及检察权的公正行使时，人们往往想到检察权的独立性、检察权的监督和检察官的素能等要素，而忽略了检察管理在促进检察权公正行使中的地位和作用。

② 司法官管理模式的最大特征就是要按照司法规律的要求对检察人员进行管理，讲究和尊重检察官个体的独立意志，在管理方式上表现为用协商、劝告、审查的方式进行指挥监督，在决策上表现为明显的协商特征，办案检察官的意志能够得到充分尊重，从而形成扁平式的管理模式。

③ 行政管理模式把效率作为最高追求目标，讲究和追求行政级别的晋升，在管理方式上表现为用行政命令和强制的方式指挥下属服从，讲究决策的层级性，上级首长的意志占据统帅地位，下属的独立意志被上级的指令所取代，按照行政级别的高低进行指挥和管辖，从而形成了金字塔式的、科层式的管理模式。

件，表面上是刑讯逼供和违背诉讼规律所导致的，但在本质上无不与行政式的检察管理模式，以及这种管理模式所具有的负面效应密切相关。

第二，对检察人员的管理权限和管理标准不清晰，人治主义色彩浓厚。

管理权限和评价标准是对检察人员进行有效管理的重要标志，但我国现行的检察人员管理模式，既没有在制度上明确哪些人应当是上级检察院管理的对象，哪些人是本院管理的对象，也没有在制度层面明确检察人员的评价标准，对检察人员的管理整体上处于粗放式的状态。譬如，由于没有明确省级以下检察院的院领导属于上级检察院管理的对象，各上级检察院必然不会建立对下级检察院领导班子的管理台账，到推荐产生下级检察院检察长或者副检察长候选人时，只能采取征求离任检察长的意见，或者通过与其他干部谈心了解的方式，或者根据上级领导以及同级党委主要领导平时的印象确定推荐人选。再譬如，在对本院普通干部的管理上，由于没有明确对干部的具体评价标准，作为被管理对象的普通检察干部没有行为准则可资参考和遵照，不知道何种行为方式是为组织所认可的，不知道自己应该怎么去做才能获得晋升和提拔，只能凭借个人的道德修养、对工作的态度，以及个人的领悟能力来指导和规范自身的行为。唯一能够引起检察人员关注的就是干部的提拔晋升模式。如果每次选用的都是忠厚老实、踏实做事、检察业务能力强的人，则能引导其他人把注意力集中到钻研检察业务、提升检察技能和提高道德修养上。如果选用提拔的都是些投机钻营、不爱学习、法学功底一般、检察技能平庸的人，则会让那些爱学习、肯钻研、德性修养好和检察技能强的人感到失落，只能把其他人的注意力也引到关注领导的兴趣爱好上，久而久之，就会淡化检察人员的进取心，对营造检察机关内部和谐、稳定、爱学习、肯钻研和重工作业绩的氛围无益。

我国检察机关现行的干部使用机制在本质上是科学的，着力于将那些优秀的、想干事、能干事和能干成事的人提拔到领导岗位上，但由于平时的管理没有跟上，没有建立起可供查询的记录检察人员平时表现和工作业绩的管理台账，只靠个别人的推荐或者个别人说了算的现象，在一定程度上和一定范围内依然存在，或者只看民主推荐时的票数高低，这些都无法完全保证把那些真正优秀的检察人员推到领导岗位上，尤其是个别检察业务能力强但工作方式简单而易得罪其他人的干部，在推荐和提拔时往往"光荣"落选。凡此种种，都会磨损检察人员钻研检察业务、提高检察技能和提升职业伦理境界的劲头，也必然会磨损检察人员秉公执法的信念。司法实践中存在的执法不公，以及发生的冤假错案，不是每一个错案依靠检察官个人的能力就能避免，但如果每一名检察官在检察环节都能够尽心尽力地把好每一个关口，而不是趋炎附势地盲从行政指令，或者揣摩上级领导对案件的态度，其中的一些不规范执法的现象，甚至有些错案或者悲剧是能够避免的。

检察管理大体上可以分为对人和对事的管理，对事的管理又包括检察业务管理、检察事务管理和检察经费管理，对下级检察院的领导也可归入对事管理的范畴。从宏观上看，我国当前的检察管理模式在对事的管理上存在背离检察规律①要求的现象，具有三大缺陷。

第一，上级检察院领导权内涵的模糊侵蚀了下级检察院的独立办案权，从而影响检察权的公正行使。

办案是检察机关对事管理的核心目标，办案又是检察权运行的直观体现。检察权的运行质量决定检察办案的准确程度。上级检察院的领导也是确保下级检察院正确运用检察权的重要保障，但上级检察院的对下领导权具有特定的含义，其核心内容是工作部署、重大事项决策以及政策性指导。② 但现行的制度规范并没有明确上级检察院对下领导的具体内容，没有明确哪些事项属于上级检察院决策的对象，哪些事项属于下级检察院独立行使检察权的范畴，导致在领导权的行使上任意性较大，存在只要上级检察院想管的事，就得由上级检察院说了算的倾向。这种现象的存在会增强下级检察院的惰性和对上级检察院的依赖性，下级检察院的独立办案权也会受到上级检察院指令的侵蚀，他们开展创造性工作的热情会受到影响，遇到问题不是积极地想办法解决，往往坐等上级检察院"亲临指导"，或者向上级检察院请示，盼望上级检察院的批复能够使问题迎刃而解。而上级检察院在没有阅卷、没有讯问犯罪嫌疑人和询问其他诉讼参与人的情况下，仅凭下级检察院的一纸请示就对案件的处理下达结论性意见，远离

---

① 检察规律包括机制依附性规律、意志独立性规律、地位平等性规律、程序正当性规律、亲历性规律和信息掌握的全面性规律等，其中，意志独立性规律的一个重要方面就是要确保检察权的依法独立运行。参见向泽选、曹苏民《检察规律及其启示》，《华东政法大学学报》2010 年第 6 期。

② 张智辉：《检察权研究》，中国检察出版社，2007，第 262～265 页。

司法规律中亲历性规律的要求，其结论与案情的距离可能相差较远。而下级检察院由于习惯了上级检察院的各种批复、指令和指导性意见，独立办案乃至独立思考问题的意识逐渐退化，钻研问题和开拓创新的精神在个别地区检察院的部分检察人员中渐渐消失。这些都在不同程度地影响检察办案的质量，检察权的公正行使也会因此受到影响。

第二，对检察权运行过程实施的间接监督，导致检察权运行中的违法、违规现象不能被及时发现，检察执法的公正性因此受到影响。

对案件进行直接管理是检察业务管理中的重要内容，也只有对案件进行直接管理，才能及时发现案件办理中存在的与公正要求不相符的问题。对检察办案进行直接管理，其实质是要对检察权的运行过程建立直接同步监督的机制。长期以来，由于受"重打击，轻保护"思想的影响，过于重视刑法的保护功能，延缓甚至疏忽了保障犯罪嫌疑人合法权益的内部监督机制建设的进程。①在此背景下，只好由各业务条线管理案件办理过程，各业务条线实施的案件管理实质上是一种单纯的结果审查。此外，还依靠纪检监察部门通过对违法违纪行为的查处，督促检察人员依法行使检察权，从而达到规范检察权公正行使的效果。尽管纪检监察监督是一种权威性较高的监督模式，但它是被动地通过对检察人员违法违纪线索的事后查处，间接地实现对检察权运行过程的监督，在发现检察权运行中的问题上存在不及时、不精确，甚至不能发现等问题。作为公权力的检察权同样具有扩张性和侵犯性等特征，要防止因检察权的扩张性和侵犯性可能诱发的执法不公乃至侵权现象，就必须建构对检察权的运行过程实施直接监督的机制。过去在检察环节发生的执法不公和执法不严，以及在检察环节不能检测出发生在侦查环节的侵权现象的缘由之一，就是缺乏对检察权的运行过程实施直接监督的机制，从而导致了冤假错案的最后生成。

作为近年检察改革重要内容推行的案件管理办公室的成立，一定程度上能够弥补传统监督模式的不足。通过建构专门的案件信息管理平台，将各业务部门办理的案件情况录入信息平台由专人管理，并通过对案件办理中各种文书的审核签发，实现对办案流程的监督，同时通过对特定案件的事实、证据和扣押款物进行形式上乃至实体上的审查，及时发现案件办理

---

① 向泽选：《检察机关内部监督机制的改革》，《人民检察》2014年第2期。

中不符合法定标准的实体和程序性问题。但新型案件管理制度的建构，需要完备的机制支持，需要决策者和各业务部门负责人观念上的转变，需要培养一支既懂检察业务，又懂信息技术和管理知识的案件管理人才队伍。案件信息录入平台的建构，只是对案件办理实施同步监督的基础，要真正发挥案件管理机制对案件办理的全程同步监督的效能，关键是要实现信息平台的动态化运转。要有专人全天候地对检察权的运行过程即案件的办理过程进行跟踪监督，跟踪监督案件办理的人员要有能力对掌握的相关信息进行审查，要熟悉检察权运行中各节点的法定标准和应然性态势，要能及时发现案件办理中的问题。唯此，才能发挥案件管理机制督促检察权公正规范行使的效能。

在案件管理机制的建构中，既要避免把案件管理搞成单纯的案件信息的收集和管理中心，又要避免对业务部门办理的案件简单地进行二次审查。因此，要科学确定案件管理中信息审查的对象和重点，并且要总结提炼案件管理中信息审查的科学方法。唯此，才能通过快速审查发现检察权运行中不规范的问题，也才能真正实现提升检察执法准确性和公正性的目的。以往频频发生冤假错案的一个重要缘由，就在于既有的监督机制不能及时发现国家刑罚权运行中出现的不规范乃至违反法定标准的问题。如果案件管理机制能够发挥"电子眼"的效用，就能在检察环节及时发现案件办理中可能隐藏的问题，避免冤假错案的发生，确保执法的公正性。现行案件管理机制的建构，距离发挥"电子眼"功能的程度，还有相当的距离，关键是要在如何实现管理平台的动态化运转上下功夫。如果能够确保案件管理机制及时发现和督促改正检察权运行中的不规范和违法问题，检察业务管理中的"规范、准确"等问题的解决就有了保障，检察权公正运行目标的实现也就多了一层机制保障。

第三，检察经费保障对行政权的依赖性，影响检察执法中的独立决策，从而影响检察权的公正运行。

检察独立是检察公正的前提，决策独立是检察独立中的核心内容。如果不能保证检察权行使中的决策独立，检察权的公正行使就会打折扣。经费保障又是影响检察权独立行使的重要因素，将检察经费与地方政府分立，有利于排除行政权对独立行使检察权的干扰。也正是因为看清了经费保障与司法独立的逻辑关联，世界上的一些主要国家，无论是联邦制还是单一制，也不论其社会制度如何，司法经费大都是由中央财政负担①或者由中央（联邦）和省（州）级地方财政②共同负担，③ 以排除因司法经费短缺而可能引发的行政权对司法权独立行使的干扰。长期以来，我国检察经费保障实行"分灶吃饭"的管理体制，即检察经费不是由中央财政统一核算拨付，而是由各级政府予以拨款解决。这种保障模式会造成检察权对地方行政权的依赖，容易使检察独立因经费保障对地方政府的依赖而受到损失，并且容易架空上级检察机关的领导，使上级检察机关的工作部署得不到落实，还容易造成检察机关受利益驱动办案，导致检察权被滥用。凡此种种，都会对检察公正造成直接损害。仔细解读实践中频频出现的冤假错案，可以发现，有相当一部分冤假错案的发生是行政干预造成的，而检察机关接受行政干预的重要原因则是检察经费保障上对同级政府的依赖，这是制约和影响检察权公正行使的一个重要因素。

三　检察管理促进检察权公正行使的路径选择

检察管理各项功能的正常发挥，是检察管理保障检察权公正运行的前提，但检察管理功能的发挥需要特定的条件做保障。只有按照检察权运行内在规律的要求建构检察管理的各项机制，使对检察资源的调配和使用符合检察规律的本质要求，检察管理蕴含的功能方能正常发挥。现行的检察管理模式之所以存在上文提及的种种问题，这些问题的存在又直接导致检察管理功能的萎缩或者丧失，而影响检察权行使的公正性和准确性，是因为现行的检察管理模式违背了检察规律的内在要求。为此，就必须对管理模式中违背检察规律要求的环节和要素进行改革，以确保检察管理各项功能的正常发挥，为检察权的公正行使创造条件。

第一，在检察队伍的宏观管理上，要建立检察人员的分类管理制度，用司法官的管理模式对检察官进行管理，激发检察官对国家法律的忠诚

---

① 譬如，英国、日本、加拿大等国家的司法经费就是由中央财政统一负担的。
② 譬如，美国、德国、巴西等国家的司法经费是由中央（联邦）和省（州）级地方财政共同负担，往往是联邦司法机关的经费由联邦财政负担，州级司法机关或者地方司法机关的经费由州级或者地方财政负担。
③ 朱孝清、张智辉：《检察学》，中国检察出版社，2010，第687页。

度，为检察权的公正运行提供心智保障。

现行的公务员式的行政管理模式抹掉了检察官与其他检察人员的身份差别和职业差异，冲淡了检察官在检察机关的主体地位，导致作为专司检察职能的检察官的重要性还不及其他综合、后勤管理人员。这无疑会在一定程度上损伤检察官的职业忠诚度，磨损检察官的工作积极性，导致一些优秀检察官放弃检察执法岗位，而流向综合部门或者干部管理部门。管理学的基本原理说明，只有采用与被管理者身份属性相适应的管理模式进行管理，方能最大限度地激发被管理者的职业尊荣感，也才能激发被管理者的创造性。检察工作是由不同岗位组成的，包括检察官岗位、检察辅助岗位、检察技术岗位和检察行政事务岗位，由此决定，检察人员是由检察官、检察辅助人员、检察技术人员和检察行政人员等不同身份属性的主体组成的，对不同身份属性的主体必然要采取与其身份相适应的方式进行分类管理。①

在检察机关，检察官是依法行使检察权的唯一主体。在应然层面，其他人员是为检察官依法行使检察权提供保障和服务的。检察权的运行质量与检察官的专业素能、心智状况紧密相连。这就要求建立一种能够充分调动检察官工作热情，保障检察官能够依法独立公正行使检察权的管理机制。既然检察官是司法官，就应当用司法官的管理模式对检察官进行管理。要在检察机关内部建立一种以司法官管理模式为主导，兼采行政管理和专业技术管理的检察管理模式，② 要通过与其他检察人员不同的管理模式凸显检察官在检察机关的主体身份，要从检察官准入、晋升、考核以及检察官待遇等方面体现检察官在检察机关较高的职业地位。要通过与检察官身份属性相适应的司法管理模式激发检察官对检察职业的忠诚度，激发其产生担任检察官的职业自豪感和尊荣感，促使其珍惜自己所获得的职业身份，谨慎使用手中拥有的检察权，逐渐养成用法律标准衡量一切的法治

---

① 对检察人员进行分类管理，本质上是要按照不同类别的检察人员在检察活动中的地位和发挥的作用，采取不同的方法和序列进行管理，以体现检察官在检察工作中的主体地位。根据检察工作岗位的不同属性，检察人员可分为检察官、检察辅助人员和检察行政人员三种类别。其中，检察官包括检察长、副检察长、检察委员会委员、检察员和助理检察员等；检察辅助人员包括书记员、检察技术人员和司法警察等；检察行政人员包括政工、党务、行政、纪检监察和后勤管理等人员。

② 这种管理模式决定对检察官的司法管理是主导，对检察行政人员的行政管理和对检察辅助人员的专业技术管理是辅助性的。

思维模式，养成眼中只有宪法和法律的职业习惯，充分信仰法律，敬畏法律，崇尚法治，立志维护法律权威和法律尊严，并且，告诫自己通过其职业内活动和职业外活动，践行法律的精神，彰显法律的公正和尊严，体现法律的内在品格，如此，检察权的公正行使就有了执法主体心智上的保障。

第二，在检察人员的微观管理上，要建立检察人员履职和道德表现的管理台账，为检察干部的晋升提供客观依据，确保检察技能强、道德水准高的检察人才能够得到重用，为检察权的公正运行提供主体保障。

建构公平合理的用人机制是检察管理的重要内容，是确保优秀检察官脱颖而出的先决条件，也是建构学习型检察机关和引导检察人员积极向上的风向标。我国现行的检察用人机制在总体上是科学的，能够将业务能力强、职业伦理水准高、为广大检察人员所认可的优秀检察官推荐到合适的岗位上，但由于长期以来奉行的粗放式的用人、管人模式，疏忽了建立检察人员平时履行职责情况的台账，更没有建立检察人员道德表现的管理细账，而习惯于用年终述职考评代替平时的精细化管理。在这种管理模式下，检察人员平时的行为举止给人留下的印象，以及他所接触的人物的影响力大小往往成了决定其能否得到提拔重用的关键因素。这也是现行用人机制带有主观人治色彩的直观表现。究其原因，则要归咎于现行的粗放式的管理机制。由于没有建立检察人员平时履职情况的管理台账，更没有对检察人员履职质量的评估记录，检察人员平时的道德表现情况更没有翔实的记录，到推荐选拔干部时，只好凭印象和熟悉程度主观决策。

要克服传统用人机制的弊端，为领导决策提供客观充足的素材，避免滋生选人用人中的主观臆断，就必须建构检察人员平时履职情况和道德表现的评估和管理机制，确立按照工作业绩和道德形象选人用人的客观标准，努力使检察人员和决策层面都认可客观的用人标准。确立客观的用人标准，一方面可以为选人、用人提供客观实在的评价和决策依据。摆在决策层面的都是实实在在的内容充实的备选材料，而不是抽象的、概括式的没有具体工作业绩和道德表现的空洞的备选材料，从而使选人用人中的仅凭印象决策的主观人治模式没有生存的空间。另一方面，可以为检察人员提供可资遵循的行为规范，使其明白何种行为能达到可预期的目标，将那些真正热爱检察工作的检察人员的注意力引导到潜心工作和不断提升道德素养以及组织管理能力上来，使其能够通过与其他同事的比较找到自身的差距，通过努力不断修补自身的缺陷，在检察机关形成你争我赶、只争朝夕、努力进取的工作氛围，在检察人员中形成比工作业绩、比检察技能、比办案质量、比道德修养的良性循环机制。如此，检察人员综合素养的提升就不再是空泛的托词了，检察权的公正行使也就有了人力资源和权力行使主体的保障了。

第三，在检察业务的管理上，要深化案件管理机制的改革，强化检察权运行的过程监督，及时纠正检察权运行中出现的偏差，为检察执法精确度的提升提供监督机制上的保障。

检察执法的精确度源于执法主体的素能和法定的检察权的运行轨道。检察执法主体的素能越高，执法的精确性就越有保障；法定的检察权的运行轨道越精密，检察权的运行质量就越高。在前两者发生变异而使检察权的运行出现偏差时，就需要建构完备的监督机制，及时将偏离法治轨道的检察权拉回到法治轨道上。案件管理实质是对检察权运行实施全程同步监督的有效措施。将检察办案由传统的条线式管理，变成由案件管理机构统一管理，本质上是案件管理体制的革新。案件管理机构要真正发挥对检察办案的全程监督效能，还必须建构符合检察权运行规律的案件管理机制，才能将检察权运行的全过程置于案件管理部门的监视和管控之下。检察业务统一应用软件的开发运用和信息化平台的建构，只是监督检察办案过程的基础和前提，仅仅是为案件管理主体提供了获悉检察办案信息的渠道。

要实现对检察办案的过程监督，还必须深化案件管理机制的改革，建构能够及时发现案件办理中的错误，以及将发现的错误反馈到检察业务部门并督促各相关检察业务部门纠正错误的机制，这才是案件管理发挥其监督效能的关键和核心。它要求从制度上明确案件管理部门对检察办案的监督职能、各检察业务部门具有接受案件管理部门监督的职责和义务，要明确案件管理部门对发现的错误移送检察业务部门审核纠正的时限，以及各相关检察业务部门纠正错误，并将有关情况向案件管理部门反馈的时限。要使这种监督机制真正运作起来，就必须为案件管理部门配备检察技能较强，并且具有较高的协调能力的检察官，唯此，才能确保案件管理机制发挥及时发现并督促纠正检察办案中错误的功能，从而实现对检察权运行中偏差的及时修补，将检察权的运行严格钳制在法治的轨道上，确保检察权的公正高效运行。

第四，在对下级检察院的管理上，要增强各下级检察院独立办案和独立决策的意识，为检察执法精确度的提升提供高效率的决策机制保障。

我国《宪法》和《人民检察院组织法》在规定人民检察院依法独立行使检察权的同时，又确立了上级检察院对下级检察院的领导权。合理划定上级检察院的领导权和各下级检察院独立行使检察权的边界，确定好领导权和独立行使检察权的范畴，既是检察权公正行使的前提，又是明确上下级检察院各自职权范围的要求，更是锻造各下级检察院独立决策意识的基础性条件。

但现行的对各下级检察院的管理中，存在上下级检察院各自的职权范围不清晰的弊端，没有具体的制度规范厘清上级检察院的对下领导权和各下级检察院的独立办案权的范畴。也正是由于上级检察院领导权与下级检察院独立行使检察权的边界不清，在一定程度上导致了各上级检察院领导权的膨胀，引发了各下级检察院对上级检察院的过分依赖，在执法办案中一遇到问题，就向上级检察院请示。也正是由于这种因职责范围不清晰而产生的凡遇到问题就坐等上级批复的机制的存在，弱化了各下级检察院依法独立办案和独立决策的意识，更弱化了各下级检察院积极采取措施，强化队伍管理，组织督促检察办案人员钻研检察业务、提升检察技能的进取意识，降低了各下级检察院执法办案中的决策效率。如果能够按照检察权公正行使内在机理的要求，明确上级检察院领导权和下级检察院独立行使检察权的合理边界，从制度上划清各下级检察院执法办案中必须自己解决的问题范围，明确向上级检察院请示的问题种类和条件，则能够明确上下级检察院在检察权运行中各自的地位以及各自应当承担的职责，并且能够督促各下级检察院养成依法独立办案、独立思考和独立决策的意识，督促各下级检察院采取措施提升执法能力，逐渐减弱其执法办案中对各上级检察院的执法依赖性，由此也能提升检察办案中的决策效率。

按照检察权公正行使的内在机理，上级检察院对下级检察院的领导和管理权限，具体包含信息知悉权、工作部署权、办案指挥权、业务考评权、检察培训权和督促权等权能。而下级检察院则应当享有独立办案权、有限的请示权、质疑权和建议权等。① 如此，则能够清晰地划定上下级检察院各自在检察权运行中的权力边界，尤其是明确下级检察院享有独立办案权和有限的请示权后所能够产生的功效，因为，独立的办案权和有限的请示权意味着办案中要能够独立决策，独立决策要求有能力应对执法中遇到的各种疑难复杂问题，不能动辄向上级请示，这就必然催促各下级检察院采取过硬措施提升执法能力，提高检察执法者的检察技能和伦理素养。当各下级检察院的整体执法能力和职业伦理水平都提高了，其决策水平和决策的效率也必然得到提升。而在其他条件相对恒定的情况下，检察技能和伦理素养的提升必然催生精细化的检察执法，而检察执法精确度的提升本身就意味着检察权公正行使程度的提高，同时，决策效率的提升本身也意味着公正的实现。

第五，在检察经费的管理上，要加快检察经费保障制度改革的进程，为确保检察执法的独立性和公正性提供物资装备上的保障。

检察权的运行状况与经费保障状况高度相关。现行的由同级政府提供检察经费的保障体制必然带来检察执法者的执法犹豫，检察执法决策者往往因担心同级政府削弱对检察经费的供给量，而不得不顾及行政机关或者同级党政领导个人对检察办案的态度，由此而造成了不敢大胆执法，或者造成相同的事项不能相同对待，类似的案件不能按同一标准处理等非法治现象。通过改革检察经费保障体制以减缓同级政府或者同级党政领导个人对检察执法的法外干预，其重要意义已得到广泛认同。省级以下检察院的经费由省级财政统筹的必要性已经得到包括决策层面认可的广泛认同，并且已经开启这项改革的调研论证和方案制定。

由原来的同级政府提供经费保障，转变成省以下检察院经费由省级财政统筹保障，是检察经费管理权限的重新调整，也是检察经费保障的体制性转变。在检察经费管理权限由现行的同级财政负担，改变为由省级财政统筹的体制性问题明确后，最为关键的是要建构由省级财政向省以下检察院拨付经费的机制，这是更为复杂的问题。无论是采取由省级财政部门向分市院和区县检察院直接拨付检察经费，还是由省级财政先将全省检察机

---

① 向泽选、骆磊：《检察：理念更新与制度变迁》，中国法制出版社，2013，第 176 ~ 182 页。

关所需要的经费总额拨付省级检察院，再由省级检察院根据各分市院和区县检察院的实际需要进行二次分配，都面临诸多需要解决的机制甚至体制性问题。如果由省级财政部门直接将经费下拨给省以下各层级检察院，无疑会增加省级财政部门的负担，会造成省级财政部门人员和机构编制上的扩张，还会产生省以下检察院直接向省级财政部门汇报经费需求的状况，形成司法机关向行政部门汇报经费需求乃至办案工作的非法治现象。如果由省级财政部门将全省的检察经费先拨给省级检察院，再由省级检察院按照所辖检察院的实际需求进行二次调配，又会大大增加省级检察院计财部门的工作量，需要增加省级检察院计财部门的人员编制和机构数量。可见，无论采取哪种模式，都需要进行相应的改革，建构配套的工作机制乃至对经费保障体制中的某些要素进行改革。

根据检察权的运行机理以及检察机关上下一体化领导体制的内在要求，我们认为应当按照第二种模式，即由省级财政部门将检察经费统一拨付给省级检察院，再由省级检察院往所辖检察院拨付。鉴于这种经费供给模式所需要的配套机制的建成，涉及检察机关计财部门的职能转变和工作量的增加，以及由此带来的机构和人员扩充等一系列问题，还涉及省级检察院提出的经费预算方案的审批机制的建构，应当加快调查研究的进度，积极推动有关部门加快该项改革的进程，尽快推动检察经费保障体制机制的转变由理念变成现实。如此，检察执法就不至因经费保障的顾虑而受制于同级党政领导的个人意志，去除检察执法中的执法犹豫就多了一层保障，检察权的公正行使也就增加了一层保障。

The Procuratorial Management and
The Exercise of Procuratorial Authority

Xiang Zexuan

Abstract：The procuratorial management indirectly promotes the just exercise of procuratorial power by deploying and combining the element which can directly affect or condition the just exercise of procuratorial power. Because the traditional mode of administrative procuratorial management does not conform with the basic requirements of the procuratorial rules, the procuratorial management's function of promoting the just exercise of procuratorial power has been restricted. In order to make this function work effectively, in the level of macro-management of procuratorial personnel, we must set up the system of classified management of procuratorial personnel and manage the procuratorial personnel with the management mode of judicial officers; in the level of micro-management of procuratorial personnel, we must create the administration records recording the performances and moral characters of procuratorial personnel which can provide objective foundation for the promotion of procuratorial cadres; in the level of procuratorial management, we must deepen the reform on the mechanism of case management and strengthen the supervision over the process of exercising the procuratorial power; in the level of the management of procuratorates at lower levels, we must enhance the procuratorates at lower levels awareness of handling the case and making the decision independently; in the level of the management of procuratorial expense, we must accelerate the process of the reform on the procuratorial expense guarantee system and suppress the administrative interference in the exercise of procuratorial power caused by the localization of expense guarantee. In a word, we must provide highly qualified professionals, efficient decision-making mechanism, effective supervision system and scientific material guarantee system for the just exercise of procuratorial power through the innovations of the related contents in procuratorial management.

Keywords: Procuratorial Management; Procuratorial Power; Just exercise; Ought Function; Path Choice

走向法治国刑事程序的两个突出问题

樊　文[*]

摘　要：自 1979 年我国制定《刑事诉讼法》以来，已进行了两次大的修改和补充，修改和补充所确立的一些原则和制度，反映了我国《刑事诉讼法》一直坚持的法治国家走向。刑事诉讼的法治国家原则的要义在于保障无辜不受无端的刑事追诉或刑罚处罚，为此国家就有必要以自我设置障碍的方式，有意识地限制或收缩自己的权力。然而，在与供述有关的规则和有效辩护制度上，国家追求的打击犯罪的效率与公民需要的自由的程序权利保障之间的关系最为紧张和复杂，它们之间关系的平衡，也极为艰难。立法层面与供述有关的程序规则和有效辩护制度上存在的问题，成为我国法治国家刑事程序走向上的突出问题。在保障无辜不受无端追究、国家自我限制和收缩权力的意义上分析和解决这两个突出问题，是本文的主要内容。

关键词：刑事程序　法治国家　供述　有效辩护

1979 年我国制定的《刑事诉讼法》尽管受苏维埃法的影响比较大，也尽管简略、单薄，但它毕竟为新中国的刑事诉讼开启了有法可依的时代，搭建起了留有很大进步空间的框架结构。之后，我国的《刑事诉讼法》经历了 1996 年和 2012 年两次大的修改和补充。1996 年的补充和修改，确立了无罪推定原则和犯罪嫌疑人、被告人的诉讼主体地位，[①] 扩大了辩护权，并在庭审程序中引入了对抗制的若干要素；2012 年的补充和修改，根据

---

* 樊文，中国社会科学院法学研究所副研究员，中国社会科学院国际法研究所国际刑法研究中心主任。

① 1996 年《刑事诉讼法》第 80 条第 2 项。

2004 年修订的《宪法》第 33 条，增列了尊重和保障人权的刑事诉讼法任务，明确了有罪证据确实、充分的证明程度——排除合理怀疑，有了初步系统的非法证据排除规则，确立了禁止强迫自证其罪的"近乎自然法"原则，[①]"现代刑事程序法基本的法治国原则"，有经济困难的被告人在侦查程序中还可以申请法律援助。这些发展的轨迹都清晰地表明，我国的《刑事诉讼法》一直坚持法治国家刑事程序的正确走向。

但是，观察我国《刑事诉讼法》的最近这次修改和补充，给人留下的印象是矛盾的。一方面，可以看到立法者努力扫除所认识到的制度弊端，比如刑讯逼供现象，办案人员接受当事人及其委托人的请客送礼现象，法官与当事人以及律师私下会见现象等，也可以看到一些制度创新的成果；一些制度设计相对于有些西方国家的诉讼制度，甚至是榜样性典范。比如，把（讯问）收集证据的合法性的证明责任转移到人民检察院，而且如果不能排除存在以非法方法收集证据情形（比如怀疑讯问的合法性的），法庭不得使用这种陈述。[②] 但是，另一方面，我国的诉讼制度总体设计目的是在发现事实真相[③]的基础上，实现对犯罪的高效控制，保障安全和维护秩序。[④] 这就使这次修法对《刑事诉讼法》第 2 条所补充的"尊重和保障人权"的任务，很难得到充分而全面的落实。因为尊重和保障人权的任务要求给犯罪嫌疑人、被告人以足够充分的辩护权，给其法庭上的诉讼权利比较强的保护，给侦查手段的适用设置精细而严格的条件，采取当事人对抗程序并保证诉讼双方配备相当，但是，这些要求都会对实现发现事实真相、保障安全和秩序的程序目标造成一定的障碍。

任何国家的刑事诉讼程序，都要面对作为公民的犯罪嫌疑人、被告人和代表国家的刑事司法机关之间在各自利益上的冲突和对立，前者要求个人的

---

① Bosch, Aspekte des nemo - tenetur - Prinzips aus verfassungsrechtlicher und strafprozessualer Sicht, 1998, S. 18；也可参阅林钰雄《刑事程序与国际人权》，元照出版公司，2007，第 277 页。

② 2012 年《刑事诉讼法》第 57 条第 1 款、第 58 条。不过，对于确认的或者不能排除存在以非法方法收集证据情形的相关证据的排除，一直可以滞后到"经过法庭审理"之后的时点。

③ 2012 年《刑事诉讼法》第 2 条："准确、及时地查明犯罪事实。"第 51 条："公安机关提请批准逮捕书、人民检察院起诉书、人民法院判决书，必须忠于事实真象。故意隐瞒事实真象的，应当追究责任。"

④ 2012 年《刑事诉讼法》第 1 条："保障国家安全和社会公共安全，维护社会主义社会秩序。"

基本权利尽量少地受到程序性限制或者剥夺，从而能够洗刷嫌疑并获得无罪判决，或者能够规避制裁，或者至少能够避重就轻，获得较轻的处罚；而后者，肩负追诉和处罚犯罪行为人，不使其逍遥法外的国家任务。法治国家在处理这种冲突和对立时，不会让发现真实和追诉成效的有效性无限上纲，而是基于侦查和司法人员守法比具体案件发现真相更为重要的理性，在程序合法性的前提下会选择最大限度地避免冤假错案发生的司法错误。尽管强化侧重人权保障的诉讼制度，会对发现真相的有效性造成不利而让恢恢法网可能疏失，让真正的罪犯侥幸逃漏，但是，比较人权保障较强的诉讼程序与保障较弱的诉讼程序，都可以清楚地看到，人权保障程度高的诉讼程序目前仍然是所做正确判决比例高、能够最大限度地让无辜者免受冤屈的最好程序。

落实国家尊重和保障人权的宪法原则，保障无辜不受无端的刑事追诉或刑罚处罚，国家就有必要以自我设置障碍的方式，有意识地限制或收缩自己的权力。实现自我权力限制和收缩的法治国家目标，在与供述有关的规则和有效辩护制度上，我国的刑事程序尽管存在很突出的问题，但同时也是需要作为的进步空间。

一 有关供述的规则设计问题

在犯罪嫌疑人、被告人的供述对于证明其罪责的作用上，我国的诉讼制度继续坚持对被告人的双重保护原则。一方面，只有被告人供述，没有其他证据的，不能认定被告人有罪，对其处以刑罚。即被告人的供述不得是其获得有罪判决的唯一根据，还需要其他的证据予以补充、强化。另一方面，即使没有被告人供述，证据确实、充分的，也可以认定被告人有罪，并对其处以刑罚。即有罪判决也可以在没有被告人供述的情况下做出，只要存在确实、充分的证据。① 犯罪嫌疑人、被告人供述是重要证据，但不是有罪判决的唯一证据。在缺少犯罪嫌疑人、被告人供述的情况下，也可以以间接证据为根据做出有罪判决。这不仅明确了供述对于罪责证明的有限作用，而且，在实务上也极大地减轻了讯问人员只求供述和被讯问人员必须做出供述的压力。尽管如此，由于我国刑事程序的传统执着于被告人供述，当今与供述有

---

① 2012 年《刑事诉讼法》第 53 条第 2 句。

关的规则设计，仍然是整个诉讼制度的突出问题。

在理论上，对是否给予被告人沉默权①（这是一种拒绝积极参与证明其犯罪活动的一般权利）的问题，尽管已经进行了长期而充分的讨论，但是，在制度上承认这种权利，在我国目前还看不到明显的迹象。② 1996 年《刑事诉讼法》第 93 条规定，在侦查人员讯问时，犯罪嫌疑人要"如实回答侦查人员所提出的问题"；他只对与案件无关的问题有权拒绝回答（2012 年《刑事诉讼法》第 118 条）。③ 对此，2012 年《刑事诉讼法》第 50 条第 2 句确立了新的规则：严格禁止刑讯逼供和以威胁、引诱、欺骗以及其他非法方法收集证据；禁止强迫任何人证实自己有罪。尤其是"不得强迫任何人证实自己有罪"这个原则，是诉讼程序的法治国家原则中除无罪推定以外的又一基础性重大原则，④ 如果不考虑仍然保留在新法中的（如实）回答（包括于己不利的问题的）义务（后面会讨论其合法性问题），那么，人们肯定会欢庆 2012 年《刑事诉讼法》与已经签署的《公民权利和政治权利国际公约》第 14 条第 3 款第 7 项⑤实现了成功对接。但

---

① 在美国，犯罪嫌疑人一旦表示他想保持沉默，讯问应当即刻停止；但在德国，如果犯罪嫌疑人表示想沉默，法律并没有要求讯问当即停止。通常讯问人员会努力鼓励犯罪嫌疑人说话，并告诉犯罪嫌疑人，说话有利于澄清其目前的嫌疑。

② 文化上也有这样的说法：清白的人不需要沉默，自当理直气壮，沉默的人都是理亏而心里有鬼的。

③ 这里，应当如实回答的是与案件有关的提问，因此回答的内容不仅包括犯罪事实，而且包括与案件当然有关的、能够确认犯罪嫌疑人身份的个人姓名及个人资料（比如住址、年龄等），除非自我身份的确认会例外地导致被告人的自证有罪。然而，侦查人员的提问是否"与本案有关"，本该是由被讯问对象来判断的，但在实务中，侦查人员容易错误地认为判断权在自己手中，常常以经典的语句告诉犯罪嫌疑人："要是这个问题与本案无关，我们就不会问了"，由此剥夺了应属犯罪嫌疑人的程序权利。而这又在实质上构成了不当强迫。也可参阅岳礼玲《刑事审判与人权保障》，法律出版社，2010，第 219 页。

④ 无罪推定原则强调有罪的证明责任完全归起诉方。这样，国家对被指控人在被判定是否有罪之前，应按无罪的人来对待；而禁止强迫自证实有罪原则，直接反对的是强迫公民回答问题或者提供信息，如不提供就会陷入不利地位的情形，防止的是公民因受合法强制回答问题或者提供信息而被定有罪。参阅岳礼玲《刑事审判与人权保障》，法律出版社，2010，第 210 页。

⑤ 该《公约》第 14 条第 3 款第 7 项规定：受到刑事指控的人，不被强迫做不利于自己的证言或者强迫承认犯罪。而且根据联合国人权事务委员会第 32 号《一般性意见》，这里的"强迫"是指"来自侦查机关为获得认罪而对被告人所做出的任何直接的或间接的肉体的或者精神的不当压力"。在具体的案件中，人权事务委员会要求，对于第 3 款第 7 项必须做如下理解：侦查机关不得为了获得有罪的供述，向被告人施加任何直接的或者间接的身体的或者心理的压力。

是，这种全面禁止强迫任何人证实自己有罪的原则，却不幸遭遇到 2012 年《刑事诉讼法》第 135 条、第 52 条第 1 款第 2 句及第 4 款的重大折扣：任何单位和个人，当然也包括犯罪嫌疑人、被告人在内，有义务按照人民检察院和公安机关的要求，交出可以证明犯罪嫌疑人有罪或者无罪的物证、书证和视听资料等证据；有关单位和个人，当然也包括犯罪嫌疑人、被告人在内，应当如实向法院、检察院和公安机关提供其需要收集、调取的证据；凡是伪造证据、隐匿证据或者毁灭证据的，无论属于何方，自然也包括犯罪嫌疑人、被告人，必须受法律追究。[①] 因为禁止强迫自证有罪的原则内涵，不仅包括禁止强制获得犯罪嫌疑人、被告人的供述，还应当包括禁止强制获得犯罪嫌疑人、被告人其犯罪的物证、书证、视听资料等其他证据，[②] 这一点在实体法上已经得到保障：犯罪嫌疑人、被告人伪造、变造、湮灭或者隐匿关系自己刑事被告案件证据的行为，并不受处罚；积极的破坏证据尚且不予刑罚处罚，犯罪嫌疑人、被告人不交出或者不如实提供证据，就更不应受法律追究了。但是，与实体法相矛盾的是，2012 年《刑事诉讼法》第 52 条第 4 款居然规定了法律追究犯罪嫌疑人、被告人伪造、隐匿或者毁灭关系自己罪责的证据的可能性，不过，刑法追究最终会由于在实体法上于法无据而落空。尽管结合供述的规则，任何单位和个人"交出"证据的义务以及有关单位和个人"应当如实提供"所需证据和追究所有人伪造、隐匿或者毁灭证据的责任，这些与犯罪嫌疑人、被告人不得沉默、如实回答侦查人员所提涉案问题的义务，在诉讼规则类推的意义上，其逻辑是一致的，但是，这些使用全称判断句式的规则，用禁止强迫任何人证实自己有罪的原则来观察，无论如何，都是《刑事诉讼法》的硬伤，不应继续存在于《刑事诉讼法》中。因此，可以考虑在第 135 条、第 52 条第 1 款第 2 句及第 4 款中把犯罪嫌疑人、被告人排除在外。

---

① 这里，涉及禁止强迫自证有罪的保障界限究竟是什么的问题，究竟是限于沉默权并以沉默权至多及于具有供述性质的证据，还是以沉默权为核心但不以此为限，而是兼及被告其他拒绝主动协助追诉的权利。在这个问题上，理论上是有争论的。对此，可以参阅林钰雄《不自证己罪原则之射程距离》，《台湾本土法学杂志》2007 年第 93 期；林钰雄《论不自证己罪原则》，台湾大学《法学论丛》2006 年第 35 卷第 2 期；王士帆《不自证己罪原则》，台湾春风旭日论坛出版社，2007，第 112～118、259～261 页。

② Ben Emmerson, Andrew Ashworth, *Human Rights and Criminal Justice* (Sweet and Maxwell, 2007), S. 616.

前面提到，2012 年《刑事诉讼法》保留了"如实回答"的义务规则，这就造成现行法上的一种矛盾状态：犯罪嫌疑人、被告人在接受侦查人员讯问时"应当如实"给出（包括于己不利）的回答（第 118 条第 1 款第 2 句），但是，即使犯罪嫌疑人不履行这种回答义务，讯问人员也不得以刑讯或者其他损害犯罪嫌疑人、被告人意愿的手段强制于犯罪嫌疑人、被告人。在司法实务中适用回答义务和刑讯禁止时，如实回答的可以是无罪的事实，也可以是有罪的事实（解释较宽），而禁止刑讯的只能是有罪的供述（解释较窄），因此，如果不考虑这种较宽和较窄解释的区别，那么，《刑事诉讼法》上规定的犯罪嫌疑人"应当如实"回答的义务规则，就是一种不完整的法或者说是不完全的法，即仅仅规定了义务，而如果违反义务，拒绝回答或者以说谎[1]来进行诉讼防御，却不可以规定与其相匹配的保障义务的强制性措施（因为不得强迫任何人证实自己有罪）。[2] 尽管第 118 条第 2 款规定了侦查人员在讯问时告知犯罪嫌疑人如实供述自己罪行可以从宽处理的利诱规则的义务，而且，也尽管侦查人员的告知义务并不能保证这种如实供述最终必然能够得到法官的从宽处理，由于最终是否从宽处理的决定权是在法庭的手中，因此，这种向被讯问人告知并不见得能必然兑现的规则的义务履行行为，完全可以（或者极容易在下一个审级中）被看作一种为第 50 条所严格禁止的"引诱、欺骗（如果如实供述了罪行但最后法庭没有因此而从宽处理）"的非法证据收集方法。类似的规则还有《刑事诉讼法》第 123 条和第 189 条第 1 款第 1 句对证人的作证义务，也存在以告知违反如实作证义务要负的法律责任的方式的威胁规则。之所以可以被看作违法的方法，是因为根据刑事诉讼程序原理，侦查人员、审判人员的告知义务，告知的内容应当是被告知对象处于被动形势下依法享有的权利，而不应是其履行义务或者不履行义务前提下的有利或不利法律后果。另外，侦查阶段，犯罪嫌疑人不如实回答问题或者不如实供述自己的罪行，[3] 并不会影响庭审阶段该已经被称为被告的人

---

① 刘广三教授把侦查程序中犯罪嫌疑人的态度概括为四种：如实交代、半真半假、全是瞎话和拒绝回答。参阅刘广三《飘渺的"沉默权"》，第十一届刑事法前沿论坛暨死刑改革路径与方案研讨会论文，北京，2013，第 181 页。

② T. Weigend, *Die Volksrepublik China auf dem Weg zu einem rechtsstaatlichen Strafverfahren* (FS-Schuenemann, 2014), S. 984.

③ 除非犯罪嫌疑人为了避免被起诉，而采取积极合作的态度，想使检察机关相信他是无辜的，或者对他的追究是不存在确实而充分的证据的。

如实回答和如实供述自己罪行而获得从宽处理的机会。① 还有，供述是否
"如实"，只能在法庭对证据进行评价时辨别出来，而侦查人员的"如实"
标准如果可以取代法官的"如实"标准的话，就没有必要再对定案证据规定
法官"查证属实"的审查义务了。因此，侦查阶段的"如实"供述的要求是
不必要的。更何况，实务中"供了翻，翻了供"的现象也比较常见，② 现行
法上不允许对犯罪嫌疑人、被告人因其翻供而对其做出不利的裁判。另
外，我国刑事诉讼法上，被告人不是证人，法律不应当要求他必须说真
话。如果法律把被告人认作必须说真话的证人，那么，伪证罪的法律后果
会对被告人构成使自己证明有罪的强迫，这会与禁止强迫自己证明有罪的
原则相矛盾。因此，从诉讼的原则上推论，无罪推定加上不得强迫证实自
己有罪，要求保障以无辜对待的犯罪嫌疑人在侦查期间享有选择及早合作
还是被动自持的自由，同时让被告人不负举证和证明自己有罪的任何责
任；③ 严禁刑讯逼供和不得强迫证实自己有罪，则完全充分地支撑起了口
供自愿的程序规则。在这些规则之下，逻辑上完全不能有"如实供述"义
务规则的存在空间。因此，侦查程序中的如实回答的义务规则，是一个在
规则体系上完全没有自己逻辑空间的、程序上只有负面意义的规则。因
此，可以考虑删除第 118 条第 1 款第 2 句、第 2 款和第 3 款，第 123 条和
第 189 条第 1 款第 1 句。

2012 年《刑事诉讼法》第 50 条规定，严禁刑讯逼供和以威胁、引诱、
欺骗以及其他非法的方法收集证据。这里，禁止使用的"其他非法方法"
的范围并不清晰。尽管禁止使用的其他非法方法，或者类似的强制或者变
相强制的收集证据的方法，在任何一个国家都不可能进行穷尽式列举，但
是，立法者完全可以把一些常见的证据非法收集方法进行归纳，做最大程
度的明确规定。比如说，还可以补充列入：虐待、疲劳战术、伤害身体、

---

① 《刑法》第 67 条第 3 款关于坦白的规定，尽管所提到的只是"犯罪嫌疑人"，但是，这并
不意味着如实供述指的只是在侦查程序阶段。因为根据无罪推定原则，在犯罪嫌疑被最
终洗刷清白或者罪责被确实充分证实之前，即便是被称为被告人的人也属于犯罪嫌疑人
这个概念。

② 根据学者研究结论，在我国，供述率极高，在 95% 到 100%，翻供率也很高，大约在 35%。
参阅王彪《审前重复供述的排除问题研究》，《诉讼法学·司法制度》2014 年第 4 期。

③ 第 49 条规定："公诉案件中被告人有罪的举证责任由人民检察院承担，自诉案件中被告
人有罪的举证责任由自诉人承担。"

服用药物、折磨和催眠；以法外利益相许诺；以有损讯问对象记忆力和理解力的措施；以长时间不间断地重复告知其诉讼权利的方式等。① 但是，实务中，如何具体区分允许使用的讯问策略和不合法的欺骗、许诺以及威胁，是特别困难的。具体来说，在讯问过程中，通常会采用政策说教、法律灌输、心理攻心、亲情感化和绑架等方式，这些都会给讯问对象的供述自愿造成强大的压力。如果在变相刑讯逼供和合法讯问之间，不能画出一道清晰的界限，那么，第50条"不得强迫任何人证实自己有罪"是否会有实务效果，就可能是特别值得怀疑的。②

2012年《刑事诉讼法》第54条第1款规定了以非法方法收集的证据的程序后果——应予排除，第2款指出，"排除"是指不得作为起诉意见、起诉决定和判决的依据；侦查、起诉和审判的整个刑事程序的任何阶段，都有可能排除所发现的非法收集的证据。该法规定，应予严格排除的非法证据类型有两类：一种是采用刑讯逼供等非法方法收集的犯罪嫌疑人、被告人的供述，另一类是采用暴力、威胁等非法方法收集的证人证言、被害人陈述。只要"使用肉刑或者变相肉刑，或者采用其他使被告人在肉体上或者精神上遭受剧烈疼痛或者痛苦的方法，迫使被告人违背意愿供述的"，都是"刑讯逼供等非法方法"；③ 而所有形式的使被告人身体疼痛和痛苦的方法，当然包括程度上达不到或者说低于刑讯门槛的其他方法，则属于"采用暴力、威胁等非法方法"。由此出现特别值得注意的问题是，根据最高人民法院对刑讯逼供等非法方法相对过于狭窄的解释，前述严禁的以"威胁、引诱、欺骗以及其他非法"收集的证据，似乎并不在第54条第1款的排除范围之内。而更为严重的问题是，第54条第1款第1句严格（绝对）排除的非法收集的证据只是指供述或者证人证言、被害人陈述本身，《刑事诉讼法》第54条第1款第2句规定的相对排除的非法证据规则，即不符合法定程序获得的物证、

---

① 岳礼玲：《刑事司法与人权保障》，法律出版社，2010，第216页。如果不做这样的具体化的列举，那么，任何即便仅仅是形式上对程序规则的违反，都可能让收集到的证据受到排除，如此严格的证据使用禁止规则最终可能会成为一把太过锐利的武器，反倒可能会严重伤害刑事诉讼目的的实现。
② 参阅刘广三《飘渺的"沉默权"》，第十一届刑事法前沿论坛暨死刑改革路径与方案研讨会论文，北京，2013，第182页。
③ 参阅2012年12月20日《最高人民法院关于适用〈中华人民共和国刑事诉讼法〉的解释》第95条。

书证，只是当这种证据不能补正或者不能做出合理解释并"可能严重影响司法公正的"，才不能使用。具体来说，就是如果在获得书证或者物证时实施了严重的程序违法行为，如果不使用这种高度可信的书证或者物证，可能会严重影响司法公正，^① 那么，这种书证或物证尽管在收集规则上存在缺陷，但是，这种程序缺陷或程序违反不会影响其实质可靠性。和用强迫的方法获得的供述或者证言完全不同，这里的"毒树之果"是可以作为证据采用的。^②这个规则的道理，在理论上是从证据的属性上来解释的：相对于言词证据，物证、书证这种实物证据受人为的主观因素的影响小，其客观性和稳定性并不会因为非法的取证方式而受到实质影响，其在可靠性上比言词证据处于更高的证明力位阶。非法证据排除规则上绝对排除和相对排除的区分说明，采用刑讯和与其类似的方法获得的陈述或者证言予以排除的根由，并不是其对犯罪嫌疑人、被告人人权的侵犯的严重性，而是这种供述或者证言本身带有的不可靠性。证据排除规则的这种可靠性取向，还可以从传统司法文化中找到答案。当今，许多人仍然相信，强制之下获得的口供是真实的；同样有相当多的人不相信无辜者在压力之下会做出有罪的虚假陈述。但是，实践告诉我们，有时被告人出于保护朋友或者家庭成员，或者出于某种不可告人的隐私，在不堪忍受折磨的情况下，也会做出虚假的陈述。^③ 而这，往往是冤狱和假错案件的起源。总之，对两类非法证据区别对待的排除规则说明，我国刑事诉讼的立法在取向上归根到底是倾向于避免因证据不可靠而导致的冤假错案；对非法书证、物证排除的有条件性，说明新的立法并没有彻底坚持个案的人权保障的程序价值^④本身（"证据的纯洁性"）。^⑤

---

① 是否构成"可能严重影响司法公正"的判断，"应当综合考虑收集物证、书证违反法定程序以及造成后果的严重程度等情况"。参阅 2012 年 12 月 20 日《最高人民法院关于适用〈中华人民共和国刑事诉讼法〉的解释》第 95 条第 2 款。

② 鉴于侦查程序中收集证据的密度和深度在持续强化，刑事追诉机关没有不能采用的新的先进的技术手段，合法取证的可能性越来越大，因此，毒果的可采用性理由也变得日益脆弱。

③ 岳礼玲：《刑事审判与人权保障》，法律出版社，2010，第 211、212 页。

④ 程序价值至少在于禁止不择手段、不惜一切代价和不问是非的方法发现犯罪事实，防止国家在追诉不法过程中采取或者造成新的不法。

⑤ 在强调不能严重影响司法公正的前提下，对我国刑事程序的非法证据排除规则可能形成严峻考验的实践是，在被告人尽管真实供述了罪行却由于其遭受过刑讯的情况下，法庭是否敢于宣告被告人无罪。

对于非法收集的证据的审查，2012 年《刑事诉讼法》要求被告方在庭前程序中提出（除在庭审程序中发现证据收集的非法性），没有在庭前程序（听证程序）提出，而在庭审过程中提出的，尽管法庭应该审查，但是，对证据收集的合法性是否进行调查，2012 年《刑事诉讼法》并没有明确规定。不过，2012 年《最高人民法院关于适用〈中华人民共和国刑事诉讼法〉解释》（以下简称《解释》）第 100 条第 3 款规定，经法庭审查，没有履行庭前提出义务的，是否对证据收集的合法性进行调查，交由法庭自由裁量。这就是说，对于这种违反庭前申请提出义务的，法庭要在庭审中履行双重审查，首先要审查是否成立庭前申请提出义务的违反，其次才是证据收集非法性的疑问是否成立的审查，但这个审查只能是在法庭调查结束前一并审查。而至于是否进行证据收集合法性的调查，则完全由法庭自由裁量，不像《解释》第 100 条第 1 款规定的那样，违反提前提出申请义务的，决定是否进行合法性调查是否取决于第二次审查的结果——关于非法性的疑问是否成立，并不明确。因为，《解释》第 103 条规定，第二审法院应当对证据收集合法性进行审查的，可以是第一审对排除非法证据什么也没有审查，并以该证据作为定案根据的（第 1 项），也可以是不服第一审法院做出的有关证据收集合法性的调查结论而提出抗诉、上诉的（第 2 项）。这两种情况中，并不包括第一审法院对申请进行了审查，但决定不予调查而没有调查结论的情形，因此，根据最高法院的《解释》，第二审法院对这种情形并没有进行证据收集合法性审查的义务（第 103 条）。按此，具体在强迫而来的供述或者证言的问题上，如果辩护人出于辩护策略，没有在庭前程序提出申请，而是在庭审过程中提出，那么，经过法庭审查，违反了庭前提出义务，而在临近法庭调查结束之前进行了非法性疑问是否成立的审查，不管疑问是否成立，法庭完全可以不予证据收集合法性的调查，而采用可能成立非法性疑问的证据。根据刑事诉讼的审理单元原则，审判程序应当是一个独立完整而持续进行的单元，证据在庭审的任何时间都可以提出，证据收集的合法性审查也可以随时提出，不可轻易以提出太迟为由予以断然拒绝。因此，可以考虑未来的修法中增加这样的内容：证据的提出申请以及证据收集合法性的审查申请，不得以其申请提出太迟，而予以拒绝。

观察 2012 年《刑事诉讼法》，也可以发现，第一审判决中使用了经过审查但是没有调查其收集合法性的证据，不能以此为由提起上诉；第二审法院也不会再进行证据收集合法性的审查和调查。尽管在第一审中如果使用了被排除的证据，是否由此可以对该判决进行上诉，法律并没有明确规定，但是，根据《刑事诉讼法》第 227 条和第 225 条的规定，使用了强迫而来的供述，并不是提起上诉的绝对理由；[①] 只要这个判决是以应当排除的证据为根据做出的，那么只可能导致终审之后的重新审判（再审）。[②] 因而，对于采用强迫而来的供述这种应予排除的非法证据给被告人造成的不利，在二审程序中并没有给予应有的权利救济。

二　有效辩护制度方面的问题

根据 2012 年《刑事诉讼法》，被告人因为经济困难或者其他原因没有委托辩护人的，在侦查程序中他本人就可以向法律援助机构申请法律援助或者通过其近亲属（对于在押的被告人尤其重要）申请法律援助。[③] 辩护人对办案机关及办案人员阻碍其依法行使诉讼权利的行为，享有第 47 条和第 115 条规定的救济权。[④] 最高人民法院复核死刑案件，辩护律师提出要求的，根据第 240 条第 1 款的规定，应当听取辩护律师的意见。这些新的规则在保障有效辩护的国家义务的方向上取得了一定的进步，[⑤] 但是，用提供充分的便利以保障辩护的准备和对当事人提供有效的辩护的要求来衡量，我国的刑事辩护制度仍然存在不利于有效辩护的一些规则上的不明确性以及需要揭示出来的缺陷。

首先是对侦查程序中律师辩护的限制。诚然，在侦查程序中，侦查人员本其职权而行动，实行的是侦查不公开的原则。该原则要求，不仅侦查行动不公开进行，而且侦查人员也不得外泄得知的案件内容，其目的是要

---

① T. Weigend, *Die Volksrepublik China auf dem Weg zu einem rechtsstaatlichen Strafverfahren* (FS - Schuenemann, 2014), S. 987.

② 2012 年《刑事诉讼法》第 242 条第 2 项。

③ 2012 年《刑事诉讼法》第 34 条。

④ 这种救济的效果比之侵犯履行诉讼权利的应有的程序后果，当然还存在显著的差别。

⑤ 《公民权利和政治权利国际公约》第 14 条第 3 款 b 项和 d 项。我国大陆地区已经签署了该《公约》，到目前还没有批准；我国台湾地区于 2009 年 4 月 22 日公布了《公约》施行法，规定《公约》"具有'国内'法律之效力"。

防止走漏风声而证据被湮灭、串通共犯或者证人进行伪证等给刑事追究造成困难，而有碍刑事程序之顺利进展，不利刑事追诉效率。另一方面，如果侦查尚在犯罪嫌疑的查证阶段，若公开进行，则会对无论是作为个人的犯罪嫌疑人还是作为法人单位的犯罪嫌疑人，都会造成严重的后果。以此为由，对侦查程序中的律师辩护行为进行限制，也不无道理。但是，限制的前提必须是辩护律师的行为会构成妨碍侦查。如果不存在妨碍侦查的可能，侦查不公开原则与侦查程序中的律师辩护就不抵触。但是，妨碍侦查的构成要件，2012 年《刑事诉讼法》并没有开列细目，这就容易让妨碍侦查成为恣意限制律师辩护的借口。此外，新的规则在被告人能够获得辩护律师帮助的时间点方面是模糊的。如果说在这一点上法律指的是从被侦查机关第一次讯问或者采取强制措施之日起，[①] 那么，这就意味着，虽然被告人也可以在同一天申请和聘请辩护人，但是，同样也只是在被讯问之后同一日才可以申请和聘任。[②] 警方讯问时（以及在后来的讯问时）的辩护人的在场权是犯罪嫌疑人、被告人的重要诉讼权利。所谓"在场"，也不只是讯问之时辩护律师在场观察，而是要现场履行辩护人角色义务，为犯罪嫌疑人、被告人提供法律帮助，防止侦查讯问人员对当事人刑讯和其他非法行为的发生，但是，遗憾的是，我国的 2012 年《刑事诉讼法》并没有规定这种重要的诉讼权利；受警方讯问的犯罪嫌疑人、被告人因此仍然处于没有法律帮助的，长时间持续的严峻而危急的状态。因此，在将来修法时可以考虑采用这样的表述："在侦查机关采取强制措施之时或者第一次讯问开始时。"确立讯问时的辩护人在场权，规定："辩护律师没有参与而进行的讯问，所取得的讯问结果，一般只有经过辩护律师同意，才可作

---

① 2007 年 10 月 28 日修改的《律师法》第 33 条，首先把 1996 年《刑事诉讼法》第 96 条第 1 款第 1 句中"犯罪嫌疑人在被侦查机关第一次讯问后或者采取强制措施之日起，可以聘请律师为其提供法律咨询、代理申诉、控告"，其中的"后"字删掉了，对于受托的时间点《律师法》确定为："犯罪嫌疑人被侦查机关第一次讯问或者采取强制措施之日起，受委托的律师凭律师执业证书、律师事务所证明和委托书或者法律援助公函，有权会见犯罪嫌疑人、被告人并了解有关案件情况。"

② 因此，与 1996 年《刑事诉讼法》第 96 条第 1 款第 1 句"犯罪嫌疑人在被侦查机关第一次讯问后或者采取强制措施之日起，可以聘请律师为其提供法律咨询、代理申诉、控告"相比较，2012 年《刑事诉讼法》中尽管删掉了"后"字，但是"之日起"这样的措辞，同样存在"第一次讯问后"这样的可能，因此，1996 年《刑事诉讼法》和 2012 年《刑事诉讼法》在实质上并无差异。

为证据进入法庭审理。"另一方面，辩护律师没有参与庭审前的侦查活动，不得因此对庭审程序的辩护产生不利。

根据 2012 年《刑事诉讼法》第 40 条的规定，辩护律师在侦查阶段拥有特定证据的调查取证权。具体包括：辩护人收集的有关犯罪嫌疑人不在犯罪现场、犯罪嫌疑人行为时未达刑事责任年龄以及犯罪嫌疑人是依法不负刑事责任的精神病人的证据。然而，若不及时调查获取对犯罪嫌疑人、被告人有利的证据，直到审查起诉①或者开庭审理才可申请调查取证，其间该证据则面临潜在的极高的灭失危险；如果这种有利的证据的提取，能够阻止提起公诉，对这些证据，赋予辩护律师以特定调查取证权也特别重要。因此，未来修法之时，可以考虑把特定证据的律师自我调查取证权范围扩大到这两种情形的证据上。和以前的《刑事诉讼法》和刚刚修订的《律师法》②一样，辩护律师对特定证据之外的调查取证权仍然是受限制的：辩护人可以请求检察院进行特定的侦查，也可以提请法官传唤具体的证人。除此之外，经过法官（证人）许可，辩护人可以对证人发问；但是，向被害人或者与其近亲属以及被害人提供的证人收集与案件有关的材料，除被害人或者其近亲属以及被害人提供的证人同意外，辩护人还必须征得检察院或者法院的许可（《刑事诉讼法》第 41 条）。当然，辩护律师的自我调查所涉及的是犯罪嫌疑人、被告人的嫌疑，根据通常的理解，辩护律师很有可能搞混证据源，因此，不能不对其自我调查的范围进行特定限制。但是，过多的许可环节，会给辩护律师的有效辩护造成不适当的障碍。对此，可以考虑，适当放开特定调查取证范围外的辩护律师自我调查的限制，不过，对于其所获得的调查结果，不可以作为证据材料对待，而只能构成其向法庭申请调取证据的线索或者根据。

此外，我国《刑事诉讼法》第 38 条对辩护人的侦查卷宗阅卷权规定得特别有限和模糊。首先，在警方的侦查期间辩护律师原则上没有阅卷

---

① 由于侦查期间辩护律师没有侦查卷宗的阅卷权，因此，并不能可靠地知道这类有利于犯罪嫌疑人、被告人的不及时调取就很可能灭失的证据，是否已经为侦查人员所收集，如果在审查起诉时才有阅卷权，并知道这类证据没有被收集，但是在侦查期间已经灭失，这种有利证据的灭失，对于当事人是无法弥补的不利。

② 1996 年《刑事诉讼法》第 36、37 条，2012 年修订的《律师法》第 35 条。

权，而只是在警方把案件提交检察院而检察院对案件审查起诉之日起，辩护律师才享有阅卷权。但是，辩护人查阅、摘抄、复制的案卷材料，尤其是"材料"究竟指的是什么，根本不清楚。1996 年《刑事诉讼法》第 36 条提到的是"诉讼文书、技术性鉴定材料"，但是，由于各方解释不同，阅卷权范围各异。1998 年 9 月 8 日最高人民法院的解释是："本案所指控的犯罪事实的材料，但审判委员会和合议庭的讨论记录及有关其他案件的线索材料，不得查阅、摘抄、复制。"（《关于执行中华人民共和国刑事诉讼法若干问题的解释》第 40 条）1998 年 1 月 28 日最高人民检察院的解释是："诉讼文书包括立案决定书、拘留证、批准逮捕决定书、逮捕决定书、逮捕证、搜查证、起诉意见书等为立案、采取强制措施和侦查措施以及提请审查起诉而制作的程序性文书。技术鉴定材料包括法医鉴定，司法精神病鉴定、物证技术鉴定等由有鉴定资格的人员对人身、物品及其他有关证据材料进行鉴定所形成的记载鉴定情况和鉴定结论的文书。"（《人民检察院刑事诉讼规则》第 319 条）而 1998 年 4 月 25 日司法部的解释是："律师有权到人民法院查阅、摘抄、复制案件材料（《律师办理刑事案件规范》第 66 条）；案件材料应当包括起诉书、证据目录、证人名单和主要证据的复印件或者照片，缺少这些材料的，律师可以申请人民法院通知人民检察院补充（第 68 条），查阅、摘抄、复制案件材料，应当注明案卷页数，证据材料形成的时间、地点及制作证据的人员（第 69 条）。"2007 年 10 月 28 日修改的《律师法》第 34 条，把 1996 年《刑事诉讼法》第 36 条所提到的阅卷权范围"诉讼文书、技术性鉴定材料"扩大到了"与案件有关的诉讼文书及案卷材料"，并且特别规定"自案件被人民法院受理之日起，有权查阅、摘抄和复制与案件有关的所有材料"。2012 年《刑事诉讼法》修改辩护律师的阅卷权范围采用了"案卷材料"，而且也没有《律师法》第 34 条第 2 句的特别规定。因此，2012 年 10 月 26 日《律师法》的修改，完全把《律师法》原本扩大了的阅卷权范围（如"与案件有关的所有材料"），又缩小到和 2012 年《刑事诉讼法》一样大的范围。"案件材料"究竟是什么，到目前还没有权威而明确的解释。

2012 年《刑事诉讼法》第 39 条规定，辩护人认为侦查、审查起诉期间公安机关、人民检察院收集的证明犯罪嫌疑人、被告人无罪或者罪轻的证据材料未提交的，有权申请检察院、法院调取有利于犯罪嫌疑人、被告人的证据材料,① 结合第 38 条提到的阅卷权范围 "案卷材料",就可以推导出,第 38 条的 "案卷材料" 中,至少应该包括侦查、审查起诉期间公安机关、人民检察院收集的辩护律师的当事人无罪或者罪轻的全部证据材料,但不包括合议庭、审判委员会的讨论记录以及其他依法不公开的材料。② 由于第 38 条并没有明确地说检察院必须把所有的材料都提供给辩护人查阅、摘抄、复制,在实务中,人民检察院在选取提供给辩护人的 "案卷材料" 时,似乎就有特别保守的理由。如果人民检察院选取提供的并不是与案件有关的所有材料或者至少是包括证明犯罪嫌疑人、被告人无罪或者罪轻的全部证据材料在内的案卷材料,而且,《刑事诉讼法》第 172 条规定,检察院在向法院提起公诉时,必须一并移送 "案件材料、证据",③ 如果这里的 "案卷材料、证据" 同样没有明确是全部或者所有的 "案卷材料、证据",那么,辩护人无论是在检察院还是法院都没有办法发现 "案卷材料" 中有没有对其当事人有利的证据材料,也更没有办法判断对其当事人有利的证据材料有没有提交在案卷中,因此,在履行阅卷权后,根本没有办法及时行使有利证据材料的申请调取权。

还有,2004 年 2 月 10 日最高人民检察院《关于人民检察院保障律师在刑事诉讼中依法执业的规定》第 16 项规定:在人民检察院审查起诉期间和提起公诉后,辩护律师发现犯罪嫌疑人无罪、罪轻、减轻或者免除处罚的证据材料向人民检察院提供的,人民检察院的公诉部门应当接受并进行审查。这规定的是人民检察院接受和审查有利于犯罪嫌疑人证据材料的义务,而对于辩护律师来说,是否提供这种证据材料给人民检察院,只是其权利。但是,我国 2012 年《刑事诉讼法》第 40 条规定,如果辩护人收集了有关当事人不在犯罪现场、未达到刑事责任年龄、属于依法不负刑事责任的精神病人的证据,他应当事先及时告知公安机关、人民检察院。此外,第 46 条第 2 句还规定了辩护律师对在其执业活动中知悉的委托人或者

---

① 这里的问题是,如果辩护律师申请检察院、法院调取这种证据,但没有能够调取的,又如何处理,法律并没有做出明确规定。

② 参阅 2012 年 12 月 20 日公布的《最高人民法院关于适用〈中华人民共和国刑事诉讼法〉的解释》第 47 条第 2 句。

③ 1996 年《刑事诉讼法》第 150 条规定,移送的范围是有明确的指控犯罪事实的起诉书中以及证据目录、证人名单和主要证据复印件或者照片;2012 年《刑事诉讼法》第 172 条规定,除起诉书外,一并移送人民法院的还应该有案卷材料、证据。

其他人的特定犯罪信息有及时告知司法机关的义务。

辩护人是独立的偏向其当事人利益的维权代理人，① 其职责只在于忠实地维护犯罪嫌疑人、被告人的诉讼权利和其他合法利益（第35条）。但是，《刑事诉讼法》第135条、第52条第1款第2句却规定辩护人有交出不利于其当事人利益的证据的义务：任何单位和个人，当然也包括辩护人在内，有义务按照人民检察院和公安机关的要求，交出可以证明犯罪嫌疑人有罪或者无罪的物证、书证、视听资料等证据；有关单位和个人，当然也包括辩护人在内，应当如实向法院、检察院和公安机关提供其需要收集、调取的证据。考察规定有沉默权的国家的诉讼制度，就会发现，与赋予犯罪嫌疑人、被告人的沉默权相对应，辩护律师也享有对于从其当事人处获得的信息有拒绝做出陈述和回答的权利；辩护律师对于法庭原则上负有忠于真相的义务，不得提供他明知是假的或者伪造的证据或者不真实的证人证言（《刑事诉讼法》第42条，《律师法》第40条第6项）。② 如果法律没有规定犯罪嫌疑人、被告人的沉默权，而保留"如实陈述"或"如实供述"的义务，那么，相应地，辩护律师也就合乎逻辑地自然负有交出不利于当事人的证据的义务和如实提供法院、检察院和公安机关所需证据的义务。但是，如果是这样，辩护律师就不得提出有可能查明犯罪事实但最终会损害自己当事人利益的证据，这个偏向自己当事人利益的最保守辩护权规则，也会最终沦丧。更何况，第139条还规定，在侦查活动中发现的可以用以证明犯罪嫌疑人有罪或者无罪的各种财物、文件，应当查封、扣押。这也就意味着，如果在侦查活动中发现了本该享有免证特权的辩护人保存有基于保密义务不得透露的但可以做此目的的文件或者财物，也应当予以扣押。这些片面要求于辩护律师的义务③而言，会严重动摇辩护人的诉讼地位以及为有效辩护而建立的与当事人之间的完全信任关系。

在羁押机构会见当事人，新的规则明确保护被告人和辩护人之间会谈

---

① 他原则上受当事人的约束，但不听命于当事人（非权利性的）不合理的或者非法的要求；没有义务也被严禁将其当事人利益与客观的"公共利益"权衡，而只是偏向其当事人，在法律许可的范围内穷尽一切合法手段维护当事人的利益。

② 也就是说，在法庭上辩护律师所说的话，必须是真实的，但是，辩护律师不必透露自己知道的所有真实信息。

③ 只有当控辩双方都向对方互相公开所收集的全部证据，才可以进一步考虑，要求辩护律师最迟在开庭审理之前把自己的辩护策略的要点公开给法庭和控诉机关。

的秘密性（《刑事诉讼法》第 37 条第 4 款第 2 句，"辩护律师会见犯罪嫌疑人、被告人时不被监听"①）。但是，辩护实务中最关键的问题是怎样实现及时而无延误地会见被羁押的被告人。会见当事人，律师必须向羁押机构（看守所）的领导提出申请，看守所应当在 48 小时内及时安排会见（《刑事诉讼法》第 37 条第 2 款），最高人民法院的《解释》则把 48 小时内安排会见，进一步解释为 48 小时内"见到"当事人。如果申请会见的被告人涉嫌危害国家安全犯罪、恐怖活动犯罪和特别重大贿赂犯罪的，除申请获得看守所许可外，会见还需要征得侦查机关的许可，② 由此，会见权会因限制环节增多而被持续拖延。特别是涉及"特别重大的贿赂犯罪"案件，对辩护律师的会见权的过度限制最成问题。根据 2012 年最高人民检察院修订的《人民检察院刑事诉讼规则（试行）》第 45 条，涉嫌贿赂犯罪数额在 50 万元以上、犯罪情节恶劣的，有重大社会影响的，涉及国家重大利益的，上述三种情形，具有其一，即属"特别重大贿赂犯罪"。观察其中的"犯罪情节恶劣""有重大③社会影响""涉及国家重大利益"，这些都是模糊而有随意解释空间的限制辩护律师会见权的事由。④ 如果会见在押当事人的申请被看守所领导（无理由地）简单拒绝，辩护律师并没有法律上的权利救济途径。如果当事人没有在看守所羁押，而是被监视居住，那么，辩护律师要见到当事人就更困难了。监视居住听起来似乎是舒适条件下的宽松羁押，但是，实际上我国《刑事诉讼法》新修订的第 73 条规定：监视居住可以不在犯罪嫌疑人、被告人的住处执行，在特定条件下，也可以在"指定的居所"执行监视。⑤

① 有些机关把"不被监听"解释为"不通过设备监听，而不包括派员在场监听"。这种解释违背立法意旨。因为立法所要求的是在辩护律师会见犯罪嫌疑人、被告人时，双方的会谈内容不得被第三人知悉，需要派员在场的机关，只能要求其所派员工以看得见但听不见的方式在场。

② 辩护律师会见涉及这些犯罪的犯罪嫌疑人的，法律还规定，侦查机关应当事先通知看守所。实务中，侦查机关和看守所之间可能会互相推诿，一方说另一方没有事先通知，一方说已经事先通知了，而实际上究竟是否事先通知了，辩护律师根本无从得知。这会给及时会见造成障碍。

③ 这里的影响"重大"，是全国性的重大，还是省（自治区、直辖市）域性重大，解释并不明确。

④ 魏东：《当下中国反腐政策的考量诠释》，《法治研究》2013 年第 9 期。

⑤ 2012 年《刑事诉讼法》第 73 条第 1 款规定，如果犯罪嫌疑人、被告人没有固定住处，或者犯罪嫌疑人、被告人涉嫌危害国家安全犯罪、恐怖活动犯罪、特别重大贿赂犯罪的（在其住处执行可能有碍侦查的，经上一级检察机关或者公安机关批准），可以在指定的居所执行。

尽管第 73 条第 2 款要求 24 小时内告知被告人的亲属被指定居所监视居住，但是，该条并没有要求告知被指定居所监视居住的具体地点；也尽管第 37 条第 3 款和第 5 款规定侦查期间允许辩护律师进入监视居住的"指定居所"会见犯罪嫌疑人、被告人，但是，能否见到完全取决于侦查机关的许可，因此，在监视居住的情况下，尤其是指定居所的监视居住条件下，犯罪嫌疑人、被告人获得辩护律师咨询的机会因为受到限制，就少之又少。①

《刑事诉讼法》第 46 条第 1 句原则上是保护辩护人在执业活动中知悉的委托人的有关情况和信息的，但是，这种辩护人保守执业秘密究竟是权利还是义务，是有争议的。② 如果保守执业秘密是义务，那么，除法定例外，无论如何都不得泄露出去。第 46 条第 2 句把法定例外限于辩护律师知悉的委托人或者其他人准备或者正在实施的危害国家安全、公共安全和严重危及他人人身安全的犯罪信息。③ 保密义务原则上是允许法定例外的；但是，第 46 条第 1 句中"有权予以保密"的表述，让保守执业秘密的原本义务变成了一种权利，这就可能导致这样的后果：既然对于执业活动中知悉的委托人的保密是一种权利，那么，权利是可以放弃的，也是可以泄密的；保守与放弃秘密，悉听辩护人之尊便。这就使得该立法例与 2012 年 10 月 26 日修订的《律师法》第 38 条④出现了矛盾。另外，2012 年《刑事诉讼法》第 42 条第 1 款明确不许辩护人帮助犯罪嫌疑人、被告人隐匿、毁灭、伪造证据或者串供，不得威胁、引诱证人作伪证，以及进行其他干扰司法机关诉讼活动的行为。尤其是后面这个"其他干扰司法机关诉讼活动的行为"，只要存在扩大解释的可能性，都会极大地限制辩护律师的辩护活动。

辩护律师进行有效辩护的前提是，他和他的当事人都应该知晓控方所

---

① T. Weigend, *Die Volksrepublik China auf dem Weg zu einem rechtsstaatlichen Strafverfahren*（FS - Schuenemann, 2014), S. 990.

② 参阅熊秋红《刑事辩护论》，法律出版社，1998，第 198 页。

③ 2012 年 10 月 26 日修改的《律师法》把《刑事诉讼法》中规定的知悉的"犯罪的"，改为"犯罪事实和信息"。

④ 第 38 条第 2 款规定：律师在执业活动中知悉的委托人和其他人不愿泄露的有关情况和信息，应当予以保密。但是，委托人或者其他人准备或者正在实施危害国家安全、公共安全以及严重危及他人人身安全的犯罪事实和信息除外。

掌握的对辩方有利或者不利的所有事实和证据;① 这次修法也有当事人主义程序思想的明显取向和强化庭审中控辩对抗的修法目的。但是,从修法的结果来看,控方并没有放松对辩护律师阅卷权、及时会见权和自我调查取证权的限制,反而,在庭审开始前的证据收集方面,把辩护律师的权利错误地规定成辩护人的义务,要求辩方"事先及时告知"(第40条)、"交出"不利于当事人的证据,无论是从当事人主义程序所要求的装备对等原则还是从方便有效辩护的要求来看,这些片面而不对等的新规则,② 最终都会在制度上对辩方造成特别不利的影响。

三 问题的解决

在刑事诉讼中,国家可以动用的侦查犯罪、发现真相的强有力武器是强制措施等侦查手段,与此相对等,证据禁止规则(收集和使用禁止)则是平衡国家的强势权能,保护犯罪嫌疑人、被告人的基本人权不可或缺的工具。我国《刑事诉讼法》确立并完善证据使用禁止规则,是立法上发出的反对刑讯获得供述的一个方向明确的信号。这就告诉诉讼规则的规范对象——侦查人员,讯问是给予犯罪嫌疑人、被告人的一个机会,犯罪嫌疑人、被告人可以用此机会,提供消除自身嫌疑的根据,并提出对自己有利的有关案件事实。这个信号还要让侦查人员明白,给予讯问是犯罪嫌疑人、被告人享有的一种权利,而绝不是和绝不再是违背犯罪嫌疑人、被告人意愿而要其承受的一种拷问。③ 但是,侦查人员在实务层面是否能够广

---

① 当今诉讼制度的先进国家已经在讨论如何赋予犯罪嫌疑人、被告人阅卷权的问题了。

② 这种片面的不对等的新规则指的是仅有利于控方的新规则,还有2012年《刑事诉讼法》第182条第2款所规定的庭前会议制度。根据规定,审判人员可以召集公诉人、当事人和辩护律师、诉讼代理人并可以在庭前会议中"了解情况、听取意见",而公诉人可以对与审判相关的问题提出和交换意见,了解辩护人收集的证据。这样,就让辩护律师要采用的对抗公诉人的证据全部暴露于公诉人和审判人员面前。而该会议上公诉方并不进行证据展示,因此,辩护方就没有办法发现控方证据的非法性,在会议上就没法了解控方非法证据的情况。没有了解控方非法证据情况的程序保障,也就不能充分发表审判人员希望听取的与审判相关的对非法证据排除的意见,而且还缺少进一步提出非法证据排除申请的程序前提。

③ T. Weigend, „Der Schutz der Selbstbestimmung des Beschuldigten bei seiner Vernehmung im Strafverfahren", in Dieter Leipold (Hrsg.), *Selbstbestimmung in der modernen Gesellschaft aus deutscher und japanischer Sicht*, 1997, S. 149 – 163.

泛地全盘接受这个新规则，并最终在侦查程序中形成一种无暴力的和尊重包括犯罪嫌疑人在内的人的尊严的文化，确实还有赖于设计合理的非法证据排除规则的成功实践。

（一）在与供述制度相关的具体改革上，可以做如下考虑

第一，建议在《刑事诉讼法》第 135 条、第 52 条第 1 款第 2 句及第 4 款中把犯罪嫌疑人、被告人排除在外。

第二，建议删除《刑事诉讼法》第 118 条第 1 款第 2 句、第 2 款、第 3 款，第 123 条和第 189 条第 1 款第 1 句。

第三，在变相刑讯逼供和合法讯问之间，尽量划出一道清晰的认定界限，这样才不会对《刑事诉讼法》第 50 条"不得强迫任何人证实自己有罪"的实务效果造成大的不利影响。

第四，进一步以立法解释的方式准确界定收集证据时禁止使用的"其他的非法方法"的范围。最高人民法院对"刑讯逼供等非法方法"的解释相对过于狭窄，应当把法律严禁的"威胁、引诱、欺骗以及其他非法"收集的证据，明确包含在《刑事诉讼法》第 54 条第 1 款的排除范围之内。

第五，从对两类非法证据区别对待的排除规则可以看出，我国的刑事诉讼在立法取向上归根到底是倾向于避免因证据不可靠而导致的冤假错案。对非法书证、物证排除的有条件性，说明新的立法并没有彻底坚持个案的人权保障的程序价值本身。在未来修法时，应该并重证据纯洁性这种个案人权保障的程序价值。

第六，对于证据的提出申请应该增订这样的内容：证据的提出申请以及证据收集合法性的审查申请，不得以其申请提出太迟，而予以拒绝。

第七，对于采用强迫而来的供述这种应予排除的非法证据给被告人造成的不利，在二审程序中应该给予应有的权利救济。

辩护人是对于犯罪嫌疑人、被告人落实无罪推定的法治国家原则之保证人。[1] 在刑事诉讼制度上解决存在的问题，方便辩护律师的辩护准备和最终实现充分而有效的辩护，才能最大限度地发挥对于犯罪嫌疑人、被告人法治国家保障的保证人效应。

---

[1]　Roxin, Schuenemann, *Strafverfahrensrecht*（27. Aufl.），2012，S. 113.

（二）在有效辩护制度的改进上，可以做如下具体考虑

第一，《刑事诉讼法》第 33 条第 1 款第 1 分句和第 2 款第 1 句可以考虑采用这样的表述："犯罪嫌疑人在被侦查机关采取强制措施之时或者第一次讯问开始时，有权委托辩护人"；"侦查机关在对犯罪嫌疑人采取强制措施之时或者第一次讯问开始时，应当告知犯罪嫌疑人有权委托辩护人。"

尽管由于辩护人有搞混证据源的嫌疑，让辩护人参与侦查行为争议颇大、困难重重，但是，至少确立警方讯问嫌疑人时的辩护人在场权，应该是没有什么争议的。因此，为防止非法取证和保障有效辩护，可以规定：若进行的讯问没有辩护律师的参与，则所取得的讯问结果一般只有经过辩护律师同意，才可作为证据进入法庭审理。另一方面，辩护律师没有参与庭审前的侦查活动，不得以此对辩护律师在庭审程序的辩护形成不利。

第二，排除阻碍辩护律师行使自我调查权的制度障碍。可以考虑把特定证据的律师自我调查取证权范围扩大到如下两种情形的证据上：对犯罪嫌疑人、被告人有利的证据，不及时调查获取，直到审查起诉或者开庭审理才可申请调查取证，其间该证据面临潜在极高的灭失危险的；如果及时提取的有利的证据，可以阻止检察院提起公诉的。

第三，对辩护律师自我调查权规定过多的许可或者同意环节，会给辩护律师有效辩护形成不适当的障碍。可以考虑，适当放开特定调查取证范围外的辩护律师自我调查的检方限制，不过，对于其所获得的调查结果，不可以作为证据材料对待，而只能构成其向法庭申请调取证据的线索或者根据。

第四，建议把辩护律师阅卷权的对象范围扩大到"所有的案卷材料"，通过立法解释，明确案卷材料的"材料"具体指的究竟是什么。

第五，建议删除《刑事诉讼法》第 40 条。

第六，通过司法解释把那些模糊而有随意解释空间的限制辩护律师会见权的事由给予明确而可行的规定；《刑事诉讼法》第 73 条第 2 款要求 24 小时内告知被告人的亲属被指定居所监视居住，在该条中应该明确要求告知被指定居所监视居住的具体地点。

第七，彻底清除片面要求于辩护律师的不合理义务。比如，2012 年《刑事诉讼法》第 135 条、第 52 条第 1 款第 2 句要求辩护人交出不利于当事人利益的证据的义务。又如第 139 条对辩护律师的不利规定：如果在侦

查活动中发现了本该享有免证特权的辩护人保存有基于保密义务不得透露的，但可以做此目的的文件或者财物，也应当予以扣押。

第八，把《刑事诉讼法》第 46 条第 1 句中"有权予以保密"的表述改为"应当予以保密"，以便与 2012 年 10 月 26 日修订的《律师法》第 38 条保持一致。另外，2012 年《刑事诉讼法》第 42 条第 1 款明确规定辩护人不得帮助犯罪嫌疑人、被告人隐匿、毁灭、伪造证据或者串供，不得威胁、引诱证人作伪证，以及进行其他干扰司法机关诉讼活动的行为。后面这个"其他干扰司法机关诉讼活动的行为"的措辞，应当予以删除。

第九，法律上既然规定了辩护人有效履行辩护职责的义务，比如，这种义务要求辩护人必须与当事人建立起完全充分的私人联系，争取及时阅卷等，那么，只有当这些义务要求在立法上获得了与义务相对的权利保障，才能够具备实现有效辩护的前提。即立法上要规定，如果法律上对辩护人的这些义务要求，受到了任何相对的权利保障机关工作人员无法律根据的有意或无意的怠慢、轻视或忽视，都可以看作该机关对于被告人之有效辩护请求权的侵犯，并且可以成为被告人相对的上诉理由。

还应该指出的是，法治国家中，法官是法治的代表，在法治国家的刑事程序中，法官是整个程序运作的主宰，他应该依法对所有各方的程序行为或者诉讼行为的合法性进行有效监控和干预。在我国刑事诉讼中的侦查程序中，尽管对于强制措施的使用，有人民检察院的监控，但是，法官的参与和控制始终是缺位的。如何才能够让精英法官成为控制侦查程序中各方诉讼行为合法性的主宰，是需要继续探索而本文无法涵盖的、我国走向法治国家的刑事程序进程中的另一重大课题。

The Chinese Criminal Procedure Law on the Road to the Rule of Law：Two Key Issues

Fan Wen

Abstract：Since the promulgation of China's 1979 Criminal Procedure

Law, the Criminal Procedure Law had been revised and supplemented twice. The principles and institutions established in revisions and supplements show the "legal state" orientation which China's Criminal Procedure Law continues to hold to. A central theme of the "legal state" principle in criminal procedure law is to prevent the innocent from being prosecuted. For doing so, the state must consciously restrict its own powers by erecting barriers for itself. However, in the areas of rules on statements and effective defense system, the relations between the efficiency for combating crimes pursued by state and the right to enjoy due process protection needed by citizens are the most strained and complex; the balance of their relations is also difficult. The existing problems in rules on statements and effective defense system in the level of legislation become the prominent problems in the orientation of China's Criminal Procedure Law. Discussing and solving these two problems in the sense that the state should prevent the innocent from being prosecuted and restrict its own powers are the main themes of this article.

Keywords: Criminal Proceedings; Legal State; Statements; Effective Defense

《公民权利和政治权利国际公约》与
国内法律制度

——一些基本认识

孙世彦[*]

摘　要：中国于 1998 年签署了《公民权利和政治权利国际公约》，并一直在积极研究其批准和实施事宜。在研究中，应注意《公约》在与缔约国国内法律制度的关系上，具有权威性、独立性、最低性和有限性以及补充性和监督性。对这些性质的认识应该成为中国批准和实施《公约》时必须考虑的重要因素，并作为学者研究《公约》制度的首要问题。

关键词：《公民权利和政治权利国际公约》　人权事务委员会　国际法与国内法的关系

1966 年 12 月 16 日通过、1976 年 3 月 23 日生效、迄今已经有 168 个缔约国的《公民权利和政治权利国际公约》（以下简称《公约》）是《国际人权宪章》的重要组成部分，是公民权利和政治权利领域中最为广泛、最为权威的国际法律文件，甚至被称为"可能是世界上最重要的人权条约"。[①]

尽管《公约》在形式上是一项国际条约，但是由于其实质目的在于为每一个缔约国规定"承担尊重和保证在其领土内和受其管辖的一切个人享有本公约所承认的权利"的义务（《公约》第 2 条第 1 款），因此必然要与

---

[*] 孙世彦，中国社会科学院国际法研究所国际公法研究室主任、研究员。本文曾发表在《法治研究》2011 年第 6 期，现经重要补充和修订后重新发表。

[①] Sarah Joseph, Jenny Schultz & Melissa Castan, *The International Covenant on Civil and Political Right: Cases, Materials, and Commentary* (Oxford: Oxford University Press, 2004), p. 4.

缔约国的国内法发生密切的联系，对后者产生重大而深远的影响。很自然地，在中国于 1998 年 10 月 5 日签署《公约》后，中国批准与实施《公约》的问题也就成为中国学者的一个研究热点。在这些研究中，中国学者以《公约》规定为根据，广泛地对比研究了中国的法律规定和实践、这些规定和实践与《公约》规定之间的差距并提出了相应的解决办法。但是，在这样的研究之中甚至在进行这样的研究之前，首先需要对《公约》的某些性质，特别是可能对其与缔约国国内法律制度的关系具有重大影响的性质，具备清楚的认识。只有在这样的基础上进行的研究，才能对《公约》有更加准确的定位，以之为根据对中国国内法律制度的研究才能更加具有针对性和现实性。

基于以上说明，本文将着重探讨在与缔约国国内法律制度的关系上，《公约》的若干性质，即权威性、独立性、最低性和有限性以及补充性和监督性。不过，需要说明的是，本文提及《公约》时，不仅指《公约》以及——可能的情况下——两项《任择议定书》的文本，而且包括自《公约》生效以来，负责监督其实施的人权事务委员会（以下简称委员会）通过对缔约国报告和个人来文的审议、发布一般性意见以及通过其他方式对《公约》的解释和发展。这些解释和发展与《公约》及其两项《任择议定书》的约文一道，共同构成了"《公约》制度"的整体。

一　《公约》的权威性

《公约》在与缔约国国内法的关系上，具有效力上的权威性，即具有高于国内法的效力。这种权威效力的基础并不是《公约》规定的内容或体现的价值，而是源于其作为一项国际条约的形式和性质。就作为国际法的一项主要渊源的条约与国内法的关系而言，学界已经有颇多论述，各国的做法也不尽相同。但是，无论一个国家是秉持"一元论"还是"二元论"，从国际法的角度来看，对这一关系的基本结论是显而易见的：国际法的一项最基本原则是"约定信守"——这可以说是整个国际法的效力的基础，这一原则体现在国际条约与国内法的关系上，就是"一当事国不得援引其国内法规定为理由而不履行条约"。这一原则不仅规定在《维也纳条约法公约》第 27 条中，而且作为一项习惯国际法规则，得到了世界上所有国家的接受和赞同。如果再加上同样体现了习惯国际法规则的《维也纳条约法公约》第 26 条——"凡有效之条约对其各当事国有拘束力，必须由各该国善意履行"，则一旦一个国家批准《公约》，即有义务善意履行，其国内法的规定不仅不能成为不履行《公约》的理由，而且还应该按照其宪法程序和《公约》的规定采取必要步骤，以采纳为实施《公约》所承认的权利所需的立法或其他措施（《公约》第 2 条第 2 款）。委员会在其有关《公约》缔约国承担的一般法律义务的性质的第 31 号一般性意见中就指出，"根据《维也纳条约法公约》第 26 条所阐明的原则，各缔约国必须善意履行《公约》所规定的义务"。[①] 换言之，尽管《公约》在某一缔约国的国内法体系中如何获得效力，当《公约》与该国的宪法或法律相抵触时如何解决等问题非常复杂，但这是一个国内法的问题。从国际法的角度来看，只能得出一个简短的结论：《公约》在效力上具有相对于国内法的权威性。

《公约》相对于国内法在效力上的权威性，在法理上非常清楚，没有任何争论的余地。然而，在中国某些有关《公约》的研究中，对于这一点却认识或体现得并不充分。在这些研究中，除了在《公约》规定和中国法律之间进行对比之外，还经常援引其他国家的法律规定，以作为支持性的论据。这种法学研究中常用的比较法方法很正常，无可非议。但是，如果在研究中，不自觉地将《公约》的规定置于与国内法相并列的地位，由此将《公约》当作理解所涉问题的一个可资参考的方面，并因此在参考价值的定位上将其置于和国内人权标准同等的地位，却没有突出《公约》在效力上的权威性，则是不正确的。决不应该混淆的是，《公约》是缔约国必须遵守的"标准"和"尺度"，是一种法律，而其他国家的法律制度不过是一种"可资借鉴"的"做法"和"经验"，因此，任何国内法与《公约》的比较都是一种"纵向"比较，前者低，后者高；而不同国家的法律之间的比较是一种"横向"比较，彼此无高低之分。[②] 如果在有关《公

---

① 第 31 号一般性意见（2004）第 3 段。
② 当然可以主张说，某些国家的人权法律制度更为详细、合理，甚至"发达"和"先进"，但这仅是从人权法律制度本身的发展程度而言，而不涉及对两者法律效力的判断。已经有学者指出我国《宪法》与《国际人权宪章》的比较是一种"纵向"比较，因而不同于与其他国家宪法文本的"平行"比较。参见刘连泰《〈国际人权宪章〉与我国宪法的比较研究——以文本为中心》，法律出版社，2006，第 3~4 页。

约》的研究中，对这两种比较的不同意义认识不清，则所得出的结论恐怕很难谈得上是科学的，在实践中也无法正确地指导对《公约》的批准和实施工作。更为合适的研究方法是：如果研究可以归类为"对《公约》的研究"，即以《公约》本身或某一方面或其规定的某一或某些权利为研究对象，则基础和重点应是这些问题在"《公约》制度"中的表现，所有的国内人权标准都只能用来证明和支持《公约》的内容和规定，即只有证据价值，而不能用作得出观点的根本依据；如果研究属于"涉及《公约》的研究"，即独立于《公约》的语境研究某一问题或权利，但研究中涉及了《公约》的规定，则尽管《公约》与其他资料——如其他国家的法律规定——同属证明和支持所涉观点的证据，《公约》也应该是其中最重要的证据，应得到最大程度的重视。

二　《公约》的自主性

《公约》的自主性是指《公约》条款的内容和范围独立于包括缔约国在内的任何国家的法律制度而存在，不受国内法的限定或约束。根据这一性质，在理解和解释《公约》时，对于其中的任何术语和概念，必须根据它们在《公约》中的含义本身来理解和解释，而不能依赖于它们在有关的国内法律制度中的具体含义。《公约》中有许多术语和概念与缔约国国内法中的术语和概念是相同或相似的，这是因为，一方面，《公约》所调整的领域——国家与个人的义务权利关系——与国内法的许多规定是相同的；另一方面，《公约》中的许多术语和概念本身就是对国内法律规定的提炼和总结。但是，《公约》的这种与国内法调整领域的重叠以及其国内法的"渊源"绝不意味着对《公约》的解释要依赖于或受制于国内法。①相反，对《公约》的解释是独立的，对于某一个可能同时存在于《公约》和缔约国国内法中的术语或概念，不是前者服从后者，而是——在事实上而非法律上——后者服从前者。这是因为，包括《公约》在内的

---

① 但是，亨金以"国家安全"为例，认为"可以——实际上是必须——诉诸国内法律和实践以判断其含义以及限制"。Louis Henkin, *The International Bill of Rights*: *The Covenant on Civil and Political Rights*（Columbia University Press, 1981）, p. 27.

人权条约使用的概念"为所有的参加国设立了标准，因此不能接受让国家完全自由地赋予这些概念以不同的含义，这些概念必须从自主的国际含义来理解"。①

早在 1979 年的范·杜真诉加拿大案中，委员会就明确指出《公约》的解释和适用应该"以这样的原则为基础，即《公约》中的术语与概念独立于任何特定的国内法律制度以及所有的词典的定义。尽管《公约》中的术语来源于许多国家的长期传统，但现在委员会必须认为这些术语具有自主的含义"。② 而在有关对《公约》或其《任择议定书》的保留问题的第24 号一般性意见中，委员会也提到了《公约》规定的自主含义："解释性声明或保留也不应当试图取消《公约》义务的自主含义，声称这些义务与国内法中的现存规定相一致，或只在这些义务与国内法中的现存规定相一致的范围内，才接受这些义务"。③

在此，仅举一例说明清楚地认识《公约》的自主性对中国批准和实施《公约》的重要意义。

《公约》第 9 条第 3 款规定，"任何因刑事指控被逮捕或拘禁的人，应被迅速带见审判官或其他经法律授权行使司法权力的官员"。根据《中华人民共和国刑事诉讼法》，对刑事案件的拘留和执行逮捕由公安机关负责，批准逮捕由检察机关负责。④ 在中国法律中并没有与《公约》第 9 条第 3 款的要求类似的、规定被剥夺自由的人有权被迅速带见法官的条款。对此，某些研究试图诉诸《公约》第 9 条第 3 款中"其他经法律授权行使司法权力的官员"的短语来证成由检察机关批准逮捕符合该款的要求。例如，一项研究注意到了这一问题，但结论是，"因为在我国检察院是司法机关"，因此对于检

---

① Rudolf Bernhardt, "Thoughts on the interpretation of human – rights treaties," in Franz Matscher and Herbert Petzold, eds., *Protecting Human Rights*: *The European Dimension – Studies in Honour of Gérard J. Wiarda* (Carl Heymanns Verlag KG, 1988), p. 67. 但作者同时还指出，"国际层面无法完全与国内法的情况相分离"。

② Communication No. 50/1979, *Van Duzen v. Canada*, para. 10. 2. 有学者认为，"尽管本来文中提到的是国内传统，但自主性的概念有可能渗透到委员会解释《公民权利和政治权利国际公约》所规定之权利的一般方法之中"。Alex Conte, Scott Davidson and Richard Burchill, *Defining Civil and Political Rights*: *The Jurisprudence of the United Nations Human Rights Committee* (Ashgate, 2004), p. 15, note 79.

③ 第 24 号一般性意见（1994）第 19 段。

④ 《中华人民共和国刑事诉讼法》第 3 条，另参见第 64～98 条。

察院是否属于"其他经法律授权行使司法权力的官员","回答是肯定的",①
这样一种解释方法完全没有尊重《公约》的自主性,因为这一短语的含义是
由《公约》和委员会决定的,而不能参考国内法。再者,下面的论述将会表
明,在委员会的案例中很容易就发现不那么"肯定"的答案。另一项研究对
于《公约》的要求和相关的中国法律规定之间的差异正确地提出了疑问,注
意到,"在我国,检察机关作为法律监督机关,虽然也被称为'司法机关',
但检察机关在刑事诉讼中的角色,决定了其很难作为客观而中立的机关来监
督或审查拘留和逮捕,而且拘留后的羁押期限较长,因此,即使检察机关作
为'类司法'机关进行批捕审查,很难说是做到了迅速带见审判官"。然而,
同一研究提出,对于检察官是否属于"其他经法律授权行使司法权力的官
员"的问题,"人权事务委员会尚未将检察官排除在外"。② 然而,早在1996
年审结的一件来文(库罗民诉匈牙利)中,委员会就曾对检察官是否属于
《公约》第9条第3款所提到的"其他经法律授权行使司法权力的官员"有
清楚的说明。在该案中,来文提交人在被带见法官之前,被羁押了9个月,
羁押是根据检察官办公室的决定进行的。缔约国认为,根据匈牙利现行有效
的法律,"当时检察官的组织和行政部门没有任何关系并且完全是独立于它
的",并因此辩称"决定延续拘留库罗民先生的检察官可以被认为是第9条
第3款意义之下的'其他经法律授权行使司法权力的官员'"。③ 但是,委员
会拒绝了这一主张,声称:"司法权力的适当行使的内在要求是,该权力应
由对所处理的问题独立、客观和公正的当局行使。在本案的情况中,委员会
不能表示满意的是,将检察官视作具有成为第9条第3款含义之内的'经法
律授权行使司法权力的官员'所必须具有的体制客观性和公正性。"④

---

① 卫跃宁:《审判前的羁押》,载陈光中主编《〈公民权利和政治权利国际公约〉批准与实施
问题研究》,中国法制出版社,2002,第155页。
② 马鹏飞:《人身自由权的保障》,载陈光中主编《〈公民权利和政治权利国际公约〉与我国刑事
诉讼》,商务印书馆,2005,第131、139~140页。但是这一研究注意到了欧洲人权法院在对
《欧洲人权公约》的解释中,"将检察官明确排斥于'经法律授权行使司法权力的官员'之
外",因此"法官不得被检察官所取代"。卫跃宁:《审判前的羁押》,载陈光中主编《〈公民权
利和政治权利国际公约〉批准与实施问题研究》,中国法制出版社,2002,第131页。
③ Communication No. 521/1992, *Kulomin v. Hungary*, para. 10. 4.
④ Communication No. 521/1992, *Kulomin v. Hungary*, para. 11. 3. 不过,安藤仁介委员对委员会
多数对"经法律授权行使司法权力的官员"的解释和对匈牙利检察官的定性表示了不同
意见。

后来，委员会又在针对乌克兰、吉尔吉斯斯坦和俄罗斯等国的来文中提出了类似的意见，[①] 并在有关《公约》第 9 条的一般性意见中明确指出，"一个检察官不能被认为是第 9 条第 3 款所规定的行使司法权力的官员"。[②] 至于为何检察官不能被认为是第 9 条第 3 款含义之内的司法官员，委员会在对个人来文的审议中并没有做详细的解释，但在审议塔吉克斯坦的缔约国报告之后做出的结论性意见中，有一定的说明：由检察官而非法官负责授权逮捕"造成了被告方和起诉方之间的不平等，因为检察官希望拘禁那些将被起诉者"。[③] 可以看出，这些意见都是针对中东欧国家提出的。这些国家尽管在 20 世纪 90 年代初在政治制度方面发生了剧变，但仍沿用以往的司法制度，而中国的司法制度（包括检察机关的地位和作用）与其一脉相承。因此，如果承认和尊重《公约》的自主性以及委员会对《公约》的解释，就不应该得出中国的检察官属于"其他经法律授权行使司法权力的官员"的结论。

三 《公约》的最低性和有限性

《公约》具有效力上的权威性，但是，这并不意味着《公约》就其所列的公民权利和政治权利，是最终极的标准、最全面的规定。实际上，就其内容而言，《公约》具有标准上的最低性和范围上的有限性。《公约》在标准上的最低性是指，《公约》"所规定的权利代表了世界共同体所承认的一整套公民权利和政治权利的基本最低限度"，[④] 因此《公约》的规定只是缔约国在保护和促进公民权利和政治权利时必须遵守的最低限度的标准。缔约国固然必须履行《公约》规定的义务，但是履行了这些义务并不意味着已经达到了保护和促进公民权利和政治权利的理想水平，缔约国完全可以就这些权利规定更高的标准。例如，《公约》只是规定不得对孕妇执行

---

① 参见 Communication No. 726/1996, *Zheludkova v. Ukraine*, para. 8.3; Communication No. 1278/2004, *Reshetnikov v. Russian Federation*, para. 8.2; Communication No. 1547/2007, *Torobekov v. Kyrgyzstan*, para. 6.2。

② 第 35 号一般性意见（2014）第 32 段。

③ CCPR/CO/84/TJK (2005), para. 12.

④ Dominic McGoldrick, *The Human Rights Committee: Its Role in the Development of the International Covenant on Civil and Political Rights* (Clarendon Press, 1991), p. 20.

死刑（第6条第5款），但缔约国完全可以规定甚至不得判处孕妇死刑，[①]这就是一种关于生命权的更高标准。《公约》在范围上的有限性则是指，《公约》规定的只是必须加以保护和促进的公民权利和政治权利，除此之外，缔约国完全可以规定超出《公约》范围的、更多的在理论上可以归为公民权利和政治权利，但在《公约》中并没有明确规定的权利或权利的方面。例如，《公约》第18条承认了思想、良心和宗教自由，其中并没有明文包括基于良心拒服兵役的自由，但缔约国完全可以规定这种自由，也就是提供一种比《公约》所要求的更大的保护范围。[②] 再如，尽管《世界人权宣言》第17条规定了财产权，但是这一权利并没有规定在"联合国人权两公约"中，然而世界上所有国家的法律都承认了拥有财产的权利（尽管程度和范围不一），这也是国家可以超出国际人权条约要求的范围规定更多权利的一个例证。对于《公约》在标准上的最低性和范围上的有限性，《公约》本身也有体现。《公约》第5条第2款规定："对于本公约任何缔约国中依据法律、公约、条例或习惯而被承认或存在的任何基本人权，不得借口本公约未予承认或只在较小范围上予以承认而加以限制或克减"。这意味着，如果缔约国的法律规定了更高程度或更大范围的权利，则缔约国不仅不能以其未见于《公约》而加以限制或减损，而且有义务按照这种更高的程度或更大的范围加以保障。

然而，在我国某些有关《公约》的研究中，对《公约》的这种标准和范围上的最低性和有限性认识不足，经常不自觉地将《公约》的规定当作对研究所涉权利或问题的终极的、全面的"法典"。这种情况较多地出现在对《公约》中有关刑事司法特别是刑事诉讼的条款的研究中，表现为或多或少地将这些条款视为一种"国际刑事诉讼法"，即一种体现在国际公约中的刑事诉讼规范。但是，与一般的国内刑事诉讼规范甚至某些国际性的刑事诉讼规范（如《国际刑事法院规约》中的相关条款）相比，《公

---

① 如我国《刑法》第49条规定，"审判的时候怀孕的妇女，不适用死刑"，这意味着不得判处孕妇死刑。

② 不过，委员会在有关思想、良心和宗教自由的一般性意见中指出，尽管《公约》没有明确提到基于良心拒服兵役的权利，但是，"就使用致死力量的服兵役义务可能与良心自由和表明自己宗教或信仰的权利严重冲突来说，可以从第18条中得出基于良心拒服兵役的权利"，参见第22号一般性意见（1993）第11段。基于这种解释，基于良心拒服兵役的自由就属于第18条的应有之义，而非超出其范围的权利了。

约》中有关刑事诉讼的规定并不全面，根据这些条款完全不可能进行完整的、有效的刑事诉讼。实际上，《公约》中有关刑事司法的规定仅仅涉及有关刑事司法的某些阶段而非全部阶段、某些方面而非全部方面，需要得到尊重和遵守的是"人权"规则而非"诉讼"规则。例如，就《公约》中有关刑事司法的核心条款第 14 条而言，准确地说，该条规定的是公正审判"权"即有关审判中某些应予保障之权利的最低标准，而不是对"公正审判"的全面规定。① 尽管这些最低标准得不到保障，就很难说这一审判是公正的（必要条件），但从逻辑上说，"审判"与其过程中需要尊重的权利毕竟不是一回事。因此，第 14 条第 1 款中的绝大部分规定——主要例外是有关"suit at law"的规定——以及第 2 款到第 7 款最多等同于刑事诉讼法中有关犯罪嫌疑人和被告人权利保障的部分，而不涉及刑事诉讼的整个过程和全部方面。② 委员会在有关公正审判权的一般性意见中指出，"第 14

---

① 已经有人指出，"不少学者在探讨国际人权公约关于公正审判权的规定时，并没有区分到底是公正审判的标准还是公正审判权的标准，而是根据行文的习惯和需要，来采用公正审判权的标准或者公正审判的标准的提法"。朱立恒：《公正审判权研究——以〈公民权利和政治权利国际公约〉为基础》，中国人民公安大学出版社，2007，第 156 页脚注。但如本段所述，这种差别并非仅仅是形式上的，而是有实质的含义。该书作者采用"公正审判权的标准"的提法是正确而严谨的。

② 有学者提出，第 14 条第 4 款规定的是所有（少年）当事人都能够享有的权利，而不仅仅局限于刑事诉讼中的被告人。参见朱立恒《公正审判权研究——以〈公民权利和政治权利国际公约〉为基础》，中国人民公安大学出版社，2007，第 36 页。这一理解是不正确的。该款中提到的"少年的案件"（case of juvenile persons）只能理解为有少年作为犯罪嫌疑人和被告人的刑事案件，而不应包括其他"诉讼案"。首先，从上下文语境来说，第 4 款之前的第 2、3 款和之后的第 5～7 款均有关刑事案件，如果第 4 款含有超出刑事司法的因素，将不符合约文逻辑。其次，该款中出现的"重适社会生活"（rehabilitation）是一个只适用于少年刑事司法的概念，而不适用于涉及少年的其他非刑事案件。最后，委员会在其有关第 14 条的两项一般性意见中，在论及第 4 款时，均只限于涉及少年的刑事案件，而没有提到其他类型的诉讼或案件。见第 13 号一般性意见（1984）第 16 段，第 32 号一般性意见（2007）第 42～44 段。另外，学者对该款的分析和论述也都有关少年刑事司法，而不及于涉及少年的其他诉讼或案件，例如，见 Manfred Nowak, CCPR Commentay（N. P. Engel, 2nd revised edtion, 2005），Article 14, paras. 78 - 80；Sarah Joseph, Jenny Schultz & Melissa Castan, *The International Covenant on Civil and Political Right: Cases, Materials, and Commentary*（Oxford: Oxford University Press, 2004），p. 451，其中该款的标题干脆就被设置为"少年被告的权利"（Rights of a Juvenile Accused）。实际上，即使前述认为第 14 条第 4 款不仅仅局限于刑事诉讼中的被告人的学者，在实际分析该款时，也只涉及了有关少年的刑事司法问题。朱立恒：《公正审判权研究——以〈公民权利和政治权利国际公约为基础〉》，中国人民公安大学出版社，2007，第 236～243 页。

条仅保障程序的平等和公正，不能被解释为可确保合格法庭不犯错误"。①因此，获得公正审判的权利是通过遵守适当的程序得到保障的，任何人都不具有要求法院在具体案件中切实得出正确结果的权利。② 例如，委员会在其对个人来文的意见中多次表示，在刑事诉讼中对证据的审查是国内法院的事情，不在委员会的权限之内。委员会曾经指出，"《公约》不能被视为是国内刑法或者民法的替代品"，③ 这也充分说明了《公约》在标准和范围上的最低性和有限性。

四　《公约》的补充性和监督性

尽管《公约》的规定相对于缔约国的国内法律制度，具有权威性和自主性，但是在总体的关系上，《公约》仍然只是对国内尊重和保障公民权利和政治权利的一种补充和监督而非替代和强制。这不仅是因为《公约》规定的公民权利和政治权利的标准具有最低性和有限性，而且更重要的是因为：首先，尽管《公约》为国家规定了国际法层次上的义务，但在事实上，《公约》中规定的权利的实施主要是一个国内事项，缔约国可以自由决定以何种方式来履行其根据《公约》承担的义务——尽管委员会提倡缔约国在国内法律制度中给予《公约》规定以直接效力和高于国内法的效力；④ 其次，在实施和执行公民权利和政治权利方面，与没有严格的、正式意义上的法律约束力且效率不高的《公约》监督机制相比，国内制度具

① 第 32 号一般性意见（2007）第 26 段。参见 Communication No. 273/1988, B. d. B. et al. v. *Netherlands*, para. 6.4；Communication No. 1097/2002, *Martínez Mercader* et al. v. Spain, Para. 6.3。
② Sarah Joseph, Jenny Schultz and Melissa Castan, *The International Covenant on Civil and Political Right: Cases, Materials, and Commentary*（Oxford：Oxford University Press），2004，p. 416.
③ 第 31 号一般性意见（2004）第 8 段。
④ 参见委员会有关"国内层次上的实施"的第 3 号一般性意见（1981）第 1 段："《公约》第 2 条一般让各缔约国在该条所规定的范围内，自行选择它们在自己的领土内的执行方法。"在有关《公约》缔约国承担的一般法律义务的性质的第 31 号一般性意见（2004）第 13 段中，委员会首先承认，第 2 条并没有要求缔约国将《公约》纳入其国内法，从而能够在法庭上直接适用；但紧接着指出，在委员会看来，将《公约》纳入国内法是一种更为可取的选择。

有更为优越的效能、便利和效率。① 因此，很早就有人提出，对于《公约》之实施的国内监督"对于促进和保护人权具有更大的和更持久的重要性"，如果一个人必须在"没有国际监督的国内实施"和"没有国内实施的国际监督"之间进行选择，那么前者远比后者更为可取。② 诺瓦克也提出："对《公约》的国际控制仅限于监督职能。实施《公约》的主要责任在于缔约国在其国内法律制度的范围内的实施。"③

《公约》对于国内法律制度的补充性和监督性，主要体现在委员会根据《公约》和《任择议定书》对其职责的具体履行过程中，尤其体现在其对个人来文和缔约国报告的审议和意见中。在这方面的一个例证是，尽管《任择议定书》规定了个人来文机制，但是其第5条第2款（丑）项规定，申诉人在向委员会提交来文之前，必须先用尽国内救济，否则委员会将不予受理。这一规定源于一项得到普遍承认的国际法原则，即"用尽国内救济原则"④：对公民权利和政治权利的尊重和保证首先要依靠国内制度，只有在国内制度仍不能满足个人的权利诉求时，《公约》规定的国际实施机制才能跟进。因此，毫无疑问的是，尽管《公约》是一项国际条约，从国际法角度承认了一系列的公民权利和政治权利，但是这些权利以及《公约》的目的与宗旨首先要在缔约国之内，通过其国内法律制度来实施。

五　简短结论

上述分析证明，"《公约》制度"在与国内法律制度的关系上，具有权威性、独立性、最低性和有限性以及补充性和监督性。这些性质不仅应该成为包括中国在内的任何国家批准和实施《公约》时必须考虑的重要因

---

① 参见 Sarah Joseph, Jenny Schultz & Melissa Castan, *The International Covenant on Civil and Political Right: Cases, Materials, and Commentary* (Oxford: Oxford University Press, 2004), p. 13; Christopher Harland, "The Status of the International Covenant on Civil and Political Rights (ICCPR) in the Domestic Law of State Parties: An Initial Global Survey Through UN Human Rights Committee Documents", *Human Rights Quarterly* 22 (2000): 189。

② Farrokh Jhabvala, "Domestic Implementation of the Covenant on Civil and Political Rights", *Netherlands International Law Review* 32 (1985): 461 – 462。

③ Nowak, *CCPR Commentay*, Introduction, para. 15, 重点为原文所有。参见第 24 号一般性意见（1994）第 7 段。

④ Nowak, *CCPR Commentay*, Article 2, para. 1.

素，也应该作为学者研究"《公约》制度"的首要问题，以及研究任何有关《公约》的具体问题时的基础。

The International Covenant on Civil and Political Rights and Domestic Legal Systems: Some Preliminary Observations

Sun Shiyan

Abstract: China signed the International Covenant on Civil and Political Rights in 1998 and has been actively studying the issue of its ratification and implementation. In the studies, it should be noted that with respect to its relations with domestic legal systems, the Covenant is of authoritative, independent, minimum, limited, supplementary and supervisory nature. Those natures should be the most important elements to take into account when China ratifies and implements the Covenant, and the primary issues for Chinese scholars to study the Covenant.

Keywords: International Covenant on Civil and Political Rights; Human Rights Committee; The Relations between International Law and Domestic Law

刑法理论

论被害人生命法益处分权之限制

——以刑法父权主义批判为中心

周漾沂[*]

摘　要：本文的目的，在于从刑法父权主义的角度，检讨对被害人生命法益处分权之限制，具体层次上则涉及加工自杀罪的正当性判断。在检视各种父权思想内涵之后，笔者认为，只有容许欠缺自愿性时之国家干预的软性父权主义，始能脱免典型父权主义逻辑，并与自由主义取得兼容性。但相较于一般所采的高度标准，本文主张仅需具有一般认知与判断能力即可满足自愿性要求。在此理解下，加工自杀罪所描述的各种行为态样，都已预设了当事人的自愿性，因此该罪并无正当性。

关键词：父权主义　自主原则　法益处分权　加工自杀罪　自愿性

一　问题的提出

以带有制裁效果的法律要求人民保护自己，禁止一个未涉及他人之利害关系的行为，这在台湾不但已是传统，似乎也是持续延伸的一种趋势。典型的例子，是《道路交通管理处罚条例》第 31 条的规定。其禁止参与道路交通者未系安全带或未戴安全帽的自陷风险行为，尤其是 2011 年 4 月通过的该条例第 31 条修正案，甚至对汽车后座乘客未系安全带者也科以行政罚锾。未戴安全帽或者未系安全带，除了升高行为人自己的生命和健康风险之外，并不会升高他人的生命和健康风险，因此上述规定，是处罚行为人以要求其自我保护的规定。

---

[*]　周漾沂，德国波恩大学法学博士，台湾大学法律学院副教授。

　　除了行政法之外，在刑法领域里面我们可以找到更多规范，其所禁止之行为的直接效应，其实符合被害人的主观意愿。禁止的效果，则形同对于被害人法益处分权的限制。例如，《毒品危害防制条例》第10条的施用毒品罪，处罚行为人施用毒品的行为，不但施用行为的直接效应是损害吸食者自己的身体健康，而且该行为也是由被害人自己实施，为被害人之所欲。又例如《刑法》第344条的重利罪，其禁止约定与原本显不相当之利率的放贷行为，防止对相对人的剥削，然而，如果需款孔急的相对人，愿意负担高额借款利率来借贷，那么刑法所要禁止者，似乎反而是对被害人有利者。更典型的例子是《刑法》第275条的加工自杀罪，被害人是自己决定自杀，他人只是按照其意愿而给予协助，刑法禁止的效果将是被害人无法利用他人之手终结生命。同样的，被害人法益处分权之限制的观念，也在总则性的不法归责问题上扮演重要角色。比如一般学说均认为，被害人承诺作为一种阻却不法事由，其适用并不是漫无限制。尽管刑法承认人对于身体的处置权力，但经当事人接受的残忍地对肢体切割的行为或者带来高度生命风险的伤害行为，通常还是会因为违反所谓"善良风俗"（gute Sitten）而不被允许，这种禁止，也意味着公权力对法益持有者的关怀，而干预他的法益处分权限。① 尤其是《刑法》第275条加工自杀罪的存在，表示对侵害生命法益行为已不可能为有效的阻却违法所承诺。换句话说，加工自杀罪对被害人承诺具有封锁作用。

　　基于以上对具体法律规定的初步观察，我们可以提出一个基本问题：公权力是否以及在何种事项及程度之上，可以用法律强制的方式来保护公民免于其自愿承受的权益侵害？在此所牵涉的是法律父权主义（rechtlicher Paternalismus）适用的问题。最抽象而言，这个问题呈现出在法领域中个人自主（Autonomie）② 与其己身利益的冲突。这样的冲突产生的前提是，一个人在当下对于其己身事务的自我决定，结果不一定会符合他的个人利

---

① 仅参见 Johannes Wessels and Werner Beulke, *Strafrecht Allgemeiner Teil: Die Straftat und ihr Aufbau* (42. Aufl.), 2012, Rn. 377。

② 这里所说的自主，并非伦理学意义上的道德自主（sittliche Autonomie），而是指按照主观想象而形成的自我生活的人类能力，和一般所称的自由是同义词。一般学说在提及与父权主义相对立之概念时，多使用自主（autonomy）的用语［参见 Joel Feinberg, *Harm to Self* 27 (1989)］，因此本文所称的自主也仅指此种意义下的自主。然而以下配合行文脉络与相关学说用语，有时也会称自由。

益，而且是从法律的视角判定不符合其利益。然而问题是，法律如何能取代某个当事人判断他的自主决定不符合其利益，而强迫他按照某种被预定的决策模式来规划其生活？

此问题之所以特别在刑法领域有讨论的必要性，理由在于以下两方面：一方面，在作为最严厉之制裁规定的刑法之中，却可以找到为数最多应用父权思想而建立其处罚基础的规范；另一方面，如果按照通常理解，刑法的核心任务在于法益保护，那么是否可以为了所谓"保护法益"而限制被害人的法益处分权，就必须加以特别阐明。简言之，自己侵害自己或者协助他人侵害自己，是否为刑法要管制的法益侵害？如果是，在逻辑上即意味着法益概念和法益持有者意志的解离。然而，在作为刑法最高导引原则的法益原则之下，果真预设了（或能容忍）这种解离？假如法益概念已注定和法益处分权脱钩，那么在刑法上对被害人承诺作为阻却违法事由的肯认，甚至如自我负责原则（Eigenverantwortungsprinzip）等考虑被害人意志而排除归责的概念，又是从何而来？倘若两者具有同一性，法益概念已必然内含了法益处分权的概念，具有一贯性的结果，则是毫无局限地由具体被害人自身决定是否存有法益侵害，任何外在拘束即无正当性可言。然而不论如何，一般学说采取原则上尊重被害人意志，却又允许在某种程度上设限的折中做法，显然存有理论逻辑上的断裂。

观察现存刑法学说与实证法就可以得知，至少从结论来看，当事人得以自由处分其个人法益无疑是一个原则［所谓"自愿即无损害"（Volenti non fit injuria）原则］，而限制法益处分权则是例外。① 例外的情况已如前所述。然而很清楚的是，主张例外者必须负担论证义务。因此，尽管法益与自由的内在关联，对本文主题而言是先决问题，但由于此问题属于整体法益理论的一部分，所以在此不拟详加讨论。基于同样的理由，以下也无意广泛地论述自启蒙以来即成为基本问题的个人、法律及国家的关系。焦点毋宁集中在近来成为热门主题的刑法父权主义及其个别论据。具体而言，本文先搁置透过"自由"与"福祉"（Wohl）两个概念所分别引领之反对或支持父权主义的哲学立场，诸如自由主义与效益主义、自由主义与社群主义、古典自由主义

---

① 参见 Claus Roxin, *Strafrecht Allgemeiner Teil* I: *Grundlagen. Der Aufbau der Verbrechenslehre* (4. Aufl.), 2005, § 13 Rn. 12ff.

与新兴（社会）自由主义（new liberalism）等对立组合，① 及其在刑法上法益概念中的作用可能，而仅在肯定自由作为法的导引原则的前提下，从批判的角度解析刑法父权主义的理论基础，② 借由关于各种父权主义构想的光谱序列展示，检视可能用以支撑法益处分权限制的理由。而且，限于主题和篇幅，本文也仅将视野局限在父权主义批判，而不讨论其他来自社会性场域的限制可能。最后得出的看法，将应用于对被害人生命法益处分权限制的检讨，亦即反映在台湾《刑法》第 275 条加工自杀罪的正当性判断之上。③ 至于分则的其他相关规范，鉴于问题的复杂性，则待另辟专文详加讨论。

二　解析刑法父权主义的理论基础

（一）父权思想与完美原则

所谓父权主义（paternalism；Paternalismus），是指强制地干涉某人的行动自由，而这种干涉仅仅是以该受强制之人的福利、快乐、需求、利益或者价值为其理由。④ 按照此一古典定义，父权主义有两个基本特征。首先，必须存在强制。这意味着，具有父权性质的措施是违反该措施之接受者的自由意愿。其次，之所以能主张这种强制措施的正当性，只是由于该措施

---

① 此一方向的讨论可参见黄均毅《法律家长主义》，硕士学位论文，台湾大学法律研究所，2009，第 26～114 页。

② 关于自由主义对刑法理论之意义的深入论述以及对父权主义的批判，参见林东茂《刑事政策与自由主义》，载《一个知识论上的刑法学思考》，五南图书出版有限公司，2007，第 366～373 页；王皇玉《论施用毒品行为之犯罪化》，《台大法学论丛》2004 年第 33 卷第 6 期。

③ 关于加工自杀罪的深入分析，参见刘幸义《"安乐死"刑事政策的拟定与论证》，载"法务部"发行《刑事政策与犯罪研究论文集（一）》，1998，第 105 页以下；黄常仁《"沧桑旧法"——论"自杀共犯"及其可罚性之理论基础》，载《刑事法之基础与界限——洪福增教授纪念专辑》，新学林出版股份有限公司，2003；郑逸哲《刑法第二七五条之修正雏议》，《月旦法学杂志》2007 年第 150 期；徐育安《刑法第二七五条之法理基础与改革刍议》，《月旦法学杂志》2007 年第 144 期。

④ 标准定义参见 Gerald Dworkin, "Paternalism", in Joel Feinberg and Jules Coleman, eds., *Philosophy of Law*, 2000。关于 paternalism 概念的翻译，长久以来在中文语境中莫衷一是。有译为"父权主义"者，有译为"家（父）长主义"者，也有译为"君父思想"者，甚至有译为"干涉主义"者（参见罗伯特·奥迪编《剑桥哲学辞典》，林正弘等译，猫头鹰出版社，2002，第 879 页）。本文认为将其翻译为父权主义或许较能适切地描述其所涉及之事实中，导致支配者与被支配者两方权义不对称的权力倾斜关系。

会对被强制者本身带来益处。因此，倘若强制他人从事某种行为，并不是为了该人的益处，或不只是为了该人的益处，那么就不能被认为是一种父权主义的展现。很清楚的是，父权主义所指涉的现象，表现出一种涉及其中之两方的不对称关系。在此一不对称关系中，一方具有绝对的优势，处于支配地位，这种地位则表现在他可以完全无视另一方的自我决定权。就如同在父权主义此一概念所指涉的原初事实情境，亦即亲子关系之中，父母取代由于欠缺能力及经验而不成熟的子女做出决定，即使所做的决定违反子女个人关于行动的预先想象。因此，在这个事实情境之中，其实不只预设了一种从属关系，也同时预设了一种冲突关系。当我们肯定父权主义之适用的时候，就表示一方对于因冲突而导致的压制有忍受义务；相对于这一义务，作为压制者的一方则享有权利。然而，为什么一方享有这样的压制他方的权利，是必须特别加以说明的。

当然，本文所关注的，是在法律领域中，特别是在刑法中的适用性及其正当性问题。因此重点已从诸如家长与子女、医生与病患等个别人际（interpersonal）关系，移转到国家和公民之间的关系。简言之，作为分析原点的概念是所谓国家父权主义（staatlicher Paternalismus），亦即施以强制性干预者为国家，受干预者为该国家之公民，至于干预的理由则在于实现公民的幸福。然而，到底是基于什么样的想法而容许此种干预？

父权主义一般又可区分为硬性父权主义（hart paternalism）与软性父权主义（soft paternalism）。硬性父权主义，所指的是在当事人完全自愿决定的情况下仍强制贯彻的父权主义；而软性父权主义，则是指仅于当事人非自愿决定的情况下才能介入的父权主义。[1] 通常理解下的典型父权主义，所指涉的是硬性父权主义。硬性国家父权主义的思想基础，一般学说多认为在于所谓"完美原则"（Vollkommenheitsprinzip）。此一原则，源自被认为西方国家父权主义之滥觞的德国哲学家 Christian Wolff。[2] 他主张，来自

---

[1] 概念区分参见 Joel Feinberg, *Harm to Self* 12 - 16（1989）；另参见本文以下第二、第五方面的讨论。

[2] Wolff 的哲学与父权主义的关联，参见 Frank Grunert, „Paternalismus in der politischen Theorie der deutschenAufklärung ", in Michael Anderheiden, Peter Bürkli, Hans Michael Heinig, Stephan Kirste, Kurt Seelmann（Hrsg.）, *Paternalismus und Recht*, 2006, S. 12ff.；Ioannis Gkountis, *Autonomie und strafrechtlicher Paternalismus*, 2011, S. 63ff.；在刑法犯罪概念建构上的意义参见 Uwe Murmann, *Die Selbstverantwortung des Opfers im Strafrecht*, 2005, S. 26ff.

人类本性的最上位诫命，同时也是人类实践行动的最高指导原则者，即为达到所谓"完美"的状态，亦即人们应该"做使自己和他人达到较为完美之状态的事情，而不做那些有碍于完美的事情"。① 对于 Wolff 而言，完美的要求是一种自然法则 (Gesetz der Natur)，而按照自然法则存在的人类，其本性中即蕴含了使自己完美的动力和义务。② 依此，一个人所担负的自然义务，就是从事对自己具有正面效应的行为，而所有人类的权利和义务，则不过是"使人类完美"这个最高、最抽象之诫命的具体化而已。所谓"完美"的概念，则是指多样事物之间的协调一致。③ 以人的生命为例，生命的完美状态就是尽可能地健康且长久的存活，而所谓健康，就是所有不同的身体功能在产生交互作用之时，能够相互配合地促进彼此的功能，达到整体功能优化的状态。④ 疾病的发生，就是身体功能不完美的展现。因此，为了达到生命的完美，人们应该去从事那些促进诸身体功能及其协调性的行为，以尽可能地延长生命，并且放弃那些缩短生命的行为，⑤ 比如自伤、自杀。

完美原则的要求，可以抹消个人自由领域的界限。因为，人类由于自身能力的局限性，事实上不可能只借由自己的力量达到完美的状态，而必须求助于他人，透过共同的力量来追求这个状态。此不但见诸最原初的父母子女关系，也同时可以说明国家和人民之间的关系。透过社会契约的缔结建立国家，从自然状态 (Naturzustand) 进入法律状态 (Rechtszustand)，即要透过保证人们的福祉和安全，以更有效地成就上述完美的目的，换言之，国家是一个实现所有人都负有使自己完美的义务的道德机构。⑥ 国家

① Christian Wolff, *Vernünfftige Gedancken von der Menschen Thun und Lassen zu Beförderung ihrer Glückseligkeit*, [Deutsche Ethik], 1752, §12.

② Christian Wolff, *Vernünfftige Gedancken von der Menschen Thun und Lassen zu Beförderung ihrer Glückseligkeit*, [Deutsche Ethik], 1752, §18.

③ Christian Wolff, *Vernünfftige Gedancken von Gott, der Welt und der Seele des Menschen, auch allen Dingen überhaupt*, [Deutsche Metaphysik], 1752, §152.

④ Christian Wolff, *Vernünfftige Gedancken von der Menschen Thun und Lassen zu Beförderung ihrer Glückseligkeit*, [Deutsche Ethik], 1752, §§445ff.

⑤ Christian Wolff, *Vernünfftige Gedancken von der Menschen Thun und Lassen zu Beförderung ihrer Glückseligkeit*, [Deutsche Ethik], 1752, §437.

⑥ Christian Wolff, *Vernünfftige Gedancken von dem gesellschaftlichen Leben und insonderheit dem gemeinen Wesen*, [Deutsche Politik], 1747, §213.

的存在之所以是必要的，是因为当自然的拘束力无法充分使人类遵守"让自我完美"之自然法则的时候，就需要存在一种人为的拘束力促使人类遵守，而国家所设置的法律，借由其强制力或者刑罚效果，则可以形成这种人为的拘束力。由此可以显现出国家父权思想的原初意义：一个父亲对于他的家庭有着深切且无私的爱，所以他应该享有一个不受任何限制的权能，来决定家庭中的成员如何能够受到最好的教育，而一个国家就如同这个父亲一样，为了实现其臣民的福祉，应被赋予一个扩张性的权力，能全面地干涉其臣民的生活，唯一的目的，就是使用任何必要的手段，让臣民的幸福能够得到最大程度的满足。①

在本文处理的问题上，完美原则和自主原则是光谱上的对立两端。因为，完美原则足以证立国家对任何人的父权性干预权力，也同时证立任何人忍受国家干预的义务。甚至，这种干预并无任何界限，只要人们展示出缺陷，或者其作为显现出引致缺陷的倾向，就允许国家强行介入。其之所以会和自主原则截然相对，是因为所谓"完美"的意义，是按照事物发展状态的客观本质而定的，完全超越了个人对于事物的主观定义。即使我不愿活得那么长久、健康，生命的完美要求还是要求我要活得长久、健康。然而，如果我们仔细思考，就可以知道，如果要贯彻完美原则，那么人的生命中，其实并非只有生物性的存活这个事项需要达到完美，而是任何一个事项都必须受到完美原则的支配。具体言之，人的健康有其完美状态，人的外表有其完美状态，人的心绪也有其完美状态。就一个学生而言，课业学习的完美状态，是以满分通过考试；对商业经营来说，所谓完美状态，当然是业绩的最大化；在政治的场域，掌握绝对且全面的权力，就是所企求的完美状态。

然而事实上，一个人的生命内容受到无限多种事项的填充，并不可能只局限于单一事项。很不幸的是，人是一种有限的生物，因而一个事项的完美状态，时常是以其他事项的不完美为代价的。通常我们越致力于某些事项的完美，其他事项就离完美越远。简单的例子：一个时常熬夜念书，企图高分通过考试的学生，同时也牺牲了他的身体健康；全心

---

① Christian Wolff, *Vernünfftige Gedancken von dem gesellschaftlichen Leben und insonderheit dem gemeinen Wesen*, [Deutsche Politik], 1747, §246, auch §264.

全力发展事业的老板，必然没有时间兼顾家庭。诸如此类的两难，在人的生命中不计其数。或者可以说，人生本来就是在所有事项都不可能达到完美的状态下，尽可能地追求完美。若是如此，我们或许可以想象，一个人生命整体的最终完美状态，最后是在承认人的有限性之下，（如同 Wolff 的定义）寻求所有不可能达到完美的事项之间的均衡协调。那么，接下来的问题在于，由谁决定什么是多种事项均衡协调的状态？很清楚的是，这种状态只能由个人来决定，也应该由个人来决定。就以上例子来说，一样都是想通过考试的学生，有人认为自己准备不足，应该缩短睡眠时间来学习，也有人认为与其熬夜念书，不如充分休息，使考试时更有精神。同样的，相对于全力创造经济产值，有人比较重视家庭价值与人际情感。鉴于人生的复杂性与多元性，所有从单一面向提出的完美诫命，推到极致的结果，必然会导致人生的毁灭。在人生有无限多重面向的前提下，为了能够存续，人时时刻刻面临必须做出取舍的情况。由此可知，所谓人的完美状态，从整体的角度来看，其实并非和自主原则对立，而毋宁是自主原则的结果。换句话说，人是透过行使自主，让组成其整体人生的各个局部环节能够达到协调一致。而如此，就是在诚实地面对人类能力极限之下的完美状态。

的确，有时候人们会需要他人的协助，来突破个人能力的限制，使得整体人生中的单一局部环节能够更好地发展，而不至于破坏整体的均衡协调。比如又想维持正常睡眠，又想兼顾课业，可能的方式是聘请家教，以缩短理解书本的时间。既然对于他人协助的索求，是由个人自己发动的，那么如果个人并不需要他人协助，他人却以协助之名强加介入，反而是破坏了所谓的完美状态。就"心情愉悦"以及"生理健康"而言，假设某人认为一天抽一包烟，刚好可以达成两者的平衡状态，少一包或者多一包都不行，倘若为了维护生理健康之故，颁布全面性的禁烟法令，结果将是让这个人的心理无法得到满足，连带着他的整个人生也就失衡了。我们可以看到的问题在于，为什么完美原则只将它的要求紧扣在特定事项，而且是按照共同主观的角度（多数人的意见）具有相对重要性的事项之上，而无视生命内涵的多样性？就本文讨论的主题而言，为什么"生物性的存活"享有如此独占性的地位？对于这个问题，完美原则本身是不能回答的。

（二）理性父权主义

位于两端为自由与福祉的光谱中间的，是所谓的理性父权主义（Rationaler Paternalismus）。① 就如 Dworkin 所主张的，不采取绝对的父权主义或反父权主义，而是在父权主义的基本构想之下，去寻找干预措施的容许界限。在论述的方向上，Dworkin 并未完全弃绝自主原则的基底，只是为了调和其与父权主义的理论逻辑断裂，采取了一种迂回的策略，亦即他将父权性干预措施理解为自主的结果，只不过此一自主并不关系到现时意志，而是先前意志。具体言之：一个国家的公民透过选举而授权立法者在特定情况下替代公民做出决定，此一决定尽管不符合公民在决定当下所表达出的意志，但是仍可以透过先前对立法者授权，使其协助公民做出理性决定，而使立法者的行为正当化。换句话说，公民早已同意了父权性强制法律措施所施予的自由限制，目的则是实现福祉，也就是一个人在完全理性的情况下，将会同意国家所采取的保护措施。② 而这种预先授权的意义，按照 Dworkin 的看法，则在于实现某种社会保险政策（social insurance policy），防止公民自我陷入可能做出非理性（irrational）决定的情境，而之所以会形成这种参与社会保险的合意，是因为正常状况下的理性人都知道，自己随时可能会陷入非理性的行为情境。③ 按照这样的理解，理性父权主义似乎不会和个人自由的设想产生龃龉，因为国家的干预仍是以公民的事实上的同意为基础，只是这个同意被前置化了。

按照上述理解，关键性的问题就在于，在哪些情况下会启动这个社会保险机制。这些情况，是公民先前同意的启动父权性措施的事由，同时也是该措施被允许的界限。按照 Dworkin 的看法，基本上在两个情况之下，

---

① 此用语参见 Heiko Ulrich Zude, *Paternalismus：Fallstudien zur Genese des Begriffs*, 2010, S. 173。

② Gerald Dworkin, "Paternalism", in Joel Feinberg and Jules Coleman, eds., *Philosophy of Law*, 2002, at 277 - 278. 关于 Dworkin 的假设理性同意理论，叙述与批评另参见 Heiko Ulrich Zude, *Paternalismus：Fallstudien zur Genese des Begriffs*, 2010, S. 169ff.；Rebecca Gutwald, „Autonomie, Rationalität und Perfektionismus", in Bijan Fateh - Moghadam, Stephan Sellmaier, Wilhelm Vossenkuhl（Hrsg.）, *Grenzen des Paternalismus*, 2010, S. 89。

③ Gerald Dworkin, "Paternalism", in Joel Feinberg and Jules Coleman, eds., *Philosophy of Law*, 2002, at 278.

可以正当化父权性干预措施。首先是当个人有非理性（irrational）行动的时候，其次是特定行为的决定会引发严重的、危险的且不可逆之结果的时候。① 首先，就所谓的"非理性行动"而言，例如，某一汽车驾驶人明明了解不系安全带会升高事故死伤的风险，却还是基于追求舒适感受，拒绝系上安全带。这时候，驾驶人并未按照风险认识而行动，因此公权力强制其贯彻系上安全带的义务，并未违反他原先的意志，反而是协助约束当下放纵的意志。另一个情况是，驾驶人无法忍受反复系上和解开安全带的不便，所以愿意承担事故死伤风险，此时驾驶人的不理性显现在，他并没有正确地评估"不便"和"死伤"两种负面价值的高低，此时如果驾驶人想象，他因为车祸而严重受伤，然后再回溯观察当初的决定，就会发现其实他所认为的"不方便"的这件事情并没有那么严重。② 其次，就所谓"严重的、危险的且不可逆的结果"而言，比如，吸食海洛因会造成身体和心理的依赖性，并因而丧失理性思虑的能力，而这种丧失是不可逆的，因而为防止此种能力丧失的措施就具有合理性；再如，行为人没有充分认知特殊风险，或者已有风险认知却未正确评估风险的情况，如一个人不知道抽烟的风险，却毫无限制地持续抽烟，或者知道抽烟的风险，但由于欠缺意志力而无法基于风险认知而戒烟；另外，在极端社会或心理压力下所为的行为决定，如自杀行为不但会导致可以想象的最严重的行为后果，而且此一后果也是不可恢复的，因此以法律阻止自杀倾向，强制欲自杀者进入冷静期（cooling – off period）。③

上述所谓社会保险的说法，当然是以公民合意形成危险共同团体，并且指定国家作为保险人为前提。然而，这种合意在现实中是不存在的。如果简单地认为，一个民主国家若存在具有父权色彩的法律规范，这些法律规范就当然是透过经由公民授权的立法者所设立的，因而必然存在上述合意的话，那么也就等于不加思索地肯定了相关法律规范的存立基础。简言

---

① Gerald Dworkin, "Paternalism", in Joel Feinberg and Jules Coleman, eds., *Philosophy of Law*, 2002, at 278 – 280.

② Gerald Dworkin, "Paternalism", in Joel Feinberg and Jules Coleman, eds., *Philosophy of Law*, 2002, at 278.

③ Gerald Dworkin, "Paternalism", in Joel Feinberg and Jules Coleman, eds., *Philosophy of Law*, 2002, at 279 – 280.

之，是以形式上符合民主原则而肯定实质正当性，同时也封闭了任何法理上讨论的空间。因此，我们不能因为实证刑法上有加工自杀罪的存在，就以此规定必然已获得全体公民的同意为由，而拒绝探求其实质论据。我们必须回答的问题正是：父权性法规范是否能获得公民普遍的共识？本文认为答案应属否定。因为，某一规范若要获得普遍的共识，在逻辑上其效力必然不可能区分与排除特定个人或群体，除非受规范者的行为本身已在主张排除特定个人或群体。可是，用以合理化父权性规范的理性与不理性的标准，其运作结果即在受规范者未涉及他人的情形下，将被界定为"不理性"的受规范者并被排除在外。因此就被认为不理性而须受规范强制的受规范者而言，其意愿必然与规范相左。甚至就当下被判定为理性者而言，也可能因为存有将来会被规范界定为不理性而排除的疑虑，不同意父权性规范的存在。

此外还可以考虑的是，如果所采取的是一种"借由当下理性决定以防止将来不理性决定"的想法，是否可能获得普遍共识？在逻辑上，只有将规范内容抽空，不具体界定何种行为属于理性或不理性才有可能。申言之，尽管在正常情况下理性地生活的人们，都可以预知到，未来的自己可能会在某个情境下，陷入在此刻自己眼中的失常状态，做出非理性的行为，因而在当下采取某种预防措施。然而自己现在眼中的关于理性与不理性的判断，如果是从自主原则的角度，不能否认仍是一种主观的判断。举例言之，可能的情况是：我是一个有烟瘾的人，痛恨自己总是无法成功戒烟，因此预先授权家人和朋友，如果看到我又抽烟，就拿绳子将我绑起来，不要顾虑我的反抗。情况也可能反过来：我是一个多方设法学会抽烟的人，不愿自己总是学不会，所以要求家人和朋友，一旦看到我排斥抽烟，就将香烟强制塞到我嘴里。回到国家作为被授权者的情况，按照Dworkin的说法，已经限定了基于同意而加入所谓的社会保险的理由，这只是回应了上述第一种情况。那么问题就在于，为什么公民只能基于第一种情况而同意加入社会保险，不能基于第二种情况加入？这表示，在规范指定不理性之具体行为态样的情况下，其效力仍已预设了排除特定个人或群体的结果。

而且，就不习惯于后悔的生活风险爱好者而言，所谓"已经同意"国家的父权性干预，也仍然是一种虚构。如果我百分之百地了解抽烟的利弊，那么为什么不能牺牲生命的长度，来换取生命过程中的些许乐趣？为什么要同意别人强制阻止我抽烟？很显然，当事人的同意在此已无足轻重，因为，Dworkin 实际上用了一个从客观角度确立的价值轻重关系，强制取代了从主观角度的衡量可能，为同意的行使设置了外在条件。因此，在这里，所谓自主原则和父权主义的结合，仅是一种透过语言使用而创造的表象。最后 Dworkin 又把我们扔回了问题的原点，因为他的理性父权主义，实质上已经是真正的硬性父权主义。

（三）支撑自主原则之父权主义

学者 Kleinig 也试图统整自主原则和父权主义。他在讨论父权主义的专论中认为，一个人自己建立了某个重要的、长期的生活规划，然而该人的行为却危害了此一规划的实现，倘若其所危害者的价值大于父权性干预措施介入的损害，那么干预措施即有正当性。[1] 按照这个看法，父权主义的作用似乎不是针对当事人的目的决定层次。尽管干预仍然是违反当事人的现时意愿，但外在干预的意义并非剥夺个人自由，反而是支持个人自由的行使。对于 Kleinig 而言，传统对于自由人得以恣意决定的形象设定是有问题的，他不认为所有个人决定都是一个人人格的展现。理由在于，我们的生命并不总是受到坚定且成熟的意志支配，相反的，我们经常是粗心的、未经反思的、短视的或根本是愚蠢的，这不但让我们身受其害，也使我们远离了更为恒久的、核心的信念与特质。[2] 透过他人的协助，人们可以克服上述缺陷，更好地实现自己所设定的长远且重要的目标，在这个观点之下，由于干预的目的并不是要强制贯彻他人所设定的价值观点，而是贯彻当事人自己所设定的价值观点，仿佛可以摆脱他律的嫌疑。

Kleinig 见解下的自由的特征，已不是在任何时空皆可任意变动的恣意性，而是在一个固着的、长远的生活目标之下的稳定性。然而，可能的质疑却在于，一个人的生活规划难道不能随时变更？假如我设定了以通过升学考试为目标的计划，是否就不能在考试之前偷闲玩在线游戏，否则就必须忍受他人的制止？除此之外，我是否也不能干脆改变我的生涯规划，而

---

[1] John Kleinig, *Paternalism* 68 (1983).

[2] John Kleinig, *Paternalism* 67 (1983).

放弃继续升学？贯彻其理论逻辑的结果是，人的短期生活目标必须和中期生活目标一致，中期生活目标也必须要和长期生活目标一致，甚至长期生活目标也要和生命的终极目标一致。姑且不论一个人的生命是否有终极目标，即使有，是否我的每个行动时时刻刻都必须受到它牵制，而使得我的生命历程成为一个融会贯通的整体？

　　毫无疑问的是，人的生命是一直变动的状态，因为所谓生活，就是不断地变换不同的外在环境，并使自身与环境条件相适应。既然如此，决定自身与环境的关系的意志，自然也不可能具有恒定的内容。最简单的例子：在天冷的时候要出门，我会加上一件外套；进到温暖的室内，我则会脱下外套。这样时时填充人类生活的任意决定，即为自由的意义。在此种模式下，如果要同 Kleinig 所主张的那样，为了一个既定的生活目标，必须放弃可能危害此目标之实现的行为，那必然意味着，被放弃之行为所能实现的目标，相对于既定目标具有较低的价值。Kleinig 的论述其实也显现出了这种倾向。他认为人格（personality）的不同面向，在人的众多欲望和性情的群组中是具有高低顺位差别的，基于防止低顺位者妨碍高顺位者所为的强制性干预，并不会侵害人格的完整性（personal integrity）。① 然而，值得怀疑的是，如果不允许一个人顺应环境变换而调整群组中欲望和性情的高低顺位，那么这个人是否还是真的在"做自己"？如果我的状态和我的意志不总是具有同一性，那我又有何人格完整性可言？我是否必须时时刻刻都努力不懈，保持对成就高远目标而言优化的状态，不能有一丝一毫相违背？如果是，那么其实这已经是一种标准的完美主义（perfectionism）了。到最后，这个说法仅是名为协助实现自由，实则对自由的限制。因此，Kleinig 试图调解父权主义与自由主义、解消两者冲突的尝试，或许是一种失败的尝试。②

　　更何况，在技术上我们也根本无法确定当事人的真正意愿，不可能透过解读当事人表达于外之意思的方式，精确地探知当事人脑内的图像。因而，关于是否介入阻止自我危害，无论如何都必须借由外部客观事实诠释当事人的意志才能确定。然而，这种诠释本身就存在危险，一种诠释者以他自己的主观价值想象，甚至是透过对一般人价值想象的认知，取代当事

---

① John Kleinig, *Paternalism* 68（1983）.

② 不同见解参见 Kai Möller, *Paternalismus und Persönlichkeitsrecht*, 2005, S. 172。

人真实想象的危险。① 试想，当我试图阻止一个人自我了断的时候，其实根本无暇也无法顾及，他是出于对生命意义的深沉反思，还是因为偶发事件所引致的短暂绝望，因为生命对我或大多数人的重要性，已经足以让我们推定，自杀是违反其真实意愿的。除此之外，更大的危险在于，在诠释当事人意愿时，容易直接以多数人共享的价值观点，直接取代当事人自己的价值观点。比如，我们可能倾向于认为，某一个人的存活事实，足以作为其将身体健康当作重要且恒久之价值的明证，并将诸如吸烟或偏食等行为归为应受制止的不当行为。简单地说，由于真正切入单一主观角度之诠释的不可能，我们只能采取多数主观的角度，而以多数主观角度取代单一主观角度，正是硬性父权主义的基本特征。因此，Kleinig 的理念，不管是其本质或其运作结论，都已和硬性父权主义没有什么差异了。

（四）针对自己之法律义务

1. 自我解消禁止作为法义务

就法律是否有权禁止被害人自我危害行为的问题，也可能有另外一种思考途径。德国刑法学暨法哲学学者 Köhler，提出了所谓"针对自己之法律义务"（Rechtspflichtgegensichselbst）的观念。② 一般而言，如果存在一个法律义务，就会存在一个相对应的法律权利，而该义务和权利的承载者为不同人。例如，当我们说某乙对某甲所有的花瓶，负有不加以侵夺之义务的时候，同时也表示某甲对该花瓶拥有财产权。然而，针对自己之法律义务的存在，却让义务与和其相对应之权利的载体合一，亦即当权利人行使自己的权利的时候，仍然会被认为是在"侵害"自己的权利，而成立义务违反。实际上，倘若这种针对自己的法律义务能够成立，那么法律父权主义的问题就会成为一种表象问题，因为，诸如针对（协助）自杀、自伤等行为的处罚，就会和针对（协助）杀人、伤害等行为的处罚具有同一理论基础，而没有必要将前者区别出来并归入名为父权主义的特殊领域。

---

① 批评参见 Andreas von Hirsch, „Direkter Paternalismus im Strafrecht: Sollte selbstschädigendes Verhalten kriminalisiert werden?", in Andreas von Hirsch, Ulfried Neumann and Kurt Seelmann (Hrsg.), *Paternalismusim Strafrecht*, 2010, S. 60。

② Michael Köhler, „Die Rechtspflicht gegen sich selbst", in B. Sharon Byrd, Joachim Hruschka and Jan C. Joerden (Hrsg.), *Jahrbuch für Recht und Ethik 2006 Bd. 14*, 2006, S. 425ff.

在说理上，Köhler 是依据 Kant 的道德哲学进行论述的。Köhler 认为，基本的人类义务（fundamentale Menschenpflicht）是确保所有人类之理性存有（Vernunftdasein）能够普遍开展，此义务的承载者，并非只有国家，而包括每个人自己以及所有人类。该义务的形成，在 Kant 的哲学理论脉络下是很容易理解的：人不只是自然生物，也同时是理性生物，而理性生物的存有具有其绝对性，所以具有不可衡量的绝对价值，因而可以进一步推导出，不管是人们自己，还是从自己视角观看的他人，都是不能加以工具化的自我目的（Selbstzweck）。① 因此，在被害人同意他人攻击自己的情况，例如同意他人伤害自己的身体，如果达到某种程度以上的对身体的严重伤害，那么就可以认为被害人陷入了自我矛盾（Selbstwiderspruch），理由在于，尽管被害人同意攻击，但如此的同意却已除去了被害人自我决定权的基础，因为，既然被害人是法主体，而且是和其他人共同构成具有外在性之相互关系的法主体，那么为了维持这个相互关系存在，其也是法律义务，不只包括维持其他法主体的存在，也包括维持自己的存在，而让自己死亡或严重伤害自己的行为，则已是法主体的自我解消（Selbstaufhebung des Rechtssubjekts）。②

Köhler 的看法，对于信奉自由理念的论者而言，是相当有说服力的。不过，如果我们对 Kant 学说有整体的理解，就可以知道，所谓的"对己法律义务"的基础并不坚实。很明确的是，工具化禁止是 Kant 在《道德形而上学基础》一书中所提出的概念。而在 Kant 的道德哲学里面，核心的概念是意志自由（Willensfreiheit），而非行动自由（Handlungsfreiheit）。相反的，在法律理论里面，核心的议题则是行动自由。道德领域里面所关注的是一个行为在道德上是否正确，而这一点完全取决于是否违反意志所设置的准则。而意志之所以被称为是自由的，是因为它可以摆脱所有主观性的欲望、感觉和情绪等，而建立一个不附条件、具有绝对性的道德原则（即定言令式，Kategorischer Imperativ），③ 因而到最后，只有一个内容可以平等适用于自己和所有他人，而不会排

---

① Michael Köhler, „Die Rechtspflicht gegen sich selbst", in B. Sharon Byrd, Joachim Hruschka and Jan C. Joerden（Hrsg.）, *Jahrbuch für Recht und Ethik 2006 Bd. 14*, 2006, S. 435; ders., Strafrecht Allgemeiner Teil, 1997, S. 255.

② Michael Köhler, „Die Rechtspflicht gegen sich selbst", in B. Sharon Byrd, Joachim Hruschka and Jan C. Joerden（Hrsg.）, *Jahrbuch für Recht und Ethik 2006 Bd. 14*, 2006, S. 435; ders., Strafrecht Allgemeiner Teil, 1997, S. 440 – 442.

③ Immanuel Kant, *Grundlegung zur Metaphysik der Sitten*, 1968, BA 52.

除任何一个人的普遍化行为准则，才具备道德应然原则的品质。所以的确可以想象，一个以解消自己的存在为内容的准则，当然不是一个可以普遍化的行为准则。可是，必须注意的是，不能成为一个适格的道德应然原则，不代表其也无法成为一个适格的法律原则。违反 Kant 意义之下的道德原则，是没有任何外部强制或制裁效果的，仅仅是违反者陷入了一种自我矛盾的情境。之所以是自我矛盾，是因为违反者本身仍然是理性者，而被违反的道德义务，刚好是违反者的意志所设立的。充其量，违反者只会因为理性的持续作用，产生一种存在于内心的强制或制裁，亦即内疚、懊悔等。然而，违反法律应然原则，却是会产生外部效果的，必然会产生的外部效果就是强制（Zwang），"法权是和强制的权能连结在一起的"。① 为什么是如此呢？是因为 Kant 的法律理论，已经从主体（subjektiv）的观点，移转到主体际（intersubjektiv）的观点。其所关注者，不只是主体自我设置之义务的实现或违反，而也在于存有一个相对应法律权利之法律义务的实现或违反。具体地说，法律理论所处理的是多数人并存的问题，方式则是使所有人享有同等的权利领域，而一个法律权利表彰着他人的法律义务，亦即当我们说一个人享有法律权利的时候，表示他在某一范围内有不受干预的自由，他人在此一范围内没有干预此人的自由，一旦他人以行为干预此人，即进入了此人的权利领域，此时就产生了以强制将他人"推出"此领域的必要性，以恢复原先所确立的权义关系。因而，与强制相互连结的"法"的问题，必然预设了一个人对另外一个人的关系，而且是外部的实践关系。② 所以在一个不涉及他人的场域，是不存在法的适用条件的。

在 Köhler 主张发生针对自己之法律义务的事实情形，如自杀、要求他人杀害自己、切割肢体或摘除活体器官等情况，③ 实际上不存在一个被侵害之他人，因此至少在 Kant 的理论脉络之下，可以很明确地排除法的适用性。当然，本文并不否认道德自主（sittliche Autonomie）在法律理论中的意义。不管在道德领域还是在法的领域，作为规范性基础的人类图像都应该是统一的。这表示，人的理性特质，不但是贯通道德领域及法律领域之主体性的超

---

① Immanuel Kant, *Die Metaphysik der Sitten*, 1968, Einleitung in die Rechtslehre, §D, AB 35 ,, Das Recht ist mit der Befugnis zu zwingen verbunden ".

② Immanuel Kant, *Die Metaphysik der Sitten*, 1968, Einleitung in die Rechtslehre, § B, AB 33.

③ Michael Köhler, ,, Die Rechtspflicht gegen sich selbst ", in B. Sharon Byrd, Joachim Hruschka and Jan C. Joerden（Hrsg.）, *Jahrbuch für Recht und Ethik 2006 Bd ,14*, 2006, S. 440.

验基础，同时也是驱使人自己遵守道德规范及法律规范的同一动力。不过，这并非意味着，自我维持除了是一种德行义务（Tugendpflicht）之外，还可以是一种法律义务。① 相对于道德领域，法律领域所要处理的事务具有不同的特征，其所关注的只是多数人行动自由行使的协调问题，从而理性之运用所要处理者，必须限缩在这个特征范围之内，因此所谓的主体"自我矛盾"概念，也必须随着法领域的特征而有所调整。具体言之，当我们说主体违反意志所设立之准则而陷入自我矛盾的时候，这个准则在法律领域是以禁止侵越所有人彼此相互承认的外在自由领域为内容。唯有侵害他人，行动者才会陷入法律上的自我矛盾。至于自杀或自伤导致自我解消，也只是道德上的自我矛盾而已。综上所述，所谓针对自己之法律义务的说法，似乎是出于对Kant 学说的过度诠释，是值得商榷的。

2. 人"类"尊严与对己法义务

就针对自己之法律义务的证立，存有一种与以上所述者相类似的路径。如果我们使人性尊严的概念等同于人类尊严（Gattungswürde）的概念，并使其和具体个人及其意志脱钩，赋予其超越个别乘载者的客观价值，那么当个人从事自杀或自我伤害行为的时候，就有可能认为此行为属于一种自我贬抑（Selbsterniedrigung；Selbstentwürdigung），破坏了应该维持人类尊严的义务。②

---

① 关于正确地批评 Köhler 混淆道德义务与法律义务的内容，可参见 Dieter Birnbacher, „Paternalismus im Strafrecht-ethisch vertretbar? ", in Andreas von Hirsch, Ulfried Neumann and Kurt Seelmann（Hrsg.），*Paternalismus im Strafrecht*, 2010, S. 25f. ; Wilhelm Vossenkuhl, „Paternalismus, Autonomie und Rechtspflichten gegen sich selbst " in Andreas von Hirsch, Ulfried Neumann and Kurt Seelmann（Hrsg.），*Paternalismus im Strafrecht*, 2010, S. 282; Bijan Fateh – Moghadam, „Grenzen des weichen Paternalismus ", in Bijan Fateh-Moghadam, Stephan Sellmaier and Wilhelm Vossenkuhl（Hrsg.），*Grenzen des Paternalismus*, 2010, S. 29。

② Günther Dürig, Der Grundrechtssatz von der Menschenwürde. Entwurf eines praktikablen Wertsystems der Grundrechte aus Art. 1 Abs. I in Verbindung mit Art. 19 Abs. II des Grundgesetzes, AöR 81（1956），S. 126; Josef Isensee, „Die alten Grundrechte und die biotechnische Revolution. Verfassungsperspektiven nach der Entschlüsselung des Humangenoms ", in Gerhard Robbers, Alfred Rinken, Joachim Lege, Urs Kindhäuser, Christof Gramm and Joachim Bohnert（Hrsg.），*Verfassung – Philosophie – Kirche. Festschrift für Alexander Hollerbach zum 70. Geburtstag*, 2001, S. 253；另参见 John Kleinig, „Paternalismus und Menschenwürde ", in Andreas von Hirsch, Ulfried Neumann and Kurt Seelmann（Hrsg.），*Paternalismus im Strafrecht*, 2010, S. 150, 164。提及判断自我贬抑行为是否足以使父权性干预正当化时，仍然要考虑行为结果的严重程度以及可逆转性。

在说理上，学说也有采取自我矛盾（Selbstwidersprüchlichkeit）论证者。亦即当权利持有者抛弃他的重要权利，比如生命、健康或自由，而达到放弃法权能力（Rechtsfähigkeit）的程度之时，那么这种抛弃就应该受到禁止，因为他处置权利的希望，只有在他还是权利持有者的时候才会受到尊重，其抛弃权利的行为却让他不再是权利持有者了。[①] 典型的例子是和他人签订奴隶契约，如此的自我处分并不是一种权利，因为奴隶是完全没有权利的。

关于这样的说法，如果我们进一步地思考，就可以发现所谓的自我矛盾，或许是言过其实了。我作为一个权利的拥有者，能够处分的，是我对其享有权利的对象，至于我要如何行使我的权利且处分该对象，则完全取决于我的恣意（自由）。权利和自由必然是互为表里的，假使我被限定为只能以某一种方式，或在某个范围内行使我的权利，那么，这样的权利就再也不是权利。因此，如果要说我有权利处分关于我自身的事务，前提是这些事务真的具有任意可处分性。然而，以上看法，却禁止以放弃所有权利的方式行使权利。若是没有以某种方式行使权利的自由，我们又怎么能说一个人享有权利？在逻辑上，享有权利与没有权利，对应于自由（自己决定）与不自由（被他者决定）。在本文看来，将权利和自由裂解的看法，才是陷入了自我矛盾。

自杀者或者签订终身奴隶契约者，也只是因为行使权利而再也无法行使权利而已。权利之行使的特征，本来就是使权利所指涉的对象，呈现权利行使内容所欲的状态，不能再呈现其他的状态。当我行使我对一个我所有之橘子的权利，吃了这个橘子，我就是在行使权利，当然我不能说，因为吃了之后我（对这个橘子）的财产权的前提（橘子的存在）就不在了，所以我不能吃这个橘子。同样的，只要我的生命是我的生命，那么为什么我不能解消我的生命，或者一生为他人奉献我的生命（所谓当奴隶）？除

---

① 从此角度的论证，可参见 Kurt Seelmann, „Menschenwürde als Würde der Gattung – ein Problem des Paternalismus？", in Andreas von Hirsch, Ulfried Neumann and Kurt Seelmann（Hrsg.）, *Paternalismus im Strafrecht*, 2010, S. 243f. 同文亦载于 *Grenzen des Paternalismus* 一书，参见 Kurt Seelmann, „Menschenwürde als Würde der Gattung – ein Problem des Paternalismus？", in Bijan Fateh – Moghadam, Stephan Sellmaier and Wilhelm Vossenkuhl（Hrsg.）, *Grenzen des Paternalismus*, 2010, S. 209f.

非，对于我自己生命的权利并非我所有。而这正是人"类"尊严概念的问题所在。这个概念，试图切断现时意志与法律主体性的关联，使得个人处分权和人性尊严概念解离。它跳脱了所有具体个人所处的情境脉络，设定了某种客观化、抽象化的人类生命（活）形象，并反过来对所有具体个人进行评价、区分与排除。在这个模式之下，如学说所强调的那样，不但自愿卖淫者会被认为侵害人性尊严，①脱衣舞娘会被认为侵害人性尊严，②在本文所关注的问题上，自杀甚或受他人协助而自杀，当然也会被认为是侵害了人性尊严，因为如此的生活形式，不像一个活着的人应呈现的样貌，减损了人这个物种应有的所谓"价值"。在此，出现了一个两端为低贱与高贵，或反常与正常的评价光谱。实际上，划出这个光谱的已不是原初的人性尊严概念，而是透过超个人化的人类尊严概念而流入的道德、风俗和社会主流价值，甚至宗教等任何一个基于集体情绪而生的人类形象的想象。

人性尊严的概念，如果还要保有它反对将人工具化的核心功能，那么就不可能跳脱主观化的理解角度。因为尊严的概念要表明的就是每一个人的存在都是绝对的存在。③人是透过意志支配行动来形成自己的存在形态，如果不是透过尊重人的主观意志，又怎么能说是尊重人的绝对存在？如果一个人基于意志所做的行为决定，在不涉及他人的情况下，却还要受到他人的评价，那么又怎么说他的存在是一种绝对的存在？简单地说，人能够透过意志作用，恣意地形塑自己的具体存有状态，正是人性尊严概念的现实化。在这样的理解下，所有以社会权力关系为基础的、超个人的评价、区分与排除机制，都会解消在自由的概念中，因为所有足以触发这些机制的个人情状，都只会被认为应该被理解并包容的中性事态。相反的，人"类"尊严的概念运作逻辑，正好落入人性尊严概念原先所要对抗的客体化情况：④对于主观意志强制附加客观性限制，

---

① 相关批评参见蔡宗珍《性交易关系中意图得利者之基本权地位的探讨》，《律师杂志》1998 年第 228 期。

② BVerwGE 64, 279f. 对此案例之讨论参见蔡维音《德国基本法第一条"人性尊严"规定之探讨》，《宪政时代》1992 年第 18 卷第 1 期。

③ Immanuel Kant, *Grundlegung zur Metaphysik der Sitten*, 1968, BA 78.

④ 关于客体公式（Objektformel），参见 Theodor Maunz and Günter Dürig, *Kommentar zum Grundgesetz*, Bd. I, 2012, Art. 1 Abs. 1, Rn. 36.

并基于此将个人置入带有强制效果的评价光谱之中。借此，禁止"自轻自贱"的法律义务即成为可能，同时也抹杀了所有宽容的余地，致使人们不再追问一个人之所以陷入当下窘迫情境的生命历程，轻易地封闭了朝向真正问题所在的出口。

3. 自主导向的父权主义

也有学说采取与对己义务论相同的进路，试图调和自由主义和父权主义的冲突，发展出所谓自主导向的父权主义（autonomieorientierter Paternalismus）。按照这个说法，国家的强制性干预的正当性基础在于防止公民自己摧毁自主。这种看法的前提在于，个人自主是有可能透过行使自主而解消的，亦即人们可以透过行为完全摧毁或者极端地限缩行使个人自由的前提。而学说之所以反对自我摧毁，是因为个人自主是所有思考与论证不可或缺的前提，如果这个基础被除去，也就是得以正当化自我摧毁个人自主的话，那么就什么都不剩了；一个质疑自己论证的基础的论证，同时也失去了它的效力基础，并因此而陷入了自我矛盾，因而，摧毁个人自主并不能被理解为个人自主的行使。[1] 在自主原则之下，所有一切被设定的价值立场都是中性的、没有好坏优劣的，这些价值的破坏并不能被归类为所谓"损害"，而只有自主本身才具有正面价值，对于自主的剥夺才是损害。[2] 按照这个看法，生命的存在是行使自主的前提，没有生命的存在，对于自主的行使是不可想象的，因此剥夺自我生命是摧毁自主的基础；损伤身体的机能和完整性，则只有在造成极为严重的、不可逆转的伤害，比如摧毁感官功能、切割肢体等情况下，才是不被允许的自我伤害，因为，如此会严重阻碍或减低行为人将来追求自主设定之目标的能力及可能性；至于财产方面，则必须对其处分达到一种已完全摧毁个人经济基础，犹如让自己成为奴隶，而无法行使经济自由的程度，才是不被允许的行为。[3]

---

[1] Paul K. Klimpel, *Bevormundung oder Freiheitsschutz? Kritik und Rechtfertigung paternalistischer Vorschriften über das Leben, den Körper und die Sexualität im deutschen Recht*, 2003, S. 29.

[2] Paul K. Klimpel, *Bevormundung oder Freiheitsschutz? Kritik und Rechtfertigung paternalistischer Vorschriften über das Leben, den Körper und die Sexualität im deutschen Recht*, 2003, S. 31.

[3] Paul K. Klimpel, *Bevormundung oder Freiheitsschutz? Kritik und Rechtfertigung paternalistischer Vorschriften über das Leben, den Körper und die Sexualität im deutschen Recht*, 2003, S. 31 f.

　　这样的见解，实际上又落入了自我矛盾论证的窠臼。所谓"自主的行使若摧毁自主的存在，则陷入自我矛盾"的说法，如果要有理由，前提是逻辑上自主的行使不可能摧毁自主，然而事实上，人们却可以真的没有障碍地按照自己的自由意愿决定生命的存在与状态。这表示，被摧毁的自主已不等于被行使的自主。实际上，人所行使的自主，是一个抽象性的、形式性的且框架性的概念。① 在还没有行使之前，它没有实质内容，却可以任意地指向任何实质内容。简言之，自主以恣意性为其特征。一个人自主地决定的生活计划具体内容，对于该人被认为是自主这件事而言，并没有任何影响。而上述理论所称被摧毁的自主，并不是框架性的概念，而是在框架之下被选取的实质内容：我要剥夺我的生命，切割我的肢体或处分我的全部财产等。这种实质内容，既然是被自主所选取的，那么逻辑上已经默认了自主的存在，所以不可能会摧毁自主。作为框架性概念的自主，只有当它被强硬地填充特定实质内容，以致解消其恣意性特征的时候，才会被摧毁。具体言之，自主导向之父权主义的说法，反而是预先限定了应该以什么样的方式（或不应以什么样的方式）支配生命、身体或财产等事态，或应该以什么样的形态（或不应以什么样的形态）形成这些事态。如此对自主的限制，很显然已经不是所谓自主导向了。

　　至于所谓阻碍未来行使自主可能的说法，也和自主的概念背道而驰。因为，自主的行使，本来就是衡量在未来可能会发生利益和不利益，并做出就整体而言有利的行动决断。行动会引发的事态是发生利益还是不利益，在自主的观念之下，当然是按照行动者的主观判断。如果一个行动决定的效应之一，是阻碍未来自主的行使，那么这个负面效应自然也是为了达成行动者所设定之正面效应所要付出的代价。也就是说，这完全符合行使自主的基本模式。举例而言，科学研究显示，抽烟习惯会缩短寿命，假设每天抽 X 数量的香烟，会导致寿命缩短 N 年，那么坚持抽烟习惯的结果，是让可预期能够存活而得以行使自主的时间减少 N 年，这时候是否也要由于所谓"摧毁自主的前提"而禁止抽烟行为？很显然，任何减损健康

---

① 自由作为程序概念（prozeduraler Begriff），可参见 Rebecca Gutwald, „Autonomie, Rationalität und Perfektionismus", in Bijan Fateh – Moghadam, Stephan Sellmaier and Wilhelm Vossenkuhl（Hrsg.）, *Grenzen des Paternalismus*, 2010, S. 77.

并因而缩短寿命的举措，都是摧毁自主的前提，只是有的摧毁效果发生在当下，有的摧毁效果发生在未来。那么，有什么理由特别针对发生在当下的情况而为处理？除非，我们导入了一个生命不能"立刻"被终止的观点。但很清楚的是，这个观点已经和自主的维持没有关系了。

（五）软性父权主义及其重构

1. 自愿性欠缺作为干预理由

在光谱上更向自主原则趋近的，是软性父权主义。按照其基本构想，个人的自我决定权利仍然被无异议地肯定，父权性干预措施只有在自我决定能力有所欠缺的时候才有权介入。美国哲学家 Feinberg 在其针对父权主义的权威专论《自我伤害》（Harm to Self）之中，即明确支持此立场。Feinberg 认为，国家发动父权性措施干预个人自由行使的条件，是个人关于其行为的"自愿性"（voluntariness）明显地受到质疑的时候。在这样的情况下，国家不但有权利采取干预措施，挽救公民因为自愿性欠缺所可能导致的非意愿利益的丧失，而且还有积极的义务去防止这种利益的丧失。① 这个看法的重点在于，当事人出于自愿的行为决定，不管从第三人的角度看起来是否符合当事人的利益，结果是改善还是恶化其生活关系，都必须完全加以尊重。亦即只要是出于自愿的行为，其结果就必须由个人完全自我负责，而在行为非出于自愿的时候，才有考虑结果是否由他人负责的空间。在个人自主与个人福祉的冲突之中，软性父权主义选择了个人自主，即使允许国家采取父权式干预措施，仍然只是以对于欠缺自主能力者的可能意向推测为内容，一旦有征象显示当事人重新具备自愿性，就必须撤出干预。② 因此，必须考虑的并不是被害人的选择是否明智、谨慎，或者是否会带来损害危险，而是（他人所施加的）伤害是否真正源自被害人的同意，如果伤害并非来自被害人真正的同意，那么这个伤害就不是自我伤害，而是相当于 Mill 伤害原则意义下的他人伤害。③ 在这样的观点之下，软性父权主义既然和作为自由主义表征的伤害原则有兼容性，它就被宣称

---

① Joel Feinberg, *Harm to Self* 12, 98 – 99 （1989）.

② Joel Feinberg, *Harm to Self* 124 – 127 （1989）.

③ Joel Feinberg, *Harm to Self* 13 （1989）.

不会和自由主义产生矛盾。

在 Feinberg 的理论之中，关键的概念就在于自愿性。当然，在 Feinberg 反对极端父权主义的基本立场下，自愿性标准是和合理性（reasonableness）标准截然不同的。合理的决定不一定是自愿的，自愿的决定也不一定是合理的。Feinberg 认为，要区分合理（reasonable）与不合理（unreasonable）的行为决定，要考虑的是损害发生的可能性和损害的大小、冒险所要实现之目的达成的可能性、欲实现之目的的价值，以及进入风险的必要性（亦即是否有替代方案）。① 简单地说，合理与否是一个从客观角度所设定之衡量程序的结果。然而，一个自愿的选择，却必须满足完全相异的标准。按照 Feinberg 的看法，一个完美的自愿选择（perfectly voluntary choice）具有如下的特征：第一，行动者必须具有决定能力（competence），亦即并非婴儿、没有精神异常或智能障碍等认知和意志缺陷，且非处于昏睡状态；第二，决定并非在强制之下为之；第三，必须没有诸如催眠等心智上的引诱或操弄；第四，选择时并无不知相关事实信息的情况，或并非基于错误的想象；第五，行动者并未处于一种暂时减损其判断力的情境，如疲劳、紧张、兴奋或愤怒等。② 很显然，若按照这些标准，在一般情况下，几乎没有一个行动选择是完美的自愿选择。因此，Feinberg 认为，根据这五个标准综合判断出来的自愿性，并非一个全有或全无的概念，而是一个量差的概念。我们不能说某个行为决定有或无自愿性，只能说有较高或较低的自愿性。

符合自愿性要求的行为才不受干预，表示并非所有出于个人之行为都应该受到尊重。首先，在行为的自愿性不明的时候，国家有权以强制力暂时制止公民的自我危害行为，例如一个警察，看到有人要以斧头砍掉自己手臂的时候，基于对其自愿性的怀疑，可以暂时以强制力先阻止他。③ 其次，在自愿性标准之一欠缺的时候，外在干预也有正当理由。Feinberg 举了一个例子：④ 一个外行人，要求专业医师开某种危险药品的处方，唯一可以不受干涉的情况是，该人有能力判断且明确知道药物的负面作用，

---

① Joel Feinberg, *Harm to Self* 102（1989）.

② 参见 Joel Feinberg, *Harm to Self* 115（1989）之列表。

③ Joel Feinberg, *Harm to Self* 125（1989）.

④ 以下参见 Joel Feinberg, *Harm to Self* 127－134（1989）。

却基于药物带来的快感，认为自己可以忍受健康损害，此时医师并没有理由认为他这种只顾眼前享乐的想法是不健康的。尽管这样十分不寻常且不合理，可是从不寻常性及不合理性，只能得出行为人非自愿的表征，提供给我们确认他自愿性的动机和权限，却不能直接推导出行为人是非自愿的。这一点是 Feinberg 的软性父权主义和硬性父权主义的区别之处。硬性父权主义，主张切割行为人意愿和行为合理性，并以后者取代前者作为干涉的标准。Feinberg 的想法和硬性父权主义的不同之处在于，如果我们确定，这个外行人之所以有他人看来极端不合理的要求，是因为欠缺有关药品的知识或者轻视了相关风险，那么医师拒绝给药就是有正当理由的。

上面已经提及，按照 Feinberg 的看法，自愿性是一个量差的概念，而且不可能存在百分之百自愿的行为决定。但很显然，也不可能在每个自愿性不充分的场合都允许外界干预介入，否则每个人的每个行为都有被介入的必要。那么问题是，自愿性的欠缺到底要到什么程度才允许介入？Feinberg 认为这是不能一概而论的，而必须要看行动所牵涉的利害关系大小。他提出的具体标准是：一个行为越冒险，或者行为造成的损害越不可逆转，对于自愿性的要求程度就越高；反之，一个行为风险越低，或者造成的损害较为可逆，那么对自愿性的要求就越低。①

2. 重新审视自愿性标准

观察 Feinberg 所提出的标准可以发现，尽管他很明确地区分自愿性与合理性，并且批判以往用合理性取代自愿性的父权主义论述，然而由于行为的"风险高低"和"结果之可逆性"明显是表述行为合理性的要素，所以上述标准反而又建立了自愿性和合理性的联动关系。由此可能产生的问题在于，自愿性和合理性两者的尺度要如何对应？是否在观念上行为合理性等于零的时候，自愿性的要求就是一百？一个欠缺可理解之正面意义的自杀行为，行为目的即使生命风险完全实现，而死亡结果当然也是不可恢复的，这时候如果要求在逻辑上不可能出现的百分之百的自愿性，结果等于完全禁绝自杀与其协助行为，在结论上即与硬性父权主义没有太大差异。问题不仅止于此。一个不戴安

----

① Joel Feinberg, *Harm to Self* 117 – 121 (1989).

全帽的机车骑士，也是冒着不可逆的生命丧失风险，尽管在统计上这个风险并不是特别高。那么，自愿性要求的程度要如何对应风险数字而进行调整？可否真的如同 Feinberg 主张的[1]，不管是基于浪漫的想象（认为自己不可能那么倒霉）、粗心大意，甚至单纯懒惰而不戴安全帽，都不妨害决定的自愿性？显然，在一个量差性质的概念下，是无法那么武断地肯定或否定的。然而若不基于某种程度的恣意，也无从知道要怎么判断决定的自愿性。

当然，除了量差问题所导致的实践困难之外，更为核心的问题在于，尽管在观念上可以确定一个行为决定的完美状态及其要素，然而现实中是否就要采取这种最高的标准？我们知道，百分之百的自愿性也仅止于理念上的存在，在经验上所有的行为决定基础都是有所欠缺的。很容易了解的观念是，我们不可能基于百分之百的事实信息认知而做出决定。就如是否带伞出门这种再平常不过的事情一样，我们只能根据对天空的观察，按照既往经验来做决定，即使先看了气象报告，它也仅止于表达出一个机率上的数字，因此最后淋成落汤鸡也是常有的事。这表示，人们无时无刻都处于信息不充分的状态，以至于就人与世界的对应关系而言，永远只能以可能性的概念作为描述方式。人不能如同上帝般掌握百分之百的信息，也无法让生命停留直到信息完全充分。我们总是要做决定，要做出如此或不如此的决定，让生命连接到下一个待决情境，并一直透过连接而进行下去。在这样的情况下，人们必然要容忍且因应信息集合之中的部分空白，并且将此空白反映在朝向某种决定的倾向之中。换句话说，"信息欠缺"本身其实也是一个作为决定基础的信息。此一信息的意义，最后在于显示出决定内容落空的可能性，亦即所谓的风险。每一个决定所根据的信息都是不充分的，也因而每个决定都是带有风险的。因此，若要说一个人在明知信息欠缺的情况下做出的决定都属于非自愿性决定，显然不切实际。一个最理想的自愿状态，仅止于观念上的存在，不等同于具有法律上重要性的自愿性概念。[2]

而一个自由的人，如果了解其信息基础有所欠缺，他当然可以在欠缺

---

[1] Joel Feinberg, *Harm to Self* 134（1989）.

[2] 同结论参见 Thomas Rönnau, *Willensmängel bei der Einwilligung im Strafrecht*, 2001, S. 220。

的情况下就做出决定，也可以继续补充欠缺的部分，直到可以做出决定为止。以 Mill 著名的过桥之例来说明：① 一个要过桥的人，不知道桥已经摇摇欲坠，欲通过者必然会坠落河中，结果该人果然因此落水身亡，此时这个过桥的决定是否出于自愿？当然我们也许会说，此人根本不知道桥有毁损，也因而不知道有坠落风险，所以并非自愿。不过，如果进一步思考，就可以知道所谓的"不知道"并非实在。只要是一个有基本知识能力的人就会认知到，凡是过桥，就一定带有因桥断落而坠落的风险，尽管此一风险认知通常只是抽象存在的。而一个要过桥的人，既然知道过桥就有坠落的风险，倘若他真的在意这个风险，就应该去确认这座桥是否稳固。或许在表面上看不出来，但如果他愿意支出劳费，也可以用更可靠的方式确认。到底要确认到什么程度，都是他个人的自由选择。假如他连初步的确认都不做，或者只愿意用眼睛观看的简单方式确认，那就表示他承担了潜藏的风险。可以想象的是，有些人在做出决定之前，会尽可能地搜集对其决定而言具有重要性的信息，有些人却不致力于此，仅凭借有限的信息基础即做出决定。不管如何，这都是一个人己身性格的展现。如果一个人致力于信息充分性的程度，不及他人甚或一个"理性者"应有的程度，那么这就是这个人应该自我负责的事情，亦即属于自我保护义务的违反（Obliegenheitsverletzung）。② 在此时仍然肯定自愿性的意思即在于，信息的欠缺应该归责于行动者。

判断法律上自愿性的关键，并不在于当事人的心理事实状态，而在于规范对于其心理事实状态的评价，具体来说，信息是否欠缺并不重要，重要的是谁应该对信息的欠缺负责。③ 而一个自由的人，在有能力收集和评价信息的前提下，对于信息的欠缺，原则上应该由自己完全负责，除非信息欠缺的原因是来自他人。就上例而言，即使过桥的人不知道这座桥即将断落，但由于该人过桥之前，本来就应该自己负责确认桥的安全性，因此

---

① John Stuart Mill （Autor）， Bruno Lemke （übersetzer）， *Über die Freiheit*， 1986， S. 132.

② 观念参见 Knut Amelung， *Irrtum und Täuschung als Grundlage von Willensmängeln bei der Einwilligung des Verletzten*， 1998， S. 38。

③ 观念参见 Günther Jakobs， *Strafrecht Allgemeiner Teil. Die Grundlagen und die Zurechnungslehre*， 2. Aufl.， 1991， 7/120。

他的冒险过桥决定仍属自愿决定。[①] 倘若倾向于否定自愿性，并容许以强制性措施阻止其过桥，那么与其说是维护此人的自愿性，不如说是着眼于作为自愿决定之结果的生命丧失。因为，事实上是信息欠缺所可能导致的死亡结果，使得人们不得不在乎信息欠缺这件事情。因而，自愿性维护的说法，由于其和行为合理性的联动关系，不但不能消弭硬性父权主义的疑虑，甚至也容易陷入掩护硬性父权主义的嫌疑。

依照上述同时可以得知，在自愿性的判断标准上弃守"信息充分性"标准的重要意义在于：使每个人获得最大的自由领域。[②] Feinberg 将自愿性理解为量差概念的结果，是每个决定都是含有瑕疵的，以致每个决定都有透过外界干预被阻止的可能，亦即人在信息欠缺之下的冒险行动选择即成为不可能，等于所有人都被强迫做一个风险趋避者。而相反看法所表达的态度则是，每个人都有自由冒险的机会，因而有在冒险时犯错的机会，也同时有从错误中学习成长的机会。就如同 Mill 所强调的个体性（individuality）概念，一个人的生活方式，不管是平庸无奇还是特立独行，之所以都应该被容许或鼓励，并不是因为能让其他人发现更好的生活方式，也不是因为这本身是最好的生活方式，而单纯由于这是"他的"生活方式。[③] 简言之，时常出错也是一种个人风格。当然，自由和负责总是一体的两面。

---

① John Stuart Mill（Autor），Bruno Lemke（übersetzer），*Über die Freiheit*，1986，S. 132. 认为，由于自主的意义存在于行动者内心之所欲，而过桥者并不想落入水中溺死，因此他过桥落水并非出于自主决定。换言之，过桥者欠缺"桥有毁损"这个重要信息，因而欠缺自愿性。不过，如果采取这种纳入信息基础的自愿性概念，那么还可以进一步质疑 Mill，除了桥有毁损这个信息之外，为何不要求必须掌握"坠落风险高低"这个信息？另外，或有认为，在认定行动者是否为自愿时，或许应限于行动者主观上已形成"具体怀疑"的情形，亦即行动者若已存在对于桥体安全性的"信赖"，即可排除原先的损害抽象可能性认知。然而按照本文的基本立场，所谓的信赖属规范性信赖，意指被害人被允许去信赖什么，而被害人身为具有一般认知与判断能力的自由人，在没有特殊事由的时候，正好无权信赖其所面临的情境是绝对安全的。这同时表示，到底客观情境是否符合其内心的事实性信赖，原则上是他自己应该负责去确认的事情。至于在什么事由之下可以主张信赖，则是需另辟专文处理的复杂问题。上面对过桥之例的讨论，所涉及的只是不考虑涉他因素的单纯情况。不过无论如何，信赖只是一个反射概念，是确定行动者应负责范围之后的结果，本身并无决定负责范围的意义。

② Rebecca Gutwald，„Autonomie, Rationalität und Perfektionismus"，in Bijan Fateh – Moghadam，Stephan Sellmaier and Wilhelm Vossenkuhl（Hrsg.），*Grenzen des Paternalismus*，2010，S. 83 正确地指出，在量差的自主概念下，不存在人们得于其中任意决定的内在领域。

③ John Stuart Mill（Autor），Bruno Lemke（übersetzer），*Über die Freiheit*，1986，S. 93.

最大程度的自由同时也意味着，行动者不但要对决定的结果负责，也要对决定的信息基础（欠缺）负责。

同样的道理也可以解释，所谓"判断力暂时减损"的情况能否影响法律上自愿性概念的成立。判断力暂时减损，所指的当然不是达到完全欠缺作为判断力基础的一般精神和心理能力，而只是由于局部性生理或心理情状所导致的非全面性的判断力下降，因为如果是前者的状况，那么当事人就自始不会被认为是一个得以自我决定之人。因此，这种局部性生理或心理情状，及其反应在行动决定上的作用，只能被理解为是一个人在具有自我决定能力之下的个人性格展现。比如就"在疲劳下做出决定"而言，当事人有能力知道疲劳下的决定比较容易出错，也有能力等待直到恢复专注力之后再做决定，因此自己在做决定时的相关心理背景，是当事人必须自我负责的事情。这表示，"不稳定的身心状态"也是反映决定落空风险的事实因素之一，是当事人可以透过反思而掌握并投入决定信息基础之中的事项。在自愿性的判断上，重点并非当事人是否有暂时影响判断力的局部身心状况，而是当事人应否对此状况的产生负责。

严格来说，不只 Feinberg 所提到的影响自愿性的因素，其实所有一切理性欠缺（Rationalitätsdefizite）的情况，都是应该由当事人自我负责的事项。关于所谓理性欠缺及其对人类决策的负面影响，经济学上的有限理性（bounded rationality）理论有相当细致的分析。在古典的理性选择理论中，个人被预想为得以做出理性行动的选择者。然而有限理性理论，却认为人们并不总是理性地做出行动选择。所谓理性选择，指行动选择是基于清楚的、稳定的且良好安排的偏好（preference），在持有所有具有重要性的信息之下，按照毫无错误的计算且完全正确的逻辑而做出的选择。行为经济学（behavioral economics）有别于传统经济学，认为现实生活中的人，可能会产生认知缺陷或者意志软弱，因而不能完全符合上述理性选择的要件，比如人们设定偏好时，会受限于陈述问题的方式［所谓的"框架效应"（framing effect①）］、对于事物预设标准的选择、使偏好配合仅有的选

---

① 对于框架效应，可举一例说明：医师在陈述一种治疗方式的成功率时，可以说"存活率是 60%"，也可以说"死亡率是 40%"，尽管两种说法在逻辑上的意义相同，但对当事人心理感受的影响却有差异，后一种说法较不易促使当事人做出接受治疗的决定。

择、忽视长期偏好，或风险评估过度乐观等。① 行为经济学所关注的，是行为人具有一般自主决定能力，然而却显现出上述理性欠缺的情况，并将这些情况视为必须被矫正的缺陷，因而主张法律的任务，也包括将非理性决定情境导入理性的常轨，换句话说，法律被视为矫正决策偏差并且克服偏见的工具。②

固然，经济学上的有限理性理论，正确地分析人类行为决策的结构模式，并且指出可能导致偏离优化决策的问题点所在。不过，无论其分析得多么细致，针对最关键的规范性问题，经济学显然无法取代法学而为之做出回答。倘若人类的真实形貌，本就包括理性面向与非理性面向，那么的确不管在经济学还是法学上，都不应该只片段地截取理想化的部分作为原初设定。然而，在真实描绘人类形貌之下，要直接推论出法律应该用以矫正人的认知缺陷与意志软弱，显然过于跳跃。我们必须理解，行为经济学的研究本质上是描述性、经验性的。尽管有限理性理论精确地察觉到，诸如过度乐观、盲目自信、轻率疏忽和主观偏见等主观特质，是导致风险评估错误、使人偏离理性常轨的重要因素，但由于经济学和法学的任务并不一致，导致两者对此没有必要采取相同的因应方式。在经济学效益最大化的纲领之下，要求匡正有害于此纲领的所谓的"性格缺陷"是相当可以理解的。但在法学的脉络之中，却必须承认一个人的真实存有，不允许对人格表现形态进行任何形式的区分与评价：不管是保守或进取、鲁莽或谨慎，还是短视或远瞩的人，我们都没有权利说他们不是自由的人，就像我们不可能区分聪明与愚笨的人，并且因为"愚笨"的人判断力较低，就说他们不自由一样。事实上，每一个人都是有时候聪明或愚笨，有时候保守或进取，有时候鲁莽或谨慎，有时候短视或远瞩的。因此，不管是如何的性格表现，最后仅能被理解为不但会存在于不同个人之间，而且甚至是存在于单一个人之内的中性差异。这些性格表现，反映在行动决策上到底是弱点还是优点，取决于个人的主观评价，也取决于其所面临的外部情境。

---

① Anne van Aaken, Begrenzte Rationalität und Paternalismusgefahr: Das Prinzip des schonendsten Paternalismus, in Michael Anderheiden, Peter Bürkli, Hans Michael Heinig, Stephan Kirste and Kurt Seelmann（Hrsg.）, *Paternalismus und Recht*, 2006, S. 110, 115ff.

② Cass R. Sunstein & Richard H. Thaler, Libertarian Paternalism Is Not an Oxymoron, 70: 4 *The University of Chicago L. Rew.* 1159（2003）.

如果一个人将自己的某种性格视为弱点，这也是他可以透过反思自我克服，而且也必须自我克服的。若未加以克服，最后就会以行动决定落空之风险的形式呈现其作用。但不论如何，不管是哪种性格表现，都不影响行动决定的自愿性。

基于以上论述，如果仍要采取软性父权主义立场，在自愿性概念的成立标准上就必须退守到最基本的门坎。这个最基本门坎，是相当容易被理解和接受的：一个人必须具有一定程度的认知和判断能力，其所做的决定才能被称为是他所做的决定；反面言之，一个心智和精神状态尚未完全发展或者存有障碍的人，并不能被认为是一个可以做自我决定的人。[①] 这样的能力，具体而言是指理解信息、形成计划、自我反思、逻辑运算以及执行决定的能力，[②] 是自主概念不可或缺的先决要件。将自主理解为门坎概念（Schwellenkonzept）的结果是，一个人不是完全有自主，就是完全无自主，而非如同 Feinberg 所主张的量差概念，可以说一个人"比较"自主或不自主。

对于这个最基本门坎的要求，是相当可以被理解和接受的。我们不可能认为，一个 3 岁的小孩，或心理年龄等同于 3 岁小孩的重度智能障碍者，对让他人杀死自己的应允会是有效的应允。就自愿性的成立而言，一个仅仅在无法理性地控制冲动和批判地自我反思的自然意识状态下所为的意思表达，当然是不够充分的。然而，不能否认的是，尽管法律上必须做出有或无自主能力的判断，但这并不表示一个人的实际心智能力是全有或全无的状态，反而这个能力的发展是连续的、呈现量差状态的。但通常在决定法律上自主能力的时候，是采取负面的排除法。亦即当一个人在一定的年龄以上，无精神异常、心智缺陷，或意识障碍的时候，就是一个可以自我负责的人。[③] 这是一个法律上的基本常识，在各个法律领域的应用处处可见，最清楚的例子就是刑法上罪责能力的设定。[④] 不过，由于以上标准对应于心

---

① Joel Feinberg, *Harm to Self* 318（1989）.

② Joseph Raz, *The Morality of Freedom* 372 – 373（1986）.

③ Joel Feinberg, *Harm to Self* 28，115（1989），在论述自主作为一种能力（autonomy as capacity）时也提及，只要不是未成年人，且没有精神错乱、智能不足、老年失智或陷入昏睡等情况，就一律是有自主能力的人。

④ 参见张丽卿《责任能力与精神障碍》，载张丽卿《新刑法探索》，元照出版有限公司，2012，第 35 页以下。

智能力仍然是以量差表现的概念（比如还是要判断要"多异常"才能称作有异常），因而最后还是要量化计算心智能力，并且划定一个及格的界限。至于这个界限要划定在哪里，则是另外一个需要特别讨论的复杂问题。

上述关于自愿性最低标准的要求，对照本文所处理的生命法益处分权的问题，相当于被害人承诺能力（Einwilligungsfähigkeit）的概念。所谓承诺能力，按刑法学上的说法，是指被害人必须要具有一定的心智成熟度，以至有能力认知和判断法益侵害的意义和射程范围。① 若按照本文的看法，承诺能力应仅指抽象的认知和判断能力，并非指具体的认知和判断。有无具体的认知和判断，属于承诺之事实信息基础是否存在或充分的问题，而如前述，是必须由被害人自我负责的事项，尽管事实信息基础有所欠缺，仍无妨肯定承诺是出于被害人自愿。不过，既然被害人承诺是指被害人直接接受己身法益侵害的表意行为，那么就很难想象，一个有认知和判断能力的被害人一方面表达出愿意接受侵害的意愿，另一方面又对法益侵害欠缺具体认知和判断的情况。具体言之，一个具有承诺能力的人，不太可能在应允他人杀害自己的时候，不知道对方要对自己做什么。②

如此最低门坎的自愿性概念意味着，有能力实现自我设定的目标，不代表一定能实现目标。就如人们普遍都能理解的，一个人的自由，从来就不确保一个人的成功。而"一定要能成功的决定，才叫作自由的决定"的想法，实则是因为没有正确理解自由的意涵所致。对将一个人定义为自由人来说，赋予其最基本的"配备"，也就是一般认知和判断能力即已足够，若给他除此之外的多余的各种配备，所着眼的就已经不是自由，而是之后的成功了。而这刚好落入了父权主义的标准逻辑，即使以维护自由之名也无法掩盖。总结来说，自愿性的唯一标准是一般决定能力。在刑法上，被害人只要有承诺能力，并基于此而行使其法益处分权，原则上就不允许国家为了防止自主欠缺而加以干涉。

---

① 仅参见 Johannes Wessels and Werner Beulke, *Strafrecht Allgemeiner Teil：Die Straftat und ihr Aufbau*（42. Aufl.），2012, Rn. 374。

② 此处所主张的自愿性概念，除了涉及本文所讨论的被害人承诺，还包括被害人自陷风险。前者，被害人所设定的目的在于侵害法益，后者，被害人设定的目的仅在于从事某种社会活动，法益侵害风险则为实现此活动的代价。后者所涉及的问题，远比本文所处理的更复杂，其中特别关系到行为人和被害人之间信息认知落差是否导致无法排除行为人可罚性的问题，以及可归责于行为人之被害人信息欠缺是否影响决定自愿性的问题。此须待另文详加处理。

三 加工自杀罪正当性论据的具体诠释

（一）概说

经过以上的分析与论述，在抽象的层次上可以确定，对于被害人法益处分权的限制，从刑法父权主义的角度来看是没有理由的，即使所涉及的是最为重要的生命法益也是如此。接下来即基于此种理解，检视学说针对加工自杀罪提出的具体论据，并以本文观点更进一步地阐明加工自杀罪的正当性疑虑。[①]

按照台湾《刑法》第 275 条的加工自杀罪，一个人会因为对他人的自杀行为有所贡献而被处罚，尽管被害人自杀之行为在现行刑法上并无可罚性。然而与《刑法》第 271 条普通杀人罪的法定刑相比，《刑法》第 275 条却轻了许多。两条文所规制的均为杀人行为，但不同之处在于，在《刑法》第 271 条中是违反被害人的意志而为之，而在《刑法》第 275 条中则符合被害人的意志。由此所产生的问题是，为何加工自杀行为仍然具有可罚性？我们可以想象，以上问题的解答可能来自对于被害人的生命法益的保护，也可能来自被害人个人以外的社会性考虑。[②] 就后者而言，一般多认为属于法律道德主义（legal moralism）[③] 的问题领域，并将其与法律父权主义相区别。本文之前已将问题意识界定在前者的范围之内，因此，以下并不讨论诸如社会成本、集体情绪和模仿效果等社会效应，而只考察与被害人保护相关的论据。

---

① 或有认为，父权主义有"直接"和"间接"两种形态，而在类如加工自杀罪这种间接父权主义形态，由于涉及第三人和自杀者之间的关系，因而有理解为符合伤害原则的空间。然而，本文认为，所谓直接和间接父权主义的区分，仅为就事实关系层面所为的现象上的区分。申言之，国家不管是管制自杀者利用自己的身体行止进行自杀（直接父权主义），还是利用他人的身体行止进行自杀（间接父权主义），都是在违反自杀者意愿的情况下管制自杀（国家父权主义）。在逻辑上，并非直接父权主义才是"典型"的父权主义，间接父权主义是非典型的父权主义。不论是直接或间接父权主义，都是同样要接受父权主义批判的标准父权主义。判断是否为无权介入之自杀，或是有权介入之他杀的标准，则非是否存在一个适于置入伤害原则框架的人际相互关系，而是如同本文所主张的，仅在于被害人决定的自愿性。简单地说，只要被害人自愿地自杀，受利用之他人的加工行为即未造成伤害原则意义下的伤害。

② 参见林东茂《刑法综览》，一品文化出版社，2012，第 2 - 18 页。

③ 法律父权主义和法律道德主义的共通之处，在于对被害人自我处分权能的限制，相异之处则在于，前者单纯基于被害人的福祉而施加限制，后者则基于对各种角度之社会共识的违反而施加限制。关于法律道德主义的定义说明，参见 Joel Feinberg, *Harmless Wrongdoing* 3 - 10 (1990).

（二）个别论据检视

1. 拦阻当事人仓促决定

对照与台湾《刑法》第 275 条相类似的《德国刑法》第 216 条的 "受要求而杀之罪"，学说上有主张其目的在于防止当事人在仓促的（voreilig）、没有经过充分思索的情形下要求他人杀害自己，并使自己成为 "过度热心" 的行为人手下的受害者。① 也有与此相类似但更为精致的看法，如 Roxin 认为，《德国刑法》之所以有第 216 条的规定，用意在于确保被害人是真正地想要剥夺自己的生命，亦即在被害人要求他人杀害自己的情况，无论如何都不是认真地想自杀，此时尽管被害人的同意毫无瑕疵，但仍然必须处罚施以助力的行为人，目的在于提供被害人充分的思索机会，必须直到他确认已克服对于死亡的自然心理阻碍，而决定亲手实行自杀的时候，才是真正的想要自杀，理由在于：尽管很多人敢用枪抵住自己的太阳穴，却很少人有勇气决定扣下扳机，因而，是做最后决定的人必须要对结果负责，如果下决定的是被害人之外的第三人，那么该第三人就要对结果负责。② 这个看法，也可以被称为心理抑制门坎理论（Hemmschwellentheorie）。

姑且不论上述说法是否能适切地解释《德国刑法》第 216 条，③ 若应用在台湾《刑法》第 275 条的解释之上，显然会遇到相当的困难。所谓的 "深思熟虑"，逻辑上并非禁止被害人做出如此的决定，而是要让他能够多加思考是否仍要做出如此的决定。因此，此一论证似乎并非否认被害人的自主决定权，并且显现出整合自主原则与父权主义的观点。从这个角度，对照本文前面的讨论，台湾《刑法》第 275 条可能的目的有三个。其一是

---

① Günther Jakobs, „Zum Unrecht der Selbsttötung und der Tötung auf Verlangen: Zugleich zum Verhältnis von Rechtlichkeit und Sittlichkeit ", in Fritjof Haft, Winfried Hassemer, Ulfrid Neumann, Wolfgang Schild and Ulrich Schroth（Hrsg.）, *Strafgerechtigkeit. Festschrift für Arthur Kaufmann zum 70. Geburtstag*, 1993, S. 468, 470.

② Claus Roxin, „Die Abgrenzung von strafloser Suizidteilnahme, strafbarem Tötungsdelikt und gerechtfertigter Euthanasie. Zur Reinhard Merkels, „Fragen an die Strafrechtsdogmatik '", in Jürgen Wolter, Wolfgang Frisch and Paul – Günter Pötz（Hrsg.）, *140 Jahre Goltdammer's Archiv für Strafrecht*, 1993, S. 184.

③ 在德国法背景下的批评，可参见 Andreas von Hirsch, Ulfried Neumann, „Indirekter Paternalismus " im Strafrecht – am Beispiel der Tötung auf Verlangen（§216 StGB）, in Andreas von Hirsch, Ulfried Neumann and Kurt Seelmann（Hrsg.）, *Paternalismus im Strafrecht*, 2010, S. 80ff.

在采取高门坎的自愿性标准之下，否定仓促或非认真情况下自杀决定的自愿性。其二是如同 Feinberg 所主张的，在被害人关于自杀之高度自愿性未明的时候，先采取某种暂时性强制措施阻止自杀以求确认。其三是按照 Kleinig 的见解，被害人当下所为的自杀决定尽管符合其短期的、低价值的偏好，但可能违背他自己所设定之长远的、高价值的整体生活目标，因此先阻断其立即自杀的可能，令其仔细思索两者是否有所扞格。

关于此，首先，依本文之前的论述，不论是仓促决定自杀还是在非认真情况下的自杀，都无碍其为自愿性自杀。所谓仓促或不认真，是一种对应外在世界之个人内在反应的描述，原本即为个人性格的展现，是具有一般认知和判断能力的当事人，在决定当下应透过自我反思认识并克服的。即使这些性格展现反应在判断力的减损上，可能影响自杀决定之最终正确性，这也是当事人必须自我负责的事项。假使将其当作影响自愿性的因素，那么很明显的，所关注的已非自杀决定的自愿性而是正确性，因而进入了硬性父权主义的逻辑。

其次，不管是基于以上三种想法中的哪种想法，父权性干预措施的介入都应该只是暂时性的，一旦被害人完成确认动作便应立即撤出。但台湾《刑法》第 275 条的规范构造，并未展现出"暂时性"措施的特征，却禁止了一切透过和被害人意志直接接触方式而提供的自杀助力，这样的全面阻绝，并不会因为被害人是否未经深思熟虑而有所差异。比如，某甲要求某乙帮助自杀失败，某乙因违反《刑法》第 275 条第 2 项帮助自杀未遂罪而被处罚，经过一段时间的慎重考虑，某甲还是决心自杀，并要求某丙加以协助，结果自杀成功，此时依《刑法》第 275 条第 1 项某丙仍然会被处罚。也因此，该条所表示的意思，似乎不是让被害人思索自杀是否符合其正确设定之偏好，而是持续要求被害人转换这个在立法者眼中不理性的偏好。所以可以说，《刑法》第 275 条显现出相当直接的父权主义倾向：刑法课予生命的享有者尊重作为抽象绝对价值之生命的义务。

此外，《刑法》第 275 条的规定尽管可能意味着，相较于借由他人贡献而实施的自杀行为，亲手实施自杀行为才表示已经跨越了心理门坎，这同时也可以解释为何亲手自杀行为并非可罚行为，不过此一看法的经验性基础显然不够坚实。我们也可以想象，借由第三人而实施的自杀行为，或许因为有和他人沟通并共同寻求生命出口的机会，相较于自我封闭的情况下的亲手自杀而言，实际上要克服的心理门坎或许更高。① 而且，心理门坎理论的简单逻辑显然忽略了被害人对亲手实施自杀感受到的内在阻力，也许只是因为自己没有能力采取优化的自杀方式，比如使用最不会带来肉体痛苦或最能保留躯体完整的手段，因而如此的阻力只存在于如何实施自杀的"技术层面"，而非存在于对实施自杀与否的决定。从这个视角，假设被害人真正意欲自杀，那么《刑法》第 275 条的存在却限缩了被害人自杀方式的选择，显露出其背后深层的立法意图是尽可能地从各个面向降低被害人自杀的动机，所谓"提供深思熟虑机会"的说法反而沦为虚假。况且，需要他人助力而实施自杀者，有相当多数都是无法亲手实施自杀之人，如长年卧病在床的中风者、因意外而导致全身瘫痪者，或癌症末期的虚弱病患等，就算他们的高度自愿性被确证，也因为《刑法》第 275 条的禁止规定而在事实上没有自杀的可能。

2. 防止同意瑕疵危险性

关于《刑法》第 275 条的规范目的，另一种看法认为是为了防止被害人之同意具有瑕疵的危险。尽管被害人表面上允准了他人的加工自杀行为，但是如前所述，一个具有内心意欲的心理事实，或者具有表意动作的客观事实，都不必然表示这个允准确实出于自愿，因为自愿性的成立必须满足特定要件。自愿性的欠缺在自杀者身上是相当可能存在的，而且自我终结已是一般人难以想象的极端非理性选择，更足以引起对自杀者事实上决定之自愿性的高度怀疑。既然存有高度怀疑，那么似乎就有以刑法控制滥用被害人自愿性欠缺之危险的必要，特别是被害人身为死人，并无法反驳行为人的说辞。② 而依照 Feinberg 软性父权主义的要求，自愿性欠缺是法律介入自我危害事务的唯一理由。Murmann 在同一立场上认为，（与台湾《刑法》第 275 条相类似的）《德国刑法》第 216 条的"受要求而杀之罪"是一种抽象危险犯，目的在于防止被害人决定具有瑕疵的危险。依照他的观点，就《德国刑法》第 216 条的正当性而言，自杀决定的瑕疵并无须真实存在，而只要存在具有瑕疵的高度风险就可以，亦即鉴于这种高度

---

① Ulfried Neumann, „Der Tatbestand der Tötung auf Verlangen (§ 216 StGB) als paternalistische Strafbestimmung ", in Bijan Fateh-Moghadam/Stephan Sellmaier and Wilhelm Vossenkuhl (Hrsg.), *Grenzen des Paternalismus*, 2010, S. 255.

② 参见 Günther Arzt, *Die Delikte gegen das Leben*, ZStW 83 (1971), S. 36f.

风险，即使同时让那些没有瑕疵的自杀决定失效，也是有理由的。① 按照 Murmann 的看法，自我伤害的强度（Intensität）以及是否具有正面意义（Sinnhaftigkeit），或者是否将伤害的实施委于他人之手，都可以作为自杀决定是否有瑕疵的表征，而《德国刑法》第 216 条所规范的事实关系，刚好具有上述表征，其不但是将自杀委由他人实施的状况，所造成的生命损失同时也是最严重的伤害。②

就上述观点要抑制的自愿性欠缺危险，前提问题是，其所设想的自愿性概念的内容到底是什么？倘若如同本文所主张的，仅为自愿性设定最低的门坎，也就是只要有一般认识与判断能力即满足自愿性要求，那么台湾《刑法》第 275 条所描述的各种行为形态，其实早已默认了被害人必须具有此种能力。不管是教唆还是帮助自杀，由于教唆和帮助的概念都以被教唆者和被帮助者具有对于自杀行为的独立负责能力为前提，此一独立负责能力又等于对死亡的意义和结果的认识和判断能力，从而建立了被教唆者和被帮助者对整个自杀事件的支配力，即被害人的意志支配（Willens-herrschaft des Opfers），阻断了教唆者与帮助者的犯罪支配，使其仅享有边缘性的地位。③ 因此，在教唆和帮助自杀这两种形态下，如果所谓的自愿性欠缺所指的是作为自愿性判断最低门坎的自我决定能力的欠缺，那么其实《刑法》第 275 条的构成要件之中已经包含了这种要求，可以排除欲自杀者欠缺自我决定能力的状况，让教唆者和帮助者直接进入《刑法》第 271 条普通杀人罪的规范领域。而如果被教唆者或被帮助者具有自我决定能力，那么教唆者和帮助者的行为，就必定是基于对前者同意权的肯定而为之，并无造成同意瑕疵之危险的问题。

同样的论述逻辑，也可应用在受被害人嘱托或承诺而杀之的情况。无论如何，解释上不可能只要是透过被害人嘴巴说出来的答允，就是法律上有效的嘱托或承诺，就如一个人在睡梦中的喃喃呓语，并不会与他人或社会产生任何沟通上的意义。如前所述，一个只有至少在具有认识和判断之

---

① Uwe Murmann, *Die Selbstverantwortung des OpfersimStrafrecht*, 2005, S. 493ff., 497.

② Uwe Murmann, *Die Selbstverantwortung des OpfersimStrafrecht*, 2005, S. 503.

③ 参见 Arndt Sinn, in Jürgen Wolter（Hrsg.）, *Systematischer Kommentar zum Strafgesetzbuch*（8. Aufl.）, 2012, §216 Rn. 11；林山田《刑法各罪论》（上册），元照出版有限公司, 2006, 第 83 页。

心理能力下所做出的决定，才是一个得以产生法效的决定。① 因此，嘱托和承诺的要件，也可以说同样预设了被害人的自我决定能力。既然《刑法》第 275 条的构成要件都已预设了以自我决定能力为标准的自愿性要求，② 那么在逻辑上其目的就不可能是防止同意存有瑕疵的危险。

此外，关于 Murmann 将加工自杀罪当作抽象危险犯的构想，其所使用的抽象危险犯或许已和一般理解下的意义有所不同。③ 在抽象危险犯中，被禁止的特定行为模式之所以被禁止，是因为其有指向未来的、尚未发生的法益侵害的典型危险性。然而，在加工自杀的情形显然和上述逻辑相异，被害人对他人加工行为的应允是否具有瑕疵，其实在行为当下已经确定。简而言之，存有瑕疵与否是证明问题。假设加工自杀罪的目的是防止在无效应允之下的生命法益侵害，那么应允的无效即为必须加以确认的构成要件要素。这时候，并没有理由直接封锁一切加工自杀行为，而只要确实将被害人的应允解释为欠缺一般认识和判断能力之下的无效应允，就可以有效地过滤不符合此条规范目的的行为。否则，若只是为了克服证明同意瑕疵的困难，而禁止所有加工自杀行为，那么加工自杀罪就不是在处罚对生命法益的侵害，而是处罚对生命法益侵害的嫌疑（Verdachtsstrafe）。④然而很清楚的是，可罚性的基础是不法的存在，而不是不法存在的可能性。而证明问题也是在不法存在后才会产生，不能以证明困难为由，使得原本并非不法者转变为不法。

3. 抑制外界不当压力

从另一个角度，台湾《刑法》第 275 条所要克服的危险，也可能是一

---

① 参见卢映洁《刑法分则新论》，新学林出版股份有限公司，2012，第 466 页。

② 尽管在《刑法》第 275 条包括的参与自杀与同意杀人两类型中，被害人参与程度并不相同，前者是积极自杀，后者是消极地容任他人杀害，然而根据本文之前的论述，可以得知作者的立场，正好是在规范评价上不欲区别两者。到底是自杀还是他杀，唯一的规范性标准是被害人是否为自愿，其关键并不在于最后下手的是自己还是他人，因为至少从被害人保护的角度而言（而不是就支撑加工自杀罪的涉他因素考虑而言），这仅是在规范上无重要性的事实现象。

③ 类似批评参见 BijanFateh - Moghadam, „Grenzen des weichen Paternalismus", in Bijan Fateh-Moghadam, Stephan Sellmaier and Wilhelm Vossenkuhl（Hrsg.）, *Grenzen des Paternalismus*, 2010, S. 36。

④ 批评参见 Friedrich - Christian Schroeder, *Beihilfe zum Selbstmord und Tötung auf Verlangen*, ZStW 106（1994）, S. 570。

种被害人在他人的压力之下决定自杀的危险。① 这种危险，存在于被害人原本无自杀意图，但由于他人的催促而产生此意图的情况，对应到《刑法》第 275 条则涉及"教唆他人使之自杀"的情形。特别是久病卧床的老人或患慢性病的病人，在无法痊愈又需要长期照护的情况下，时常会感受到来自亲人期待"终结一切痛苦"的压力。换句话说，处罚教唆他人自杀的目的是防止一个人在意志软弱的情况下被"逼死"。如果进一步地检视，可以发现这个看法仍然是出于父权主义的思维。当然，所谓的"久病床前无孝子"，是一个现实；催促老病者自我了结，也似乎值得非难。不过，现在要确定的是刑法上的评价，就此而言，则必须探究单纯对他人施以令其自杀的压力是否具有可罚性。一个简单的说法是，既然自杀并非可罚行为，那么按照从属性原则，教唆自杀也不是可罚行为。② 然而，《刑法》第 275 条的存在，使得此一论据无法贯彻。为了解决此种冲突，无法避免地要去检视上述形式论据所蕴含的实质观点。

如果可以肯定，被教唆者必须是可以做自我决定之人，驱动被教唆者的行为才能被称为教唆，那么所谓的施加压力若被理解成教唆，前提必定是被害人处于自由的状态。相对的，如果所施加的压力大到被害人没有自由决定空间的程度，自然行为人对整个事件就已具有完全的支配，而不会落入教唆自杀的范畴。在这个理解之下，既然被教唆者具有自由，就表示他对于来自外界之压力的处理，是属于其自己必须负责的范围。也就是说，这种未达到强制程度的压力施予，并不会影响当事人行为决定的自愿性。这样的说法，其实也相当地符合日常经验。我们时常在各种生活事项上接收到来自各方的压力，这些压力最后会在还有空间做出权衡取舍的情况下，转化成行为决定的正面或负面动机。《刑法》第 304 条强制罪的规定也显示出，刑法并不试图使人的意思决定免于任何来自他人的影响，而只免于达到可非难程度的干预。③ 尽管当事人可能处于意志软弱的情况，但由于一个有自主能力的人本来就该对自己的心绪状态负责，因此也不会影响自杀决定的自愿性。老病者若未陷入丧失一般认识与判断能力的情

---

① 参见 Gerd Geilen, *Euthanasie und Selbstbestimmung*, 1975, S. 27。

② Johannes Wessels and Michael Hettinger, *Strafrecht Besonderer Teil 1. Straftaten gegen Persönlichkeits – und Gemeinschaftswerte* (36. Aufl.), 2012, Rn. 43.

③ 参见黄荣坚《悲情姊妹花》，《月旦法学杂志》1996 年第 10 期。

形，那么他人施加非属强制性质的压力，即使导致其实行自杀，也属于他生命法益处分权之自主行使。否则，刑法所采取的"监护措施"反而限缩了被教唆者的自由，是不具有正当性的国家父权干预措施。

四　结论

有关刑法上法益处分权之限制的问题，至少有两个切入角度，一个是可能导致的社会效应，另一个则是法律父权主义的考虑。本文的目的，仅在于从后者的角度检视对生命法益处分权的限制理由，具体层次上则反映对台湾《刑法》第 275 条加工自杀罪正当性的判断。

硬性父权主义的思想基础是完美原则，然而由于自主所指涉的是使人生整体均衡协调的能力及可能性，因此如果人没有自主，那么人的完美也不可想象。自主是一种框架性概念，系以恣意性为其特征。大多数以维护自主为名的父权主义思想，其理解下的自主概念都抵触了此种特征，而非真正意义上的自主。Dworkin 以虚拟的事前自主限缩当下自主的行使，限缩的理由在于行为决定理性与否；Kleinig 则试图以一个人被认为是恒定的长期偏好，来判断当下决定所预设之短期偏好的合理性。两者所使用的标准都非自主本身，而已涉及某种得被自主地选择的具体内容。至于对己之法律义务的想法，也有相同的问题，因为和具体个人意志脱钩的主体性或尊严概念，预设了特定人类生活图像，借此区分和评价具体个人的存有形态。在各种父权主义思想下，自杀行为或被认为有碍完美，或被认为不理性，或被认为违反长期偏好，或被认为否认人的主体性或尊严。不管如何，倘若回到原初的自主概念，即使是自杀行为，无疑仍是应被无条件承认的自主权的行使。

软性父权主义主张，国家父权干预措施的正当性，只存在于被害人非自主从事自我伤害行为的情形。这个想法是相当可以理解的，因为无论如何，自主及与其相对应的自我负责概念都必须有特定的条件。相对于 Feinberg 将自愿性理解为量差概念，并使其对应于合理性而决定自愿性要求的程度，本文认为，决定自愿性的标准应退守至一般认知与判断能力。亦即一个具有此能力的人，即应对事实信息基础、其性格表现和心绪状态等各种可能在当下影响行为决定的因素自我负责。如此低度的要求，才能在观念上严格区分"自主"的决定和"成功"的决定，并彻底阻挡父权思想逻辑的侵入。依照这样的理解，只要一个人具有一般认识和判断能力，那么尽管他做出的是自杀决定，仍然为自愿决定。

学说所提出的关于加工自杀罪的正当化理由，包括拦阻当事人仓促决定、防止同意瑕疵危险以及抑制外界不当压力等，都不适于诠释台湾《刑法》第275条。按照本文所采取的低度标准，不管是仓促或是外在压力等，都是可归责于当事人的可能扭曲决定正确性的因素，无涉当事人的一般认知和判断能力，和自愿性的成立无关。况且，《刑法》第275条并未显现出暂时性措施的特征，即使当事人已深思熟虑，利用他人实施自杀的可能性仍然被禁止。至于有无同意瑕疵，所关系到的是证明问题，而刑罚所要回应的是犯罪，不是犯罪嫌疑。《刑法》第275条所描述的各种行为态样，包括教唆自杀、帮助自杀、受嘱托或得承诺而杀害等，要件中都预设了被害人是有一般认知和判断能力而可以自我负责之人，否则即会落入《刑法》第271条的效力范围。既然如此，根据笔者采取的极端软性父权主义，《刑法》第275条即无正当性。至于刑法可否基于社会性的考虑，透过加工自杀罪封锁生命法益处分权的行使，则待另文检讨。

On the Limit to the Right of Disposing of the Legal Interest of Life
—Mainly around the Criticism on the Paternalism in Criminal Law

Zhou Yangyi

Abstract：The purpose of this article is to review the limit on the victim's right to dispose of life from the perspective of paternalism. The focus would be the legitimacy of the offence of assisted suicide. After reviewing all the attempts to justify the paternalism, the author finds that the soft paternalism, which allows the governmental involvement in the case lack of voluntariness, is compatible with the liberalism and can avoid following the typical logic of paternalism. The author holds that instead of the high level of voluntariness, which is argued by the soft paternalism, the natural competence of autonomy should have sufficed for the requirement of voluntariness. In this context, all the behaviors prescribed as the offence of assisted suicide have preconditioned the voluntariness of the victim. Therefore, there is no legitimacy for this offence.

Keywords: Paternalism; The Principle of Autonomy; Disposition Right of Legal Good; Participation in Suicide; Voluntariness

刑法学的经济分析

周维明[*]

摘　要： 在当今的刑法学研究中使用经济分析方法，已经屡见不鲜。本文在考察刑法学的经济分析的内涵、地位，并阐明其基本主题、目标与理论预设的基础上，先后研究了经济分析方法在刑法哲学、刑法教义学、刑事政策学和刑事诉讼法学中的运用，最后提出了四项已经得到证实的结论和两项悬而未决的争议，以期抛砖引玉，唤起刑法学学术共同体对此问题的关注。

关键词： 刑法学　经济分析　效率　公正

一　刑法学的经济分析概说

（一）绪论

在当今的刑法学研究中，使用经济分析方法已经屡见不鲜了。其原因很简单：像法律这样的正式的社会约束，总是在试图精确和明确地调整人们的行为。[①] 刑法建立在剥夺性痛苦基础之上，作为最严厉的强制措施的刑罚来规制人们的行为，[②] 对其精确性和明确性的要求理所当然是最高的，因此，按照王世洲教授的说法，以刑法为研究对象和问题视域的刑法学也应当是一门"最精确的法律科学"。[③] 而经济学以数学和逻辑学为基本理论

---

[*] 周维明，中国社会科学院研究生院刑法学专业博士研究生。

[①] 参见〔美〕哈维兰《文化人类学》，瞿铁鹏、张钰译，上海社会科学出版社，2006，第366页。

[②] 参见张明楷《刑法学》，法律出版社，2011，第452页。

[③] 参见〔德〕克劳斯·罗克辛《德国刑法学总论》第1卷，王世洲译，法律出版社，2005，译者序，第1页。

工具，故而具备了其他社会科学所不具备的内在一致性，[①] 最易对知识的精确性与有效性进行客观验证。[②] 所以，在刑法学研究中使用经济学的理论建构与分析方法以获致尽可能精确的答案，也就不足为奇了。

经济分析方法在刑法学中的运用也遭受了一定程度的抵制，林东茂教授就对刑法学的经济分析提出了强烈的质疑。[③]

首先，各个知识领域都有其独特内涵与研究方法：自然科学[④]惯于运用方法论上的唯名论（Methodological Nominalism），以化约的公式描述自然界的因果律，因此可以排除价值思考，不理会本质问题；而刑法学则须谨守方法论上的本质论（Methodological Essentialism），需要层层深挖合理性的基础，故而自然科学的观念不可套用于人类世界，刑法知识自然也不能进行经济分析。

其次，经济分析的目的，在于追求资源分配的经济效益；而刑法所涉及的是伦理问题，而非资源分配，此与经济学的本质有极大分野。

最后，刑法的基本信念在于实现正义，不能如经济学那样过度讨价还价。

林东茂教授据此得出结论：经济分析在刑法评价中没有插嘴的余地。[⑤]

林东茂教授的观点存在对经济学的很多偏见和误解，故而不能得到笔者的完全赞同，理由在于以下几方面。

首先，经济学并不是自然科学（尽管其相当接近于自然科学）。按照现代微观经济学体系的奠基人马歇尔教授的说法，经济学是一门"研究人类一般生活事务的学问"，[⑥] 因此，经济学完全可以运用到人类世界中。另外，经济学也并不排斥价值思考。经济学分为实证经济学和规范经济学，实证经济学讨论社会事实，而规范经济学涉及伦理信条和价值判断。[⑦] 因

---

① See John Quiggin, *Zombie Economics: How Dead Ideas Still Walk Among US* (Princeton University Press, 2010), p. 211.
② 参见林东茂《刑法综览》，中国人民大学出版社，2009，第10页。
③ 参见林东茂《刑法综览》，中国人民大学出版社，2009，第10页以下。
④ 林东茂教授似乎将经济学的方法论纳入了自然科学的范畴。
⑤ 参见林东茂《刑法综览》，中国人民大学出版社，2009，第12页。
⑥ 〔英〕马歇尔：《经济学原理》（上），朱志泰、陈良璧译，商务印书馆，1964，第26页。
⑦ 参见〔美〕保罗·萨缪尔森、威廉·诺德豪斯《微观经济学》，萧琛主译，人民邮电出版社，2012，第6页。

此，以价值思考为导向的刑法知识完全可以进行经济分析。

其次，应当承认，刑法所追求的终极伦理目的是为社会上的每个人的法益提供完备无遗的保护。但这一目的仅仅是应然的价值追求而已。在现实的社会生活中，任何人都必须承认经济学的如下定理——物品和资源是稀缺的，因此社会必须考虑资源分配问题，以确保最有效地利用这些资源。[①] 在刑法中也是如此，国家和社会为刑法投入的资源是有限的，所以对每个人的法益的保护不可能达到尽善尽美的境界，因此运用经济学的分析方法研究如何合理配置司法资源，以使实然的刑事司法系统的运行状况和社会效益尽可能地接近刑法应然的价值目标，合理可行而且无可厚非。

最后，经济学不仅关注效率问题，而且也在很大程度上关注公正问题。[②] 只不过，从经济学的视角来看，效率与公正之间存在一定的权衡取舍（tradeoff）。[③] 这是人类的社会生活所不能回避的问题。事实上，效率与公正之间如何进行权衡取舍，在很大程度上也依赖于经济学的分析。

从根本上来说，法律是一种人类社会的组织方式，是社会秩序的主要架构，渗透到社会生活的每个角落。可惜的是，以问题为导向的法律科学本身并没有什么特殊的研究方法，它的大部分工具都是从其他学科借鉴来的，[④] 法学从经济学、哲学和社会学等学科引进了大量的研究方法与观察视角，由此看来，在刑法学中运用经济分析方法，不仅是合理可行的，在某种程度上甚至是必要的。

（二）经济分析在刑法学中的地位

经济分析在刑法学中的作用已如前述。但是，经济分析究竟在刑法学中占据什么样的位置呢？换句话说，经济分析是否如加里·贝克尔教授所

---

① 参见〔美〕保罗·萨缪尔森、威廉·诺德豪斯《微观经济学》，萧琛主译，人民邮电出版社，2012，第4页。

② 参见〔美〕保罗·萨缪尔森、威廉·诺德豪斯《微观经济学》，萧琛主译，人民邮电出版社，2012，第35页以下。

③ See Paul Krugman & Robin Wells, *Economics* (Worth Publishers, 2009), p. 14.

④ 参见〔美〕道格拉斯·G. 拜尔、罗伯特·H. 格纳特、兰德尔·C. 皮克《法律的博弈分析》，严旭阳译，法律出版社，1999，丁利所写之中译本序言，第2页。

说的那样"业已囊括人类的全部行为及与之有关的全部决定",① 从而成为使刑法学得以可能的本体论基础,还是仅仅为刑法学提供了一套新的研究方法与观察视角的方法论而已?

从哲学诠释学(die philosophiche Hermeneutik)的角度来说,刑法学(Strafrechtswissenschaft)和经济学(economics)并不隶属于以"说明"为原则的自然科学,而是隶属于以"理解"为原则的人文社会科学(Geisteswissenschaften)。这两者均以哲学诠释学为本体论基础,因此,经济分析不可能成为刑法学的本体论基础。

刑法学乃一种特殊的诠释学,其目的在于刑法的应用,也就是使刑法具体化于每一种特殊情况。② 它分为方法论与本体论两大部分。刑法学方法论乃一种解释的技术论,其主要目的在于建立一套描述或指导如何理解刑法文本含义的方法的规则体系;刑法学本体论则探究,对刑法文本的理解得以可能的基本条件及程序,从而阐明刑法文本与生活世界之间的基本关系。人类生活世界的基础不可能是纯粹的经济思考,否则就是哈贝马斯所批判的经济系统对生活世界的"殖民化"了。③ 经济逻辑成为人类生活的根本基础必然导致人类本身的异化(alienation)。因此,经济分析不属于刑法学的本体论范畴,只属于刑法学的方法论范畴。经济分析在刑法学中的作用仅是提供一套别的学科所不能提供的研究方法与观察视角,帮助刑法学学术共同体更好地理解刑法本身的含义并做出相应的决策而已。需要特别指出的是,即便将经济分析限制在刑法学方法论的范畴之内,它所能提供的也是极其有限的。正如阿马蒂亚·森所说的那样,在某种意义上,经济学的范围十分狭窄,经济分析即使在经济学内部使用也"不怎么合人意",很多理论建构"不仅对制度的描述极为简单,而且对人类行为的看法也非常狭隘",将其贸然应用于其他社会科学领域,无异于"亚历山大没有首先对马其顿建立起控制权就扬帆去了波斯"。④ 因此,那种将经济分析凌驾于任何学科之上,企图以纯

① 〔美〕加里·S. 贝克尔:《人类行为的经济分析》,王业宇、陈琪译,上海三联书店、上海人民出版社,1995,第3页。

② 参见〔德〕汉斯–格奥尔格·伽达默尔《诠释学——真理与方法(I)》,洪汉鼎译,商务印书馆,2007,第448页。

③ See James Gordon Finlayson, *Habermas: A Very Short Introduction* (Oxford: Oxford University Press), 2005, p. 81ff.

④ 参见〔印〕阿马蒂亚·森《伦理学与经济学》,王宇、王文玉译,商务印书馆,2000,第14页。

粹的经济思维方式取代其他一切价值思考，霸气十足地在各门社会科学之间攻城略地，蛮横地将纷繁复杂的社会生活现象全部简约化为经济学的理论范式的所谓"经济学帝国主义"，不足为训。

（三）刑法学的经济分析的基本主题与目标

刑法学的经济分析的基本主题与一般经济学的主题没有什么不同，那就是效率（efficiency）与公正（equity）。

所谓效率，就是指最有效地利用社会资源以满足人类的愿望和需要。刑法学中的效率，就是在给定刑事司法系统的运行技术水平和稀缺资源的情况下，为最多的社会成员提供最优的法益保护。在不会使其他社会成员状况变坏的情况下，如果不可能再进一步做出资源配置以增进对任何社会成员的法益保护，则认为这种资源配置是有效率的，即所谓的帕累托最优（Pareto optimum）。[1]

刑法学的经济分析除了效率之外，还需要关注公正吗？有人就认为：公正的概念不是独立的评价原则，所以不能与效率相提并论。[2] 其实，经济学不仅关注效率，也关注公正。[3] 而法学，如古罗马的塞尔苏斯所定义的那样，乃善良公正之术（ius est ars boni et aequi）。[4] 既然经济学和法学都关注公正，那作为两者之间的交叉研究的刑法学的经济分析就能忽视公正问题吗？显然不能。虽然不得不承认效率与公正之间有时会存在一定程度的权衡取舍，但是这并不妨碍两者都成为刑法学的经济分析的主题。

刑法学的经济分析的基本目标可以用福利经济学（welfare economics）中的社会福利函数（social welfare function）来加以表述。

古典功利主义者边沁提出了所谓"最大多数人的最大幸福"（the greatest happiness of the greatest number）原理，即社会共同体中尽可能多数成员的福利最大化，[5] 因此，功利主义的社会福利函数把社会福利看作所有

---

[1] 参见〔美〕保罗·萨缪尔森、威廉·诺德豪斯《微观经济学》，萧琛主译，人民邮电出版社，2012，第4页。

[2] See Louis Kaplow & Steven Shavell, *Fairness Versus Welfare*（Harvard University Press, 2006），p. 141.

[3] See Paul Krugman & Robin Wells, *Economics*（Worth Publishers），2009, p. 14.

[4] 《学说汇纂》第1卷，第1章。

[5] 参见〔英〕边沁《政府片论》，沈叔平等译，商务印书馆，1995，第92页。

社会成员的福利的简单加总，任何社会成员的福利都被平等对待。功利主义的社会福利函数可表述为：

$$W(u_1, u_2, \cdots, u_n) = \sum_{i=1}^{n} u_i$$

其中 W 代表社会总福利，u_i 代表社会成员 i 的个人福利，n 为社会成员总数。[1]

罗尔斯教授在其 1971 年发表的《正义论》中向功利主义理论提出了挑战。罗尔斯教授认为，功利主义理论在涉及社会正义的问题上存在缺陷：以功利主义为根据，原则上就可能允许违反正义的事情发生。因此，他借助康德的义务论理论提出了正义的两个原则。[2]

（1）自由优先原则。每个人对与所有人所拥有的最广泛的基本自由体系相容的类似自由体系都应有一种平等的权利。

（2）社会的和经济的不平等应这样安排，使它们：

①在与正义的储存原则一致的情况下，适合于最少受惠者的最大利益（差别原则）；并且，

②依系于在机会公平、平等的条件下职务和地位向所有人开放（机会公平平等原则）。

第一原则处理的是公民的基本权利，而第二原则处理的是收入和财富的分配。在罗尔斯看来，第一原则高于第二原则；第二原则中，机会公平平等原则高于差别原则。[3] 因此，罗尔斯的理论可以用社会福利函数表述为：

$$W(u_1, u_2, \cdots, u_n) = \min\{u_1, u_2, \cdots, u_n\}$$

即把社会最贫困阶层的人的福利作为社会福利的目标函数，社会福利的目标是最贫困的社会成员的福利最大化［即所谓最小最大（minimax）原则］。[4]

---

① 参见〔美〕哈尔·R. 范里安《微观经济学：现代观点》，费方域等译，格致出版社、上海三联书店、上海人民出版社，2011，第 517 页。

② 参见〔美〕约翰·罗尔斯《正义论》，何怀宏、何包钢、廖申白译，中国社会科学出版社，2009，第 237 页。

③ 参见〔美〕约翰·罗尔斯《正义论》，何怀宏、何包钢、廖申白译，中国社会科学出版社，2009，第 237 页。

④ 参见〔美〕哈尔·R. 范里安《微观经济学：现代观点》，费方域等译，格致出版社、上海三联书店、上海人民出版社，2011，第 517 页以下。

还有一种由伯格森教授引入，再由萨缪尔森教授予以拓展的社会福利函数：

$$W = W \left[u_1 \left(x_1 \right), \ u_2 \left(x_2 \right), \ \cdots, \ u_n \left(x_n \right) \right]$$

其中 x_i 表示的是社会成员 i 的消费束，$u_i \left(x_i \right)$ 为其用某一固定的效用表示法表示的效用水平，n 为社会成员总数。[1]

综观以上三种社会福利函数，都有其各自的优点和缺陷。那么，究竟应该选取哪一种社会福利函数作为刑法学的经济分析的福利函数呢？

首先，功利主义的社会福利函数仅考虑了社会成员的个人效用的简单加总，忽视了社会成员之间的差别，这是很不适当的。正如雅克·蒂洛教授和基思·克拉斯曼教授所指出的那样，功利主义的基本原理建立在本利分析，即用目的来证明手段的合适性之上，这样一来，过于强调"最大多数人的最大幸福"有时会导致让人难以接受的结果。比如，用在 100 名无辜儿童身上做致命性实验的方式来拯救 1000 万名儿童的生命，是否就能用功利主义来证明其是正当的？另外，功利主义也会促使我们专注于测定社会成员的个人社会价值，从而出现抹杀"无价值的生命"的可怕现象。[2] 罗尔斯教授也严厉批判了功利主义："每个人都拥有一种基于正义的不可侵犯性，这种不可侵犯性即使以整个社会的福利之名也不能逾越。因此，正义否认为了一些人分享更大利益而剥夺另一些人的自由是正当的，不承认许多人享受的较大利益能绰绰有余地补偿强加于少数人的牺牲。"[3] 因此，功利主义的社会福利函数不可取。

那么罗尔斯的社会福利函数呢？罗尔斯的社会福利函数强调社会最贫困的社会成员的福利，太过于注重公平问题，因而可能导致社会缺乏激励机制、效率低下。罗尔斯的社会福利函数走到极端就是平均主义，而这种极端平等论思想是站不住脚的，所以罗尔斯的社会福利函数尚有许多不确

---

[1] 参见〔美〕哈尔·R. 范里安《微观经济学：现代观点》，费方域等译，格致出版社、上海三联书店、上海人民出版社，2011，第 520 页。

[2] 参见〔美〕雅克·蒂洛、基思·克拉斯曼《伦理学》，程立显、刘建等译，周辅成审阅，世界图书出版公司，2008，第 42 页以下。

[3] 参见〔美〕约翰·罗尔斯《正义论》，何怀宏、何包钢、廖申白译，中国社会科学出版社，2009，第 3 页。

定性,[1] 不能为刑法学的经济分析所采用。

综上所述,刑法学的经济分析只可能采用伯格森－萨缪尔森的社会福利函数。虽然其存在没有对社会福利函数的具体形式给出明确的规定这样的缺点,但保持了社会福利函数选择的灵活性,这种灵活性能够为后人提供较大的发挥空间。在刑法学的经济分析中,用 r_i 表示社会成员 i 对国家和社会投入刑事司法系统的资源（resource）的消费束,用 $u_i(r_i)$ 表示其效用水平,n 为社会成员总数,那么伯格森－萨缪尔森的社会福利函数可以表述为:

$$W = W\left[u_1(r_1), u_2(r_2), \cdots, u_n(r_n)\right]$$

在构造出刑法学的经济分析所采用的社会福利函数之后,就可以很容易地表述其基本目的:促使社会福利最大化,用公式表示就是:

$$\max W\left[u_1(r_1), u_2(r_2), \cdots, u_n(r_n)\right]$$

使得 $\sum_{i=1}^{n} r_i = R$,其中 R 为国家和社会投入刑事司法系统的资源总量。[2]

我们可以求解能使社会福利最大化的可行的配置,这种配置总是帕累托有效率的,反过来也一样。[3]

（四）刑法学的经济分析的理论预设

经济学总是从一些给定的假设或公理出发,通过建立相应的数学模型,得出一定的结论或定理。[4] 刑法学的经济分析也概莫能外。加里·贝克尔教授的研究就显示,一种行之有效的犯罪行为理论只是经济学常用的选择理论的扩展,用不着以道德的颓废、心理机能的欠缺和遗传特征等因

---

[1] 参见〔美〕汤姆·L. 彼彻姆《哲学的伦理学》,雷克勤、郭夏娟、李兰芬、沈钰译,中国社会科学出版社,1990,第376页。

[2] 参见〔美〕哈尔·R. 范里安《微观经济学:现代观点》,费方域等译,格致出版社、上海三联书店、上海人民出版社,2011,第518页。

[3] 证明过程参见〔美〕哈尔·R. 范里安《微观经济学:现代观点》,费方域等译,格致出版社、上海三联书店、上海人民出版社,2011,第518页。

[4] 参见〔美〕蒋中一、〔加〕凯尔文·温赖特《数理经济学的基本方法》,刘学、顾佳峰译,刘学审校,北京大学出版社,2006,第3页。

素来解释犯罪行为。[1]

加里·贝克尔教授认为，为决定如何以最佳方式来对付犯罪，必须建立一套能够体现犯罪的收益与成本的数学模型，该模型必须考虑以下几种关系：（1）犯罪数量与违法成本之间的关系；（2）违法数量与量刑之间的关系；（3）违法、逮捕与定罪数量和在警察与法庭方面的公共支出之间的关系；（4）定罪数量和监禁或其他形式惩罚的成本之间的关系；（5）违法数量和用于防护的私人支出之间的关系。[2]

加里·贝克尔教授指出，从刑法学的经济分析的视角来看，以刑事制裁来取缔、限制某种活动的动机是担心其他社会成员的社会生活利益会受到损害（法益侵害）。损害的数量会随着犯罪活动水平的上升而上升。以 H_i 代表第 i 种活动造成的损害，O_i 代表犯罪活动水平，可以构造如下的损害函数：[3]

$$H_i = H\,(O_i)$$

而且

$$H'_i = \frac{dH_i}{dO_i} > 0$$

犯罪者所得到的社会价值用函数来表示就是：

$$G = G\,(O)$$

而且

$$G' = \frac{dG}{dO} > 0$$

社会净成本就是犯罪所造成的损害与收益的差额：

$$D\,(O)\ = H\,(O)\ - G\,(O)$$

犯罪所造成的收益的边际量最终会递减（边际收益递减，diminishing marginal product），犯罪所造成的成本的边际量最终会递增（边际成本递增，increasing marginal cost），这就意味着：$G'' < 0$ 并且 $H'' > 0$，因此：

---

[1] 〔美〕加里·S. 贝克尔：《人类行为的经济分析》，王业宇、陈琪译，上海三联书店、上海人民出版社，1995，第 56 页。

[2] 〔美〕加里·S. 贝克尔：《人类行为的经济分析》，王业宇、陈琪译，上海三联书店、上海人民出版社，1995，第 58 页以下。

[3] 〔美〕加里·S. 贝克尔：《人类行为的经济分析》，王业宇、陈琪译，上海三联书店、上海人民出版社，1995，第 59 页以下。

$$D'' = H'' - G'' > 0$$

这表明犯罪所造成的社会净成本是递增的。

综合上面的分析，我们可以得出以下推论。对于任何一种犯罪活动 O_a，只要 $D'(O_a) > 0$，那么就应该予以禁止。这一公式，如加里·贝克尔教授所说，表明了禁止某种犯罪活动的最正当的理由。前述的五种关系均可以在该公式的框架内得到分析与讨论，因此，也是刑法学的经济分析的最基本理论预设。

对于何种行为应当以刑罚加以禁止已经很清楚了，但是，国家和社会究竟应该投入多少资源去防范犯罪呢？这就涉及刑法学的经济分析的第二个基本理论预设。

当犯罪率上升时，国家和社会的本能反应是投入更多的资源去防范犯罪。但是这种投入并不是漫无边际的。如曼昆教授所言，应当考虑其边际量（margin）。[1] 在刑法学的经济分析中，必须考虑每增加一单位的资源投入所需要的社会成本（边际成本，marginal cost，以下简称 MC）所能增加的因防范犯罪而带来的社会福利（边际收益，marginal revenue，以下简称 MR）。如果考虑到边际收益是递减的而边际成本是递增的，那么经济学中最著名的公式之一 MR = MC 就派上了用场。这就意味着，国家和社会应该持续地投入资源去防范犯罪，直到犯罪防范的边际成本等于边际收益为止，超过这个均衡点的资源投入是无效益的。综上所述，刑法学的经济分析的第二个基本理论预设就是 MR = MC。

这样的结论可能会导致惊人的结果：单从经济学角度分析，完全阻止任何犯罪是根本没有必要的。总是会存在某个均衡点，这个均衡点决定了犯罪防范活动应该达到什么水平，超出这个水平，社会总福利反而会下降。[2] 这一结论很可能让人难以接受，但是刑法学的经济分析的魅力却恰恰在此表现出来：它固然赞赏"要消灭任何犯罪"这样"热切的心情"，

---

① See N., *Gregory Mankiw*, *Principles of Economics*, *South-Western*（Cengage Learning，2011），p. 6.

② 参见〔美〕安塞尔·M. 夏普、查尔斯·A. 雷吉斯特、保罗·M. 格兰姆斯《社会问题经济学》，郭庆旺译，中国人民大学出版社，2009，第 102 页。

但是同时也需要一颗善于利用经济分析方法的"冷静的头脑"。①

二　经济分析在刑法学中的运用

（一）经济分析在刑法哲学中的运用

刑法哲学（Strafrechtsphilosophie）是对刑法进行形而上的思考的一门学科。它致力于建立一种标准，根据该标准，刑法学家可以判断，现行刑法规范是否跟社会秩序的自然情况和社会伦理主导价值观相吻合，如何解释以及如何变革。②

按照通说，刑法是对第一次规范（如民法规范、行政法规范等）所保护的法益进行强有力的第二次保护，是对不服从第一次规范的行为科处刑罚的第二次规范。③ 因此，刑法涉及个人的权利义务禀赋的再分配（Redistribution）。奥肯教授对此指出，再分配过程基于以下几个原因，会造成社会总福利的无谓损失（deadweight loss），即所谓的"奥肯漏桶"。④

第一，再分配过程必然包括管理成本（administrative costs）。

第二，再分配可能会对工作激励（work incentives）产生负效果。

第三，再分配也不可避免地会对储蓄和投资（saving and investment）产生负效果。

第四，再分配也会对个人价值取向产生负面影响。

"奥肯漏桶"理论从福利经济学的角度阐明了刑法在整个法律体系中的地位和作用：刑法涉及禀赋的再分配，而再分配会扭曲激励，造成社会总福利的无谓损失，因此刑法不应将所有的违法行为都作为其对象，只可在迫不得已的情况下才适用（谦抑原则）。刑法只能作为防范犯罪的"最后手段"（ultima ratio）（补充性），刑罚规制不应该渗透到社会生

---

① "热切的心情，冷静的头脑"是萨缪尔森的名言。参见〔美〕保罗·萨缪尔森、威廉·诺德豪斯《微观经济学》，萧琛主译，人民邮电出版社，2012，第6页。

② 参见〔德〕汉斯·海因里希·耶赛克、托马斯·魏根特《德国刑法教科书》，徐久生译，中国法制出版社，2001，第56页以下。

③ 参见张明楷《刑法学》，法律出版社，2011，第19页。

④ See Klaus Mathis, *Efficiency Instead of Justice?: Searching for the Philosophical Foundations of the Economic Analysis of Law*, Translated by Deborah Shannon (Springer, 2009), p.196.

活的每个角落，而只应该控制在为维持社会秩序所必要的限度之内（不完全性），即使行为人构成了犯罪，但如果不是为了保护法益而迫不得已的话，则应尽量不动用刑罚（宽容性）。① 经济分析就这样从福利经济学的角度为刑法的谦抑原则，以及其补充性、不完全性和宽容性奠定了坚实的理论基础。

经济分析还可以用于阐明犯罪的本质。长期以来，刑法学界对犯罪的本质有两种截然不同的观点：规范违反说重视犯罪行为的反规范性、反社会性，主张犯罪的本质是违反社会伦理规范；而法益侵害说则重视犯罪结果的法益侵害性，主张犯罪的本质是侵害或威胁法益。② 这两种观点一直争论不已，难分高下。其实，借助经济学中外部性的理论，完全可以解决这一问题。

毋庸置疑，犯罪行为是犯罪人对被害人的法益（Rechtsgüter）的侵害，因此法益侵害说在这一点上是正确的，但是法益侵害说没有看到，犯罪行为不仅是犯罪人和被害人两人之间的事情，它还间接影响到了旁观者（往往就是社会）的福利，因此它具有所谓的外部性（externalities）。按照雅科布斯教授的看法，犯罪行为对社会的最重要的负的外部性影响就是通过对社会规范的违反，动摇了社会公众对法秩序的信心。③ 所以，从经济分析的角度来看（如图1所示），犯罪行为所造成的社会成本既包括被害人的法益所受到的侵害（私人成本），也包括犯罪行为的负的外部性对社会的影响（外部成本）。因此，将犯罪的本质看作法益侵害或规范违反均有其片面之处，而综合把握法益侵害和规范违反，将犯罪的本质理解为违反社会规范的法益侵害行为的观点④是正确的。

利用对外部性的经济分析，也可以很轻易地解决刑罚的本质问题。自古希腊以来，对刑法的本质就有绝对理论（Absolute Straftheorie）和相对理论（Relative Straftheorie）两种理解进路。绝对理论将刑罚的本质理解为通

---

① 参见〔日〕大谷实《刑法总论》，黎宏译，中国人民大学出版社，2008，第83页以下。
② 参见〔日〕大谷实《刑法总论》，黎宏译，中国人民大学出版社，2008，第34页。
③ Vgl. Günther Jakobs, *Strafrecht, Allgemeiner Teil: die Grundlagen und die Zurechnungslehre* (Walter de Gruyter, 1993), S. 5ff.
④ 参见〔日〕大谷实《刑法总论》，黎宏译，中国人民大学出版社，2008，第84页。

过对不法的报复以恢复正义（malum passionis propter malum actionis）。[①] 而相对理论则将刑罚的本质理解为预防犯罪（nemo prudens punit, quia peccatum est, sed ne peccetur），包括对社会全体成员产生效果的一般预防（Generalprävention，包括积极的一般预防与消极的一般预防）和对受刑人产生效果的特殊预防（Spezialprävention）。[②] 从福利经济学的角度来看，刑罚是国家运用刑罚权加诸个人的行为，因此既有恢复正义的一面，[③] 也有对受刑人实施特殊预防的一面，以上可以看作一种私人收益；但是，通过刑罚的执行，惩处了犯罪，恢复了社会公众对法秩序的信心（积极的一般预防），也吓阻了潜在的犯罪人（消极的一般预防），所以刑罚也对社会具有正的外部性，产生了外部收益，社会收益 = 私人收益 + 外部收益（图2）。由此看来，绝对理论与相对理论均有合理之处，将它们统一把握的综合理论（Vereinigungstheorie）是妥当的。[④]

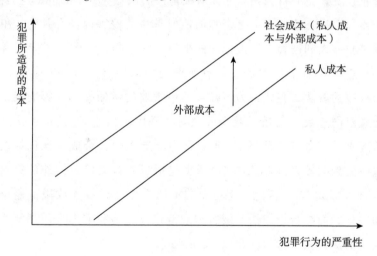

图 1　犯罪行为的负外部性

---

① Vgl. Bernd – Dieter Meier, *Strafrechtliche Sanktionen*（Springer, 2006），S. 18 ff.

② Vgl. Bernd – Dieter Meier, *Strafrechtliche Sanktionen*（Springer, 2006），S. 21 ff.

③ 恢复正义这一理念对于刑罚来说是不可或缺的，或许还是核心概念，一般预防与特殊预防也必须建立在正义这一理念之上，参见〔澳〕C. S. 利维斯《对人道主义惩罚理论的一个批评》，载〔美〕詹姆斯·P. 斯特巴《实践中的道德》，程炼等译，北京大学出版社，2006，第 517 页以下。

④ 参见〔德〕汉斯·海因里希·耶赛克、托马斯·魏根特《德国刑法教科书》，徐久生译，中国法制出版社，2001，第 95 页以下。

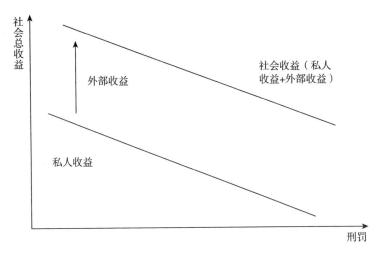

图 2　刑罚的正外部性

（二）经济分析在刑法教义学中的运用

刑法学的核心内容就是刑法教义学（Strafrechtsdogmatik），即刑法解释学（strafrechtliche Hermeneutik），它以解释当前刑法为主要任务，[1] 其基础是建立在诠释学（Hermeneutik）之上的，[2] 所以不可避免地带有相对主义的特征。[3] 这时就需要经济分析方法来帮助其克服相对主义和不确定性。

在我国的刑法体系中，最高人民法院和最高人民检察院的司法解释具有重要地位。有学者对此提出猛烈的批评，认为司法解释有混淆立法权与司法权、缺乏针对性和干扰法官的独立裁判的弊端，故而对于刑法学理论的发展并无好处。[4] 但是，从信息经济学（information economics）的角度来看，一部法律在颁布之后，法院在解释该部法律中的有关条款或填补其漏洞时，常常会带有很大的不确定性。但是，在某种解释或漏洞填补以"稳定的司法见解"的形式被贯彻时，这种不确定性就被削弱了。[5] 由此可

---

[1]　参见张明楷《刑法学》，法律出版社，2011，第 2 页。

[2]　Vgl. Franz Bydlinski, *Juristische Methodenlehre Und Rechtsbegriff*（Springer, 1991），S. 17ff.

[3]　See Lawrence K. Schmidt, *Understanding Hermeneutics*（Acumen Publishing Limited, 2006），p. 138.

[4]　参见陈兴良、周光权《刑法学的现代展开》，中国人民大学出版社，2006，第 3 页。

[5]　参见〔德〕莱茵荷德·齐佩利乌斯《法哲学》，金振豹译，北京大学出版社，2013，第 39 页以下。

见，司法解释对刑法规范的内容进行了界定和精确化，削弱了司法的不确定性，因此不能对司法解释采取完全排斥的态度。较为合理的做法是，最高人民法院将其审理过的案件制作成判例，在判例中阐明对刑法规范内容的解释立场，形成一定的解释规则，并用其来指导下级法院。[①]

在没有司法解释的场合，刑法条文需要法官自行解释。在刑法文本的解释方法中，有语义解释、历史解释、体系解释和目的解释，[②] 而目的解释是解释方法之王，解释者通过前理解（Vorverständnis）决定了刑法的规范目的，这就是目的解释，然后再从其他的解释方法中选择最能与该规范目的契合的解释方法。对法律的解释应当服务于法律的目的。[③] 在经济分析方法中，有一件阐明刑法规范的目的利器，那就是博弈论（game theory）。

阐明博弈论在解释刑法规范中的作用，举如下一个有趣的例子便足矣。《刑法》第424条规定了战时临阵脱逃罪。立法者为什么要规定这项罪名呢？理由很简单。在战斗时，逃跑往往是保住自己性命的最好办法。保命的最好办法就是自己一个人逃跑，而让别人去战斗；如果己方的其他人也跟着一起逃跑，那么选择逃跑就更为明智。总而言之，不管别人怎么做，逃跑总是最划算的，这就是博弈论中所谓的占优策略（dominant strategy）。对每个士兵来说，临阵脱逃都是占优策略。但是如果己方的每个人都选择逃跑，敌人就很容易将己方一举歼灭，逃跑者在这场歼灭战中也很容易丢掉性命。每个人都选择占优策略，导致了个人和团体的最坏结果，这就是所谓的囚徒困境（prisoner's dilemma）。因此，与其每个人都逃跑，不如留下来战斗。就个人而言，临阵脱逃比较有利，就整支军队而言，勇敢对大家都好。立法者通过设置战时临阵脱逃罪这个罪名对临阵脱逃者施以严厉的惩罚，这样反而对士兵有帮助，因为它破解了这个囚徒困境。[④] 通过以上的分析，战时临阵脱逃罪的立法目的也就一目了然了。

博弈论还可以用来解释刑法学中的诸多疑问。比如，对限时法来说，在有效期间经过之后，是否也应当对期间内的违法行为进行处罚呢？这个

---

① 参见张明楷《刑法学》，法律出版社，2011，第36页。

② Vgl. Harro Otto, *Grundkurs Strafrecht： Allgemeine Strafrechtslehre* （de Gruyter, 2004）, S. 26ff.

③ 参见〔德〕齐佩利乌斯《法学方法论》，金振豹译，法律出版社，2010，第71页。

④ See James D. Miller, *Game Theory at Work：How to Use Game Theory to Outthink and Outmaneuver Your Competition* （McGraw‑Hill, 2003）, p. 130ff.

问题可以通过博弈论中的重复博弈（repeated game）理论来分析解决。

限时法完全可以被看作立法者和违法者的一种重复博弈过程。[①] 假设限时法在有效期间经过之后不处罚期间内的违法行为，那么违法者的最佳策略就是在期限到期之前乖乖守法，而在期限即将到期的那一刻断然违法。因为期限一到，刑罚就失去效力了。换句话说，限时法在有效期间经过之后不处罚期间内的违法行为的这一做法，是在变相激励违法者在期限即将到期的那一刻违法，这样一来，限时法的立法目的也就会被架空了。所以，如果限时法本身没有对有效期间经过之后是否处罚期间内的违法行为做出规定的话，解释者就必须将限时法的规范目的理解为无论有效期间是否经过，都要处罚期间内的违法行为。

博弈论甚至还可以用来解决困扰刑法学界很久的有认识过失与间接故意的认定问题。罗克辛教授在其刑法总论教科书中举了这样一个例子：被告人驾车冲向站在警察检查站上要求停车的官员，以便冲过这个检查站。这个官员在最后一刻跳开了。[②]

被告人到底有没有杀人的间接故意，引起了很大争论。其实，我们根本不可能去检测被告人当时的心理状态，而只能从事后角度分析被告人当时的选择策略，从中推断被告人是构成间接故意还是有认识的过失。如果将这个案例看作被告人和官员的博弈过程，那么完全可以用博弈论中的"懦夫博弈"（game of chicken）来轻易解决（如表1所示）。[③]

表1　当事人的"懦夫博弈"

	官员不跳开	官员跳开
被告人不转弯	官员伤残、被告人判刑	双方无损失
被告人转弯	双方无损失	双方无损失

在这个典型的懦夫博弈中，被告人驾车向官员撞去，被告人要是转弯

---

① 参见〔美〕约瑟夫·E. 斯蒂格利茨、卡尔·E. 沃尔什《经济学》（上册），黄险峰、张帆译，谭崇台校，中国人民大学出版社，2010，第320页以下。
② 参见〔德〕克劳斯·罗克辛《德国刑法学总论：犯罪原理的基础构造》，王世洲译，法律出版社，2005，第308页。
③ 关于懦夫博弈，See James D. Miller, *Game Theory at Work: How to Use Game Theory to Outthink and Outmaneuver Your Competition* (McGraw - Hill, 2003), p. 69ff.

就输了；如果被告人不转弯，官员也不跳开，结果是两败俱伤（官员被撞死或撞残，被告人被判刑）；要是被告人不转弯，官员跳开了，双方都会得到最好的结果：官员保命，被告人不构成犯罪。因此，被告人和官员谁也不让谁时就会出现最坏的结果。理性的博弈参与者不可能选择这一两败俱伤的结果，因此完全有理由相信，即便被告人选择了不转弯的策略，他也会相信官员在最后一刻会跳开。

罗克辛教授也认为，在这样的案件中，认定被告人有杀人的间接故意是非常少见的，因为被告人在总体上算计了官员会及时跳开。①

黑格尔有句名言："一切否定皆是肯定（omnis negatio est determinatio）。"理由非常简单，否定了某物是什么，就是肯定了它是什么：说某物不是恶的，就是肯定它是善的。② 从信息经济学（也称为激励经济学）的角度来看，刑法规范也存在类似的结构：刑法规范通过刑罚否定了某种行为，往往会激励社会公众为相反的行为。

客观归责理论（die Lehre von der objektiven Zurechnung）中有一个经典难题：行为人的特别认知是否构成保证人地位。③ 雅科布斯教授在其刑法总论教科书中对此问题举了如下几个例子。

对叔叔有继承权、精通生物学的侄子将罐头拿给叔叔吃时，发现其中有有毒的蘑菇，却仍然默不作声地拿给叔叔吃；某位机械师在购买旧车时发现刹车有问题，一声不吭就离开了；某技术学院学生在工地打工时，发现混凝土承重量的计算有误，却仍然径自施工；某个学生物学的学生，在餐馆打工时，发现沙拉中有有毒的蔬菜，却仍然端上餐桌让客人享用。④

从信息经济学的角度来看，需要否定以上几个行为人具有保证人地位。因为，如果认定以上几个行为人具有保证人地位并对其定罪量刑的话，就会向社会公众发布这样的信号：越是具有特别知识的人，就越容易

---

① 参见〔德〕克劳斯·罗克辛《德国刑法学总论：犯罪原理的基础构造》，王世洲译，法律出版社，2005，第308页。
② 参见〔英〕W. T. 斯退士《黑格尔哲学》，鲍训吾译，河北人民出版社，1986，第29页。
③ 参见许玉秀《当代刑法思潮》，中国民主法制出版社，2005，第458页。
④ Vgl. Günther Jakobs, *Strafrecht, Allgemeiner Teil: die Grundlagen und die Zurechnungslehre* (Walter de Gruyter, 1993), S. 207ff.

承担社会风险。社会公众就会受到这样的激励：为了逃避风险，故意使自己不具备或隐瞒自己的特别专业知识。最终，这会产生逆向选择（adverse selection）效应：知识越丰富，水平越高，就越容易落入法网，而能逃避社会风险者皆是愚昧无知或伪装自己愚昧无知者。这会对社会带来何等效果，是不言而喻的。

这一理论也可适用于关于禁止错误的讨论之中。行为人不知刑法法规而违法者，应该如何处理？这一问题有多种解答。① 但是，严格故意说是万万使不得的。因为这会向社会公众传递这样的信号：越知法，就越容易犯法。这反而会激励社会公众故意不知法，最终造成逆向选择的后果。

在本节的末尾，还有一点需要指出：前述的外部性的经济分析在刑法教义学中也有应用。例如，未遂犯的处罚依据，在结果无价值论看来，是因为其威胁了法益；而在行为无价值论看来，是因为其动摇了社会公众对法秩序的信赖。② 其实，未遂犯既会威胁被害人的法益（结果无价值），又会动摇公众对法秩序的依赖（行为无价值）。如果我们坚持前述的犯罪行为所造成的社会成本既包括被害人的法益所受到的侵害（私人成本），也包括犯罪行为的负的外部性对社会的影响（外部成本）的话，那么由于未遂犯其实都是永远客观不能，③ 其个人成本微乎其微。因此，未遂犯的处罚依据必须从其产生的外部性即行为无价值来寻找。由此看来，将未遂犯的处罚依据归结为动摇社会公众对法秩序的信赖，损害其法安定性的情感和法和平的印象理论（Eindrucktheorie）较为可采。④ 这样一来，只有在未遂犯中，才会存在完全的行为无价值。⑤

（三）经济分析在刑事诉讼法学中的运用

按照林钰雄教授的说法，刑事诉讼有三大目的：实体真实，即查明实际发生的案件事实；法治程序，即无论是对有罪者还是无罪者所做的司法

---

① 参见〔日〕大谷实《刑法总论》，黎宏译，中国人民大学出版社，2008，第 309 页以下。

② 参见〔日〕曾根威彦《刑法学基础》，黎宏译，法律出版社，2005，第 125 页以下。

③ 参见黄荣坚《基础刑法学》（下），中国人民大学出版社，2009，第 339 页。

④ 参见〔德〕汉斯·海因里希·耶赛克、托马斯·魏根特《德国刑法教科书》，徐久生译，中国法制出版社，2001，第 613 页。

⑤ 参见〔德〕冈特·施特拉腾韦特、洛塔尔·库伦《刑法总论 I——犯罪论》，杨萌译，法律出版社，2006，第 109 页。

裁判，均需践行其对被告人权利的程序保障；法和平性，即刑事诉讼必须尽可能地透过程序经过及裁判结果，向被告人、被害人乃至社会公众宣布案件终局结束，以便恢复往日的和平生活。① 综合以上三个目的来看，实体真实反映的是实质正义的要求，正当程序反映的是程序正义的要求，而法和平性仅仅是实质正义和程序正义综合作用的最终结果罢了，因此，刑事诉讼的目的其实有两个：实质正义与形式正义。

从经济分析的视角来看，刑事诉讼还有一个目的，那就是最小化社会成本，即效率。②

那么，实体真实、法治程序和效率这三个目的之间到底存在一种什么关系？克鲁格曼教授曾经创立了不可能三角形（impossible trinity）的国际经济学理论，即一个国家在资本的自由流动、独立的货币政策以及固定汇率制这三种目的之间只能选择两个，而不可能三者兼得。③ 而实体真实、法治程序和效率这三个目的之间，似乎也处于一种不可能三角形的关系之中（见图3）。

图3　刑事诉讼目的的不可能三角形

在这个不可能三角形中，实体真实、法治程序和效率这三个目的各占一角。刑事诉讼的决策者只能选择这个三角形的一条边，即从实体真实、法治程序和效率中选取两个，而不可能三者兼得。效率与实体真实的组合

---

① 参见林钰雄《刑事诉讼法》（上册），中国人民大学出版社，2005，第6页以下。
② 参见〔美〕罗伯特·考特、托马斯·尤伦《法和经济学》，史晋川、董雪兵等译，史晋川审校，格致出版社、上海三联书店、上海人民出版社，2012，第379页以下。
③ See N. Gregory Mankiw, *Macroeconomics* (Worth Publishers, 2009), p. 364ff.

就是所谓的犯罪控制模式，这种模式是以保护社会福利、维护公众安宁的集体主义为思想基础，将国家和社会置于个人之上，坚信社会福利的价值，为达到这一目标，国家不惜干预刑事诉讼程序，因此，刑事诉讼的重要机能就是抑制犯罪，所以其最关心的就是刑事诉讼的高效率和决定的确实性，即尽可能快速、高效地对有罪之人加以判决。效率与法治程序的组合就是所谓的人权保障模式，这种模式崇尚个人自由，强调人权至上，将个人置于国家和社会之上，因此，刑事诉讼的机能就是通过正当的法治程序高效率地保障人权，防止司法权被不当滥用。[1] 实体真实与法治程序的组合，本文称为个案模式，因为这种模式完全放弃了对效率的追求，因此不可能成为普遍适用于一切案件的模式，只有在某些社会影响极大的个案之中，才有可能不计成本、不顾效率地只求通过法治程序探寻实体真实的情况。

出现不可能三角形的原因在于，按照惩罚报应的原则，惩恶扬善即为正义，冤枉无辜即为不正义。为了避免不正义，司法人员必须对被逮捕、起诉、审判者有着充分的了解。问题在于，要获得信息，就必须消耗司法资源，而司法资源是有限的。在考虑到效率的情况下，更不可能让案件久拖不决。在刑事司法系统追求提高效率的过程中，实体真实与法治程序就会出现紧张关系。实体真实与法治程序之间的张力发挥到极致，就会出现不可能三角形。[2] 这也可以看作在刑法学的经济分析中，正义与效率之间会出现权衡取舍关系的一种特殊表现：效率有时会制约正义，反之亦然。

（四）经济分析在刑事政策中的运用

李斯特教授曾经说过："刑法是刑事政策不可逾越的屏障。"这句话道破了刑法和刑事政策之间的关系。[3] 饶有兴味的是，刑法学的经济分析从某种程度上来说也为刑事政策划定了"不可逾越的屏障"。一般说来，刑

---

[1] 参见李心鉴《刑事诉讼构造论》，中国政法大学出版社，1992，第25页以下。

[2] 参见〔美〕罗伯特·考特、托马斯·尤伦《法和经济学》，史晋川、董雪兵等译，史晋川审校，格致出版社、上海三联书店、上海人民出版社，2012，第495页以下。

[3] 参见〔德〕克劳斯·罗克辛《刑事政策与刑法体系》，蔡桂生译，中国人民大学出版社，2011，第3页。

事政策作为国家运用刑法体系有效且合理地对抗犯罪的对策，需要遵循刑罚的最后手段原则、人道原则、法治国原则、法治国原则和罪责原则。[①]但是，刑事政策的制定，也不可能不考虑刑事司法资源的制约。如图4所示，如果将刑事司法资源的限制用预算约束线（budget constraints line）来表示，而遵循逐项原则的社会效用用无差异曲线（indifference curve）来表示，那么能使社会效用最大化的点就是预算约束线与无差异曲线的相切点（tangency）A，点B代表了不可能达到的社会效用，而点C代表了资源未充分利用从而未达到最优状态的情况，因此均不可采。由此看来，经济分析为刑事政策划定了一条"不可逾越的屏障"，那就是效率。效率原则因此也就成为刑事政策中最重要的原则，因为它决定了其他原则的界限和范围。

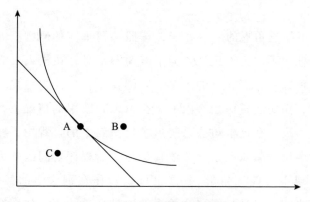

图4 刑事司法资源的最优配置

令人感到困惑的是，刑事司法资源不止一种，对刑事政策的决策者来说，应该如何分配各种资源以实现效率最大化呢？萨缪尔森教授的等边际法则（equimarginal principle）为我们提供了答案：假设所有的刑事司法资源都用人民币来表示，那么花费在犯罪预防任何一个方面的最后1单位人民币所产生的社会收益，要与花费在其他任何一方面的最后1单位人民币所产生的社会收益相同。[②] 理由很简单：如果花费在犯罪预防的某一个方面的最后1单位人民币所产生的社会收益，

[①] 参见林东茂《一个知识论上的刑法学思考》，中国人民大学出版社，2009，第257页。

[②] 参见〔美〕保罗·萨缪尔森、威廉·诺德豪斯《微观经济学》，萧琛主译，人民邮电出版社，2012，第79页。

要高于花费在其他任何一方面的最后 1 单位人民币所产生的社会收益，那么决策者会持续投入这一资源，直至边际收益递减规律使得花费在这个方面的最后 1 单位人民币所产生的社会收益与花费在其他任何一方面的最后 1 单位人民币所产生的社会收益相同为止。用数学公式表示，就是：

$$\frac{MU_1}{P_1} = \frac{MU_2}{P_2} = \frac{MU_3}{P_3} = \cdots\cdots$$

其中，MU_i 代表犯罪预防的第 i 个方面的边际效用，P_i 代表其价格。

经济分析同样也可以运用于最具争议性的死刑的刑事政策分析之中。关于死刑的正当化理由有很多种，但是在刑法学的经济分析看来，只有威慑犯罪才是其唯一的存在理由（raison d'etre）。[1] 波斯纳与加里·贝克尔两位教授就旗帜鲜明地支持死刑。[2] 他们认为，从经济学的角度看，在评价死刑的利弊时应主要考虑对谋杀犯执行死刑所带来的威慑力的增长，误判率（也就是对无罪者执行死刑），死刑与终身监禁不得假释（现在经常被作为死刑的替代刑）的花费的比较，复仇主义者以及被害人的亲朋好友从死刑执行中得到的正效用，死刑的狂热反对者以及被告人的亲朋好友所体验的负效用。

波斯纳教授认为，根据艾萨克·埃利希教授的研究，死刑确实存在威慑力。哈希姆·戴兹巴克什、保罗·罗宾和乔安娜·谢泼德这几位经济学家最近的研究，为埃利希教授的观点提供了强有力的支持。这些研究者在一个精密的计量经济分析中发现，每对一个谋杀犯执行死刑就能吓阻 18 个想犯谋杀罪的人。这一数字虽可能有夸大之处，却是死刑的威慑力的经验证据。[3] 加里·贝克尔教授则认为，没有必要对死刑的威慑

---

[1] 参见〔美〕罗伯特·考特、托马斯·尤伦《法和经济学》，史晋川、董雪兵等译，史晋川审校，格致出版社、上海三联书店、上海人民出版社，2012，第 504 页。

[2] See Richard Posner & Gary Becker, *Uncommon Sense: Economic Insights From Marriage to Terrorism*（The University of Chicago Press, 2009）, pp. 251ff.

[3] See Richard Posner & Gary Becker, *Uncommon Sense: Economic Insights From Marriage to Terrorism*（The University of Chicago Press, 2009）, p. 252.

力做什么实证研究，相信大多数人对于死亡都有最强烈的恐惧感就足矣。[1]

波斯纳教授还认为，死刑误判的风险是微不足道的。这要归功于过分冗长的死刑诉讼程序。[2] 通过将更多的资源分配到死刑诉讼程序中，即使减少死刑执行的拖沓，误判率也会维持在比较低的水平。[3]

加里·贝克尔教授还对反对死刑的一个主要依据——任何人没有权利剥夺他人的生命做了反驳。他质问道，假设处决一名谋杀犯就能拯救 3 个无辜者的生命，那么，政府若不对谋杀犯执行死刑，就等于是对无辜者执行了死刑。因此，反对死刑者的论据和常识都是错误的。[4]

波斯纳与加里·贝克尔两位教授的观点似乎表明，刑法学的经济分析偏爱死刑的威慑力，但这并不能推导出经济分析就一定支持死刑。通过下文对毒品犯罪的经济分析，很快就能得出让人匪夷所思的结果。

在我国的刑法实践中，毒品犯罪一直都是死刑大户。主张废除毒品犯罪中的死刑规定的意见认为，毒品犯罪属于非暴力犯罪，因此不应当适用死刑；而反对意见则认为，考虑到我国目前因毒品而引发的犯罪的严重性，有必要用死刑加以威慑。[5]

上述两种意见哪个更加合理？经济学中的弹性（elasticity）理论为我们开辟了一条解答途径。

由于吸毒者复吸的可能性很高，因此其对毒品的需求价格弹性是很小的，在图 5 中，假设吸毒者对毒品的需求价格弹性为 0，这就使得吸毒者对毒品的需求曲线表现为一条垂直线（D）。对毒品犯罪的打击减少了毒贩对毒品市场的毒品供应，因此，毒品的供给曲线向左移动（从 S_0 移动到 S_1），假定其他条件不变，这会导致毒品的价格上升（从 P_0 上升到 P_1）。由于需求极度缺乏弹性，毒品价格的上升会导致毒品收入的总收益上升。

---

[1] See Richard Posner & Gary Becker, *Uncommon Sense*：*Economic Insights From Marriage to Terrorism* （The University of Chicago Press, 2009）, p. 256.

[2] 这对中国的死刑诉讼程序不无启发。

[3] See Richard Posner & Gary Becker, *Uncommon Sense*：*Economic Insights From Marriage to Terrorism* （The University of Chicago Press, 2009）, p. 253.

[4] See Richard Posner & Gary Becker, *Uncommon Sense*：*Economic Insights From Marriage to Terrorism* （The University of Chicago Press, 2009）, p. 254.

[5] 参见陈兴良、周光权《刑法学的现代展开》，中国人民大学出版社，2006，第 415 页。

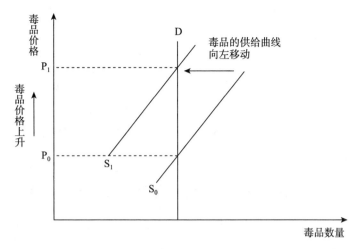

图 5　毒品的刑事政策分析（1）

这样的分析导致了惊人的结果：对毒品犯罪的严厉打击反而会导致毒贩的总收益增加，而总收益增加的结果就是吸毒者需要支付毒品的金钱更多了，这就会进一步激励他们铤而走险去实施犯罪筹集毒资。由此看来，废除毒品犯罪中的死刑（这意味着稍微放松对其的打击力度），并不会导致因毒品引发的犯罪上升。

真正的解决之道在于，减少对毒品的需求。如图 6 所示，毒品需求的减少，会导致毒品的需求曲线向左移动（从 D_0 移动到 D_1），假定其他条件

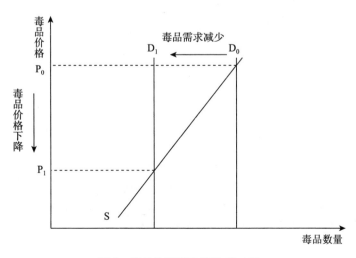

图 6　毒品的刑事政策分析（2）

不变，这会导致毒品的价格下降（从 P_0 下降到 P_1）。由于需求极度缺乏弹性，毒品价格的下降会导致毒品的总收益下降，那么这就意味着吸毒者需要支付毒品的金钱更少了，为筹集毒资铤而走险的现象也自然会减少。由此可见，针对毒品犯罪的刑事政策应当把矛头指向吸毒者和引诱、欺骗、容留他人吸毒者，刑事政策的目的应当是减少毒品的需求，废除毒品犯罪中的死刑规定并不会使因毒品引发的犯罪变得更严重，所以上述第一种观点是正确的。

三　刑法学的经济分析中已经得到证实的结论和悬而未决的问题

（一）已经得到证实的结论

1. 刑法学的经济分析面临正义和效率之间的权衡取舍

世上没有免费的午餐，刑事司法活动也是如此。可供刑事司法系统利用的刑事司法资源的总量是极其有限的，因此不惜代价地追求正义价值是不可能在现实中实现的，刑事司法总是面临着如图 7 的转换曲线（transformation curve）所示的权衡取舍（点 A 表示在效率与正义之间做出权衡取舍的某个决策）。

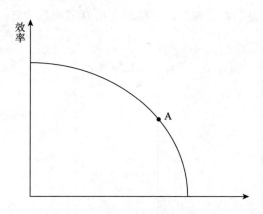

图 7　效率与正义之间的权衡取舍

注：该图来自 Klaus Mathis, *Efficiency Instead of Justice? : Searching for the Philosophical Foundations of the Economic Analysis of Law*, Translated by Deborah Shannon（Springer, 2009）, p. 197.

2. 理性的决策者应当考虑边际量

刑法学中的经济分析假定，人是理性的。在各种条件既定的情况下，他会尽最大的努力去实现最优的目标。而经济学中的一个基本定理就是，当且仅当一种行为的边际收益大于其边际成本时，才应采取这种行为。因此，在刑法学的经济分析中，一个理性的决策者应该考虑各种决策和行为的边际量。这一点在上文中有多处分析，兹不赘述。

3. 社会公众会对激励做出反应

曾有经济学家认为，整个经济学的内容都可以简单概括为：人们对激励做出反应，其余一切经济理论都不过是对这个现象的解释。在刑法学的经济分析中也存在同样的现象。刑法规范能够通过确定的裁判，向社会公众发出信号，即什么是它所不许可的，而社会公众通过反面推论，也可以得出什么是它所许可的，并在其激励下行动。因此，刑法规范不单是禁止规范，也是含有激励因素的许可规范。刑法规范就是具有这样的辩证结构的行为规范。

4. 经济分析需要伦理学的补充

如前所述，经济学分为实证经济学和规范经济学两部分。很多决策者都试图根据实证研究（实证经济学，事实）推导出应当如何去做的结论（规范经济学，价值）。但是，这种方法论遭受了自然主义谬误理论的非难。

当代著名的伦理学家黑尔教授，作为一个坚定的反自然主义者，将伦理学中的自然主义倾向定义为："某人宣称他依赖于某一定义，其大意是V（一个价值词）与C（一个描述性谓语的连词）表示相同的意思，便可以从一组纯事实性或描述性的前提中，推演出一种道德判断或其他价值判断。"[①] 黑尔教授认为，自然主义的谬误在于它试图从事实陈述中推导出价值判断，而忽略了价值判断的伦理意义。这种自然主义谬误的观点构成了对经济分析方法论的致命打击。将实然与应然合一，从实然中推导出应然作为当为规范的企图，违反了社会科学的一个基本方法论原则——事实与价值是两种不同的问题，我们不能从"是"中推导出"应当"。事物实际

---

① See R. M. Hare, *The Language of Morals* (Oxford: Clarendon Press, 1952), p. 92.

上是什么并不是告诉我们它应当如何。[①]

因此，在事实和价值之间存在一条鸿沟，需要价值哲学，尤其是伦理学来填补。任何企图从纯事实判断中推演出价值判断的行为都是可疑的。

（二）悬而未决的问题

对法律的经济分析的质疑主要有两点：（1）其模型不现实；（2）其分析不科学。[②]

1. 经济模型能够在多大程度上反映现实？

经济学家是通过经济模型来认识和理解这个社会的，而经济学的模型建构招致了很多批判，有的人认为其"理性人"的理论预设不符合现实，有的人则批判其过于注重以金钱作为评价方式而简化了复杂的社会生活方式。总而言之，经济模型未能充分地反映人类社会的现实。对此，蒋中一教授反驳道：就本质而言，经济模型是对现实的一种抽象，是一种找出最重要的关联因素，以使我们对问题的核心进行研究的一种手段。它能使我们免于陷入现实世界的种种复杂性而难以自拔。因此，经济模型缺乏对现实性的批判，只不过是一种陈词滥调而已。[③]

这样的争论自然也会影响到刑法学的经济分析。不过，最主要的问题不在于经济模型能不能反映现实，而在于经济模型能够在多大程度上反映现实。经济模型越能反映现实，就越能把握到纷繁复杂的社会生活的本质，就越能为经济分析和政策建议提供可靠的依据。可惜的是，至今没有一套公认的判断准则来衡量某个经济模型在多大程度上反映了现实。这对于总是假定经济模式能够最大地反映现实的经济分析来说，的确是个缺憾。

2. 经济分析是科学的吗？

萧伯纳曾经讽刺道："即使把所有的经济学家都排成一串，他们也达

---

① See Raymond Wacks, *Philosophy of Law: A Very Short Introduction* (Oxford: Oxford University Press, 2006), p. 26ff.

② 参见〔英〕丹尼斯·帕特森编《布莱克维尔法哲学和法律理论指南》，汪庆华、魏双娟等译，汪庆华校，上海人民出版社，2013，第333页。

③ 参见〔美〕蒋中一、〔加〕凯尔文·温赖特《数理经济学的基本方法》，刘学、顾佳峰译，刘学审校，北京大学出版社，2006，第4页。

不成一个共识。"这虽然是句俏皮话，却相当真实地反映了一个严酷的现实：经济分析即便是在经济学界内部也并不是完美无缺的，经济学家在很多问题上存在分歧。

如前所述，经济学分为实证经济学和规范经济学，经济分析也就相应地分为实证分析和规范分析。由于经济学家可能对世界是如何运行的实证理论的正确性存在分歧，因此他们的实证分析结果可能各不相同；由于经济学家可能有不同的价值观，他们对规范问题的分析就可能各持己见。[①] 其结果就是，经济学家往往给决策者提供相互矛盾的政策建议。对于自诩是最精确、最规范的科学的经济分析而言，没有比这更为不妙的结果了。这自然会引发"经济分析是否科学"的质疑。

出现这样的结果的根本原因在于，经济分析仅仅是人类认识和把握世界的一种方法罢了，它有其自身的适用范围和局限性，所以仅凭这种方法是不可能真正地全面把握纷繁复杂的生活世界的。因此，经济分析在其自身的范围内是"科学的"，但如果其自不量力地超出自身的界限而想将生活世界简化为纯粹的经济现象时，那就是"不科学"的。因此，刑法学的经济分析的首要任务，就是认清自己的真正界限何在。

四　结　论

经济分析方法从实证论的角度出发，突破了原来刑法学所固守的形而上学的思考方式，为刑法科学的各个领域带来了全新的分析思路与理论框架。如上文所分析的那样，这一方法不仅在犯罪门槛的设定、刑事政策的目标、刑法哲学的价值追求和刑法解释学的解释方法等方面提供了极为有益的参考资料，还深刻地揭示出了刑事立法与司法中所存在的效率与正义之间的张力。这些结论不仅在理论上具有一定的可靠性，在实践上也具有很高的参考价值。因此，经济分析方法迅速成为刑法学研究中颇受青睐的方法论。但是，对社会现实进行研究和把握的路径，并非仅有经济分析一种。经济分析方法，仅仅是我们研究社会现实的途径之一。它的价值，在

---

① See N. Gregory Mankiw, *Principles of Economics* (South – Western College Publishing, 2011),
p. 34.

于能从其所立足的视角出发，为我们提供一整套理论模型与分析工具，据此做出一定的结论以供参考，帮助我们把所要研究的社会现实问题理解得更好。它没有，也不可能取代其他研究路径成为对社会现实的唯一研究方法。据此，本文认为，对待经济分析方法在刑法学中的运用的理想态度应该是：对其虚心加以接受，以为刑法学研究提供新的观点、思路和分析工具，但切不可将其奉为唯一圭臬。无论是实务人士还是学者，在用经济分析方法研究刑法学时，都必须首先明确这一方法所应有的界限。

The Economic Analysis of Criminal Law Research

Zhou Weiming

Abstract：The economic analysis has become familiar in today's criminal law research. This article, on the basis of the studies of the meaning and status of the economic analysis in criminal law and the explanations of its basic themes, aims and theoretical presumptions, successively studies the applications of the economic analysis in the fields of philosophy of criminal law, criminal law dogmatic, criminal policy science and criminal procedure law, and hopes that by doing these, it can arouse criminal law academic community to attach importance to this problem.

Keywords：Criminal Law；Economic Analysis；Efficiency；Justice

刑事司法

刑事被告对国外不利证人之质问权

〔瑞士〕 萨比娜·格雷斯[*] 著

王士帆^{**} 译

一　前言①

证据禁止议题是 Jürgen Wolter 教授著作的重要部分。在这些作品中，他曾探讨欧洲证据使用禁止理论（europäische Beweisverwertungsverbotslehre）的观念。依其说法，当使用证据会侵害基础性的、于欧洲所保障的个人权利时（如《欧洲人权公约》第 6 条第 3 项的被告防御权），即不得使用该证据。②

泛欧洲之证据能力的讨论，最近在欧洲日益重要。③ 与此题材结合的证据使用禁止之射程距离、意涵及界限等问题，亦更多样化。由此观之，找寻新研究取径的必要性已不待多言，这些新取径必须将欧洲证据禁止理

---

* 〔瑞士〕萨比娜·格雷斯（Sabine Gless），瑞士巴塞尔大学法学院刑法学和刑事诉讼法学教席教授。

** 王士帆，德国慕尼黑大学法学博士。

① 关于从瑞士观点谈论此问题，可参见 Gless, in Cavallo, Hiestand, Käser, Caspar, Ivic (Hrsg.), Liber amicorum für Andreas Donatsch, Im Einsatz für Wissenschaft, Lehre und Praxis, 2012, S. 303 ff.

② Wolter, in von Canaris, Heldrich, Hopt, Roxin, Schmidt, Widmaier (Hrsg.), Festgabe der Wissenschaft zum 50 – jährigen Bestehen des Bundesgerichtshofs. Band IV, Straf – und Strafprozeßrecht, 2000, S. 963, 1000 f.

③ 对此参见 Allegrezza, ZIS 2010, 569；Ambos, Beweisverwertungsverbote, 2010, S. 73 ff.；Belfiore, Movement of Evidence in the EU: The Present Scenario and Possible Future Developments, European Journal of Crime, Criminal Law and Criminal Justice 17 (2009), 1 ff.；Esser, in Heinrich, Jäger et al. (Hrsg.), FS für Claus Roxin, 2011, S. 1497 ff.；Gless, ZStW 2003, 131 ff.；Heger, ZIS 2007, 547 ff.；Schünemann/Roger, ZIS 2010, 92.

论的理念考虑在内。对此，《欧洲人权公约》与欧洲人权法院就该公约公布之裁判所扮演的角色问题一再出现，因为许多人认为，借由此，即可为《欧洲人权公约》之公约国的刑事诉讼证据程序建立一个固定基点。

然而，实情果真如此？一窥公约国之实务应是最佳的检验方式。在具有涉外因素的刑事程序上，被告防御权遭受侵害时应发生什么效果，是这几年来备受争议的问题。[1] 举例言之，当具有犯罪嫌疑的行为人与证人并未生活在同一国家，犯罪地与住所地分属不同国家，又或基于其他理由必须在国外调查证人时，如何才能或必须保障被告享有充分的质问权？在上述这些情况下，被请求协助取证的外国机关拒绝让证人接受质问的事件，时有所闻。

于此，形成一个原则性问题（尤其在欧洲跨境合作方面）：《欧洲人权公约》的司法基本权利（Justizgrundrecht），除了适用于单一公约国内之刑事程序外，是否也不受限制且同等地适用于由数公约国合作进行的刑事程序？还是说，当一国法院为了能在本国实施某一刑事程序，而不得不借助其他（公约）国家的协助时，就会改而适用——例如针对被告质问权——其他标准？

二 被告质问权

（一）质问权保障的一般意义

刑事被告对不利证人的质问权（Recht des Beschuldigten auf Konfrontation eines Belastungszeugen），《欧洲人权公约》第 6 条第 3 项第 4 款定有明文[2]，其赋予被告得亲自或间接质问不利证人的权利，被告并得要求法院在同等条件下传唤有利证人与不利证人。[3] 申言之，为了维护被告防御权，必须赋予其适当且充分质问证人的机会，尤其是审查证人陈述之可信性及检验其证明力的机会。[4] 被告质问权的行使时点，可以在证人陈述之时，

---

① Ambos, Beweisverwertungsverbote, 2010, S. 81 ff. ; Gless, in Müller, Sander, Valkova (Hrsg.), FS für Ulrich Eisenberg, 2009, S. 499 ff. ; Norouzi, Die audiovisuelle Vernehmung von Auslandszeugen, 2010, S. 55; Wolfgang Schomburg, Otto Lagodny, NJW 2012, 348 ff.

② 关于"证人证据之间的配备对等"参见 Grabenwarter, Pabel, Europäische Menschenrechtskonvention, 5. Aufl. , 2012, 363 ff.

③ BGH, Urt. v. 03. 12. 2004 – 2 StR 156/04.

④ LR - Esser, Art. 6 EMRK, Rn. 758 ff. 关于这一配置在当事人程序的权利之渊源及发展，参见 Spencer, Hearsay Evidence in Criminal Proceedings, 2008, S. 5 ff.

亦可在后续的程序阶段才为之，关键在于让被告可实际上质疑不利证词。[①]

欧陆刑事程序深受职权调查原则的影响。在欧陆刑事程序的配备对等方面，质问权也是听审权的一种表现：在刑事程序过程中，被告如果毫无机会质问证人或由他人代为质问，这会侵害其质问权，欧洲人权法院对此已清楚强调过了。[②] 不过，欧洲人权法院并未明确指出侵害被告质问权的必然效果。其实连判定公约国违反《欧洲人权公约》权利后应赋予什么效果，欧洲人权法院也没有指示。确切言之，人权法院向来之裁判，原则上乃以程序的整体评价（Gesamtwürdigung des Verfahrens）为出发点：只要"公平审判"从整体而言获得确保，即未违反《欧洲人权公约》，纵使未完整提供公约第 6 条第 3 项的个别权利亦然。[③] 再者，对于侵害权利的具体个案，欧洲人权法院在一定条件下，也接受公约国机关在内国层次以个案的适当措施作为治愈权利侵害的手段。这成为欧洲人权法院裁判的基础想法，据此，侵害被告质问权时，内国法院赋予证据使用禁止或只在证据评价上加以审酌，都是可列入考虑的效果。[④]

（二）一般性限制

如果期待从《欧洲人权公约》的权利获得绝对之保障，欧洲人权法院这样的裁判见解自然不令人满意。可是，今日无论是依据内国裁判或欧洲人权法院裁判，质问权之适用并非完全不受限制。

欧洲人权法院允许例外限制质问权。人权法院在许多案件使用所谓"三阶模式"（Drei – Stufen – Modell）：原则上，所有证据虽然必须于被告

---

① BGH, Urt. v. 25.07.2000 – 1 StR 169/00（BGHSt 46, 93）；BGH, Urt. v. 27.02.2004 – 2 StR 146/03；BGH, Urt. v. 03.12.2004 – 2 StR 156/04；EGMR, *Lüdi v. Switzerland*, v. 15.06.1992, Nr. 12433/86, §47；*Asch v. Austria*, v. 26.04.1991, Nr. 12398/86, §27.

② EGMR, *Al – Khawaja and Tahery v. the U. K.*, v. 15.12.2011, Nr. 26766/05 und 22228/06, §118；*Lüdi v. Switzerland*, v. 15.06.1992, Nr. 12433/86, §49 f.；*Lucà v. Italy*, v. 27.02.2001, Nr. 33354/96, §40.

③ Warnking, Strafprozessuale Beweisverbote in der Rechtsprechung des Europäischen Gerichtshofs für Menschenrechte und ihre Auswirkungen auf das deutsche Recht, 2009, S. 51 f.

④ 新近如 EGMR, *Bykov v. Russia*, v. 10.03.2009, Nr. 4378/02, §89："本院的角色不在判断以什么原则来决定某项特殊类型的证据——例如违反内国法的取证——得否作为证据，甚至是决定申诉人有罪与否。本院必须处理的问题是：就诉讼程序整体以观——包含取证过程——是否公平"；另参见 Gaede, Fairness als Teilhabe, 2007, S. 807ff.

在场之时，且在遵守对审程序下的公开审判来提出，但仍容许存在充分可信且有合理依据的质问权限制事由。① 基于此，在第一阶段必须探查有无这类限制事由，诸如先前已为陈述之证人，倘之后发生事实上不能调查之事由，则先前的证人笔录仍可作为证据使用。② 容许使用未受质问之不利证词的可能事由，还有证人死亡③，以及证人事后所在不明或其他不能调查的情况。④

这些裁判背后其实蕴含一种思维，即刑事追诉利益例外地高居上风，而且当不能质问的原因并不在刑事追诉机关的责任范畴时⑤，例如证人在陈述后消失无踪、死亡等诸如此类状况，则使用证人先前陈述尤显得可被接受。

这种考虑一方面成为第二阶段的基础：透过对被告防御权缺损的最佳弥补（例如在其他程序阶段予以补偿），应可让刑事追诉机关再次补救此缺失。⑥ 另一方面，这种考虑却导致某种程度的矛盾，因为就质问权目的而言（即尽可能地确保可信赖的犯罪事实重建），关键并非哪一方必须对欠缺质问一事负责。尽管如此，这类考虑动机仍有说服力：已曾尽力尝试

① EGMR, *Kostovski v. the Netherlands*, v. 20. 11. 1989, Nr. 11454/85, §41; *Windisch v. Austria*, v. 07. 09. 1990, Nr. 12489/86, §26; *Lüdi v. Switzerland*, v. 15. 06. 1992, Nr. 12433/86, §47; *Van Mechelen and Others v. the Netherlands*, v. 03. 04. 1997, Nr. 21363/93, 21364/93, 21427/93 und 22056/93, §51; *Lucà v. Italy*, v. 27. 02. 2001, Nr. 33354/96, §39; *Birutis and Others v. Lithuania*, v. 28. 06. 2002, Nr. 47698/99 und 48115/99, §28; *Sievert v. Germany*, v. 19. 10. 2012, Nr. 29881/07, §58; *Pesukic v. Switzerland*, v. 08. 12. 2012, Nr. 25088/07, §§46 f.; vgl. Ackermann, Caroni, Vetterli, Anonyme Zeugenaussagen: Bundesgericht contra EGMR, AJP 2007, 1071 ff., 1073; LR – Esser, Art. 6 EMRK, Rn. 789 ff.
② EGMR, *Unterpertinger v. Austria*, v. 24. 11. 1986, Nr. 9120/80, §31; *Asch v. Austria*, v. 26. 04. 1991, Nr. 12398/86, §27; *Artner v. Austria*, v. 28. 08. 1992, Nr. 13161/87, §22.
③ EGMR, *Ferrantelli and Satangelo v. Italy*, v. 07. 08. 1996, Nr. 19874/92, §§51–53; *Al – Khawaja and Tahery v. the U.K.*, v. 15. 12. 2011, Nr. 26766/05 und 22228/06, §158; *Calabró v. Italy and Germany*, v. 21. 03. 2002, Nr. 59895/00, §1.
④ EGMR, *Artner v. Austria*, v. 28. 08. 1992, Nr. 13161/87, §§21–22; *Doorson v. the Netherlands*, v. 26. 03. ck1997, Nr. 20524/92, §80; *Rachad v. France*, v. 13. 02. 2004, Nr. 71846/01, §§24 f.; *Tseber v. France*, v. 22. 11. 2012, Nr. 46203/08, §§48 und 52.
⑤ EGMR, *Ferrantelli and Satangelo v. Italy*, v. 07. 08. 1996, Nr. 19874/92, §52; *Calabró v. Italy and Germany*, v. 21. 03. 2002, Nr. 59895/00, §1. 内国刑事诉讼的观点，参见（德国）BGH, Urt. v. 03. 12. 2004, 2 StR 156/04 Erw. II. 1b）；（瑞士）BG Zürich v. 26. 11. 2008, DG070656/U = forumpoenale 2010, 35, Erw. 3。
⑥ EGMR, *Doorson v. the Netherlands*, v. 29. 11. 1 993, Nr. 20524/92, §72 und §§75 f.

让证人到庭者，始能主张质问之不可能（Unmöglichkeit）。① 以内国刑事诉讼法的观点来说，这意味着：当内国机关自己必须为被告未能行使质问权一事负责时，该机关即不能以事实上不可能来作为限制质问权的理由。②

最后是第三阶段。第三阶段与证据评价有关，乃要求有罪判决不可以未受质问之证人陈述作为裁判的唯一或主要基础。③ 只不过，如果未经被告质问的证人证词是在侦查程序中取得，而在后来的程序阶段不再能质问该证人，可是证词本身却同时不是"唯一且决定性的"证据时，这样的冲突似乎就无法化解了。④

德国裁判始终强调其遵循欧洲人权法院裁判。⑤ 在涉及外国匿名证人或合作网民的案件，协助取证之他国如以重大公共利益作为拒绝质问的理由，或以如不拒绝质问，将无法保护证人免于报复为由，德国法院乃容许对被告质问权做出重大限制。唯为了维护被告防御权，此时仍有必要采取充分的补偿措施。⑥ 结果，德国裁判经常对（未受质问的）间接证据进行相互补强的综述，以及对犯罪事实重建的所有情况进行整体评价。⑦

（三）涉外刑事程序的特殊限制

《欧洲人权公约》第 6 条第 3 项第 4 款的被告质问权，依——对此并未施加限制的——公约文义，质问权在涉外刑事程序上，也应该如同那些从头

---

① ECHR, *Calabró v. Italy and Germany*, v. 21. 03. 2002, Nr. 59895/00, § 1.

② BVerfG, Beschl. v. 20. 12. 2000 – 2 BvR 591/00, Erw. 2a）; BGH, Urt. v. 03. 12. 2004 – 2 StR 156/04.

③ EGMR, *Lucà v. Italy*, v. 27. 02. 2001, Nr. 33354/96, § 40; *Al – Khawaja and Tahery v. the U. K.*, v. 15. 12. 2011, Nr. 26766/05 und 22228/06, § 119; *Farowicz v. Poland*, v. 17. 04. 2012, Nr. 43609/07, § 54; 另参阅 LR – Esser, Art. 6 EMRK, Rn. 799。

④ Vgl. BGH, Urt. v. 24. 07. 2003 – 3 StR 212/02, Erw. B I; BGH, Beschl. v. 29. 11. 2006 – 1 StR 493/06, Rn. 18（BGHSt 51, 150）.

⑤ 例如 BGH, Urt. v. 25. 07. 2000 – 1 StR 169/00, Erw. II 2（BGHSt 46, 93）; BGH, Urt. v. 27. 02. 2004 – 2 StR 146/03（econtrario）; BGH, Urt. v. 03. 12. 2004 – 2 StR 156/04; BGH, Beschl. v. 29. 11. 2006 – 1 StR 493/06, Rn. 19（BGHSt 51, 150）。

⑥ 这是限制质问权案件的一般情形，参见 EGMR, *Doorson v. the Netherlands*, v. 26. 03. 1996, Nr. 20524/92, § 70; BGH, Urt. v. 25. 07. 2000 – 1 StR 169/00 Erw. II 1c）（BGHSt 46, 93）; BVerfG, Beschl. v. 20. 12. 2000 – 2 BvR 591/00, Erw. 2a）; BGH, Urt. v. 12. 01. 1996 – 5 StR 756/94, Erw. IV 1a）（BGHSt 42, 15）; BVerfG, Beschl. v. 19. 07. 1995 – 2 BvR 1142/93。

⑦ BGH, Urt. v. 03. 12. 2004 – 2 StR 156/04.

到尾都在内国实施之程序一样加以适用。然而，涉外刑事案件却有一些特殊性，原因如证人必须在外国接受讯问，但讯问取证国既不适用法院国的法律（法院国才是关注该证人陈述的国家），法院国也没有以强制手段落实外国证人作证义务的可能性。于涉外刑事案件上，无论正式国际司法互助或其他合作形式是如何规定讯问外国证人的条件，"被告亲自面对不利证人"这种意义下的质问都经常难以达成。有鉴于此，内国法常常制定特别规定，针对外国之证人证词调整内国原本的规范要求。这些特别规定考虑到，既然不可能在本国主权领域内传讯外国证人[①]，那就限制被告质问权等等。

于是，公约国借由这些调整而取得终究不符合《欧洲人权公约》要求的证据[②]。唯依欧洲人权法院见解，若回归所谓"整体评价"（Gesamtwürdigung）的观察方法，则又可去除内国特别法造成的危险：欧洲人权法院所要裁判的问题是，"就诉讼程序从整体以观——包含取证过程——是否公平"。[③] 值得注意者，欧洲人权法院在国际合作刑事程序的案件上，对认定有无侵害公约权利一事，一般而言其实是保守判断，除非涉及违反酷刑禁止（公约第3条）。[④] 欧洲人权法院在酷刑案例上是航行在一条严格的航线上[⑤]，但在可能侵害质问权的案件上，却见不到一条容易理解的路线[⑥]：欧洲人权法院在 Soering 案中立场坚定地向公约国指出与非公约国合作之引渡所应承担的公约责任[⑦]，然而在面对其他司法互助所造成的公约权利之限制时，人权

---

① 参见瑞士《国际刑事司法互助法》（IRSG）第69条、第73条；Esser, Auf dem Weg zu einem europäischen Strafverfahrensrecht – Die Grundlagen im Spiegel der Rechtsprechung des Europäischen Gerichtshofs für Menschenrechte（EGMR）in Straßburg, 2002, S. 647；Gaede, Fairness als Teilhabe, 2007, S. 244 f. , 627。

② 对此参见 Currie, Human Rights and International Mutual Legal Assistance: Resolving the Tension, 11 CLF, 2000, 143 ff. , 167。

③ EGMR, *Doorson v. the Netherlands*, v. 26. 03. 1996, Nr. 20524/92, § 67；*Al – Khawaja and Tahery v. the U. K.*, v. 15. 12. 2011, Nr. 26766/05 und 22228/06, § 143.

④ 另参见 Cassani, Gless, Popp, Roth, Schweizerisches Internationales Strafrecht und Rechtshilfe in Strafsachen, Die Schweiz und Europäisches Strafrecht, SZIER 1, 2009, 68。

⑤ EGMR, *Ben Khemais v. Italy*, v. 24. 02. 2009, Nr. 246/07；另参见 Caroni, Die Praxis des Europäischen Gerichtshofes für Menschenrechte im Bereich des Ausländer – und Asylrechts, in: Alberto Achermann et al. : Jahrbuch für Migrationsrecht 2008/2009, S. 243 f.

⑥ EGMR, *Windisch v. Austria*, v. 27. 09. 1990, Serie A186, § 28；Trechsel, Summers, Human Rights in Criminal Proceedings, 2005, S. 311.

⑦ EGMR, *Soering v. the U. K.*, v. 07. 07. 1989, Nr. 14038/88；*Lillich*, The Soering Case, AJIL 85（1991）, 128 ff. ；Lagodny, NJW 1990, 2183 ff.

法院迄今仍时时包容。以质问权为例，允许的限制方式是以书面提问取代亲身对质并放弃回问的可能性。[①]

一直到最近，欧洲人权法院似乎才出现转折性裁判：人权法院在 Stojkvic 案中判决某一公约国（法国）侵害公约权利而败诉，理由是该国透过司法互助请求另一公约国（比利时）讯问被告，请求国代表虽于讯问时在场，却未充分尽力维护被告的防御权。[②] 依 Stojkvic 案裁判理由所示，公约国对处于其主权下之所有人负有遵守《欧洲人权公约》之责任，即便是公约国促成他国进行司法互助的这种特殊情形，亦无不同。[③]

对于迄今答案不尽满意的问题，Stojkvic 案是一个符合许多人期望的开端。[④] 因为欧洲人权法院所传达的，是一个随跨境刑事追诉之建立而来的迫切问题：在具体个案上因分工合作造成的《欧洲人权公约》权利之侵害，究竟应由谁负责？以欧洲人权法院之观点来看，跨境合作范围内产生的责任，绝不可因相互之间的责任分配而解消。举例来说，被请求司法互助的国家若于讯问被告过程中拒绝提供辩护人协助，以致侵害《欧洲人权公约》权利时，讯问阶段有派人到场的请求国即应承担侵害被告防御权的责任，而由此衍生的刑事诉讼效果，则例如采取证据使用禁止。[⑤]

三　《欧洲人权公约》公约国的质问权实务

欧洲人权法院已在相关裁判形塑被告质问权之内涵，但被告此一权利随着内国法之设计差异，而在公约国讯问证人实务上产生不同的影响。就此而言，每个国家都有自身的问题。但这些问题到头来还是一再回到相同的基本问题：《欧洲人权公约》的司法基本权利，除了适用于单一公约国内之刑事程序外，是否也不受限制且同等地适用于由数公约国合作进行的刑事程序？还是说，当一国法院为了能在本国实施某一刑事程序，而不得

① EGMR, *Solakov v. the Former Yugoslav Republic of Macedonia*, v. 31. 10. 2001, Nr. 47023/99, § 62; *Sapunarescu v. Germany*, v. 11. 09. 2006, Nr. 22007/03, § 31.
② EGMR, *Stojkovic v. France and Belgium*, v. 27. 10. 2011, Nr. 25303/08, § 56.
③ EGMR, *Stojkovic v. France and Belgium*, v. 27. 10. 2011, Nr. 25303/08, § 55.
④ 参阅 Esser, NStZ 2007, 103 ff., 108; Gaede, Fairness als Teilhabe, 2007, S. 807 ff.
⑤ Gless, Beweisrechtsgrundsätze einer grenzüberschreitenden Strafverfolgung, 2007, S. 182 f.

不借助其他（公约）国家时，就会改而适用其他标准？

这些问题，对于正缓慢成形的跨国刑事程序法（transnationales Strafverfahrensrecht）而言，深具意义。公约国法院于此是以完全类似的标准为基础，尽管这些标准可能在个案上导致不同结果。对此，笔者简要地用同属公约国的德国与瑞士的两个刑事程序做以说明。

（一）德国联邦最高法院刑事裁判 BGHSt 55，70

德国联邦最高法院（BGH）在该院刑事裁判 BGHSt 55，70 中遇到的状况是这样的：被告涉嫌在土耳其东部犯下谋杀罪，审判争点是一份在国外（土耳其）制作的证人讯问笔录有无证据能力。被告被指控从德国前往土耳其，与其兄弟共同杀害土耳其某村长 S，动机是被害人涉嫌在被告的么弟 D 拒绝缴交"土地放牧费"后，将 D 杀害。德国 Darmstadt 地方法院的有罪判决是以间接证据（尤其是犯罪期间被告有前往犯罪地之证据）及土耳其证人证词为基础，系争证人陈述则是德国请求土耳其司法互助后，由土耳其机关移交予德国法院的；一名德国法官于土耳其讯问当地证人时在场。本案中，土耳其的不利证人们不愿到德国作证，也未能对他们进行直播的视讯讯问。土耳其讯问过程中，被告与辩护人均无质问机会，"尽管德国地方法院已尽了相当之努力"。[1]

作为该案法律审的德国联邦最高法院认为，在这些状况下，原审使用系争未受质问的证人证词乃属合法[2]，因为原审已就质问一事付出足够之努力，此外，原审也将焦点放在证据之取得上，而不是只关注证据之使用。德国联邦最高法院据此认定，土耳其侵害被告权利一事无须"归责"于德国，故可使用系争土耳其证人陈述作为证据。[3]

德国联邦最高法院透过这则裁判，虽然原则上连结到欧洲人权法院早已存在的论述方法，但这种将证据程序种种步骤一一拆解的做法，既不是证据使用禁止的释义学所必然预设，从对于人权侵害的责任观之，此一拆解法也没有得出一个令人满意的解答。

---

① BGH, Beschl. v. 17. 03. 2010 – 2 StR 397/09（BGHSt 55，70）.
② BGH, Beschl. v. 17. 03. 2010 – 2 StR 397/09（BGHSt 55，70）.
③ BGH, Beschl. v. 17. 03. 2010 – 2 StR 397/09, Rn. 21 ff.

众所周知，关于限制质问权下取得之证人陈述的证据能力问题，在德国有丰沛的学说讨论。在这之中，一方面有援引欧洲人权法院裁判①而发展出来的"阶层理论"（Stufentheorie）②。这种理论让刑事程序的不同阶段均有可能质问不利证人，以借此补偿先前的防御权侵害。但另一方面，在德国裁判还有所谓"整体评价"的方法，此情形与欧洲人权法院裁判一样，其也有重要意义。依整体评价的说法，关键并非被告是否曾能质问每一个别证人，而是就所有证据局势观之，整体而言是否显示已确保公平之证据程序。③ 于"整体观察"脉络下，德国裁判在个案中会合并数种因素：欠缺直接质问的机会（不管是经由录像讯问或讯问时至少有辩护人在场）是可归责于司法机关，或是基于司法机关影响范围与归责范围之外的因素才造成的，均具有判断上的重要性。④

可问题是，德国裁判的这些调整方法，是否会导致涉外刑事程序即便未予被告质问国外证人之机会，实际上也绝不生证据使用禁止之效果，国家最后也就不用承担质问权缺失的任何责任？因为质问权之缺失对于司法互助的被请求国并无影响，而这种违法，又未必可归责于原先欲在刑事程序中使用证人陈述的司法互助请求国。上述德国联邦最高法院裁判 BGHSt 55, 70 亦可作为例证：德国联邦最高法院认可使用土耳其证人笔录的理由在于，在所述案件中，为了促成在土耳其的不利证人于讯问时接受被告对质或至少可采用某种补偿措施，德国刑事追诉机关已尽全力。依德国联邦最高法院的说法，被告质问权之受限不属于德国责任，换言之，土耳其违反《欧洲人权公约》的行为不可归责于德国。⑤ 然而，德国法院这种论述殊值商榷：一来，德国刑事程序在这里所涉及的，完全不是归责问题，而是未经被告质问的证人陈述可否作为证据使用的问题。二来，对照欧洲人权法院于 Stojkovic 裁判见解后，显示各内国法院对于一个问题的表态时间已经到来：应如何将共同分摊的责任再次回归到各个公约国。

---

① EGMR, *Haas v. Germany*, v. 17. 11. 2005, Nr. 73047/01.

② 如 BVerfG, Beschl. v. 20. 12. 2000 – 2 BvR 591/00, Erw. 2a）；BGH, Urt. v. 11. 02. 2000 – 3 StR 377/99。

③ BVerfG, Beschl. v. 08. 10. 2009 – 2 BvR 547/08；BGHSt 46, 93, 95.

④ BGHSt 51, 150, 155.

⑤ BGH, Beschl. v. 17. 03. 2010 – 2 StR 397/09（BGHSt 55, 70）.

(二) 瑞士苏黎世地方法院裁判

对于被请求国未经被告质问的证人证词，请求国法院是否应予证据使用禁止，这个问题在援引《欧洲人权公约》之下，也可能做出与德国不同的判断结果。瑞士苏黎世地方法院 (Bezirksgericht Zürich) 一则 2008 年的裁判指出了这种可能性。在该案的刑事程序中有数人被指控违犯人口贩卖等罪，基于种种因素，被认定为被害人的匈牙利女子除一名例外之外，均依匈牙利的保护被害人之法律而在当地作证。根据匈牙利法的规定，在瑞士被起诉的被告和其辩护人均不得参与匈牙利讯问程序，但容许苏黎世检察官在场。换言之，匈牙利机关并未提供双方当事人对等参与讯问证人的机会。① 那么问题来了：本案是否已侵害在瑞士的被告质问不利证人之权利，一如《欧洲人权公约》第 6 条第 3 项所担保的权利？

苏黎世地方法院从结论上认定侵害被告质问权，并以简要但前后一贯的步骤获致此一推论。苏黎世地方法院的裁判先指出，匈牙利作为《欧洲人权公约》的缔约国，原则上即有义务保障被告之质问权。② 对被害证人——在苏黎世机关协助下——于瑞士侦查终结前即被送返匈牙利，导致实际上顶多只能在匈牙利让被告质问证人，以及当地之证人讯问依匈牙利法乃在未受质问下所进行等状况，苏黎世地方法院均未加评论。③ 确切言之，苏黎世地方法院言简意赅地说：不管讯问地的内国法是否可能限制被告的质问权，凡欲利用这种证据的任何法院，一定要为使用这些证据——依照本国法之标准——亲自负责。④ 据此，苏黎世地方法院认为匈牙利的证人笔录是在侵害被告质问权下所制作，遂依 (当时还有效适用的) 苏黎世《刑事诉讼法》判定不可使用系争讯问笔录。⑤

(三) 小结

上述德国联邦最高法院裁判与瑞士苏黎世地方法院裁判的重要差异，

---

① 案情参见 Bezirksgericht Zürich v. 26. 11. 2008, 9. Abteilung, DG070656/U。
② BG Zürich v. 26. 11. 2008, DG070656/U, Erw. 1. 4.
③ BG Zürich v. 26. 11. 2008, DG070656/U, Erw. 1. 4.
④ BG Zürich v. 26. 11. 2008, DG070656/U, Erw. 1. 4.
⑤ BG Zürich v. 26. 11. 2008, DG070656/U, Erw. 1. 4.

在于所持观点和从攸关人权的行为规定所推导出来的违反效果不同。瑞士法院将焦点放在明确可归责于自己公务员的证据使用，进而得出的结论是：当瑞士公务员使用他国违反《欧洲人权公约》所取得之证据时，这也会违反公约义务。相形之下，德国法院则将德国隔绝于违反公约之外，还在证据评价层次借由整体评价方法，使可能的违反效果落得不了了之。

这一分歧源于公约国的不同做法，而欧洲人权法院对种种内国方案的宽容态度①，也确实可能产生不同的结果。在跨境合作的跨国框架内，各公约国因不同之解决方案所造成歧义的现象，并没有实质上的合理理由。但目前为止，这种状况几乎不见讨论。

四 整体欧洲之观点

《欧洲人权公约》拘束所有公约国，各国跨境合作并不能免除公约国遵守人权之义务。② 因此，从上位的欧洲观点出发，便可看出问题所在：在欧洲分工合作完成的刑事程序上，到底能否适用内国的特别规定或有特殊限制？若刑事程序并非只在一公约国内进行，那可否以基于国际合作性质故无法担保权利为由，即否定被告的《欧洲人权公约》第6条第3项第4款质问不利证人权利？又或者，整体欧洲之法律拘束义务会禁止区分处理，即如同 Jürgen Wolter 教授所要求的，应该有一个全欧洲的证据禁止理论？③ 上述问题具体言之，即《欧洲人权公约》之公约国何时可使用一个以司法互助方式取得但未经被告质问的证据？④

---

① 参见 EGMR, Bykov v. Russia, v. 10. 03. 2009, Nr. 4378/02, Rn. 89；另参阅 Gaede, Fairness als Teilhabe, 2007, S. 807 ff.

② Meyer, Charta der Grundrechte der Europäischen Union (3. Aufl.), 2011, Art. 2, Rn. 3；Peters, Die Anwendbarkeit der EMRK in Zeiten komplexer Hoheitsgewalt und das Prinzip der Grundrechtstoleranz, Archiv des Völkerrechts 48, 2010, 1 ff., 2；Popp, Grundzüge der internationalen Rechtshilfe in Strafsachen, 2001, Rn. 341 ff.

③ 参见 Gless, in Cavallo, Hiestand, Käser, Caspar, Ivic (Hrsg.), Liber amicorum für Andreas Donatsch, Im Einsatz für Wissenschaft, Lehre und Praxis, 2012, S. 303 ff.

④ Esser, Gless, in Cavallo, Hiestand, Käser, Caspar, Ivic (Hrsg.), Liber amicorum für Andreas Donatsch, Im Einsatz für Wissenschaft, Lehre und Praxis, 2012, S. 647；Gaede, Fairness als Teilhabe, 2007, S. 244, 627.

（一）《欧洲人权公约》之权利保障与国际合作之刑事程序

《欧洲人权公约》的公约国义务，传统上会被定义为公约国在其国家领域内之义务或行使主权时之义务（参见《欧洲人权公约》第 1 条）。[①] 然而，《欧洲人权公约》在跨境合作方面也应拘束公约当事国[②]，否则将出现一种规避危险，即公约国借由诸如建立新合作模式，逃避在刑事追诉上本应承担的人权义务。[③] 依通说见解，仅在公约国明确的境外行为，才会排除《欧洲人权公约》的保护效力[④]；如果某个超国家机构并非《欧洲人权公约》之缔约当事人，当公约国行为应完全归属于该机构时，亦会排除公约的保护。[⑤] 此外，公约国如果缔结新的国际法条约，而条约有自己的基本权利暨人权保护者（例如欧盟），也会限制《欧洲人权公约》之适用。[⑥]

根据目前之说明，可推知对跨境刑事追诉的意义是：某一国际刑事追诉措施只要可归属于公约国者，原则上便应适用《欧洲人权公约》。[⑦] 于此，关键在于，相关人是否处于该公约国主权之下。[⑧] 即使是数公约国共

[①] EGMR, Assanidze v. Georgia, v. 08. 04. 2004, Nr. 71503/01, §§137 - 139; Peters, Die Anwendbarkeit der EMRK in Zeiten komplexer Hoheitsgewalt und das Prinzip der Grundrechtstoleranz, Archiv des Völkerrechts 48, 2010, 1 ff., 4.

[②] Meyer, Charta der Grundrechte der Europäischen Union (3. Aufl.), 2011, Art. 2, Rn. 3; Peters, Die Anwendbarkeit der EMRK in Zeiten komplexer Hoheitsgewalt und das Prinzip der Grundrechtstoleranz, Archiv des Völkerrechts 48, 2010, 1 ff., 2; Popp, Grundzüge der internationalen Rechtshilfe in Strafsachen, 2001, Rn. 341 ff.

[③] EGMR, *Bosphorus Hava Yollar Turizm ve Ticaret Anonim Şirketi v. Ireland*, v. 30. 06. 2005, Nr. 45036/98; Krieger, ZaöRV 2002, 669 ff.

[④] EGMR, *Banković and Others v. Belgium and Others*, v. 12. 12. 2001, Nr. 52207/99, §§80 ff.; Krieger, ZaöRV 2002, 670 ff.; Peters, Die Anwendbarkeit der EMRK in Zeiten komplexer Hoheitsgewalt und das Prinzip der Grundrechtstoleranz, Archiv des Völkerrechts 48, 2010, 10 f.

[⑤] 例如欧盟机构，参阅 Gless, Zeitler, Fair Trial Rights and the European Community's Fight against Fraud, European Law Journal 2001, 227 f.; Trechsel, Summers, Human Rights in Criminal Proceedings, 2005, S. 386。

[⑥] EGMR, *Bosphorus Hava Yollar Turizm ve Ticaret Anonim Şirketi v. Ireland*, v. 30. 06. 2005, Nr. 45036/98; 对此参见 Gless, Schaffner, Judicial review of freezing orders due to a UN listing by European Courts, in Braum, Weyembergh (Hrsg.), Le contrôle juridictionnel dans l'espace pénal européen, The judicial control in EU cooperation in criminal matters, 2009, S. 188 ff.

[⑦] Lillich, The Soering Case, AJIL 85 (1991), 128 ff., 142.

[⑧] 参见欧洲人权法院新近裁判 EGMR, *Stojkovic v. France and Belgium*, v. 27. 10. 2011, Nr. 25303/08, §55; *El Haski v. France*, v. 25. 09. 2012, Nr. 649/08, §89。

同行使主权，亦适用《欧洲人权公约》，因为各国不能借由联合追诉动作而逃避自身之公约义务。①

境外行为或与其他主权国家的共同作用，是否可导致某些义务的限制或如何限制，尤其成为国际合作刑事追诉面临的问题。② 对此，欧洲人权法院迄今只有由裁判来个案处理，即一直只是个案观察，并未追求普遍之路线与找出通案的解决公式。但人权法院提出过绝对的禁止界限：倘有充分理由认为被引渡之人在请求国将遭受身体与生命之危险，即可禁止引渡（所谓"不遣返原则"：non – refoulement Grundsatz）。③ 1989 年，欧洲人权法院在 Soering 案这个指标性裁判里，第一次清楚解释公约国在司法互助脉络下的人权义务。人权法院表示，公约国如将相关人移交到一个有"公然悖离公平审判"（flagrant denial of a fair trial）危险的第三国（引渡请求国），将会违反公约义务。④ Soering 案公布后数年来，欧洲人权法院虽然时常提及 Soering 案，但这些裁判通常只涉及移交人员予第三国，几乎没有触及公约国之间的司法互助情形，一直到不久之前才出现相关案例。⑤ 不过，如果拿最近的 Stojkovic 案⑥与 Soering 案合并观察，仍可得出一定的基本价值：欧洲人权法院对"公然悖离正义"（flagrant denial of justice）概念加以

---

① EGMR, *Matthews v. the U. K.*, v. 18. 02. 1999, Nr. 24833/9, §§ 32 – 34; Krieger, ZaöRV 2002, 683.

② 对此，参见 Cassani, Gless, Popp, Roth, Schweizerisches Internationales Strafrecht und Rechtshilfe in Strafsachen, Die Schweiz und Europäisches Strafrecht, SZIER 1, 2009, 68; Krieger, ZaöRV 2002, 669 ff. ; Peters, Die Anwendbarkeit der EMRK in Zeiten komplexer Hoheitsgewalt und das Prinzip der Grundrechtstoleranz, Archiv des Völkerrechts 48, 2010, 7 ff.

③ 详见 EGMR, *Soering v. the U. K.*, v. 07. 07. 1989, Nr. 14038/88 与后来的人权法院裁判：*Hirsi Jamaa and Others v. Italy*, v. 23. 02. 2012, Nr. 27765/09, § 114; *Al Husin v. Bosnia and Herzegovina*, v. 07. 02. 2012, Nr. 3727/08, § 49; *Saadi v. Italy*, v. 28. 02. 2008, Nr. 37201/06, § 125; 此外可参阅 Grabenwarter, Pabel Europäische Menschenrechtskonvention (5Aufl.), 2012, § 20, Rn. 40 ff. ; Wehrenberg, Bernhard, Auslieferung trotz kritischer Menschenrechtslage – Einhaltung von Menschenrechten durch diplomatische Garantien?, Jusletter v. 21. 04. 2008, N 7 und 33. 不过，瑞士《国际刑事司法互助法》第 80 条之 16 （Art. 80p IRSG）允许个案在一定条件下提供司法互助，对此参阅 Gless, Zur Anwendung des Prinzips „ aut dedere aut iudicare " in der Schweiz, in Burgstaller, Nowak (Hrsg.), Aut dedere aut iudicare, Fragen der internationalen Zusammenarbeit in Auslieferungsverfahren, 2010, S. 39 ff.

④ EGMR, *Soering v. the U. K.*, v. 07. 07. 1989, Nr. 14038/88, § 113.

⑤ 参见新近的 EGMR, *Ahorugeze v. Sweden*, v. 27. 10. 2011, Nr. 37075/09; *Othman (Abu Qatada) v. the U. K.*, v. 17. 01. 2012, Nr. 8139/09, § 258。

⑥ EGMR, *Stojkovic v. France and Belgium*, v. 27. 10. 2011, Nr. 25303/08.

具体化，并阐述该概念是指"程序明显违反《欧洲人权公约》第 6 条或其所包含之原则"①，例如一国刑事程序完全忽视辩护权利②、蓄意且制度上拒绝给予被告律师协助权（尤其是针对外国被告）。③ 欧洲人权法院在 Stojkovic 案中进一步表示，这些要求也适用于其他司法互助：公约国不能因相互之间的责任分配，而逃避其对于特定《欧洲人权公约》标准的遵守义务。④

由此可知，Soering 案、Stojkovic 案这两则基础性裁判与其他裁判架构出了一套公式：除了绝对界限外（例如禁止使用从外国取得的酷刑证据⑤），外国其他违反公平审判诫命的状况，例如外国取证违反公约国认为应予保障之不自证己罪权利，公约国却使用该证据者，也能造成一种可归属于公约国的违反《欧洲人权公约》第 6 条。⑥ 但话说回来，只要内国裁判一直持守"程序整体评价"的出路，那就难以让内国实务承担证据禁止的沉重后果。⑦

（二）《欧洲人权公约》权利保障与国际之证据司法互助

鉴于欧洲各国刑事追诉机关日益紧密的合作关系，出现了一个原则性问题：在跨境刑事追诉合作范围内，公约国应承担哪些因加入《欧洲人权公约》而来的义务？在安排跨境合作时，如何使它们承担遵守人权，甚至保护人权的义务呢？上述问题可尝试从两个层面来处理，如果不采用第一层面的方法，就采用第二层面的方法。

第一层面着眼于国际之证据司法互助结构，即要求公约国必须安排符

---

① EGMR, *Othman (Abu Qatada) v. the U. K.*, v. 17. 01. 2012, Nr. 8139/09, §259; *Sejdovic v. Italy*, v. 01. 03. 2006, Nr. 56581/00, §84; *Stoichkov v. Bulgaria*, v. 24. 03. 2005, Nr. 9808/02, §56; *Drozd and Janousek v. France and Spain*, v. 26. 06. 1992, Nr. 12747/87, §110.

② EGMR, *Bader and Kanbor v. Sweden*, v. 08. 11. 2005, Nr. 13284/04, §47.

③ EGMR, *Al - Moayad v. Germany*, v. 20. 02. 2007, Nr. 35865/03, §101.

④ EGMR, *Stojkovic v. France and Belgium*, v. 27. 10. 2011, Nr. 25303/08.

⑤ BGH, Beschl. v. 14. 09. 2010 – 3 StR 573/09 (BGHSt 55, 314)；欧洲人权法院也不断重申酷刑证据欠缺证据能力，如 EGMR, *Shishkin v. Russia*, v. 07. 07. 2011, Nr. 18280/04, §§149 – 151; *Gäfgen v. Germany*, v. 01. 06. 2010, Nr. 22978/05, §166。

⑥ EGMR, *Stojkovic v. France and Belgium*, v. 27. 10. 2011, Nr. 25303/08, §§55 f.

⑦ 可比较本文德国联邦最高法院（BGHSt 46, 93; 55, 70）与瑞士苏黎世地方法院（BG Zürich v. 26. 11. 2008, DG070656/U）的差异。

合《欧洲人权公约》的证据司法互助。于此，刑事追诉的跨境合作必须建立保护义务的连贯制度，即一套能在个别国际合作刑事程序上担保《欧洲人权公约》人权保护的制度。① 具体言之，当公约国向第三国请求讯问证人，并说明若不在该讯问程序予以被告行使质问权，则被告权利不能获得保障时，即应以司法互助机制提供符合《欧洲人权公约》的证人讯问程序。

第二层面是从具体刑事程序的证据使用禁止下手。申言之，当外国证人未曾在刑事程序的任何阶段接受被告质问时，每一公约国即应承担不得使用该证词的严格义务，必须宣告证据使用禁止。每个国家都要对其本国法院的证据裁判负起人权责任。假如法院在纯粹的内国刑事程序中不使用未经被告质问过的证人陈述作为证据，那这项要求在涉外刑事程序时，原则上也不应有不同之适用。唯不可否认，一个刑事程序如果有证人居住于国外，其实际状况一定有别于单纯在内国即可完成的刑事程序。因此，通常也接受可对涉外刑事程序上的一般质问权加以调整。

在此脉络下，重要的是让被告有——符合《欧洲人权公约》所保障的——质问不利证人之机会。因为即使是国际合作的刑事程序，也要适用《欧洲人权公约》第6条第3项第4款所赋予被告之权利，即必须保障被告"得亲自或间接诘问他造证人"。而质问的时点②，就是被告在（已）完整获知不利证人对其指控的时候。③ 如果这样都不可能做到（例如前述的德国联邦最高法院或瑞士苏黎世地方法院的裁判案情），那就有必要采取一个比起泛泛诉诸"程序公平性之整体评价"（Gesamtwürdigung der Verfahrensfairness）④ 更严格的方案，尤其因为欧洲人权法院将具体制裁交由

---

① Trechsel, Summers, Human Rights in Criminal Proceedings, 2005, S. 386; van den Wyngaert, Applying the European Convention on Human Rights to Extradition: Opening Pandora's Box?, 39 ICLQ (1990), 757 ff.

② EGMR, *Unterpertinger v. Austria*, v. 24. 11. 1986, Nr. 9120/80, §31; *Van Mechelen and Others v. the Netherlands*, v. 23. 04. 1997, Nr. 21363/93, 21364/93, 21427/93 und 22056/93, §51; *Bocos - Cuesta v. the Netherlands*, v. 10. 11. 2005, Nr. 54789/00, §68; Esser, (Fn. 3), S. 642.

③ EGMR, *Bricmont v. Belgium*, v. 07. 07. 1989, Nr. 10857/84, §79; Wohlers, ZStR 2005, 166.

④ Warnking, Strafprozessuale Beweisverbote in der Rechtsprechung des Europäischen Gerichtshofs für Menschenrechte und ihre Auswirkungen auf das deutsche Recht, 2009, S. 51 f.

公约国的内国制度决定①，允许使用不同解决办法是欧洲人权法院所允许的。

国际证据司法互助为刑事追诉机关扩大侦查措施的活动半径。于此，《欧洲人权公约》必须作为基本权利暨人权的靠山，以让"维护受跨境追诉之人的基本程序权与防御权"这样的适当构想，能与执行追诉区域之扩大化互为抗衡。

法院的证据裁判程序，如果其组成部分乃源自各国不同法秩序者，为了能将这样的程序组合成一体之全部，便需有一个衔接器。这个可以合并欧洲分工合作之刑事程序的衔接器，绝不是造成权利保障之轮廓模糊化的"整体评价方案"，而是根据《欧洲人权公约》的明确要求来进行"整体观察"：国家间进行的刑事程序整体观察。据此，至少在合作方式所涉国家均为《欧洲人权公约》之公约国时，整个刑事程序符合公约的要求，不容打折。总而言之，不可让国际合作的刑事程序成为违反公约行为之藏身处。②

五 结论

《欧洲人权公约》在第 6 条第 3 项第 4 款保障刑事被告的质问权，以确保证人陈述只有在被告及辩护人对之有质问机会时，始可在刑事诉讼中成为证据。③ 因此，两造对审的证据取得与后续的证据使用是不可分割的。《欧洲人权公约》的明文保障若要发挥成效，终须保护这种关联性。

欧洲人权法院透过整体评价方法，得以务实地处理各公约国不同刑事诉讼的证据程序。这固然有其优点，即让《欧洲人权公约》权利可能以一个弹性的、普遍接受度较高的，且某程度上可说是温和的方式进入各国法

---

① 例如新近的 EGMR, *Bykov v. Russia*, v. 10. 03. 2009, Nr. 4378/02, §89；另参阅 Gaede, Fairness als Teilhabe, 2007, S. 807 ff.

② Peters, Die Anwendbarkeit der EMRK in Zeiten komplexer Hoheitsgewalt und das Prinzip der Grundrechtstoleranz, Archiv des Völkerrechts 48, 2010, 1 ff., 2.

③ 关于未受质问之证人陈述的易错性质，参见 *Schleiminger*, Konfrontation im Strafprozess, Art. 6, Ziff. 3, lit. d EMRK mit besonderer Berücksichtigung des Verhältnisses zum Opferschutz im Bereich von Sexualdelikten gegen Minderjährige, Grundlegendes Recht, Band 2, 2001, S. 256 ff.

秩序。① 然而，整体评价仍须设下界限。Jürgen Wolter 教授将此界限设定在国家蓄意规避被告防御权的情形。② 但有鉴于欧洲国家间日趋紧密的合作关系，若只限定在滥用界限的话，显然有待商榷。正确做法毋宁是，各国有责任确保使用证据时，避免侵害公约权利。本文介绍的瑞士苏黎世地方法院裁判已指出这种做法之可能性：每个国家都要对其本国法院的证据裁判负起人权责任。即使是在国际分工合作进行的刑事程序中，《欧洲人权公约》之公约国也不能卸除其人权义务，反而必须对可能存在的权利侵害予以补偿。为此，公约国应就以下补偿方法择一采用：在跨境刑事追诉方面采取一定的制度化保护措施，或是在个案的具体程序上透过诸如证据禁止来为人权负责。

---

① 详见 Gless，StV 2010，400 ff.

② 参见 Gless，in Cavallo, Hiestand, Käser, Caspar, Ivic（Hrsg.），Liber amicorum für Andreas Donatsch, Im Einsatz für Wissenschaft, Lehre und Praxis, 2012, S. 303 ff.

中德排除非法口供规则刍议

刘家汝[*]

摘　要： 2012 年中国《刑事诉讼法》的修改比之修改前有一系列重要变化。如非法证据排除规则正式入法，个人权益的保障得到了提高。但是新的规定仍存在一定的不足之处。第 54 条第一句中留下了两个方面的问题。首先，采用刑讯逼供或者"等非法方法"收集到的供述的排除范围过宽。其次，没有回答此供述的派生证据，如通过侵犯嫌疑人基本权利间接获得的证据（"毒树之果"），是否也适用证据排除规则，以及肯定的情况下其排除规则的内容问题。新的司法解释虽然对第 54 条第一句的适用范围做出了限定，但是在具体的案件中如何适用司法解释中的相关内容以及非法证据排除规则仍面临极大的挑战。德国《刑事诉讼法》第 136a 条也规定了禁止采用刑讯或者其他非法手段获得嫌疑人供述的内容，该条已有 50 多年的历史。德国的法官们和学者们一起，在实践中发展起来了适用这些规定的一些基本原则。也许德国的相关经验能为中国提供一些启示，因此，一个比较研究的视角是有必要的。

关键词： 中国《刑事诉讼法》第 54 条　德国《刑事诉讼法》第 136a 条　刑讯逼供等非法方法收集到的供述的排除规则　毒树之果

我国在 2012 年修改的《刑事诉讼法》中，正式确立了非法证据排除规则。《刑事诉讼法》第 54 条由两部分组成。第一是有关采用非法方法取得的言词证据的排除，第二是有关采用非法方法取得的书证、物证的证据排除。前者一旦确定，就是无例外的排除，为"绝对排除规则"。后者的

---

* 刘家汝，德国海德堡大学法学博士，德国科隆大学外国与国际刑法研究所博士后，德国奥格斯堡大学讲座师资。

排除，在确定其存在基础上，还要满足"严重影响司法公正"的条件，为"相对的排除规则"。① 在绝对排除规则中，立法者又区分了两种情况："采用刑讯逼供等非法方法收集的犯罪嫌疑人、被告人供述"和"采用暴力、威胁等非法方法收集的证人证言、被害人陈述"。本文的讨论仅限于第一种情况。有学者将我国排除非法口供的证据规则，称为"痛苦规则"，或"酷刑规则"，并视其与国外排除非法口供的证据规则——"自白任意性规则"，为两种不同的非法口供的排除规则。② 本文将试图从比较法的视角，以德国为例，从两方面出发，就中德相关的排除非法口供的规则做一个对照性的探讨。第一个方面涉及收集口供禁止使用的方法；第二个方面则涉及通过非法口供收集到的间接证据③（也为"衍生证据"）的可使用性问题。

一 收集口供的非法方法

（一）相关规定

（1）我国法上的相关规定

对于非法收集犯罪嫌疑人或者被告人口供的方法，我国立法者在《刑事诉讼法》第54条第1款中，并没有做出明确的规定，仅使用了"刑讯逼供等非法方法"寥寥几字。直接从此处《刑事诉讼法》条文出发，人们既不知道"刑讯逼供"，也不知道"等非法方法"所指何物。鉴于一旦确定"刑讯逼供等非法方法"，将会导致绝对的证据使用排除，可以说立法者在这里采用过于简略的规定并无不当。④ 在此背景下，对《刑事诉讼法》中"刑讯逼供等非法方法"的解释任务，就落到了学界和法律适用者身上。

---

① 〔德〕赫尔曼：《2012年中国刑事诉讼法改革：带来多少变革?》，颜九红译，《比较法研究》2013年第4期。

② 龙宗智：《我国非法口供排除的"痛苦规则"及相关问题》，《政法论坛》2013年第5期。

③ 这里的"间接证据"，并不是《刑事诉讼法》中惯常意义上的，以需要和其他证据结合起来才能证明案件主要事实为内容的间接证据。后者对应的概念是独立直接证明案件主要事实的"直接证据"。这里所谓的"间接"并非涉及证据和案件主要事实的证明关系，而是指通过不法手段收集到的口供而进一步获得的证据。

④ 〔德〕赫尔曼：《2012年中国刑事诉讼法改革：带来多少变革?》，颜九红译，《比较法研究》2013年第4期。

我国学者多主张采用一个扩展性的解释。比如，有学者认为："采用刑讯逼供等非法方法取得口供中的刑讯逼供，是指采用暴力（如殴打、车轮战、冻、饿、烤、晒、固定姿态等）对于犯罪嫌疑人、被告人身体造成物理伤害的行为。刑讯逼供之外的其他残忍、不人道或者有辱人格的待遇，应作为'等非法手段'的范畴，依法予以排除。"[1] 也有学者认为，除此之外，《刑事诉讼法》第54条第1款中规定的"等非法方法"，还包括《刑事诉讼法》所禁止的威胁、引诱、欺骗等收集证据的方法。[2]

我国的司法解释对此却持不同的观点。最高人民法院在2012年《刑事诉讼法》修改的司法解释中，于95条规定："使用肉刑或者变相使用肉刑，或者采用其他使被告人在肉体上或者精神上遭受剧烈疼痛或者痛苦的方法，迫使被告人违背意愿供述的，应当认定为刑事诉讼法第54条规定的刑讯逼供等非法方法。"最高人民检察院在其《刑事诉讼法》司法解释的第65条中，也就第54条第1款进行了解释："刑讯逼供是指使用肉刑或者变相使用肉刑，使犯罪嫌疑人在肉体或者精神上遭受剧烈疼痛或者痛苦以逼取供述的行为。其他非法方法是指违法程度和对犯罪嫌疑人的强迫程度与刑讯逼供或者暴力、威胁相当而迫使其违背意愿供述的方法。"我国司法解释对第54条第1款中"刑讯逼供等非法方法"的表述，采用的是联合国于1975年发布、中国于1988年加入的《禁止酷刑和其他残忍、不人道和有辱人格的待遇或处罚公约》（简称《反酷刑公约》）中的表述。该公约第1条规定酷刑是，"蓄意使某人在肉体和精神上遭受剧烈疼痛或者痛苦的任何行为"。比上面提及的学界的相关解释、最高人民法院和最高人民检察院对"等非法方法"的解释狭窄了许多。不仅"其他残忍、不人道或者有辱人格的待遇"被排除于第54条第1款的适用范围外，而且还排除了威胁、引诱、欺骗等《刑事诉讼法》所禁止的收集证据的方法。在司法解释中，《刑事诉讼法》第54条第1款规定的"刑讯逼供等非法方法"中的"等非法方法"和"刑讯逼供"在本质上是相同的，即采用了酷刑方法。

---

[1] 周光权：《非法证据排除：刑事诉讼法与刑法的交汇》，载陈泽宪主编《刑事法前沿》第7卷，中国人民公安大学出版社，2013，第301页。
[2] 关于不同观点的总结，参见龙宗智《我国非法口供排除的"痛苦规则"及相关问题》，《政法论坛》2013年第5期。

中国司法解释将《刑事诉讼法》第 54 条第 1 款中的"刑讯逼供等非法方法"解释为"酷刑"的做法，并不是没有问题的。单从《刑事诉讼法》的体系来看，该解释至少和《刑事诉讼法》第 50 条的规定"审判人员、检察人员、侦查人员必须依照法定程序……严禁刑讯逼供和以威胁、引诱、欺骗以及其他非法方法收集证据，不得强迫任何人证实自己有罪"存在一定冲突。如果将非法口供收集方法限定在刑讯逼供，就意味着通过威胁、引诱或者欺骗所收集到的犯罪嫌疑人和被告人的供述将可以作为定罪依据被采纳。如此一来，事实上就使得第 50 条的禁止规定落空。最高人民法院和最高人民检察院所采用的这种解释与《刑事诉讼法》体系内部并不协调，就非法收集口供之方法限制性的解释，和当前中国的刑事诉讼过渡性的特征有关。这种过渡性特征最典型的例子就是：一方面，2012 年的《刑事诉讼法》中增加了"不得强迫自证其罪"的一般原则；另外一方面却仍然在第 118 条保留了"犯罪嫌疑人对侦查人员的提问，应当如实回答"的义务规定。在这两个不可调和的矛盾性的规定下，犯罪嫌疑人和被告人在诉讼中是否具有供述自由的权利就会产生模棱两可的答案。按照现代《刑事诉讼法》中不得自证其罪原则，当然应当肯定犯罪嫌疑人具有该权利。可是，如实回答义务则直接否定了犯罪嫌疑人的供述自由权。对非法口供排除规则而言，新旧两者之间的这种冲突使法院和检察院在对第 54 条第 1 款进行司法解释的时候，就算将其适用范围压减到最低的程度也能找到当前《刑事诉讼法》上的根据。事实上，中国法律适用者并没有采用学界主张的扩张性的解释，而是采用了限制性的解释，这种做法也是由其直接贯彻国家刑事追究利益的角色所决定的。虽然学界主张扩张性的解释更利于对犯罪嫌疑人或者被告人个人权利的保护，然而，因绝对的证据排除效力，非法收集口供的方法越多，其作为定罪根据的证据范围就越窄，与此相应的是，这对国家打击犯罪所构成的妨碍就会越大。[①]

（2）德国法上的相关规定

如果将目光转向德国《刑事诉讼法》中相关的非法口供排除的规则，

[①] 龙宗智：《我国非法口供排除的"痛苦规则"及相关问题》，《政法论坛》2013 年第 5 期。

就会看到与中国相关法规非常不同的情形。首先，是立法者，而不是法律适用者，对禁止讯问的方法做出明确的规定。其次，相比中国相关的司法解释，这里禁止讯问的方法是非常宽泛的。

德国《刑事诉讼法》第136a条对禁止讯问①方法的规定如下：

"（一）不允许通过虐待、疲劳、伤害身体、服用物品②、折磨、欺诈或者催眠，侵犯被讯问人③意志决定和确认的自由。只能在刑事诉讼法准许的范围内实施强制。禁止以刑事诉讼法禁止的措施进行威胁，禁止对法律没有规定的利益做出允诺。

"（二）禁止采用侵害犯罪嫌疑人记忆或者认识能力的措施。

"（三）不取决于犯罪嫌疑人的同意，第一、第二款的禁止规定必须适用。违反此禁止规范所获的供述，就算犯罪嫌疑人同意使用，也不允许使用。"

德国当前的《刑事诉讼法》产生于1871年。相比整个法典的产生，禁止采用讯问方法的第136a条的产生晚了约80年。直到1950年，德国立法者在经历了践踏人权的纳粹不法体系后，以新侦探技术的讨论为契机、以瑞典法的相关规定为榜样，在《刑事诉讼法》中增加了该条。④ 该条被认为是犯罪嫌疑人的法律地位在"程序法上的基本规范"。⑤ 由于事实上，

---

① 对于第136a条规定的讯问，学界存在极大的争议。其关键的分歧在于：是不是只有被讯问人就讯问的官方特征有认识的时候，才是讯问。对这个问题的不同回答将直接关系到第136a条能否适用。比如，潜入贩毒组织的警察，向犯罪嫌疑人询问关于其贩毒活动的内容。如果肯定讯问是所有通过刑事侦查组织导致的被讯问人的供述，那么这里第136a条就能适用。如果要求该条中的讯问必要以被讯问人就讯问的官方性质有认识，那么该情况就被排除于第136a条的适用范围。当前学界的主流观点，对第136a条中的"讯问"做出了扩张性的解释。参见 Gleiß, Löwe - Rosenberg StPO（26 Aufl.），§136a，Rn. 15。然而司法判决和个别学者则主张采用形式讯问概念，参见 BGHSt 42, 145, Rogall, SK - §136a, Rn. 22。

② 这里，有学者将其翻译为"服用药物"，并不准确。《德国刑事诉讼法典》，李昌珂译，中国政法大学出版社，1998，第62页。德国《刑事诉讼法》第136a所采用的词语为„ Verabreichung von Mitteln"，而不是„ Arzneimitteln"（药物）。而从相关的判决来看，这里除了影响自由意志的药物之外，还涉及香烟、酒精等。

③ 讯问对象除了犯罪嫌疑人外，还有警察、检察官和法官对证人、鉴定人等的讯问。参见 Rogall, SK - §136a, Rn. 6。

④ 有学者认为，在这之前禁止刑讯逼供已经是德国刑诉实践中的一个基本原则。参见 Peters, Strafprozess, 1985, 333。还有学者认为立法者将这个实践中默认的原则法典化不仅是多余的，甚至还有消极作用，如 Bader, JZ 1951，详细内容见 Rogall, SK - §136a, Rn. 1, 2。

⑤ Rogall, SK - §136a, Rn. 6。

该条第 2 款规定的情况，已经为第 1 款所涵盖，因而前者在实践中并无太大意义。① 在第 1 款中，虽然德国《刑事诉讼法》第 136a 条并没有像中国一样采用和《反酷刑公约》第 1 条的"酷刑"类似的表述，但是德国学界通常认为，该条中所规定的禁止讯问方法——"虐待"和"折磨"，已经构成了《欧洲人权公约》第 3 条，即"不得对任何人施以酷刑或者是使其受到非人道或者是侮辱的待遇或者是惩罚"以及联合国颁布的《公民权利和政治权利国际公约》第 7 条，即"任何人均不得加以酷刑或施以残忍的、不人道的或侮辱性的待遇或者惩罚"② 中禁止刑讯的核心内容。③ 这亦意味着，德国《刑事诉讼法》第 136a 条第 1 款已经包括了《反酷刑公约》中的"酷刑"，和这之外的"非人道的"或者"侮辱"性待遇的方法。不仅如此，立法者还列举了其他的侵害被讯问人自由意志的非法方法，如服用药物、欺诈、法律禁止的威胁和允诺好处等。

这种对禁止讯问方法广泛的规定，是德国《基本法》中规定的基本价值落实于《刑事诉讼法》的必然要求和体现。它贯彻了《基本法》中两个最根本的价值原则：《基本法》第 1 条中的人之尊严④和法治国原则（核心为《基本法》第 20 条第 3 款）。⑤ 具体而言：①基于对《基本法》规定的人之尊严的尊重，禁止立法者在诉讼程序中将嫌疑人仅视作诉讼客体。德国联邦法院曾明确指出："犯罪嫌疑人是诉讼程序的参与者，而不是诉讼程序的客体。"⑥ 这是现代刑事诉讼程序和截至 19 世纪中期的纠问程序的主要区别。究竟什么是人之尊严？用德国刑诉学家 Peters 之言，就是，"人之尊严，存在于能够具有人格和做出伦理决定。而人只有在自由时，才能做出此决定。自由却又是以意志和意识为前提"。⑦ 这就意味着，作为诉讼程序的主体的嫌疑人是应该享有供述自由权的。第 136 条 a 是"供述自由

① Jahn, JuS 2005, 1058.
② 虽然中国在 1998 年签署了该公约，但迄今仍未批准加入该公约。
③ Rogall, SK – StPO, § 136a, Rn. 43.
④ BGHSt 5, 333; Roxin/ Schünemann, Strafverfahrensrecht（26Aufl.）, § 16, Rogall, SK – § 136a, Rn. 3, Eisenberg, Beweisrecht der StPO, 2011, Rn. 625, Jahn, JuS 2005, 1057.
⑤ Gleiß, Löwe – Rosenberg StPO（26Aufl.）, § 136a, Rn. 1, 3.
⑥ BGHSt 5, 333f.
⑦ Peters, Strafprozess, 1985, 333.

的核心条款"。① 嫌疑人的供述自由包括了两个方面：第一个方面是是否做出供述的自由；第二个方面是在决定做出供述的情况下，按照其意志、认识和记忆而进行供述的自由。② 意志决定和确认的自由以及记忆和认识能力是该条所要保护的客体。③ 因而，可能对其造成损害的方法，如虐待、折磨、威胁、欺骗、强制等都是不被允许的。② 《宪法》规定的人之尊严，对于嫌疑人不仅体现为供述自由，而且还体现为人具有身体完整权（《宪法》第 2 条第 2 款、第 104 条第 1 款）、普遍的人格权（《宪法》第 2 条第 1 款）。这就要求在刑诉的讯问中，无论是侦查机关或者法官，都不能为了获得有关犯罪行为的供述而采用这些侵犯人之尊严的措施。④ 禁止采用这些方法，也是法治国原则的要求。⑤ 虽然了解案件事实的嫌疑人的供述对查清案件真相是极为重要的，但是查清案件的事实真相却并不是刑诉的绝对价值。对案件事实真相的追求必须在遵守《宪法》的方式下进行。⑥

中国的司法解释者对禁止采用收集口供方法的限制主要是为了更好地打击犯罪。在个人和社会共同体的利益之中，赋予了后者更优先的地位。而德国立法者在这里却更强调对个人权利的保障和对国家机关诉讼各个阶段权限的限制。然而只从价值层面对中国和德国就禁止讯问的方法范围差异原因进行比较是不够的，更具有现实意义的是将目光转到中德相关法律的实践上。下面的论述从两个方面展开：首先介绍中德禁止讯问方法规定适用的背景。这里并不直接涉及规定的具体适用，而是有关它适用的整体环境。在对相关背景有一定了解之后，第二点才涉及禁止收集口供方法在司法中的具体适用。

（二）法的适用

1. 背景

虽然德国《刑事诉讼法》第 136a 中就禁止讯问的方法进行了宽泛的

---

① Rogall, SK – §136a, Rn. 4. 联邦法院将其视为对第 136 条的补充，参见 BGHSt 1, 387。

② Petes, Strafprozess, 1985, 333.

③ Rogall, SK – §136a, Rn. 35 – 39.

④ Peters, Karl, Strafprozess, 1985, 333.

⑤ Gleiß, Löwe – Rosenberg StPO (26Aufl.), §136a, Rn. 1, 3, Jahn. Jus 2005, 1057.

⑥ Rogall, SK – §136a, Rn. 4.

规定。然而德国司法实践对该条只有较少的使用。① 就算在这些已经出现的判决中，就笔者所看到的资料，也并无真正涉及"酷刑"的案件，而常见的是对诈供、疲劳、威吓、供讯这些禁止讯问方法的确认。② 这里使人好奇的问题是：为什么刑讯逼供鲜有发生？在德国，侦查机关在进行侦查时，一方面要遵守无罪推定的原则，另外一方面要努力查清案件事实真相。③ 面对现实的破案压力，侦查实践中适用刑讯逼供按道理也是极有可能发生的。然而德国学者通过对侦查实践的抽样实证调查，得出了这样的结论："可以确定的是，在当前联邦德国的刑事讯问实践中，只有相对非常个别的线索表明存在着极度性的讯问方法。"具体分析可知，之所以会出现这种现象，可能有两个原因。首先，自启蒙运动以来对基本人权的尊重已经成为整个社会文化的组成部分。在这种情况下，侦查人员对刑讯手段的采用具有一种普遍的警惕和排斥心态。公众对刑诉中的刑讯逼供也是非常敏感的。这种强烈的敏感构成了一个严格的外部监督力量。它成为侦查机关进行讯问时的底线。其次，在这个外部监督之外，事实上在讯问中的很多情况下，对嫌疑人直接采用暴力，强迫其做出供述也是没有必要的，因为侦查机关完全可以通过一系列的讯问策略获得其需要的信息。

中国适用非法收集口供的背景和德国有极大的差异。在实践中，中国最突出和最常见的问题是刑讯逼供。根据中国学者的问卷调查结果，在刑事错案首要原因的被告人虚假口供中，存在或者可能存在刑讯逼供的占了九成多。④ 当然在这之外，威胁、欺骗等非法证据收集的方法也多有存在。而目前最急迫的是在公众和侦查人员中缺少将嫌疑人视为一个和他们一样的公民的最基本的意识，缺少相关发达的、合法的讯问策略，以及如何采用法律的手段来解决侦查实践中的刑讯逼供问题。

---

① Eisenberg, Beweisrecht der StPO, 2011, Rn. 626.

② "疲劳"，参见 BGHSt, 13, 60, BGH NStZ 1984, 15；"服用物品"，参见联邦法院判决 NJW 1953, 1114；"欺骗"，参见联邦法院判决 NStZ 1989, 35；"威胁"，参见 Frankfurt, Strafverteidiger, 2003, 327。

③ Peter, Strafprozessuale und kriminalpraktische Fragen der polizeilichen Beschuldigtenvernehmung auf der Grundlage empirischer Untersuchung, 1984, 407.

④ 何家弘：《适用非法证据排除规则需要司法判例》，《法学家》2013 年第 2 期。

2. 具体适用

因为中国《刑事诉讼法》第 54 条第 1 款中 "刑讯逼供等非法方法" 的出现和其相关解释的实践并无太长的历史。这里重点讨论德国的相关情况。

（1）德国

如前所述，自《刑事诉讼法》第 136a 条产生后，德国司法中有关该条的判决并不多。虽然如此，在德国司法界和学界的共同努力下也发展起来了一些基本的方法和规则。对于处于探索阶段的中国非法口供排除规则的适用而言，德国的经验无疑是有借鉴意义的。

中国相关司法解释中，在确定《刑事诉讼法》第 54 条第 1 款中的 "刑讯逼供等非法方法" 的时候，都给出了一个程度上的要求，即 "剧烈的" 肉体或者精神的痛苦或者疼痛。虽然德国《刑事诉讼法》第 136a 条中并没有程度条件的规定，但是德国司法和学界一致认可的是：在具体案件中对第 136a 条的存在的确定，是以 "严重性"（Erheblichkeit）为条件的。[①] 事实上，学界在对此条中各个具体禁止方法进行定义的时候，就已经融入了 "严重性" 这一条件。以构成酷刑的两种禁止讯问的方法为例，"虐待" 的基本内容与《刑事诉讼法》第 223 条第 1 款和第 343 条第 1 款的虐待是一样的，被理解为："对人身体健康和身体完整性的严重的侵害"。[②] "折磨" 则是长时间、持续地带来或者重复（严重的）痛苦，无论这是精神上的还是身体上的。[③] 严重的辱骂、侮辱，或者其他缺少尊重的方式，引起嫌疑人的恐惧或者精神压力，威胁甚至是对嫌疑人保留真相的行为都可能是第 136a 条中的 "折磨"。[④] 为什么在适用该条时要求达到 "严重性"，其实并不难理解。因为，任何警察对嫌疑人所提出的问题都可能对后者造成心理上的压力，从而影响其供述自由。这就意味着，如果将

---

① Rogall, SK - § 136a, Rn. 35；Meyer - Goßner, § 136a, Rn. 28；BGHSt 13, 61. 另一个第 136a 条存在确认的条件是：采用的讯问方法和嫌疑人违背供述自由之间的因果关系。

② Rogall, SK - StPO, § 136a, Rn. 43, 它可能以作为的形式，如殴打、脚踢、其他导致身体的伤害、使用强光刺激、采用让人痛苦的噪音、系统性的干扰嫌疑人的休息、将嫌疑人安置在无光的暗室和只能站立的房间。虐待还可能通过消极的不作为的方式进行，如不给嫌疑人饮食而使其饥饿干渴等。Erbs, NJW 1951, 587, Meyer - Goßner, § 136a, Rn. 7.

③ Rogall, SK - StPO, § 136a, Rn. 42, Erbs, NJW 1951, 587, Jahn, JuS 2005, 1059.

④ Erbs, NJW 1951, 387.

任何讯问中对被讯问人的意志决定或者确认自由有影响的方法都认为是第136a条规定的禁止刑讯的方法，那么讯问根本就无法展开。就"严重性"而言，关键的问题是，如何对其进行确定。

按照学界的主流观点，讯问人所采用的方法应在具体案件中，讯问人所采用的讯问方法对被讯问人的意志决定和确认，以及记忆和认识能力，在客观上要有显著的侵害（nicht unerheblich zu beeinträchtigen）。[1] 在德国法院判决中，这种对供述自由的"严重性"侵害的判断标准是：被讯问人是否仍处于能就是否已经在什么范围内，就什么内容做出供述的状态。[2] 对此有学者采用了更明确的表述，即被讯问人的决定意志已经受到了如此程度的侵犯，以至于他们已经从诉讼的主体沦为诉讼的客体。[3] 德国法官进一步认为，这种受到严重影响的供述意志自由究竟是讯问人导致的，还是被讯问人自己造成的（如服用药物或者酗酒），对于确定"严重性"而言，是无关紧要的。[4] 确定的关键是：供述的意志自由。事实上，不仅是对"严重性"的判断，而且在对禁止方法存在的判断上，供述意志自由也是一个关键的依据。立法者在第136a条中所列举的各种禁止采用的讯问方法之间经常是相互重叠的。如"身体侵犯"是指改变身体构成的措施，它损害了身体的完整性和健康。但是身体侵犯如果是为了造成嫌疑人的痛苦，就属于虐待了。[5] 再比如，虐待和折磨之间也并无明确的界限。长期的或者重复的虐待将可能构成精神影响中的折磨。[6] 即便第136a条规定的禁止讯问的方法在许多时候难以明确区分开来，然而这对于实践中对第136a条第1款的适用却并未构成大的妨碍。因为，这里列举的任何一种禁止讯问的方法，都损害了被讯问人的供述自由。如此一来，规范保护目的——供述的自由意志，就成为法官在确定是否存在禁止讯问方法的一个重要的解释方法。比如，司法实践中曾出现了这样一个案件。在对嫌疑人进行讯问的时候，侦查人员并没有掌握嫌疑人犯罪的确切证据。为了能够证明嫌疑

---

① Rogall, SK – StPO, §136a, Rn. 36, 38.

② Marburg, StV 1993, 238.

③ Gleiß, Löwe – Rosenberg StPO (26 Aufl.), §136 a, Rn. 18.

④ Marburg, StV 1993, 238.

⑤ Jahn, JuS 2005, 1059.

⑥ Jahn, JuS 2005, 1059.

人是有罪的，他告诉嫌疑人：侦查机关已经掌握了他全部的犯罪证据，他根本就难逃法网。但是如果嫌疑人能够自己承认所犯之罪，那么将会获得较轻的刑罚。在此背景下，嫌疑人做出了其犯罪的供述。德国法院所面对的问题是：侦查员的行为究竟是一种被允许的讯问策略，还是第136a条规定的法律所禁止的"欺骗"？面对这个问题，法院认为侦查人员的行为构成了法律所禁止的"欺骗"的讯问方法。理由在于：如果嫌疑人在意志不受影响的情况下，他将根本不会自行做出有罪的供述。侦查人员关于他们已经掌握了所有犯罪证据的谎言，以及后者根本就不可能逃脱法律惩罚的言论，都极大地影响了嫌疑人的意志自由。① 而在另外的一个涉及夜间讯问是否构成"疲劳侦讯"的案件中，法院也以是否严重侵害供述人的意志自由为认定依据。法院原则上允许讯问在夜间进行，但是如没有任何理由，且有迹象显示讯问人想借被讯问人因为疲倦受到了极大限制的自由意志而获得其供述，则构成了第136a条中规定的"疲乏"。②

除"严重性"的确定条件以及以供述自由意志的侵害为判断依据外，德国第136a条的适用，还发展出了另外一个原则，即应采用个案视角对供述自由意志的侵害进行判断。德国法院曾面对这样两个类似案件：在第一个案件中，被讯问人在被讯问前30个小时没有休息，尽管这样，警察仍展开了讯问。在第二个案件中，在警察进行讯问前，嫌疑人已经24小时缺少休息。现在的问题是，这两个案件是否存在第136a条所禁止的"疲劳"。对前一个案件，法院做出了肯定的回答。③ 而对第二个案件的回答却是否定的。④ 是否构成第136a条禁止讯问的方法，关键是被讯问人的供述自由意志是否受到（严重的）侵害。此点构成了法院就这两个案件判决的共同出发点。究竟是否存在对自由意志的侵害，法院认为应当以被讯问人的个人情况，而不是以通常人的情况为判断视角。在后一个案件中，法院之所以否定存在作为禁止讯问方法的"疲劳"，是因为嫌疑人作为轮班工人，已经习惯了少眠，就算24小时不睡觉，对其而言也并不会受到一般人在同样情况下的意志自由的严重侵害。这种从被讯问人的具体情况出发进行判

① BGH NStZ 1989, 35.
② BGHSt 1, 376.
③ BGHSt, 13, 60.
④ BGH NStZ 1984, 15.

定的观点，也是当前学界的主流观点。这里，根本没有一个绝对的、不用联系个案来确定抽象供述自由的情况。究竟是否存在对被讯问人的意志决定和确认自由，以及认识和理解能力的影响方法，都需要在具体案件下进行考察。① 除这里所举的案例外，这种以嫌疑人视角为判断标准的方法还可见于法院对对酒精、尼古丁等有依赖性的嫌疑人进行讯问时。在嫌疑人做出供述的时候给予其烈酒或者香烟，是否构成《刑事诉讼法》第 136a 条中禁止讯问的方法——"服用某物"。产生于 1953 年的联邦法院对讯问中给嫌疑人香烟是否构成第 136a 条规定的"服用某物"的判决，奠定了其后该领域中相关判决的基础。在该判决中，法院否定了讯问官员在讯问中给有吸烟习惯的嫌疑人香烟的行为构成禁止讯问方法中的"服用物品"。然而法院同时明确指出，并不能采用一种一概否定的做法。然而不能一概否定，在特定情况下承诺或者给予极大烟瘾者香烟，也能造成对决定意志的影响。这时，香烟就应被视为《刑事诉讼法》第 136a 条中禁止的"物品"了。②

然而，司法界和学界当前判断第 136a 条中规定的禁止方法所持有的"个案视角"，也是发展的结果。此前也有学者提出过不同的看法，如德国刑诉学家 Peters 曾将《刑事诉讼法》第 136a 条规定的禁止采用的讯问方法，区分为绝对禁止和相对禁止。所谓绝对禁止，是指在采用这些方法的情况下，立法者从一开始就认定其影响了被讯问人的意志决定和确认自由，或者影响了其记忆和认识能力。这种影响是一种抽象的影响危险，它和具体案件中的真实情况并没有关系。而相对禁止，是指该方法究竟是否影响了被讯问人的意志决定和确认自由，以及记忆和认识能力，还需要放在个案中予以确定。③ 他进一步认为，所有的强制措施（身体的或者精神性的，并包括了虐待），采用刑诉所禁止的威胁或者承诺法律所没有规定的好处，都属于绝对的供述影响危险。而该条中所规定的其他的禁止方法，如折磨、服用药物等，只是一种相对的禁止，其存在与否需要结合个案做出。④ 虽然这个观点当前已经过时，但是在很长的一段时间中对于司

---

① Eisenberg, Beweisrecht der StPO, 2011, Rn. 642.

② NJW 1953, 1114.

③ Petes, Strafprozess, 1985, 335.

④ Petes, Strafprozess, 1985, 336.

法界和学界都有极大的影响。

（2）与中国的比较

中国学界也有学者在适用中国《刑事诉讼法》第54条第1款的司法解释时，提出了类似的观点：以个体差异为判断标准。但是同时也强调，一般人对痛苦的耐受标准应作为一个适当的参照。[①] 上面德国司法实践中运用个体案件判断的视角更加证实了这个观点的实践可能性。

中德的司法实践者都面临程度性要件在具体案件中的判断任务。中国司法解释中要求非法采用的口供方法应导致"剧烈的"肉体或者精神的痛苦或者疼痛。而德国学界和司法界也要求达到一个"严重性"。中国对"剧烈性"的判断，仍是零散的，缺少一个整体的解释方法。而德国对"严重性"的判断，则从法律解释的角度提供了一个启示，即规范目的解释方法的运用。这个法律解释方法，和另外的三个法律解释方法——文字解释、体系解释和历史解释，由19世纪德国历史法学派代表人萨维尼提出，它构成了法律方法论的核心。法官通过采用特定的法律解释方法，使法律的适用不再是一个主观任意性的，而是具有一贯性、客观性的理性活动。在此思路下，中国司法者在确定是否具有"剧烈"的肉体和身体的疼痛和痛苦的时候，首先应当确定的是中国《刑事诉讼法》第54条第1款的保护目的是什么。有中国学者认为国外和中国非法口供排除规定的内容，存在极大的差异。前者被认为是一种"自白任意原则"，后者被认为是"酷刑原则"。前者是建立在当事人意志自由的基础上的，后者是建立在当事人对痛苦耐受性的基础上的。如果按照这个观点，中国《刑事诉讼法》第54条第1款的保护目的将不是嫌疑人供述的自由意志，而是嫌疑人的人身权和健康权。笔者的拙见是：如果这个观点仅是就中国相关司法解释和国外，如德国对非法禁止采用口供的方法上的差异进行概括性的描述，那么是正确的。因为中国司法解释中只规定了酷刑作为非法口供收集的方法，而德国则规定了一系列的侵害供述自由的方法。然而，如果其所指是两国就非法口供排除规则目的上的差异，却值得商榷。中国司法解释将"刑讯逼供等非法方法"解释为"酷刑"，这只是相比德国缩小了非法口供排除规则的适用范围，并不意味该规则的本质，即对嫌疑人供述自由

---

① 龙宗智：《我国非法口供排除的"痛苦规则"及相关问题》，《政法论坛》2013年第5期。

的保障，由此而当然改变。首先，禁止采用刑讯逼供等非法方法当然也保护了一系列公民的基本权利，如人身权、健康权等。然而，却不仅旨在对这些权利进行保护。在侵害这些权利的同时，可能还构成了对供述自由意志的侵犯。因为对人身权等权利的保护，《刑事诉讼法》分则第四章已经就侵犯公民人身权利的犯罪行为进行了规定，如第234条规定的故意伤害罪。《刑事诉讼法》作为对实体刑法的贯彻，只就刑法规定的基本权利进行保护。学界之所以否定当前中国《刑事诉讼法》中嫌疑人的供述自由权，主要是基于上面曾提到的中国当前《刑事诉讼法》中仍保留了嫌疑人在讯问时如实回答的义务。然而，现实存在的却并非是合乎原则的。就算中国《刑事诉讼法》中没有规定讯问中嫌疑人的沉默权，也并不能得出中国的犯罪嫌疑人没有供述自由权。因为当前《刑事诉讼法》中"不得自证有罪"的一般原则，已经提供了它的基础。在这个一般原则和如实回答义务规定的现实性冲突下，具有优先效力的应是一般原则，而非具体行为规范义务。如果这里因为如实回答义务的存在，而否定了嫌疑人的供述自由权，这无疑是让原则看齐现实，实有本末倒置之嫌疑。如果确定了中国《刑事诉讼法》第54条第1款是为了保护犯罪嫌疑人或者被告的供述自由权，那么在对司法解释中"酷刑"进行确定的时候，对"剧烈"程度性要件的认定也就具有了一个客观的标准，即嫌疑人或者被告是否仍具有做出和不做出供述以及怎样做出供述的自由决定权。依照这个依据，当前中国司法实践中确定是否存在"刑讯逼供等非法方法"问题，如违反法定的讯问时间进行讯问或者非法延长对嫌疑人的羁押时间，都能在一定程度上得到解决。在此解释下，这两种情况本身并不能直接地导致《刑事诉讼法》第54条第1款所禁止的"刑讯逼供等非法方法"的存在，只有嫌疑人由此处于供述自由已经被极大侵害的疲劳状态，或者处于对失去自由的极大恐惧之中时才能构成此条。并且，导致供述自由严重被侵犯的方法是产生供述的原因。在方法和供述之间需要存在一个因果关系。这也就意味着，如果违法延长讯问时间或者进行羁押，并不是以取得供述为目的，而是基于其他的原因，则不应是第54条第1款中的刑讯逼供等非法手段。

在对中德禁止采用的收集口供的方法和其适用有了一个基本的认识后，下面将要介绍的是这两个国家的非法口供排除规则的另外一个方面，即间接证据可采性。对美国证据法中的"毒树之果"的理论，我国学者已多有介绍。① 然而，就笔者所了解的情况看，作为纠问程序类型代表的德国刑事证据制度下的间接证据可使用性，相较而言却少有被提及。②

二　关于间接证据的可使用性

（一）概述

无论是中国《刑事诉讼法》还是德国《刑事诉讼法》，对非法收集的口供的可使用性都直接做出了规定。中国《刑事诉讼法》第 54 条第 1 款明确规定了采用刑讯逼供等非法方法所收集的犯罪嫌疑人或者被告人的供述将被排除。德国《刑事诉讼法》第 136a 条规定："（三）……在违反该禁止所获之供述，就算嫌疑人同意其使用，也不允许使用之。"在此情况下，将视为证据从一开始就不存在，③ 并做出判决。④

然而，这两个国家的《刑事诉讼法》都没有规定的一个问题是，如果

---

① 参见汪海燕《论美国毒树之果原则》，《比较法研究》2002 年第 1 期。
② 参见岳礼玲《德国刑事证据制度中的若干问题》，载樊崇义主编《诉讼法学新探》，中国法制出版社，2000，第 395 页。简单地提到美国的"毒树之果"的原则在德国司法实践中几乎没有什么影响。在德国，即便是嫌疑人被迫供述的杀人凶器所在地点，也是会被采用的。从结果上来看，这也许是正确的，但是就其理由而言，却太过模糊。德国司法界没有采用美国的上述原则，也没有就间接证据持一种一概性肯定的态度，而是采用了至少是在《刑事诉讼法》第 136a 条情况下的权衡说。此外，近年来不能否定的一个事实是，美国的"毒树之果"原则在德国的学界赢得了越来越多的支持者。Rogall, Beweiserhebnungs - und Beweisverwertungsverbote, JZ 2008, 827.
③ 需要指出的是，与如何面对证据使用禁止的远距效力相区别的是一个心理学上的问题，即如果法官对侦查机关的全部证据资料有了解，这也包括侦查机关通过第 136a 条取得的以嫌疑人供述为线索所发现的其他嫌疑人实行了犯罪行为的证据，那么就算肯定对这些证据使用的禁止，在事实上他们如何可能做到忘记这些证据，并视其根本不存在。Peters, Strafprozess, 1985, 338. 这个问题并不只出现于此处通过非法手段获得以供述为线索而发现的其他证据上，还包括采用禁止的证据收集方式而导致的证据使用禁止中法官进行判决时的普遍性问题。面对这个问题，法国的《刑事诉讼法》中规定，为了避免法官受到不法证据的影响，对于采用不法侦查手段所收集到的证据，在案卷起诉后移交给法官前，必须销毁。而德国《刑事诉讼法》中并无该规定。法国和德国刑诉立法者对此问题有不同态度，有德国学者认为，这是因为德国的法律信任法官不会受到不法证据的影响，而做出判决。Kühne, Strafprozessrecht（8 Aufl.），Rn. 907. 此问题也可参见魏根特《德国刑事诉讼程序》，第 188 页。魏根特教授对事实上的职业法官而言的可操作性，持更怀疑的态度。
④ Petes, Strafprozess, 1985, 337.

侦查机关或者被讯问人通过非法收集到的供述进而收集到其他证据，比如，杀人嫌疑人在刑讯逼供下，不仅承认了其杀人行为，而且告知侦查人员藏尸地点，侦查人员因而发现了尸体，那么能证明嫌疑人为凶手的尸检结果是否应和非法收集的口供一样被排除，或者这些基于口供而收集到的间接证据能否被使用？

采用禁止讯问方法获得的口供，及其间接证据可实用性的问题，事实上是证据排除规则中的一个问题。美国证据法从 20 世纪 20 年代就采用了"毒树之果"原则，否定非法收集证据的可采性。虽然在 80 年代联邦法院通过善意诚信的加入，使得这个一概性的绝对排除规则变成了具有例外性的相对排除规则，却没有改变其整体性质。① 从立法来看，将采用非法方法收集到的间接证据排除，也见于大陆法系国家，如西班牙相关的法中就规定了侵犯公民基本权利而获得的直接和间接证据，不得使用。② 而欧洲的另外一个国家——瑞士，在 2007 年对其《刑事程序法》进行修改后，在第 141 条第 4 款中也增加了非法证据收集方法下间接证据可使用性的内容，即倘若没有之前所采用的证据收集方法，根本就不能得到间接证据，那么这时间接证据将被排除，不得使用。③ 相比西班牙的规定，瑞士将间接证据的排除限定于特定的情况。无论是美国、西班牙还是瑞士，即便它们关于间接证据可使用性的范围是相对性否定、否定和例外性否定，但是其共同之处在于，都肯定了非法取得的间接证据不得使用。

（二）间接证据可使用性问题的中国讨论

当前中国间接证据可使用性问题的讨论总结起来，有这样几个特点：首先，非法口供排除时的派生证据可采性的问题并没有和其他非法收集证据的方法区别讨论。其次，就算美国证据法中的"毒树之果"原则带来了

---

① 赫尔曼、颜九红：《2012 年中国刑事诉讼法改革：带来多少变革?》，《比较法研究》2013 年第 4 期。

② 赫尔曼、颜九红：《2012 年中国刑事诉讼法改革：带来多少变革?》，《比较法研究》2013 年第 4 期。

③ 相关介绍也可参见 Rogall, Beweiserhebnungs – und Beweisverwertungsverbote, JZ 2008, 827。

证据排除规则上的一定启发①，然而主流观点仍主张肯定间接证据的可使用性。② 对具体内容却又有不同观点，一些学者主张原则上肯定衍生证据的可使用性，③ 另外一些学者却主张让法官对间接证据的可采性进行自由裁量。④ 中国不采用美国对衍生证据的可使用性的观点，主要的一个考虑是中国刑事诉讼法有着"重打击，轻保护"的特点，在这种情况下采用美国的学说并不符合中国的刑事诉讼现实。⑤ 事实上，将美国的"毒树之果"照搬到中国的确也是不现实的。美国对派生证据可采性原则上的承认实际上是在个人基本权益和国家刑事追究两者之间对前者的极度侧重。⑥ 而参考中国刑诉程序中对如实义务的保留，或者参考上面提到的司法解释对第54条第1款中就"刑讯逼供等非法方法"进行的限制性的定义，就不难看出保护嫌疑人或者被告的基本权利在中国仍处于最初的落实阶段。那么现在的问题是，如果在个人权利和国家刑事追究利益之中，后者仍占有一个更高的地位，那么在此情况下，是不是意味着为了实现这个价值而允许采用一切的手段？也即，是不是一切采用非法方法获得的间接证据都是可以被使用的？

这是一个非常大的问题，它的答案是本文无法给出的。但是仅仅从法定的绝对证据排除的情况来看，如《刑事诉讼法》第54条第1款对间接证据的肯定，至少从逻辑上存在一定的问题。因为，法定的证据排除规定禁止国家采用特定的收集口供的方法，一旦违反之，其所获得的直接证据将不得使用。证据排除规则规范着国家收集证据时的行为。如果现在允许此情况下的间接证据的使用，那么证据排除规则对国家机构收集证据行为的规范任务则是难以完成的。因为这个时候，证据排除禁止的只是采用非法证据收集方法获得的直接证据，而不是间接证据。这无

① 参见李学宽、汪海燕、张小玲《论刑事诉讼中非法证据的效力》，《政法论坛》2000年第1期。

② 参见汪建成《中国需要什么样的非法证据排除规则》，《环球法律评论》2006年第5期。

③ 参见卞建林《我国非法证据排除的若干重要问题》，《国家检察官学院学报》2007年第1期。

④ 参见边慧亮《中外非法证据排除程序比较研究》，《西部法学评论》2012年第1期。

⑤ 参见汪建成《中国需要什么样的非法证据排除规则》，《环球法律评论》2006年第5期。

⑥ Harris, Verwertungsverbot für mittelbar erlangte Beweismittel: Die Fernwirkungsdoktrin in der Rechtssprechung im deutschen und amerikanischen Recht, Strafverteidiger 1991, 321.

疑会促使相关机构为了查清案件真相，而采用法律禁止的收集口供的方法。更简单些可以将其表述为：对一物的否定和肯定、禁止和允许是不能同时存在的。在这种情况下，是不是应该做出例外性否定非法刑讯逼供等方法下的间接证据的可采性？这个问题，也许可以从德国学界和司法界相关的观点中得到一定的启发。

（三） 间接证据可使用性问题的德国讨论

虽然德国《刑事诉讼法》对第 136a 条中的间接证据的可使用性并无明确规定，学界却早在 20 世纪 50 年代初就已经展开了讨论。[①] 事实上，对间接证据可使用性的讨论并非只涉及第 136a 条的情况，而是整个证据使用禁止讨论的组成部分。因此，对此问题的讨论，依照从一般到特殊，需从德国学界和司法界就证据使用禁止（即证据排除）整个的讨论展开。

1. 一般：证据使用禁止的讨论

派生证据可采性问题——在德国刑事诉讼法中被称为"证据使用禁止的远距效力"（Fernwirkung des Beweisverwertungsverbots），是德国证据制度，更确切地说是证据使用禁止（Beweisverwertungsverbot）中的一个特殊问题。另一个在证据使用禁止中被讨论的特殊问题是证据使用禁止的连续效力（Fortwirkung des Beweisverwertungsverbots）。[②] 鉴于证据使用禁止和证据收集禁止对间接证据可使用性相关理论的影响，下面将就证据使用禁止的确定领域中的问题做简要的介绍。[③]

（1） 证据使用禁止的确定

德国学界早就开始了对证据法的理论探讨。德国刑法中犯罪三阶层之一的构成要件符合性理论的奠基人贝林（Beling），在他著名的将构成要件作为一个独立要素的《犯罪理论》一书发表前，于 1902 年在他教授任职讲演中，就已经以《刑事程序中作为查清真相界限的禁止证据》为题，对

---

① Baumann, GA 1959, 44.
② 其本质上是国内学者所称的"重复自白"问题。参见龙宗智《我国非法口供排除的"痛苦规则"及相关问题》，《政法论坛》2013 年第 5 期。
③ 较详细的介绍，参见岳礼玲《德国刑事证据制度中的若干问题》，载樊崇义主编《诉讼法学新探》，中国法制出版社，2000，第 390～396 页。

证据使用禁止进行了探讨。此文正式发表于 1903 年。① 证据禁止（Beweis-verbot）由证据使用禁止和证据收集禁止（Beweiserhebungsverbot）构成。它们两者之间的关系，却成为证据使用禁止中最主要的，也是最难理解的内容。②

毫无疑问的情况是，当立法者在法律中规定证据收集禁止的时候，也明确地规定了证据使用禁止。如这里的第 136a 条。此时，证据收集的禁止也是证据使用的禁止。然而，在缺少法律明确规定时，究竟违反证据收集禁止何时会导致证据使用的禁止，却是一个难题。学界目前基本达成的一致仅仅是证据使用禁止是以违反证据收集禁止为条件的，后者是前者的出发点。然而，对后者的违反却并不必然意味着前者的存在。如何确定此时证据的使用禁止，学界发展起来了不同的理论，如保护目的说（Schutzzwecke-hren）③，信息掌控制说（Lehre vom Informationsbeherrschungsanspruch）④ 和瑕疵效果说（Fehlerfolgenlehre，也即权衡说）⑤。后一个学说为德国的司法者所采用。该学说认为，在法律就证据使用禁止没有做出明确规定的时候，使用禁止的确定涉及国家两个义务之间的冲突。第一个义务是对宪法规定的个人权利的保障，另一个义务是刑法实体规范落实的保障。这两个义务发生冲突的时候，究竟何种义务有优先地位，则需进行个案的判断。在判断中要考虑对宪法所保障的个人权利侵犯的瑕疵严重程度和国家的刑事追究利益。⑥ 在采用此理论的时候，法院是从这样的前提出发的，即证据收集的瑕疵并不一定导致证据使用的禁止。在具体的案件中，侦查程序中违反证据收集的行为是否带来审判程序中其使用的禁止，取决于对上面提到的两个方面——国家有效地进行刑事追究和保护个人基本权利的权衡结果。⑦ 更进一步，三个因素对法庭在具体案件中这两方面的权衡具有意

① Rogall, Beweiserhebnungs – und Beweisverwertungsverbote, JZ 2008, 822.
② 1966 年德国第 46 届法学家大会以此为题，进行了深入的讨论。而过了 42 年，2008 年德国第 67 届法学家大会又再次以此为题，进行了讨论。该届大会鉴定人 Jahn 所得出的结论是，德国当前的证据使用禁止状况是难以让人满意的。Jahn, DJT 67.
③ Grünwald JZ, 1966, 492.
④ Amelung, Informationsbeherrschungsrechte im Strafprozess, 1990.
⑤ Rogall, SK – StPO，§ 136a, Rn. 94.
⑥ Rogall, SK – StPO，§ 136a, Rn. 94.
⑦ Harris, Verwertungsverbot, 318, Rogall, JZ, 824.

义：①犯罪行为的严重性；②基本法所保护的个人权利的地位和意义；③在侦查程序中，侦查机关对此基本权利的损害程度。①

（2）间接证据可使用性整体讨论

现在回到德国对间接证据可使用性的整体讨论上。相比证据使用禁止的连续效力，这是一个更有争议的问题。② 甚至有学者将其形容为"无望之争"（hoffnungslos umstritten）。③ 和前面的对证据收集禁止和证据使用禁止之关系的讨论一样，德国学界在此问题上也未达成一致。目前形成了三种具有代表性的观点。

第一种观点原则性地否定证据使用禁止的远距效力。④ 这个观点主要的出发点是基于对刑事政策的考虑。如果肯定远距效力，就强化了证据使用的禁止，也即极大缩小了可使用证据的范围。对打击犯罪而言，这将是非常不利的。⑤ 比如在谋杀案件中，如果因为警察违反了某些程序性规则就否定由此衍生的证据，不得将其作为杀人的证据使用，将可能导致真正的罪犯逍遥法外。

第二种观点则一般性地肯定证据使用禁止，这不仅适用于直接证据，而且也适用于间接证据。⑥ 这个观点主要是从法治国原则的考虑出发。基于法治国原则，只有没有违反证据使用禁止瑕疵的证据才能作为判决的证据基础。⑦ 此外，还有学者认为禁止采用间接证据也是全面实现证据使用禁止规定保护效力的要求所在。⑧

在这两种理论之外，还出现了折中理论，即"假设因果说"和"权衡论"。"假设因果（hypothetischen Kausalität）说"认为，即便没有采用非

---

① BGHSt 325，332，Rogall，ZStW 91（1979），34 – 35，Harris，Verwertungsverbot，318，如果允许的话，可以这样说：当侦查机关所违反的证据收集的禁止损害了程序公平，BGHSt 51，1，4；50，206，207，或者违反了宪法所保障的公民的基本权利的核心领域，BGH NStZ 2007，602，对证据收集禁止的违反通常将导致证据使用禁止。Rogall，JZ 2008，824.

② Roxin/Schünemann，Strafverfahrensrecht（26Aufl.），169，170.

③ Rogall，ZStW 1979，38.

④ Meßyer – Goßner，StPO，46 Aufl.，§ 136a，Rn. 31.

⑤ Kleinknecht，NJW，1966，1544.

⑥ Dencker，Verwertungsverbote im Strafprozess，1977，76；Fezer，JZ 1987，938；Grünwald，StR 1987，473，JZ 1966，500，Spendel，NJW 1966，1105.

⑦ Petry，Beweisverbote im Strafprozess，1971，127.

⑧ Rüping，Das Strafverfahren（2Aufl.），137.

法收集证据的方法，按照当下的侦查手段也同样能找到该证据，则应当允许使用间接证据。上面提到的当前瑞士《刑事诉讼法》第 141 条第 4 款对间接证据可使用性的规定，事实上就是采用了这种"假定说"。[1] 德国相关的法院判决中也有采用此学说的。对此，下面还会有所提及。德国刑诉理论中的这个假设因果说，和美国证据法上的"独立资源例外"（independent source exception）有一定的类似性。虽然按照美国证据法上毒树之果的理论，一般而言警察非法获得的直接和间接证据皆将被排除，但是该原则存在几种例外的情况，[2] 其中之一就是如果警察在禁止方法之外，"一定"或者"极有可能"通过独立、合法的方式，以"实际上干净的途径"找到相关的证据，那么此时间接证据则是可以使用的。在借鉴美国这个学说基础上，德国学者提出了如果侦查机关极有可能采用合法的方式证明嫌疑人有罪，也应肯定间接证据使用的观点。[3] 对于权衡论，在上面介绍不法证据收集禁止关于证据使用禁止的确定问题时就已经有所提及。在证据使用禁止是否适用于间接证据可使用性的时候，这个理论又再次出现。和上面所提到的对法律没有规定的证据使用禁止的确定问题一样，这里所讨论的间接证据的可使用性问题，"关键性的是对个人权利和一般刑事追究利益之间的权衡"。[4] 权衡论认为，在个案中就间接证据可采性进行判断的时候，需要就两个方面进行权衡：一方面是被侵犯的个人权益，比如对相关人合法权益损害的强度，或者禁止采用收集证据方法的性质，比如其是否违反了宪法的规定；另一方面是嫌疑人所受到的刑法指控和国家的刑事诉讼追究的利益，即社会利益。[5] 这里判断间接证据的可使用性时，必须进行个案分析。因为一般性的肯定或者否定，将可能导致对个案的不公正、极端的判决结果。[6]

在这三种观点中，究竟哪一种观点是当下的主流观点，不同的学者持

---

① Rogall, Beweiserhebnungs – und Beweisverwertungsverbote, JZ 2008, 827.

② 美国的刑诉虽然在原则上肯定了证据使用禁止的远距效力，却从因果关系出发提出了三个对远距效力的限制情况：①attention of the taint；②Independant source；③Inevitable Discovery。Harris, Strafverteidiger 1991, 322.

③ Wolter, NStZ 1984, 277.

④ Rogall, ZStW 91 (1979), 40.

⑤ Dörig, NStZ 1988, 142, Maiwald, JuS 1978, 384, Wolter NStZ 1984, 276.

⑥ Rogall, ZStW 91 (1979), 39.

不同的看法。有学者认为，否定证据使用禁止的远距效力是主流观点。① 然而在其他学者看来，这个承认间接证据可采性的观点却只是当下极少数人的意见。② 也有学者认为上面的权衡说为主流观点。③ 在面对证据使用禁止的远距效力的问题时，德国法院在整体上再次采用了——至少在形式上——对证据使用禁止确定时就适用的权衡说。④ 德国法院对证据法上间接证据可使用性的判决始于 1979 年。⑤ 法院在该案件中，于权衡说的基础上肯定了违反《基本法》第 10 条、通过对嫌疑人电话的不法监听而收集到的间接证据不得使用。就此判决而言，德国司法者展示了对采用非法证据收集方法得到的间接证据的可使用性持有原则上否定的态度。这个结果和上面提到的第二种观点的结果是一样的。然而，在不久后的另外一个案件中却又出现了不同的判决结果。这里法院认为，侦查机关违反《刑事诉讼程序法》第 100a 对嫌疑人和证人进行非法监听，所获得的间接证据不得排除。对此判决结果，法院主要是出于刑事政策的考虑，即"并不允许一个程序性的错误而导致整个诉讼的瘫痪"。⑥ 在这个案件中，法院在形式上仍采用了权衡说，却得出了与上一个案件完全不同的结论。这两个案件判决结果的差异，清楚地展现出了在权衡说下，法官们所进行裁量的空间是何等之宽。

如果人们以为第 136a 条所规定的禁止讯问时间接证据可使用性的情况，和这里介绍的整个间接证据可采性的讨论情况是相同的，那么将是武断的揣测。在个别和一般之间，事实上是存在一定差异的。

2. 特别：对第 136a 条证据使用禁止效力的讨论

比较上面介绍的整体讨论，对第 136a 条间接证据可使用性问题，当前德国学界并无前者那般有巨大分歧，观点较为统一，即并不认可在采用第 136a 条规定的禁止讯问的方法下获得的间接证据是可以使用的。事实上，德国学界在 20 世纪 50 年代初期，对此问题还持有完全不同的观点。此时他们

---

① Kühne, Strafprozessrecht（8 Aufl.），2010，Rn. 912，Fn. 184.

② Weigend, StV 2003，439.

③ Gleiß, Löwe – Rosenberg StPO（26 Aufl.），§136a，Rn. 76.

④ Hammer, Zur Fernwirkung von Beweisverwertungsverboten – BGHSt 34, 362, JuS 1989, 448, 449.

⑤ BGHSt 29, 244, Fezer JZ 1987, 938, Hammer, Zur Fernwirkung von Beweisverwertungsverboten – BGHSt 34, 362, JuS 1989, 448.

⑥ BGHSt 27, 355, 35；29, 244, 249；34, 362, 364. Roxin/Schünemann, Strafverfahrensrecht（26 Aufl.），170. 窃听案件参见 BGH NStZ 96, 48.

反对将一般证据使用禁止的效力扩展到采用不法方法所收集到的间接证据上，并认为采用第 136a 条规定的禁止讯问方法时，所排除的仅仅是通过这些方法所获得的被讯问人的"供述"。① 到 20 世纪 80 年代末期，这个观点不再是学界的主流学说。② 即便那些主张权衡说的学者，也多认为在使用了第 136a 条所禁止的讯问方法的情况下，所获得证据的使用禁止不仅适用于直接证据，即被讯问人的供述，而且适用于由此获得的间接证据。③

不同于学界此处较为统一地否定间接证据可使用性的观点，德国法院在这里表现出了一种肯定或者至少并不原则性地否定使用第 136a 条下获得的间接证据的态度。从笔者所接触的资料来看，德国法院在以下两个案件中做出了肯定判决。

（1）德国法院的两个判决

A. 坐探案

此案中，在正式讯问中对犯罪嫌疑人关于抢劫杀人的供述无果的情况下，为了获得其供述，侦查机关先是违法延长了犯罪嫌疑人的羁押期，此外还说服了另案犯人，让其作为警察的坐探，并利用他和本案犯罪嫌疑人同处一羁押室的机会，收集后者犯罪的相关信息。警察的坐探在多次尝试获得嫌疑人口供而没有成功的情况下，故意告诉犯罪嫌疑人他有越狱的打算，并邀嫌疑人参加。此外他还向嫌疑人表示，如果越狱成功，他有抢劫银行的打算。这些故意散布的信息使警察的探子最终获得了犯罪嫌疑人的信任。嫌疑人向坐探详细讲述了他之前所实行的抢劫案。按照和警察的约定，探子随后将所获得的案件相关信息转述给了警方。借助该信息，警察顺利地找到了此抢劫案的另外一名共犯。在讯问中，该共犯向警察供述了抢劫的犯罪事实。

此案涉及两个问题：首先，嫌疑人向警察的探子供述的犯罪事实究竟是否能作为证据被使用；其次，警察通过此供述而收集到的另外一位共犯的供述是否能作为证据使用。

对此案涉及的这两个问题，作为一审法院的德国汉诺威地区法院，都做出了否定的回答。对第一个问题，其判决的理由是：警察的行为构成了

---

① Baumann, GA 1959, 44. Hammer, Zur Fernwirkung von Beweisverwertungsverboten – BGHSt 34, 362, JuS 1989, 449.

② Hammer, Zur Fernwirkung von Beweisverwertungsverboten – BGHSt 34, 362, JuS 1989, 448.

③ Rogall, SK – StPO, §136a, Rn. 95, Fezer, JZ 1987, 937, 939. Wolter NStZ 1984, 276.

《刑事诉讼法》第136a 条中所禁止的欺骗方法，由此而得以使用该条第 3 款中的证据使用禁止。对第二个问题，法院以上面提到的联邦法院 1979 年就违反《基本法》第 10 条非法收集的间接证据的使用问题的判决①为基础，而认定侦查机关对嫌疑人的基本权利的侵犯是如此严重，如果承认间接证据可使用性将违反诉讼程序的公平性。②

联邦法院于 1987 年做出的二审判决中，就第一个问题，得出了和一审法院相同的结论，即警察通过委托他人所获得嫌疑人的供述不能作为证据被使用。③ 然而这里联邦法院的理由却与一审法院有着极大的不同。首先，联邦法院认为这里并不是第 136a 条的讯问，而是一种与其类似的情况。联邦法院对该条中"讯问"的理解和学界的主流观点是不同的。学界依据第 136a 条的语词和立法目的④认为，"讯问"并不能做一种形式上的理解，而应是功能性的理解。讯问是"一切为了完成官方查清事实而收集供述的情况"。⑤ 按照这个对"讯问"的解释，第 136a 条中的讯问的范围将是非常广泛的。比如，本案中受到警察委托而和犯罪嫌疑人进行收集案件情况的谈话就是其中之一。其次，法院否定了一审法院所确认的第 136a 条中作为禁止讯问方法的"欺诈"的存在，而认定这里是一种"强制"，其理由在于："被告人被和警察所委任就抢劫案进行探听的羁押犯人关在一个房间中。由此相关的警察和司法机构就对被告人对犯罪行为进行陈述的决定意志的自由有针对地产生了影响。合法强制手段的羁押被滥用于违反程序规则的目的。它对羁押人造成了刑事诉讼法所不能包容的，因此也是不允许的强制效果。"就此点，学界从不同角度提出了批评。⑥ 如 Roxin 就认为该案涉及的既不是非法强制，也

---

① Entscheidung BGHSt 29, 244.

② LG Hannover, StV 1986, 521.

③ BGHSt. 34, 362.

④ Seebode, JR 1988, 428.

⑤ Seebode, JR 1988, 428, Peters, Strafprozess, 335.

⑥ 某些学者认为联邦法院之所以会否定该案为第 136a 条中的"欺骗"，实际上是出于它对警察采用的卧底调查所可能产生的影响。因为现实中，警察很多时候在调查严重犯罪的时候，都会安排卧底。而在相关的司法判决中，联邦法院一贯承认卧底在打击严重犯罪中的合理性。该案中，如果联邦法院允许警察采用卧底方式，而这里一审法院将该案警察安排的卧底获得的嫌疑人供述认定为"欺骗"，那么就需要对整个通过卧底获得证据的合理性进行论证。对这个问题，联邦法院根本就不想沾染上。Fezer, JZ 1987, 847, Hammer, Zur Fern-wirkung von Beweisverwertungsverbot, JuS 1989, 448.

不是欺骗，因为"通过坐探的欺骗，嫌疑人并没有失去意志的自由。因为嫌疑人仍然具有保持沉默和交谈的自由。此外，判决中所谈到的强迫，笔者也不以为然。因为强制涉及的是合法方式的拘留，而不是供述"。[①] 学界和联邦法院对这里究竟存在第136a条禁止的何种讯问方法的分歧，再次清楚表明了在适用第136a条时，对法律列举的各个具体讯问方法的确定并非易事。

对该案中间接证据可使用性的问题，联邦法院得出了和一审法院不同的结论，其肯定了这里间接证据的可使用性。理由如下："对程序违反的一个广泛的远距效力（Fernwirkung），并未得到认可。如联邦法院多次所言，不允许一个致使证据使用禁止的程序瑕疵，立即就造成整个刑事诉讼程序的瘫痪。因此证人在审判中，在其自由意志没有受到侵害下的证言，是能作为证据使用的，就算他是在采用了非法方法而获得的嫌疑人的供述下被查找到的。对程序瑕疵效果的这种限制，对有效打击犯罪是必要的，因为人们根本无法确定警察在没有违反程序的情况下是否能发现该证人。"联邦法院在认可此案间接证据可使用性的核心理由中，并没有指出地方法院不应以联邦法院在其他类似情况的判决中所采用的权衡说为参考。这也就意味着，联邦法院原则上对权衡说的适用是无异议的。在这个大的出发点下，联邦法院是承认存在不得使用间接证据的情况的。然而在此案中，证据使用禁止的远距效力还不能达到另外一个嫌疑人的法庭供述上。联邦法院对这个间接证据可使用性的限制性解释，一方面采用了上面介绍的它在涉及《刑事诉讼程序法》第100a条的案件中提出的"并不允许一个程序性的错误而导致整个诉讼的瘫痪"，即刑事政策的打击犯罪的理由。另外一方面，也借鉴了前面介绍的德国学界的假设因果说，即如果就算没有采用非法证据收集的方法，也不能排除侦查机关同样可能通过合法手段获得相同的派生证据，那么此时就应肯定派生证据的可采性。

联邦法院对该案中间接证据可使用性的理由，几乎遭到了学界一致的反对。[②] 批评意见认为：①联邦法院给出的理由是一个刑事政策上的考虑，

---

① Roxin, Die Rechtssprechung des Bundesgerichtshofs zum Strafverfahrensrecht, in 40 Jahre Bundes-gerichtshof, 83.

② Roxin, Die Rechtssprechung des Bundesgerichtshofs zum Strafverfahrensrecht, in 40 Jahre Bundesgerichtshof, 83, Hammer, Zur Fernwirkung von Beweisverwertungsverboten – BGHSt 34, 362, JuS 1989, 448, 449.

如有效地打击犯罪、防止瘫痪司法程序，而不是一个教义学上的，至少是具有说服力的理由。[1] 要肯定间接证据的可使用性，仅有前者是根本不足够的。[2]在否定间接证据可使用性的情况下，究竟是否真的会导致法院所提到的司法程序的瘫痪？法院的肯定意见是缺少实证调查支持的，仅是一种毫无根据的推测，难有说服力。[3]对法院所采用的假设因果学说，学者们也提出了批评。如果将间接证据可使用性问题由法院事后对侦查机关是否能在采用合法方法下获得同样证据可能性的判断来决定，那么就很可能将对其的判断变成一种纯粹的"推测"。在进行这个推测的时候，德国的假设因果说并没有美国独立资源期待下进行判断时的严格要求，如"确定"或者"极其有可能"警察通过合法途径也能找到间接证据。德国法官在进行判断的时候，只要仅存在一种这样的可能，就能确定间接证据是可以使用的。法院缺少严格标准的判断，从《刑事诉讼法》第136a条对个人利益保护和法治国的角度来看，是极不恰当的。[2] 就算法院在间接证据可使用性问题上采用假设说，也必须发展出更为严格的判断标准，要以"极可能"而不是一般的"可能性"为条件。[3]

学界强烈的批评意见，对德国法院后来就第136a条间接证据可使用性的判决究竟是否产生一定的影响，以及法院对此问题的基本立场是否发生了根本的转变？下面就来看一下德国法院在2002年对Daschner案件中涉及此问题的判决。2002年发生在法兰克福的该案具有重要的意义，它引发了德国学界对法治国原则下《刑事诉讼法》第136a条界限问题的基本讨论。[4] 其所涉及的不仅有禁止讯问方法下间接证据可使用性的问题，而且还有在特殊情况下，是否应就第136a条规定的禁止采用的讯问方法相对化的问题。

B. Daschner 案

此案中，犯罪嫌疑人绑架一银行家的孩子，并向该家庭索要赎金。事实上，嫌疑人已经将被绑架的孩子杀害。警察在发现嫌疑人后，对其进行了多次讯问，要求其说出藏匿被绑架孩子的地点。面对警察的讯问，嫌疑

---

[1] Seebode, JR 1988, S. 430, 431.

[2] Harris, Strafverteidiger 1991, 322.

[3] Hammer, Zur Fernwirkung von Beweisverwertungsverbot, JuS 1989, 450.

[4] Gleiß, Löwe – Rosenberg StPO（26 Aufl.），§136a, Rn. 5.

人持沉默态度。在多次讯问无果的情况下，为了营救被绑架的孩子，警察对嫌疑人发出了口头威胁：如果他仍不说出被绑架孩子的所在地，将会对其实施刑讯（Folter）。听到这个威胁后，嫌疑人向警察承认他已经将孩子杀害，并说出了尸体所在地。按照犯罪嫌疑人的供述，警察找到了被劫持孩童的尸体。

这个案件中，警察对嫌疑人采取刑讯的口头威胁，构成了《刑事诉讼法》第136a条中规定的禁止采用的讯问方法——"威胁"是没有异议的。棘手的问题是，警察通过此供述而发现的其他证据，如被绑架孩子的尸检报告等，是否能作为证据使用。

法兰克福地区法院在2003年对此案的判决中，认定该案中通过第136a条禁止采用的讯问方法——"威胁"所收集到的间接证据是可以使用的。理由如下：对《刑事诉讼法》第136a条的违反，并不具有证据使用禁止的效力。法庭采用了学界以及司法判决中持有的这种理论（Löwe-Rosenberg，Rn. 66），根据此理论，需要在个案中进行权衡考察。特别需要考虑到的是，是否已有以特别严重的方式对法律规范的违反，即对基本权利规范的侵犯，以及这里也要以待查清的犯罪行为的严重性为基础。基于对被告人基本权利造成的侵犯——在这里的案件中是对身体的暴力威胁，和对嫌疑人谴责并待查清的犯罪行为——杀害孩子之间的权衡，如果因为被告人供述指出的证据，特别是发现被杀害的孩子和尸检结果，而禁止其使用（Unverwertbarkeit）并不恰当（unverhältnismäßig）。[①]

比较上个案件中，虽然从结果上联邦法院在此案中也肯定了在采用第136a条所禁止的讯问方法时间接证据的可使用性，但是，就其理由而言，两个判决却有着极大的不同。

上一个判决中，法官采用了在这之前违反《刑事诉讼程序法》第100a条进行电话窃听时间接证据可使用性的判决。虽然可以推断法院也采用了权衡说，然而判决书中并没有明确指出，法院再次以刑事政策的实用性为主要判决理由。在2002年本案中，法院则明确提出，权衡说为判断间接证据可使用性的基础。权衡说被提到明面，至少在判决书中，刑事政策实用性的考虑被置于暗处。刑事政策的需要虽然是权衡说中进行比较的一个内

---

① LG Frankfurt, StV 2003, 327.

容，却也仅仅如此，并没有像上一个判决那般，被提高到一个非常突出的
地位。在对间接证据可使用性所采用的权衡性进行考察时，法院在本案中
强调了其应是个案性的判断。这个判决在一定程度上扭转了上一个判决给
人带来的印象，即德国法院原则上承认《刑事诉讼法》第 136a 条中间接
证据的可使用性。2002 年的这个判决，可以被看成从上一个判决中"形式
上"采用权衡说，转变为"事实上"采用该学说。除明确权衡说的地位之
外，比较 1988 年的判决，这个判决并没有采用上一个判决中的假设因果
说。法院态度的转变，极有可能和学界对确定间接证据可使用性时采用假
设因果论的批评态度有关。

对于 2002 年的这个判决，学界一方面肯定了它比 1988 年那个判决的
进步之处；[①] 另外一方面，对其也存有质疑。其主要集中于在一般间接证
据可使用性上采用权衡说的合理性，以及在第 136a 条的情况下，是否应该
采用权衡说。从这样几个方面分析，在这两个问题上采用权衡说都是值得
商榷的。①不同的"权衡因素"是不是能够在一个层面上进行比较，令人
怀疑。比如对个人基本权利的保护和打击犯罪，这是不是具有可比性？
②这些拿来进行比较的权衡因素的本身缺少明确的内容。比如究竟什么是
涉及国家追诉利益的犯罪的"严重性"和被国家侵害的个人权利的"严重
性"。[②] 因此，事实上所谓的对不同权衡因素之间的比较取决于个案中法官
究竟更侧重刑事政策上的目的——打击犯罪，还是诉讼程序的公平性的目
的。这个判定是一个主观的判断。[③] 而这正是德国学界对作为中间学说的
权衡说的主要批评所在。"无论如何目前它因为缺少具体性的标准，而不
具有预见性，将会带来特别是第 136a 条所无法容忍的法律不确定性。"[④]
③从第 136a 条第 3 款规定的证据使用禁止的根本目的出发，认为应当原则
性地禁止此时间接证据的可使用性。因为，证据使用禁止的根本目的是强
化侦查人员和法官对该条第 1 款和第 2 款中被讯问人源自宪法的意志自由、
自主权诉讼程序规则的尊重。如果允许前者使用通过禁止采用的讯问方法

---

① Weigend, StV 2003, 439.
② Harris, Verwertungsverbot für mittelbar erlangte Beweismittel: Die Fernwirkungsdoktrin im der Re-
chtssprechung im deutschen und amerikanischen Recht, Strafverteidiger 1991, 319, Fn. 70, 321.
③ Weigend, StV 2003, 439, 440.
④ Seebode, JR 1988, S. 431.

获得的间接证据，无疑不仅实现这个目的将无从谈起，甚至还可能起到相反的作用。① 此外，在判决中法院采用了学界所持有的权衡说。然而，就算学界中赞成权衡说的学者们，在第 136a 条的情况下也对其间接证据可使用性持一般性的否定态度。②

（2）对两个判决的简评

在采用了第 136a 条禁止的讯问方法的情况下，收集到的间接证据究竟是否能够使用？究竟是该采用权衡说还是应以该条第 3 款中证据禁止使用的规范目的为基础否定这时证据的可采性？这并不是第 136a 条的问题，而是"一个一般性的证据禁止的问题"。③ 如何从体系上解决这个问题，仍是德国学界未来面临的一大难题。抛开对此问题的肯定和否定的意见争论，值得注意的是，上面所阐述的关于第 136a 条相关间接证据可使用性的两个判决和学界就此的态度，展现了司法实践者和学者们在此问题上的截然不同的态度。当前者再次强调权衡说的时候，后者却普遍地坚持不得采用禁止讯问方法下的间接证据。他们的不同态度，一方面受制于其各自的任务。司法者身肩贯彻国家刑事追究利益的重任，更直接地面对有效打击犯罪、保护公共利益的任务。这种来自实践的现实性压力对法学家们来说并不存在，他们考虑时更多的是从法律整个体系出发，并旨在实现体系的和谐性。另一方面，司法者对权衡说的青睐其实并不让人吃惊。无论是在上面就证据的禁止使用、一般派生证据的可采性的不同判决中，还是在这里就第 136a 条派生证据可采性的两个判决中，都能清楚地看到，这个学说对于法官们的判决提供的裁量空间是非常宽泛的。这个具有多功能的"整体权衡"，可以让法官个人所希望的任何判决结果都具有合理性。简言之，它对法官的判决只有程度很小的、内容上的约束，它给法官提供了一个极大的决定自由。在法官的眼中，这正是该学说最大的优点。而在该学说的批评者眼中，这也恰是其最大的弱点。④

---

① Weigend, StV 2003, 440, Grünwald, Das Beweisrecht, 158.
② Weigend, StV 2003, 440, Grünwald, Das Beweisrecht, 158.
③ Gleiß, Löwe – Rosenberg StPO（26 Aufl.），§136a, Rn. 76.
④ Weigend, StV 2003, 439.

三 另一种借鉴可能性

德国当前司法界在采用禁止讯问方法收集间接证据可使用性的问题上所采用的权衡说，为中国的司法者提供了在美国证据法的"毒树之果"理论之外的另一种借鉴可能。它的优势是明显的，不同于美国此原则偏颇一方地保护个人利益。权衡说在保护个人权利和打击犯罪之间，能让法官对这两种利益进行一种灵活的判决，并在具体个案中最佳地实现对这两种利益的兼顾。尽管如此，笔者却认为，至少在我国《刑事诉讼法》第54条第1款非法口供排除下，并不能采用德国司法界所采用的权衡说，而应当原则性地否定间接证据的可使用性。这主要是基于上面曾经介绍的德国和中国目前在适用禁止讯问方法时所处的不同背景。德国司法实践中，极少有刑讯逼供的案件，因此，司法界现在对第136a条采用禁止讯问方法收集的间接证据可使用性的权衡说，实际上适用的是酷刑之外的禁止讯问方法。如果真的出现了讯问中的"酷刑"方法，那么几乎没有疑问的是，无论德国司法界还是学界都会否定此时采用权衡说肯定间接证据的可使用性，而会一致认为"刑讯逼供下获得的供述，都是具有远距效力的"。[1] 中国现在面临着禁止采用刑讯逼供的急迫任务。如果基于有效打击犯罪的主要考虑，中国的司法解释以牺牲所应保护的个人基本权利的范围为代价，将"刑讯逼供等非法方法"的范围局限在"酷刑"领域，那么至少当前在这个狭窄的领域中，应该彻底地实现非法口供排除规则的目的。因为如果允许使用在刑讯逼供情况下取得的间接证据，就无疑间接鼓励警察为了收集到嫌疑人的供述、查清案件真相而采用刑讯逼供的方法。德国刑法学家魏根特（Weigend）对德国法院就 Daschner 案的判决曾评议道：这里法院遗憾地仅仅跨出了走向法治国的半步。[2] 对于中国司法者而言，也许现在更为重要的是真正地下定决心，迈出走向法治国方向的这半步。

---

[1] Gleiß, Löwe – Rosenberg StPO (26 Aufl.), §136a, Rn. 76.

[2] Weigend, StV 2003, 441.

Discussion on the Exclusion of Confession
by Illegal Means in China and Germany

Liu Jiaru

Abstract：The 2012 reform of the Chinese Criminal Procedure Law brought some important changes. For example, the exclusionary rules were added to the law. The protection of individual rights was improved. But the new rules suffer from some shortcomings. There are two problems that were left open by the new article 54 （1）. First, the exclusion of confessions extorted from the suspect or accused by torture or "other illegal means" is too wide. Second, this article does not directly answer the question of whether and to what extent the exclusionary rule will apply to derivative evidence, for instance, the evidence indirectly obtained in violation of fundamental rights （ "fruits of the poisonous tree"）. The new judicial interpretation narrows down the wide scope of the article 54 （1）. But how to carry out the new interpretation is still a great challenge for the judges in China, as well as the extent of the exclusionary rule. Maybe relevant experience in Germany might serve as a great source of inspiration for China. The exclusion of confession by torture and other means will also be found in German Criminal Procedure Law. The article 136 has a more than 50 years history in Germany. Together with the scholars, the german judges have developed some principles to carry out this article in practice. A comparative sight is therefore necessary.

Keywords：Chinese Crimind Procedure Law （Article 54）; the German Criminal Procedure Law （Article 136a）; Exclusion of Evidence Obtained By Torture and Other Illegal Means; Fruits of the Poisonous Tree

突出的程序问题：国外取证——欧洲的方式[*]

〔瑞士〕 萨比娜·格雷斯[**] 著   周维明[***] 译

一 绪论

《联合国打击跨国有组织犯罪公约》（*UN Convention Against Transna-tional Organized Crime*）（下文简称为《联合国公约》，UN Conv）的目标在于，更有效地促进打击和预防有组织犯罪的合作。[①] 因此，该公约特别重视双边司法互助的制度框架——这一框架的内容之一就是为跨国取证提供法律基础。[②] 《联合国公约》第 18 条规定了所谓的 "小的法律互助"（kleine Rechtshilfe or little legal assistance）。该条有 6 页之多，真可谓创纪录的长度（唯一能勉强与之相提并论的是《联合国公约》的第 16 条，此条是有关引渡的规定，只有 2 页）。姑且不考虑该条文内容的复杂程度，单从该条文的长度来看，很明显，如此卷帙浩繁的规定说明在双边司法互助的领域中困难重重。问题究竟出在哪里呢？

二 国外取证的传统方式

（一）冗长的程序

国际证据交换在传统上依赖于通过政府或外交渠道所进行的调查委托

---

[*] „The Prominent Procedural Issues: Obtaining Evidence Abroad – a European Approach ", in Hans-Joeg Albrecht Cyrille Fijnaut（Hrsg.），*The Containment of Transnational Organized Crime*, *Comments on the UN Convention of December 2000*, 2002, S. 133 – 143.

[**] 〔瑞士〕萨比娜·格雷斯（Sabine Gless），瑞士巴塞尔大学法学院刑法学和刑事诉讼法学教席教授。

[***] 周维明，中国社会科学院研究生院刑法学专业博士研究生。

[①] Art. 1 and 18 (1) UN – Conv.

[②] Art. 18 (3) UN – Conv.

书的交换。根据这些规则，对证据的请求，如询问证人获取证言，应当经请求国的有监督权的国家法院认证。随后，这一请求应当送交外交部，再由外交部转交被请求国的使馆。使馆再将这一请求送交本国的外交部，再由外交部送交适当的法院以获取许可和执行令。①

被请求国的有关部门会将这一请求送交给最终执行这一请求的部门，该部门会按照本国的法律询问证人，然后将证言送交上级部门，再由该部门转交给请求国的主管部门。②

由此可见，双边司法互助的传统程序实在是过于冗长烦琐。

但是，在欧洲，这一程序因为欧洲理事会于 1959 年通过的《欧洲刑事司法互助公约》（European Convention on Mutual Assistance in Criminal Matters）③ 而变得简易了。该公约在第 15 条规定，调查委托书应当在司法部之间交换，而且在紧急情况下，请求缔约国的司法机关可以直接将其送交被请求缔约国的司法机关。④ 申根国家甚至允许所有缔约国的有关机关将诉讼文件直接邮寄送达给居住在另一缔约国境内的个人，⑤ 由此提供了直接传唤证人的可能（证人来不来则是另外一回事）。⑥

对欧洲的法律框架的概览说明，欧洲国家间的合作已经非常发达，与此同时，《联合国公约》却致力于在一个更大的框架内建构能将所有尚未缔结双边司法互助条约的国家加以联结的网络。一般说来，《联合国公约》的第 18 条第 13 款赋予缔约国这样的义务：它必须指定某有权的中央机关负责接收双边司法互助请求并加以执行或送交适当的机关执行。这一制度与"旧式的"传统程序规则相比有很大的进步。

（二）传统的限制性条款

除了冗长烦琐以外，双边司法互助还会面临很多实质性的反对理由，

① Jones on Extradition and Mutual Assistance（London 2001），18 - 002.
② See e. g. : McLean, International Judicial Assistance（Oxford 1992），242ff.
③ ETS/STE no. 30（at www. coe. fr）.
④ See Pradel/Corslens. Droit Penal Européen（Paris 1999），nos. 156ff.
⑤ Art. 52 Schengen implementing Convention（Official Journal［EC］No. L 239 of 22. 9. 2000，19）. For further information see Schomburg, European Journal of Crime, Criminal Law and Criminal Justice（2000），52ff.
⑥ 根据《申根执行公约》第 52 条第 3 款，对虽受传唤但未至的证人一般不得科以刑罚或强制措施。

以下是数例。

根据双重犯罪原则，对在请求国或被请求国中有一国不构成犯罪的行为，均不得出于起诉或侦查的目的获取证据。[1]

政治犯罪排外原则是指对被认为在本质上属政治性的犯罪，既不得给予司法互助也不得下令引渡。[2]

根据罪名特定原则，证据只有在得到被请求国同意的情况下方可被使用。[3]

禁止双重危险或一事不再理原则，确保个人不因同一犯罪而再度受审。[4]

《联合国公约》基本没有[5]触及这些限制性条款。[6] 就禁止双重危险而言，这一决定当然是正确的，但如果考虑到其他的实质性反对理由，那就显得问题很多了。

《联合国公约》仅对在财政事项[7]和银行保密[8]方面的限制性条款做了明确的限定。

（三）国外取证的管理与评价

通过国际合作搜集证据，也是颇为重要的问题，这样的合作经常会在后续的审判中产生与本国的证据认可或评价规则不一致的结果。这些难题已经在证据的最基本形式，比如在证人证言或被告人供述中出现了。

1. 传闻证据规则

在普通法适用的地区，导致这些问题的主要原则就是"传闻证据规则"。[9] 这一规则主张在有争议的案件中，只有证人当庭以口头形式做出的

---

[1] Lagoclny/Schomburg, European Journal of Crime, Criminal Law and Criminal Justice (1994), 387.

[2] Pradel/Corslens. Droit Penal Européen (Paris 1999), nos. 100ff.

[3] Lagoclny/Schomburg, European Journal of Crime, Criminal Law and Criminal Justice (1994), 389f.

[4] Pradel/Corslens. Droit Penal Européen (Paris 1999), nos. 50ff.

[5] 例如，就双重犯罪原则，《联合国公约》第18条第9款规定被请求国"可在其认为适当时在其斟酌决定的范围内提供协助，而不论该行为按被请求缔约国本国法律是否构成犯罪"。

[6] See Art. 8 (9), (19) and (21) UN－Conv.

[7] Art. 18 (22) UN－Conv.

[8] Art. 18 (8) UN－Conv.

[9] 欲了解关于传闻证据规则的更多信息，see Walker/Ward, English Legal System, 7ed. (London a. o. 1994), 617f. Walker/Ward, English Legal System, 7ed. (London a. o. 1994), 617f.

陈述才可被采纳为证据，[①] 当跨国取证碰到这一规则时就会产生很大的问题。某个证人，不论其是在国内还是国外，在侦查过程之前向有关部门做出的证言，就会被当作传闻证据而且原则上必须基于此理由而被排除。[②] 在询问时是否遵循了正式程序在所不问，也不管这证言是否对请求委托书的回应。引入在国外询问证人所得的证言的唯一途径就是通过立法规定例外情况，而这一做法存在于所有的欧洲普通法国家中。[③]

2. 裁判地原则（forum regit actum）

在大陆法系适用地区，对跨国获得的证据的认可与评价在碰到裁判地原则时又会产生问题。[④] 根据这一规则——《联合国公约》也以此为基本规则——每个国家将根据本国的程序规则来执行外国对证据的请求。只有（在国际条约中或根据个别情况而做出许可）[⑤] 在有明确规定的情况下，被请求国才可遵循请求国的法律（也要服从其公共秩序）。[⑥] 因此，跨国取证一般都必须遵循被请求国的程序。这些规则往往与试图运用证据来决定刑事指控的法院的程序性规则和要求不符，以下案例就是一个例子。

德国执法机关正在对居住在德国帕绍，被指控犯下敲诈勒索罪的S进行侦查。他们需要居住在奥地利林茨的被害人——商店店主D的证词。德国检察官向奥地利的有关部门送交了调查委托书，要求询问D。侦查法官根据奥地利法律询问了D。[⑦] 他既未告知被告人也未告知其律师这一询问的情况，结果在询问中D指认S为犯罪人。

---

① 欲了解更多信息，see Andrews & Hirst, On Criminal Evidence, 3cd. （London 1997）, nos. 17 – 001ff.

② See Zuckerman, Principles of Criminal Evidence （Oxford 1989）, 179f.

③ See e. g. for England: Art. 23 of the Criminal Justice Act 1988. For further infonnation on „ reliable documentary evidence ": Choo, Hearsay and Confrontation in Criminal Trials （Oxford 1996）, 144ff.

④ McLean, International Judicial Assistance （Oxford 1992）, 131; Regarding the position of the individual: Ganel Mackarel, European Journal of Crime, Criminal Law and Criminal Justice 1996, 105ff.

⑤ 很多有关双边互助的协议对请求国做出了诸多规定，以概括其所必须遵循的程序。例如，Netherlands – United States Treaty on Mutual Legal Assistance in Criminal Matters, 21 J. L. M. （1982）48, Art. 12 （2）.

⑥ 但是，《联合国公约》第18条第17款允许在程序在请求中列明而且不违反被请求国本国法律的情况下，根据请求国的法律执行调查委托书。

⑦ See §162 （1）Austrian Criminal Procedure Code （Strafprozeßordnung）.

如果这一询问发生在帕绍，那么德国法官就会根据法律通知 D 或他的律师。① 既然没有通知辩方，那么该证言原则上就不能随后被提交给法庭。②

奥地利方面的笔录能否作为证据提交给德国法院？若就好像什么违规的事都没发生一样，那么这看起来对被告人很不公平，因为他终极性地失去了与证人对质的权利。那能否以违反德国的程序规则为由将其排除呢？鉴于参与国都接受了行为依行为地法（locus regit actum）的规则，这一做法也几乎不具备可行性。

（1）德国方式

总的来说，德国解决这一问题的方式与其他大陆法系国家的方式相似。

尽管德国《刑事诉讼法》规定了证据的收集与证据形式，但是对证据的评价却未做规定。③

德国法官在收到一份违反德国关于证据搜查与管理规则的跨国获取证据时，可以在评价证据时"修正"因违规取证所带来的损害：一般说来他可以赋予这份证据"较低的证据价值"。④ 但是，他仍然可以基于这份证据做出有罪判决。这一规则也受制于很多例外。这些例外包括：①公共秩序的限制性条款，即必须满足正当程序的基本要求；⑤ ②也要考虑规制法院行为的诸准则，例如，当法院肆意利用国际合作来规避辩护权时，证据就应当被排除。⑥

在我们所举的例子中，德国法官可以采纳证人的证言，尽管其是在未

---

① § 168 c (5) German Criminal Procedure Code (Strafprozeßordnung).

② Kleinknecht/Meyer – Goßner, Strafprozeßordnung, 45ed, (München 2001) § 168c no. 6.

③ § 261 German Criminal Procedure Code (Strafprozeßordnung). For France see Art. 353 French Criminal Procedure Code (Code de Procédure Pénal); RassaL Traite de procédure pénale (Paris 2001). no. 221.

④ Entscheidungssammlung des Bundesgerichtshofes in Strafsachen Bd. 2, 300, 304; Bundesgerichtshof in Goltdammer's Archiv 1976, 218 (219); Wohlers, Anmerkung zu BGH NStZ 1994, 595. in [1995] Neue Zeitschrift für Strafrecht, 46.

⑤ Bundesgerichtshof in: [1982] Strafverteidiger, 153 (154); Bundesgerichtshof in: [1983] Neue Zeitschrift für Strafrecht, 181.

⑥ Bundesgerichtshof in [1988] Neue Zeitschrift für Strafrecht, 563; Alsberg/Nüse/Meyer. Der Beweisantrag im Strafprozeß. 4ed. (Köln 1978), 268; Rose, Anmerkung zu BGH NStZ 1996, 609f, [1998] Neue Zeitschrift für Strafrecht, 156.

通知辩方的情况下取得的。但法官不能将笔录作为适当的证言，该笔录虽由法官取得，但属于在侦查过程中提交给警方或检方的证言。

（2）德国方式的合法性

这一方式剥夺了被告人与证人质证的唯一机会，因此不可能让被告人满意。① 基于以下两点原因，它也不可能让其他人满意。

第一，既然没有针对证据评价的严格规则，那么依赖于法官赋予某份证据"较低的证据价值"这一事实的方式也就不可接受了，因为法官的裁决不可被重新检证。他对某人的有罪判决很可能仅仅是基于某份具有较低的证据价值的证据。

第二，这一方式基于这样的假设之上：设立国际合作制度是跨国取证的唯一途径，因此，这一制度很可能使得法律实施的利益凌驾于对程序规则的违反（例如，对辩护权的妨害）之上。因此，这一方式就依赖于法律实施的利益与程序性要求的客观平衡。这似乎是一种"客观水平"上的平衡。当法律实施的利益与程序性要求相互检证时，这种方式的内在不一致性就显露无遗。下面就是一个很好的例子。

德国执法机关仍然在侦查 S 的敲诈勒索罪。现在他们需要另一位受害人——商店店主 M 的证言。M 既在林茨又在帕绍居住。M 在与德国执法机关首次会面时表示如果 S 或 S 的律师在场，他就拒绝提供证言。为了能询问 M，德国检察官向奥地利的有关部门送交了调查委托书，要求在林茨对 M 进行询问。侦查法官根据奥地利法律进行了询问。询问时既未告知被告人也没告知其律师这一询问的情况，结果在询问中 M 指认 S 为犯罪人。

德国法官该如何处理这一证言呢？

在本案中，问题在于，一国能否出于侦查甚或实施某些本国法所不允许的措施的目的，请求他国的司法互助，② 以肆意规避其本国法的要求？

如果被告人因其权利受限而提出反对意见，法院能否以在双边司法互助中适用被请求国的取证规则为由而驳回呢？将另一种诉讼程序掺和进去以便取长补短，是否不正当呢？如果是，那么何时才是不正当的呢？

---

① 欲了解关于质证权的更多信息，see Chon, Hearsay and Confrontation in Criminal Trials (Oxford 1996), 186f.

② 更多的讨论参见 Wyngaert, Belgium, in: 65 (1992) RIDP, 187 (197)。

如前所示，与一般性原则相反，在我们的例子中该证据根据德国法将会被排除，因为法院肆意利用国际合作以规避辩护权。

如果行为依行为地法这一逻辑足以取消某些辩护权（在客观方面凌驾于这些权利之上），那么，为什么执法机关会有打破这一平衡的动机呢？

因此，德国的方式（与其他大陆法系国家的方式相似）就刑事诉讼程序中的不同利益而言，既不自洽也非公正的解决方案。但是它似乎是摆脱行为依行为地法原则的唯一合理途径，而这一原则仍然是《联合国公约》的原则。根据这一原则，请求国的法律只有在针对特定请求时方可适用。

但是，仍然有其他的途径。根据 2001 年 5 月 29 日的新《欧盟公约》，[①] 双边司法互助的请求在执行时应当尽最大可能去符合请求国明确加以表示的手续与程序：[②] 在奥地利进行的证人询问——出于执行德国的调查委托书的目的——应当遵循德国的刑事诉讼程序规则。被请求国只有在这些手续与程序违反法律的基本原则的情况下，方可拒绝适用。

三　通过视频会议听证

《联合国公约》（以及《欧盟公约》[③]）在探寻更有效率的跨国取证方式。两者都规定了通过视频会议听证的方式。[④]

（一）通过视频会议听证

如果某个居住在缔约国境内的个人，要在另一缔约国执行的程序中作为证人参加听证，而他又不能亲自到场，就可以适用通过视频会议听证的方式。被请求国在这一程序违反其基本原则或缺乏技术手段时，可以拒绝设置与证人相连接的视频直播。

因此，被请求国的司法机关可以因为听证而传唤有关人员，并在询问时在场以确认证人的身份以及听证程序是否遵循了被请求国的法律。如果国家之间相互同意的话，请求国的主管机关，即做出裁决的法官或法院，

---

① Official Journal (EC) No. C 197 of 12. 7. 2000, 1.
② See Art. 4 of the EU – Convention of 29. 5. 2000.
③ Official Journal (EC) No. C 197 of 12. 7. 2000, 1.
④ Art. 18 (18) UN – Conv. ; Art. 10 EU – Convention.

可以直接根据其本国法进行询问。

与《欧盟公约》不同，《联合国公约》未对此程序做出进一步规定。因此，它对以下的关键性问题存而不论：参加听证的个人能否要求拒绝作证权，而这一权利无论是根据请求国、被请求国还是两国的法律，都是他或她应该享有的呢？或者是否有针对"污点证人"的规则呢？

视频听证是双边互助的一大进步：①它通过诸如摆脱行为依行为地法原则制约的方式，避免了传统的跨国取证所面临的麻烦；②通过诸如允许交叉盘问（尽管受到限制）这样的方式强化了证人证言的合法性。

（二）法律的基本原则

除了视频会议的基本问题之外，还产生了很多新问题。

根据《联合国公约》，视频听证的请求只有在符合被请求国的本国法的基本原则时，方可得到执行。

在不同的法域中确定"法律的基本原则"的含义的艰巨性，在以下案例中显露无遗。

B 和 C 被怀疑往欧盟国家走私军火。B 在莱斯特、C 在弗赖堡被起诉。在法庭上，B 被询问是否愿意作证，这就动摇了英国法所规定的不得自证其罪的特权保护，让 B 在自己的案件中充当证人。① 如果他选择在英国作证，一旦他撒谎就会面临妨碍司法的指控。② B 选择了沉默。C 在弗赖堡也被询问是否愿意供述事件的经过。根据德国对不得自证其罪的特权保护的理解，C 甚至可以在法庭上撒谎。③ 根据 C 的供述，B 是主谋，而 C 自己不过是个帮助犯。在这两桩诉讼程序尚未终结时，这两个被告人将会被通过视频连接分别加以讯问，以获得各自的审判所需的信息。

这样的听证程序是否已经违反了相应的刑事司法体系的基本原则？或者，这种情况该如何处理方能确保相应的刑事司法体系的基本原则不被违反？

第一个需要确定的问题是：这两个被告人是作为证人还是同案被告人被讯

---

① Andrews & Hirst, On Criminal Evidence, 3 ed. (London 1997), no. 8 – 020.

② Blackstone's Criminal Practice 2000 (10ed. London 2000), B. 14. 1/14. 9/14. 17.

③ Entscheidungen des Bundesgerichtshofes in Strafsachen vol. 3, 152 and vol. 27, 379; Kleinknecht/Meyer – Goßner, Strafprozeßordnung, 45 ed. (München 2001), § 136 no. 18.

问？对这一问题的回答将会决定在各个法域中都存在的被告人的责任与特权，尤其是不得自证其罪的特权。

从形式上来说，B 和 C 不会在同一审判程序中受审。因此，他们不是同案被告人，但都是各自的案件的证人。

但是，英国有在诉讼程序尚未终结期间不得出于起诉的目的强迫共犯相互针对对方作证的规则。[①] 如果 B 和 C 被强迫相互针对对方作证的话，是否违反了英国法的基本原则？

在德国，判例法[②]一般允许采纳"共同嫌疑人"作为证人所提供的证言，只要其是在分开的另一审判程序中提供的即可。[③] 但是有学者认为这一做法剥夺了共同被告人不得自证其罪的特权，因此不符合公正的刑事司法体系的要求。[④]

深入研究这样一种视频会议的细节会发现更多的问题："证人"应当受到怎样的对待？与英国法不同，德国法从宣誓这一方面来考虑"污点证人"的特殊情况，即"污点证人"不得宣誓作证。[⑤] 若 C 被强迫宣誓作证并面临伪证罪的指控，是否违反了德国法律的基本原则？

《联合国公约》对这些问题未做出任何回答。

四　结论

《联合国公约》是否通过第18条，达到了更有效地促进打击和预防有组织犯罪的合作的目的？

它这样做，靠的是向那些至今尚未在此领域实现合作的国家提供双边司法互助的最低标准。在这样做时，《联合国公约》主要依靠双边互助的传统方式。总的来说，它并未消除传统的双边互助所固有的各种实质的和程序性的双边互助障碍。因此，从欧洲的视角来看，《联合国公约》算不

---

① Andrews & Hirst, On Criminal Evidence, 3ed. (London 1997), no. 12 - 014.

② 在德国没有英美法意义上的判例法，因为，这些判例对于法官判决具体的案件没有约束力。

③ Entscheidungen des Bundesgerichtshofes in Strafsachen, vol, 34, 44.

④ Roxin, Strafverfahrensrecht, 24ed. (München 1995) § 26 Rn, 5 - 7 m. w. N.

⑤ See § 60 no. 2 German Criminal Procedure Code (Sirafprozeßordnung).

上真正的进步。在欧盟国家之间，有关双边司法互助的欧盟法（Acquis）将会大行其道，因为《联合国公约》并没有影响双边司法互助领域中的更密切关系。①

但是，它通过对国外证人进行视频听证的可能性为简短程序和跨国取得的证言证据的质量的改进敞开了大门。对因法律建构和《联合国公约》的起草者而产生的各式各样的问题提出一揽子解决方案，可能显得要求过高了。由相应的法律体系对这些证据评价中的问题各自提供相应的解决方案，则显得更为合理。

---

① See Art. 18（6）and（7）UN – Conv.

犯罪学

为什么死刑在消失?[*]

〔美〕戴维·嘎兰德^{**}著　樊　文^{***}译

　　"（1）Auto da fe（对异教徒之火刑）；（2）Beating with clubs（杖杀刑）；
（3）Beheading：Decapitation（断头台/铡刑）；（4）Blowing from cannon（坐炮
刑）；（5）Boiling（下汤锅）；（6）Breaking on the wheel（断骨轮刑）；
（7）Burning（火刑/点天灯）；（8）Burying alive（活埋）；（9）Crucifixion（十
字架刑）；（10）Decimation（十一抽杀）；（11）Dichotomy（两分解刑）；
（12）Dismemberment（肢解）；（13）Drowning（溺刑）；（14）Exposure to
wild beasts etc（喂兽刑）；（15）Flaying alive（活剥）；（16）Flogging：
knout（笞刑）；（17）Garrote（螺环绞刑）；（18）Guillotine（断头台、铡
刀）；（19）Hanging（绞刑）；（20）Hari kari（切腹自尽）；（21）Impale-
ment（木桩刺刑）；（22）Iron maiden（铁处女）；（23）Peine Forte et Dure
（挤压刑）；（24）Poisoning（毒死）；　（25）Pounding in mortar（臼捣）；
（26）Precipitation（坠落刑）；（27）Pressing to death（压死）；（28）Rack
（拷刑架）；（29）Running the gauntlet（夹道鞭刑：受罚者从两排兵士中间
跑过，有士兵用棍棒等将其打死）；(30) Shooting（枪杀）；（31）Stabbing（刺
死）；（32）Stoning（石刑）；（33）Strangling（扼杀、绞杀）；（34）Suffocation
（窒息闷死）。"^④

---

　　*　"Why the Death Penalty is Disappearing", in Lill Scherdin, eds, Capital Punishment——A
　　　　Hazard to a Sustainable Criminal Justice System?, 2014, pp.77 – 90. 译者翻译本文也参考了
　　　　2014 年作者在荷兰的演讲稿：Whatever Happened to the Death Penalty?
　　**　〔美〕戴维·嘎兰德（David Garland），美国纽约州立大学 Arthur T. Vanderbilt 讲座法学教
　　　　授和社会学教授，著名犯罪学家。
　***　樊文，中国社会科学院法学研究所副研究员，中国社会科学院国际法研究所国际刑法研
　　　　究中心主任。
　　④　New York State Commission to Investigate and Report the Most Humane and Practical Methods of
　　　　Carrying into Effect the Sentence of Death, 1888.

一 导论

这是纽约州的一个委员会于 1888 年收集的死刑执行方法的清单。该委员会曾负责查寻执行生效死刑判决的最为人道和实用的方法。这个委员会和纽约州，甚至在历史记录中引入了一种新的死刑执行方式——电椅，这种执行方式 1890 年 8 月 6 日第一次使用于奥本 （Auburn） 监狱。①

这个清单这么长，有其原因。人类历史上已知的绝大多数社会都实行过极刑。或许有人会说，直到晚近，它一直都是历史的常态，是一种文化的普遍性。但是，在现代自由民主体制中，像荷兰、挪威，已不再有死刑。

这个转变尽管是引人注目的，但是，我们确实几乎没有对它进行深入的思考。死刑曾经是每个民族国家统治权力的基本粒子。而如今，这种实践被广泛地认为是对人权可耻的侵犯，并在绝大多数的西方世界受到了普遍禁止。那么，究竟发生了什么？

这个问题的答案绝不简单。西方的趋势也有例外——美国最引人注目，而且西方世界之外，死刑仍然存活而且还活得挺好，尤其是在中东和亚洲。即使在西方，历史变化的方向也不总是一致的。但是，我们可以粗线条地素描变化的全部弧线，并追寻引起这种显著发展的社会原因。

在现代之前的时期，1400 年和 1700 年之间，新出现的国家使用死刑并在建立国家的过程中给予它核心角色。精心组织的公共庆典，使人毛骨悚然的执行技巧，以及仪式庄严的宣判，这么多处决的方式，伴随的是保留给冒犯君主的犯罪②和挑战国家的犯罪的最凶残的处罚。③

国家形成的决定性因素是初生的政治权威对他们现如今声称属于自己的主权领域运用垄断权力。实施主权统治的历史斗争给了极刑以新的

---

① S. Banner, *The Death Penalty*: *An American History* （Cambridge: Harvard University Press, 2003）.

② lese majesty: 大逆不道之罪、欺君之罪、叛逆罪、大不敬罪和离经叛道罪。

③ J. Sharpe, *Judicial Punishment in England* （London: Faber and Faber, 1990）; R. van Dulmen, *Theatre of Horror*: *Crime and Punishment in Early Modern Germany* （Oxford: Polity, 1999）; M. Merback, *The Thief, the Cross and the Wheel*: *Pain and the Spectacle of Punishment in Medieval and Renaissance Europe* （Chicago: University of Chicago Press, 1999）.

突出性和强度。国家出现之前，不用精心安排典礼就已经开始执行死刑。讨论来自德国中世纪晚期的证据时，伊万斯（Evans）说，"14 世纪和15 世纪的处决插图表明，它们是率性而没有仪式的事情。少数几个人随意闲适地站在周围，绞刑刽子手在做着自己的事"。相似的情形也发生在英格兰，夏珀（Sharpe）写道："只有很少的证据证明，在中世纪晚期，重罪的处决伴有几个精心安排的仪式"。欧特拜恩（Otterbein）的人种调查也认为，国家出现之前的社会，绝大多数都是秘密地或者不事宣扬地执行处决。①

主权国家的出现，在多个方面改变了这些古老的执行实践。处以死刑成了国家的特权，国家宣示其对于合法暴力的垄断，并且禁止私人（族间或者血亲间的）仇杀和复仇的传统实践。开始在皇家法院的主持下科处和执行死刑，给予了更大程度的规则之治的形式性和法律上的合理性。当新的国家寻求运用震慑策略给大众以深刻印象，并使敌人的心中感到恐惧时，这些刑罚的执行就变得更加公开，更加精心于仪式和更加暴力。② 虽然，有时我们把残忍的刑罚描述成"中世纪的"刑罚，而事实上，正是中世纪晚期和现代之前期独裁专制国家的出现，使得这些事情转变成了精心安排的遭受痛苦的盛大场面和景观。并不是欧洲中世纪的领主，而是代替他们的专制政体的统治者，给了极刑以最大程度的残酷、强度和展示。

到了 19 世纪中期，随着国家日渐稳固和理性，极刑的主要目的发生改变，以至于曾经是统治的手段、国家安全的基本手段的极刑，变成了刑罚政策的一个工具，集中于更为狭隘的目标——实现正义和控制犯罪。③

当其功能发生改变，其形式也发生了变化。死刑开始被格式化为一种刑罚，而不再是一种政治的奇特景观。其焦点开始集中于刑事罪犯而不再

---

① R. Evans, *Rituals of Retribution*: *Capital Punishment in Germany 1600 – 1987* (Oxford: Oxford University Press, 1996), p. 50; J. Sharpe, *Judicial Punishment in England* (London: Faber and Faber, 1990), p. 31; K. F. Otterbein, "The Ultimate Coercive Sanction: A Cross – Cultural Study of Capital Punishment", *American Ethnologist* 15 (4): 818 – 19, 1988.

② K. Royer, "The Body in Parts: Reading the Execution in Late Medieval England", *Historical Reflections/Réflexions Historiques* 29 (2003): 323.

③ R. Evans, *Rituals of Retribution*: *Capital Punishment in Germany 1600 – 1987* (Oxford: Oxford University Press, 1996).

是政治罪犯。其执行开始更多地表现为立即执行，执行场所不再是城市广场的政治空间，而是监狱高墙之内。执行时，力争把身体的痛苦降到最低，而不是像以前一样让其痛苦最大化。[1]

20 世纪晚期，在现代民主福利国家，极刑不再是控制犯罪的关键措施，并且变得越来越罕见和富有争议。到 20 世纪末，除美国外，所有发达的西方国家和几个非西方国家，都废除了死刑。[2]

死刑的广泛适用在 20 世纪以前的西方和当今世界的许多地方，应该深深地震撼着我们。如果我们对由于其适用而产生的当代道德的良心不安和政治上的反对意见置之不论，就很容易看到死刑为什么已变得如此之重要。作为一种政治武器和一种刑罚工具，死刑有着不可抗拒的力量。置政敌、严重的罪犯和危险的人于死地，对于根绝这些个人表现出的威胁之权威来说，死刑是一种明摆着的有效的和有效率的途径。对违反法律者处以死刑，就是允许权威显示他们的权力，给观众以深刻印象的刺激，坚决有力地进行复仇，消除对公序良俗的侵染，恢复社会秩序，并给潜在的罪犯发出警告。

这种警示功效在当代仍然没有消失。如果立即予以适用，不断予以利用，并以一定程度必不可少的痛苦和公开性予以科处，死刑作为一种刑罚的和政治的工具，仍然保持着其大部分力量。

二 国家的特征和能力

怎样来解释极刑在西方的起起落落呢？我们可以在改变了西方社会国家特征的一系列社会转型中找到这种解释。

死刑时时处处都是国家权力的一种操练。极刑的适用和特征是，并且一直是，国家制度的结构和根据其对统治利益的直觉而行动的国家官员的决定所形成的。国家机构努力在其制度、其同盟者和其选民的三方利益中

---

[1] D. Garland, *Peculiar Institution：America's Death Penalty in an Age of Abolition*（Oxford：Oxford University Press, 2010），ch. 3.

[2] S. Banner, *The Death Penalty：An American History*（Cambridge：Harvard University Press, 2003）；R. Hood, and C. Hoyle, *The Death Penalty：A Worldwide Perspective*（Oxford：Oxford University Press, 2008）.

保持控制和调配权。在促进控制和调配目的中，死刑是一种被支配的多余的工具——或者根本就不是被支配的工具。当国家的性质和运作环境在不同的民族国家持续变化的时候，极刑也在发生变化。[①]

随着（法国 1789 年大革命之前的）旧制度的崩溃，一系列的政治和文化力量以此途径改变了西方社会的国家，这种途径给死刑造成了严重的后果。国家建立的进程扩大了政府的制度能力和国家机构运用社会的和刑罚的控制的能力。自由民主力量的斗争改变了国家的制度，产生了新的权力平衡，并且对国家政策施加了法律约束。体现文明而人道的感受力（感情）的文化实践的出现，软化了国家权力，建立了合法性的新标准并对暴力的运用设置了新的限制。[②]

大众民主、普遍公民权和福利国家的到来，改变了政府对于公民个人、选民的关系，并且把他或她的福利放在了政治考量的中心。

经过长期发展，在国家配置其权力的社会领域，持续进行着变革。整个西方，社会已经更为安定、更加有序、更加市场主导和更加个性化。所有这些进程都影响了死刑。[③]

国家之间的关系也影响到了死刑实践，尤其是在战争、帝国征服和非殖民地化（殖民地自治化）的形势下（几个南非国家废除了死刑以标志它们新建立的独立。其他国家，包括几个后殖民的加勒比海国家，坚持保留死刑，作为其主权独立自主的标志）。自 20 世纪末以来，欧洲委员会（欧洲理事会、欧洲议会）、欧盟和联合国对废除死刑施加了许多压力。[④]

国家的控制职责事事处处塑造了死刑。但是，这些职责的性质一直都在改变：从形成时期暴力的残忍主张，到国家权力一旦建立后，其适用受到更为严格的限制，再到死刑因在合法性和有效性问题上纠缠不清而日益减少。

---

① D. Garland, *Peculiar Institution：America's Death Penalty in an Age of Abolition*（Oxford：Oxford University Press, 2010），chs. 3 – 5.

② P. Spierenburg, *The Spectacle of Suffering：Executions and the Evolution of Repression*（Cambridge：Cambridge University Press, 1984）；P. Starr, *Freedom's Power：The True Force of Liberalism*（New York：Basic Books, 2007）；L. Hunt, *Inventing Human Rights：A History*（New York：Norton, 2007）.

③ C. Tilly, *Coercion，Capital and European States，AD 990 – 1992*（Cambridge：Blackwell, 1992）.

④ R. Hood, and C. Hoyle, *The Death Penalty：A Worldwide Perspective*（Oxford：Oxford University Press, 2008）.

稳定的官僚国家形成之时，由于受警察和监狱的刑事司法机器的支持，国家需要确保对暴力的垄断，并相当有效地控制人际暴力，因此制定了死刑。在当时规定死刑，并不成为问题，让死刑成为问题的是自由、民主和福利国家制度的发展，以及与此相关的文明的教化和人道主义，所有这些运作的目的是要限制国家暴力并用禁止和禁忌来围困它。①

长期以来，极刑被认为是治国安邦不可缺少的工具，也就意味着它曾免于批判性攻击：这种绝对必要的重要实践是几乎不可能被废除的。但是，死刑对于维持国家秩序曾经也变得无关紧要，死刑的政治学也发生了根本变革。我们可以把此刻上溯到 18 世纪，有力的反绞刑批判文章和现代的反死刑运动出现之时。而正是从一开始，那篇批判文章就既有实践的维度又有思想的维度。②

早期的现代权威运用处决表达国家权力。但是，自从他们不惜让国家权力和权威受到威胁开始，这种公共事件就给官员带来了危险。国家的这种盛典可能被刽子手的不熟练、被宣判的人的反抗，或者被搞破坏、不守规矩（无法无天）的一群人毁掉。这样，处决不但没能肯定国家主权，反倒可能损害了国家主权。处决的意义原本就是不稳定的，对于反抗和再度滥用（re-appropriation）则总是脆弱的。

国家官员一心想强化他们对于这些困难的事情的控制——最大限度地减少被破坏的机会，限制其他人员的影响，提出没有审判就可以执行的条款。而极刑的大部分历史可以做此理解。还要特别注意和考虑的是，比如说，公众接触处决的变化着的模式。到了 19 世纪的某个时刻，公开处决的成本开始超过由此而来的收益，国家权威就开始把绞刑架（断头台）挪到监狱的墙后（美国的东北几个州第一次不再公开处决，这比英国和荷兰早了几十年，比法国早了整整一个世纪）。③

---

① D. Garland, *Peculiar Institution：America's Death Penalty in an Age of Abolition* （Oxford：Oxford University Press, 2010）.

② L. Hunt, *Inventing Human Rights：A History* （New York：Norton, 2007）.

③ D. Garland, *Peculiar Institution：America's Death Penalty in an Age of Abolition* （Oxford：Oxford University Press, 2010）；S. Banner, *The Death Penalty：An American History* （Cambridge：Harvard University Press, 2003）；R. McGowen, "The Body and Punishment in the Eighteenth Century", *Journal of Modern History* 59 （1987）：651 – 79；V. A. C. Gatrell, *The Hanging Tree：Executions and the English People 1770 – 1868* （Oxford：Oxford University Press, 1994）.

这种处决"私密化"的进程，即减少其被公众看到和公众参与的程度，最好不要把这理解为更为文雅的情操的结果，或者是对不守规矩的城市人群的一种反应，尽管这两种情况都起过重要的作用。最好把它看作政府官员不断加强对不好对付的事情（a fraught undertaking）的控制以及管制所做出的持续努力。自17世纪以来，官员一次又一次致力于缩小场面的规模，减少观众的人数，淡化被宣判人的赴刑角色，缩短处死的时间，以及减少观看和交流的机会。官方考虑到为防止公共仪式遭到破坏，也会让集会仪式和公开执行全部收场。① 同样的这种进程在局部地方，比如在中国和伊朗，如今仍在继续。不过，在这些地方，当局最近刚刚宣布不再公开处决，而在美国，处决逐渐受到越来越多的控制并被隐蔽了起来。

三　改革的政治进程

国家制度和国家利益决定了死刑的特征和适用。而这些制度和利益本身又是政治的和文化的力量塑造形成的。这些力量中最重要的始终是自由主义、民主、文明风尚和人道主义情操。②

如今，绝大部分西方国家都是这种或那种自由民主体制，而且，现代的自由思想已浸透着民主的理想。但是，自由主义和民主，对于其所有的现代组合形式来说，由于不同的历史、价值和优先次序，都有着截然不同的政治传统。而当论及死刑，我们就需要强调这种不同，这是因为自由主义和民主有时要求的方向不同。③

古典自由主义的核心是两个基本承诺：重视个人自由和自主的社会秩序；通过法治方式限制政府权力。自由主义制度的目的是限制国家的强权和维护个人的权利和自由。那么，死刑的首要批判者总是出现在自由主义者中，就不足为奇了。④

---

① P. Smith, *Punishment and Culture* (Chicago: University of Chicago Press, 2008).

② D. Garland, *Peculiar Institution: America's Death Penalty in an Age of Abolition* (Oxford: Oxford University Press, 2010), ch. 5.

③ P. Starr, *Punishment and Culture* (Chicago: University of Chicago Press, 2007).

④ S. Holmes, *Passions and Constraints: On the Theory of Liberal Democracy* (Chicago: University of Chicago Press, 1995).

自由主义的思想和社会力量的日渐强大影响了 18 世纪以来的死刑制度。在欧洲的现代化早期，刑罚处罚有时是集体性的（株连性的），1757 年弑君（路易十五）者达米恩斯（Robert Damiens）的亲戚被剥夺家族的姓并被驱逐出法国。① 自由主义者反对这种处罚，坚持犯罪是个人行为，只应由行为人本人来承担国家处罚的后果。反抗这种人治的恣意、反对绝对主义（absolutism）② 的自由主义者要求对于犯罪的被告人给予程序保护，并且建立起能够限制国家权力范围的法律规则和原则。③

早在 13 世纪，英国贵族就迫切要求人身保护令（habeas corpus）和陪审团审判，而到了 17 世纪，这些"法治"的原则与辩护权和公诉权一起，已经成为自由主义议程的核心内容。④ 自由主义者要求程序优先和正当程序，而这些在如今的美国仍然是反对死刑的主要原因。

自由主义的兴起也改变了怎样来让死刑合理化的问题。现代早期的死刑，采用传统、宗教和国王的神赐权利的语言进行措辞，根本不容批判或者论理。18 世纪以来，自由主义者运用效用和理性来检测古代的制度，并且主张如果用这些术语不能使这些制度合理化，那么这些制度根本就不应继续存在。

自由主义革命的时代（大概从 1774 年到 1848 年）与第一个废除死刑的时代相吻合，绝大部分的死刑废除常常发生在小的国家和公国（侯国），比如托斯卡纳、圣马力诺和普鲁士。在这个最早改革的年代造就了自由主义国家和死刑废除主义之间持续至今的一种关联。⑤

反自由主义则产生了相反的关联。无论什么地方，一旦出现了权威的政府，反自由主义就恢复死刑。20 世纪的法西斯主义就把死刑复活，使其成为国家政策的一种工具。在纳粹德国的刑事司法制度中，处决被大量使

---

① J. McManners, *Death and the Enlightenment*: *Changing Attitudes to Death among Christians and Unbelievers in Eighteenth Century France*（New York: Oxford University Press, 1981）.

② 反对绝对主义是西方政治史上的常用术语，类似专指东方政体的专制主义（despotism）。

③ C. Beccaria, *On Crimes and Punishments and other Writtings*（New York: Cambridge University Press, 1995）.

④ 这些权利具体体现在英国 1689 年的《权利法案》和 1696 年的《叛国案审判法案》中。后来，这些权利成了 18 世纪和 19 世纪绝大多数新宪法的标志性成就。

⑤ D. Garland, *Peculiar Institution*: *America's Death Penalty in an Age of Abolition*（Oxford: Oxford University Press, 2010）, ch. 4.

用。① 但是，现代西方的主流趋势已经是法律和政府的自由主义形式的制度化，并且这种制度化的保护扩大到了所有的社会群体。而且，法治、程序保护以及公民权利在整个 19 世纪被传播普及，死刑的改革也是如此。到了 20 世纪晚期，废除死刑已经成为现代自由主义的一个信条、国际人权运动的一个原则。②

民主的规则意味着"民有、民治和为民的政府"（引自亚伯拉罕·林肯）。但是，民主被做了不同方式的理解，并通过不同的安排进行着实践。在美国，民主以激进的地方主义和平民主义形式被制度化，这也是美国如今仍然存在死刑的一个原因。在美国之外的别的地方，民主则是其他价值以及允许反对大多数人的改革、对大多数人的规则设立限制的制度的补充。

民主的著作家和理论家几乎都不怎么热心死刑问题，而是把它看作绝对主义权力和镇压、侮辱、贬低的实践象征。就像鞭子，死刑主义者推崇一种专横暴政，一种被惩罚者对于惩罚者的无条件隶属和顺从（完全的主从关系）。③

现代民主的发展与死刑的发展几乎并列前行。北欧、斯堪的纳维亚半岛国家和美国的部分州引领着这两个方面的发展方向。直到 20 世纪晚期，民主在许多方面还没有完全成熟，而这个时期，废除死刑成了遍及西方国家的常态。④

尽管一些废除死刑的事件发生在 19 世纪和 20 世纪早期这段时间，但是，绝大部分还是发生在第二次世界大战之后的几十年，废除死刑的趋势不断加速，直到 20 世纪 90 年代。死刑改革的当时模式与当时民主化的模式是匹配的。20 世纪 40 年代法西斯主义的终结，推动意大利、德国和奥地利在宪法上废除了死刑。20 世纪 70 年代伊比利亚从威权社团主义（au-

---

① R. Evans, *Rituals of Retribution: The Birth of the Prison* (London: Allen Lane, 1996).

② R. Hood, and C. Hoyle, *The Death Penalty: A Worldwide Perspective* (Oxford: Oxford University Press, 2008).《欧洲人权公约》第 6 和第 13 补充议定书（1983 年和 2002 年）规定禁止死刑，1989 年通过的《公民权利和政治权利国际公约》联合国第二任择议定书也有同样的规定。

③ D. Garland, *Peculiar Institution: America's Death Penalty in an Age of Abolition* (Oxford: Oxford University Press, 2010).

④ Neumayer 一系列的研究发现，废除死刑与民主的兴起相一致，而且，第二次世界大战后废除死刑的扩大是一个根本的政治进程，参见 E. Neumayer, *Death Penalty: The Political Foundations of the Global Trend Toward Abolition* (unpublished manuscript, 2006).

thoritarian corporatism）向民主的转型，使死刑在西班牙得以废除，并推动葡萄牙取消了所有残余的死刑。此外，20 世纪 80 年代晚期，苏联的解体导致民主德国、罗马尼亚、匈牙利和捷克斯洛伐克废除了死刑，之后诸如波兰、塞尔维亚、克罗地亚、马其顿和斯洛文尼亚这些国家，也相继废除了死刑（尽管后面的这些国家废除死刑，也有基于渴望成为欧盟成员国的动机）。欧洲之外也可以看到同样的模式：南非和菲律宾两个国家都以废除死刑来标榜自己民主进程之开启。[①]

虽然在价值和理性层面，民主和废除死刑之间有一种亲和，但是这种联系绝不是一种线性关联。比如，法国，是它让欧洲大陆迈开了走向民主的长征之第一步，然而，这个国家又是最后一个废除死刑的欧洲国家（直到 1977 年，法国政府仍然在处决罪犯）。没有人否认，美国是一个民主国家，而且从 20 世纪 60 年代起到完全结束黑人隔离制度就已经民主了，但是，其死刑的执行仍在继续。当然，这种执行如今以民主和"人民的意愿"的名义被赋予了合法性。[②]

事实是，死刑没有被废除是因为（从隔离中）刚解放而获得选举权的大众要求死刑。然而，他们的议会代表——其背景、教育和文化比他们的选民一般地更为精英——在民主和死刑改革之间感到的是一种选择性亲合（elective affinity），[③] 而不是唯一的紧密关系，并且，无论有没有大众的支持，都能够按此感觉到的关系做出决断。

四 改革的文化进程

死刑的减少，被普遍看作文化变迁的效应。如果我们不再对罪犯绞首、剖腹、分尸，[④] 或者不再在广场处决他们，那是因为我们的社会已经

---

① R. Hood, and C. Hoyle, *The Death Penalty: A Worldwide Perspective*（Oxford: Oxford University Press, 2008）.

② D. Garland, *Peculiar Institution: America's Death Penalty in an Age of Abolition*（Oxford: Oxford University Press, 2010）.

③ 也被译为选择性亲和力（elective affinity），是德国社会学家马克斯·韦伯（Max Weber）从化学上借用的一个概念，表达了一种合理化世界与某些激情之间存在的密切联系。

④ 美国过去处决叛国重罪罪犯的一种酷刑。

变得更加文明,我们的情操变得更加高雅了。①

这种理解也不是近来才有的。这种理解已经经历了两个多世纪,现在这种改革的标准描述,文化变迁——更加文雅的姿态,对暴力的更少容忍、对他人痛苦的更加体贴——如何导致死刑的改革,是其主要内容。

自贝卡利亚以来,死刑的批判者已经自认为符合"全人类的事业"(the cause of humanity)——用宗教的和世俗的词汇做了表达,并把每一次改革都看作提升文明的进步。从启蒙时代到现在,文明和人道主义的语言勾画了改革的努力,走向废除死刑的每一步,都被看作我们"演进的正当标准"(evolving standards of decency)②的结果。

对于在其中清楚表达了死刑改革的文明习语和人道理解,历史学家的意见是一致的,但是,在给予这种语言和其所指的文化趋势因果上的权重方面,尚无共识。当我们从规范讨论的描述转向对历史解释提出新说时,"文化"的地位就变得更成问题了。问题就变成怎样评价诸如人道主义和文雅的情操这些文化趋势的因果角色了。我们应该把文化看作行动的真实原因,还是仅仅掩盖更多的基本因果过程的浮华外表?文明和人道进程中

---

① 关于人道主义情操的兴起,参阅 T. Haskell, Capitalism and the Origins of Humanitarian Sensibility, in T. Bender, *The Antislavery Debate*: *Capitalism and Abolitionism as a Problem in Historical Interpretation*(Berkeley: University of California Press, 1992); J. Bender, *Imagining the Penitentiary*: *Fiction and the Architecture of Mind in 18th Century England*(Chicago: University of Chicago Press, 1989); K. Halttunen, *Murder Most Foul*: *The Killer and the English People 1770 - 1868*(Oxford University Press, 1998); R. Evans, *Rituals of Retribution*: *Capital Punishment in Germany 1600 - 1987*(Oxford: Oxford University Press, 1996); N. Elias, *The Civilizing Process*: *Sociogenetic and Psychogenetic Explorations*(London: Blackwell, 2000); P. Spierenburg, *The Spectacle of Suffering*: *Executions and the Evolution of Repression*(Cambridge: Cambridge University Press, 1984)。

② 这个标准是1956年由沃伦(Warren)大法官在 Trop 案中提出的,旨在判断一种刑罚是不是酷刑的依据和准则。他认为,时代变了,社会的观念态度也在随之改变。酷刑是个历史概念,在不同的历史阶段有不同的内涵和方式,范围并不是固定的,应当根据代表成熟中的社会之进步的演变的正当标准予以确定。美国联邦最高法院试图通过该标准来论证死刑是酷刑,并以宪法上禁止残酷而异常的刑罚为据,希望通过宣布死刑违反宪法第八修正案是无效的,由此走向废除死刑。但是,由于这个标准本身不好确定,导致此条废止死刑的路子没有走通。不过,"演进的正当标准"作为界定酷刑的依据和准则,反映了一个社会的刑罚道德与伦理在法律体系内实定化的过程,其中凝结着社会的、历史的以及文化的颗粒。也可参阅卢建平、朱玉霞《宪法上的死刑观》,载陈泽宪主编《死刑改革的多重视角与具体路径》,中国民主法制出版社,2014,第107、115页。——译者注

的情操是历史变迁的特有动力，还是仅仅给现实行动伴奏的配乐？①

在我看来，这种传统的智慧在很大程度上是正确的：文化的变迁确实推动了死刑的改革。但是，更为细致的观察会给这种标准的理由增加一些细微差别：（1）文化的改变曾经着重影响的是社会精英，而不是普通大众；（2）改革的进程对国家机关并且通过国家机关而产生影响，因此，文化上的倾向必须与政治现实相匹配；（3）启蒙文化的不同流派对于死刑改革有着很不相同的启示。

在 18 和 19 世纪，以世俗和宗教的形式传播日益广泛的现代资产阶级（中产阶级）文化，对于社会生活中暴力的地位产生了重要的影响——这种影响比什么都更加强而有力，因为他们强化了国家对老牌的（鼓吹暴力的）武士阶层及其贵族文化的抑制。②

用暴力惩处妻子、孩子和仆人的常见现象减少了，同样，私人的仇视和决斗也减少了。酷刑受到了禁止。诸如致残、烙印、笞杖和鞭打这样的身体刑（肉刑）的使用不怎么广泛了，包括身体裸露或者痛苦的刑罚，比如手足上枷、颈手上枷（示众）、笞杖、鞭打和打烙印，绝大部分被弃而不用了。死刑的适用少了，也不怎么惨烈了，以至于 18 世纪以来毁损形体的、肢解的或者身体示众的处决实践变得并不常见了，并且罪犯在绞刑台上的痛苦也大大减轻了。到 19 世纪中期，绞刑台酷刑被废除以后很久，中产阶级的时评员们仍在抱怨，观看人被处死，令人太过不安，并且批评那

---

① P. Spierenburg, *The Spectacle of Suffering*：*Executions and the Evolution of Repression*（Cambridge：Cambridge University Press, 1984）持前者的立场；M. Foucault, *Discipline and Punish*：*The Birth of the Prison*（London：Allen Lane, 1977）持后者的立场。J. Pratt, *Punishment and Civilization*：*Penal Tolerance and Intolerance in Modern Society*（London：Sage, 2002）和 D. Garland, *Punishment and Modern Society*：*A Study in Social Theory*（Chicago：University of Chicago Press, 1990）采取了"文明的进程"的理由。P. Smith, *Punishment and Culture*（Chicago：University of Chicago Press, 2008）对于刑罚和刑罚变迁的"文化主义"提出了强有力的论证理由。怀疑人道主义情操的见解可以参阅 Georg Rusche and Otto Kirchheimer, *Punishment and Social Structure*（New York：Russell and Russell, 1968）。而且，在 V. A. C. Gatrell, *The Hanging Tree*：*Executions and the English People 1770 – 1868*（Oxford：Oxford University Press, 1994）中，这种见解显得更加圆滑世故。

② P. Spierenburg, *The Spectacle of Suffering*：*Executions and the Evolution of Repression*（Cambridge：Cambridge University Press, 1984）；N. Elias, *The Civilizing Process*：*Sociogenetic and Psychogenetic Explorations*（London：Blackwell, 2000）.

些过去屡屡围观公开绞刑者之冷酷无情的粗野。①

18 世纪晚期以来，西方精英以文明的名义抨击公开处决，批评展示这种"野蛮"场面并为此粗卑行为的实施提供机会和场合的国家官员们。这种实务曾一度受到统治集团的普遍支持，到了 19 世纪中期，却遭到他们的批判。②

虽然优雅的文明审美帮助形成了反对绞刑运动的情操，但是，这种文明审美并不是反对绞刑的唯一文化根基。该运动的兴起中同样重要的一条线始终是人道主义——一种道德的并且常常是宗教的情操，这种情操把人类生活看作神圣的、迫切要求终结残酷的生活，并且其目的是把同情博爱扩大到全人类。这种情操一直是刑罚改革者们持久不变的讨论主题，从 18 世纪的贝卡利亚及其"全人类的事业"，到 20 世纪莫里斯（Norval Morris）及其"体面、同感认同（同情）"，以及对"人类痛苦"的关切。③

人道主义有许多源头：孟德斯鸠和伏尔泰的启蒙作品，自由主义的道德个人主义，18 世纪教友派信徒（贵格会教徒）④ 和 19 世纪福音派信徒⑤的信条和教义，小说和诗歌的浪漫主义运动。其以体认他人为特征的情操，是通过诸如读小说、记日记和设身处地的置换这样的文化实践获得和转化的。但是，其核心原则是人类生活是神圣而不应受到侵犯的这样的简单的道德律令，而且，这种律令几乎完全是作为现在自由民主社会中的治理和社会生活的组织原则，作为人权的改革对话中的核心价值⑥而出现的。

人道主义的核心是对于个人和个性的基本尊重。这种价值如今看来可

---

① S. Banner, *The Death Penalty*：*An American History*（Cambridge：Harvard University Press, 2003）；P. Spierenburg, *The Spectacle of Suffering*：*Executions and the Evolution of Repression*（Cambridge：Cambridge University Press, 1984）.

② R. McGowen, "History, Culture and the Death Penalty：The British Debates, 1840 – 70", *Historical Reflections/Réflexions Historiques* 29（2003）：229 – 49.

③ 根据 N. Morris, "Impediments to Penal Reform", *University of Chicago Law Review* 33（1996）：627 的观点，"刑罚改革的动力力量"是"体面，同感认同，至少一定程度感知鞭打他人脊背的能力，去除有时我们对于人类痛苦习惯性的无视，尊重每个个体来自宗教的或者人道主义信仰的灵感"。

④ 因"听到上帝的话而发抖"而得名"Quaker"。震颤者音译为贵格会，该会反对任何形式的战争和暴力，不尊敬任何人，也不要求任何人尊重自己，不起誓，主张任何人之间要像兄弟一样，主张和平主义和宗教自由。——译者注

⑤ 奉行"因信称义"。——译者注

⑥ L. Hunt, *Inventing Human Rights*：*A History*（New York：Norton, 2007）.

能是显而易见的并且不可避免的，但它们出现时却标志了西方历史的新阶段——道德的划时代重估。在这种重估中，家族、宗族、宗派和国家的主张被降级，而自主个体的个人的主张被置于至上的地位。在不妥协地反杀戮和暴力斗争中，人道主义是一种果断反战的鉴识和情操，其基础是和平的生活方式和商业的社会关系。与之前时代——带有流血和残忍的历史、崇尚暴力的思想以及杀戮和血腥竞技的娱乐的时代的尚武精神——相反，人道主义认为人类的痛苦是不合理的，并且强烈地谴责暴力。其对于残忍的恐惧（惧怕）甚至扩大到了上帝所做的事情上：呼求人道主义者的正是同情的宽恕的新约理论，而不是烈火与硫黄之地狱复仇的旧约教理。①

伴随着传统荣典的减少和人道主义理想的传播，身体的暴力成了自由民主社会新的禁忌——社会越是和平稳定，这种暴力就越成问题。人道主义情操的兴起对死刑产生了明显而直接的后果。人道主义者对于绞刑架上的受害者及其苦难产生了新的同情。曾经认为重罪的牺牲者是社会秩序的一种必要的提振的统治阶级成员，现在也开始考虑这个牺牲者面对死亡的痛苦了。他们的道德视野被扩展了，伴随着这种扩展的是他们同情的想象和能力的发展。人道主义的关切给刑讯和带给人痛苦的处决的终结提供了帮助，并促使人们探索发现一种无痛苦的处决技术。人道主义情操改变了立法者、法官和陪审团的态度，鼓励他们把被告人普遍看作一个他们曾经在什么地方见过的、仅仅实施过一种较轻层级重罪的特殊人类。②

19 世纪后半叶，人道主义的情怀如此之广泛，以至于死刑的支持者也用这些词语对他们的论据进行措辞。但是，如果"生命神圣"（sanctity of life）的论据既可以用于对谋杀者赞成适用死刑，也可以用于对谋杀者反对适用死刑，那么，无论如何对比谋杀还轻的犯罪适用死刑，就玷污了给予人生命的圣地。相应的，死刑的法典也就缩小了。到 20 世纪，人道主义情操和死刑之间的对立，以一种新的而更为有力的形式，通过人权运动表现

---

① S. Holmes, *Passions and Constraints: On the Theory of Liberal Democracy* (Chicago: University of Chicago Press, 1995).

② D. Garland, *Peculiar Institution: America's Death Penalty in an Age of Abolition* (Oxford: Oxford University Press, 2010).

了出来。人权运动认为，死刑是对人的最基本权利的一种侵犯。①

从 18 世纪到现在，死刑的讨论一直采用的是文明和人性的语言。文明的情操最好或许被理解为一种精致的审美，优雅、自我约束和克制，而这些必须与社会规范相结合，而这里的社会规范是为让遭遇粗野烦扰的行为之不快最小化而设计的规范。相反，人道主义的情操是人类同情的情感，是负有同情地认同他人，以及从如此的认同中流露出来的道德律令（诫命）。这两种情操可能一同起作用，并且使用同样高尚煽情的语言，但是在某些要点上他们的效果是有差异的。

像自由主义、民主、文明的情操和人道主义的情操这些，经常都是一块儿起作用。但是，它们不是一回事。文明化的情操推动减少对处死人的审美上的冒犯，人道主义情操则反对死刑所包含的不必要的人类痛苦。一个的目的是减少亲眼看见痛苦，而另一个的目的是减少施加痛苦。一个首要的是姿态和表现，而另一个根本上关乎的是道德实质。② 我们可以说，致命的注射执行死刑是高度文明的方式，但是，它绝不是人道主义的方式。

五　结论

西方国家彻底废除死刑的运动，自 18 世纪晚期在小的司法区域踌躇开始。在整个 19 世纪和 20 世纪早期，废除死刑运动扩展到了少数几个大的民族国家，不过这些国家常常只是针对普通犯罪（而不是"特别的"或者政治性犯罪）彻底废除死刑，后来伴随着许多废除运动的发展，也随之全面废除了死刑。在 20 世纪的后三分之一时期，这个废除死刑的运动得到了很大的扩展，以至于包括了除美国之外的所有西方国家，这些国家在 20 世纪末都彻底废除了死刑。

限制死刑是一个涵盖整个区域并持续长时期的过程。在绝大多数国家已经永久而全面废除死刑的情况下，限制死刑是限制、控制和精细化实务

---

① L. Hunt, *Inventing Human Rights：A History*（New York：Norton, 2007）；R. Hood and C. Hoyle, *The Death Penalty：A Worldwide Perspective*（Oxford：Oxford University Press, 2008）.

② D. Garland, *Peculiar Institution：America's Death Penalty in an Age of Abolition*（Oxford：Oxford University Press, 2010），ch. 5.

并大幅度减少其适用频率的改革进程的最后阶段。除了极少数情况，彻底和永久废除死刑已经成为 20 世纪晚期以来相当长时期转型发展的一个历史进程。

大多数西欧国家的死刑废除发生在 20 世纪后半叶，要么是在第二次世界大战结束后的几年立即废除，要么是在 20 世纪 60 和 20 世纪 70 年代。第二次世界大战结束后，意大利、德国和奥地利随即在其制定的新自由主义宪法中规定了废除死刑。第二次世界大战后，诸如英国、西班牙、法国、爱尔兰、澳大利亚、新西兰和加拿大这些国家，经历了一个通过立法努力不断减少处决频率的时期，但是，此后的几十年它们并未能彻底废除死刑。在几个已长期废除普通犯罪死刑的国家，针对国家的政治犯罪的死刑，仍然保留在法典中——这是死刑在维护国家权力的历史角色方面的一个提醒信息。战后时期，西欧相对稳定，这些"特殊的"刑罚从没有被用过，它们实际上也最终被废除了：葡萄牙于 1976 年废除，丹麦于 1978 年废除，卢森堡和挪威于 1979 年废除，荷兰于 1982 年废除，爱尔兰于 1990 年废除，意大利于 1994 年废除，西班牙于 1995 年废除，比利时于 1996 年废除，英国于 1998 年废除。[①]

20 世纪 80 年代到目前这段时间，反对死刑的规定在人权公约、跨国条约和国际法中越来越多。《欧洲人权公约》第 6 和第 13 议定书（1983、2002）就禁止死刑，1989 年通过的联合国《公民权利和政治权利国际公约》第二任择议定书，也是规定禁止死刑，美洲国家组织大会 1990 年也批准了《美洲人权公约》关于废除死刑的议定书。

这些国际法律规范的出现，改变了死刑作为政治议题的性质。这些规范的存在，也给其他国家施加了废除死刑的压力，并且在一些情况下给国家放弃死刑提供了政治和经济方面的激励。这些规范让死刑政策国际化，使国内的事情转变成了一个与国际关系有关的问题。它们把那些《公民权利和政治权利国际公约》的签署国、欧盟和欧洲委员会的成员国，"锁定"在废除死刑上面，让持续废除死刑成为一种国际义务，而不仅仅是一种国

[①] R. Hood, and C. Hoyle, *The Death Penalty: A Worldwide Perspective* (Oxford: Oxford University Press, 2008); D. Garland, *Peculiar Institution: America's Death Penalty in an Age of Abolition* (Oxford: Oxford University Press, 2010).

内政策的选择。结果，死刑在这些国家的国内政治争论中趋于消失，在一些国家，民意对死刑的关注开始减弱。新的改革运动成功地把废除死刑提升到了国际人权原则的地位。

这样，死刑在西方的长期历史就接近其绝对的反面了：曾经没有问题的、被普遍接受的制度，现在几乎变成了一种被普遍禁止的对人权的侵犯。例外的是，在美国，死刑在宪法上仍然是被允许的，并且处决仍在继续执行。

恐怖主义、被害及对恐怖主义受害者的补偿

〔德〕汉斯－约格·阿尔布莱希特* 著

吕凤丽** 译 樊 文 周维明 校

一 引论：反恐怖主义政策及恐怖主义受害者

（一）关键问题

当讨论恐怖主义受害者的政策时，要论及（原本就相互独立的）制定政策的两种路径。首先是有关犯罪受害者的政策制定的一般性路径，其次是由反恐怖主义政策所确定的路径。从 20 世纪 80 年代起，在刑事政策和刑事立法[①]方面，犯罪受害人受到了特别的关注，已经形成了关于保障其免受刑事诉讼可能存在的不利影响，以及关于支持补偿其因伤害性事件所造成的物质和非物质损害的立法。国家的立法和政策也引起了刑事诉讼法的修改和受害者援助计划的产生。为支持改善犯罪受害人处遇活动，欧洲理事会和欧盟也制定了有关标准和机制。从 20 世纪 70 年代起，主要以国家恐怖主义、分裂恐怖主义和政治恐怖主义形式出现的恐怖主义开始在欧洲国家制造事端。对此，政策的反应则或多或少地局限于修改警察法和刑事诉讼法，以适应在面对那些企图通过对经济和政治领域的个体拥护者施暴以打击合法政府的有组织暴力时，对法律实施的新要求。在法国和意大利能看到一些例外情况，在经历了 20 世纪 70 年代和 80 年代的恐怖暴力活

---

* 〔德〕汉斯－约格·阿尔布莱希特（Hans-Jörg Albrecht），德国马普外国刑法与国际刑法研究所所长，德国弗莱堡大学法学院教授。

** 吕凤丽，中国社会科学院研究生院刑法学专业博士研究生。

① Declaration of Basic Principles of Justice for Victims of Crime and Abuse of Power, adopted by the General Assembly of the United Nations November 1985; UN General Assembly Resolution 40/34, 1985.

动后，它们开始针对恐怖活动受害者进行专门立法。然而，只是"9·11"事件给民间社会造成毁灭性后果以及极其惨重的伤亡之后，如何更为妥善地安置恐怖袭击的受害者这一问题才得到了更多的关注。2004年，马德里恐怖活动夺走了近200条生命，2005年伦敦又发生了地铁爆炸案，这两个事件推动了整个进程的发展。从那以后，补偿恐怖活动受害者这一政策才与那些为应对像国家间战争或内战这样的大规模暴力活动的后果而采纳的政策并驾齐驱。这种发展也可以视为刑事受害者一般性政策的一部分。这一政策近年来产生了一些专门的分支政策，用以满足诸如拐卖、性暴力、虐待及交通肇事犯罪等特殊受害群体的要求。但是，恐怖主义暴力现象及其对社会与个人的影响也表现出其与仇恨性暴力、种族仇恨等现象之间的紧密联系。而种族仇恨可以被看作国际恐怖主义的小兄弟，它因现代社会的脆弱性而滋生，其目的就是要破坏社会团结这一社会一体化的基础。事实上，关于恐怖主义和打击恐怖主义的官方声明也经常提到受害者（以个人受害者、集体受害者和受害国的形式）的团结互助问题。①

（二）恐怖主义："9·11"事件后的立法和受害者

"9·11"事件以后，反恐立法的起草和颁行显然带有明显的协调与趋同的特征。联合国及其安理会，以及其他国际机构和超国家机构所提出的明确的要求又推动了这种协调性与趋同性。此外，"9·11"事件之后的反恐立法实施了一项计划，这项计划形成的背景是控制跨国有组织犯罪、洗钱和20世纪80年代及90年代以来的非法移民现象。马德里爆炸案再次加速了反恐行动的步伐，特别是在欧洲和欧洲联盟的框架内。反恐立法具有跨部门法的性质，即其不仅面向刑法的修订，也面向电信法、移民法和警察法等法律的修订。在实体刑法中我们发现，有新的犯罪立法规定对支持恐怖组织和资助恐怖主义行为给予刑罚处罚；在诉讼法方面，警察的权力得到了扩大，而电信商则负有延长数据保留期限的义务。警察部门和情报机构之间的合作也得到加强，警察、情报机构、海关和移民局等机构之间相互配合的专案组工作方式表明，预防和控制的政策也开始逐步会合。一

---

① United Nations General Assembly Resolution 52/133, "Human Rights and Terrorism". December 1997.

般来看，反恐立法表明一种转化过程，即将先前起因于政治和意识形态的动机而具有特权地位的暴力行为转化为另一种行为———一种被认定为极其危险的行为，需要对其加重刑罚并剥夺资格。这种转化也可理解为一种"敌人"刑法的出现，这种敌人刑法是相对于之前针对公民并珍视公民自由的刑法版本。对反恐立法的关注已经并且还会继续致力于提高对恐怖行为的预防和控制度。①

尽管美国国务院的《全球恐怖主义形势报告》中很清楚地表明承受恐怖活动损失的主要是平民，然而，恐怖主义受害者的问题并未在国际和国内反恐政策中扮演重要角色。世界范围内与恐怖活动相关的高达90%的死者仍是平民。②

联合国安理会在其1566号决议（2004）③中要求尽力落实其关于建立筹备组并筹集资金补偿恐怖主义受害者和他们的家庭的建议，并指出资金应通过自愿捐款、扣押及没收恐怖分子和恐怖组织的资产等方式来筹集。在2005年马德里反恐国际峰会上，联合国秘书长在其关于"民主、恐怖主义和安全———一个全球打击恐怖主义的战略"的重点讲话中，强调了这种资金的突出特点。④在2006年全球反恐战略决议中，联合国大会强调了国家援助系统对恐怖主义受害者及其家庭问题的重要性，⑤但是至今，联合国未能满足经常呼吁的必须采取紧急行动的要求，仍然局限于仅仅建议成员国采取自愿行动，在制订支持恐怖主义受害者的强制性计划方面没有任何进展。

二 欧洲在援助恐怖主义受害者领域内的进展

（一）欧洲理事会和恐怖主义受害者

早在20世纪70年代初，欧洲理事会就开始实施采用公共基金对犯罪

① Albrecht, H. – J.: Antworten der Gesetzgeber auf den 11. September – eine Analyse internationaler Entwicklungen. Journal für Konflikt – und Gewaltforschung 4, 46 – 76 (2002); see also Irune Aguirrezábal Quijera, I.: The United Nations' Responsibility towards Victims of Terrorist Acts. FRIDE, Madrid 2005.
② United States Department of State: Global Patterns of Terrorism 2003. Washington, April 2004.
③ Adopted by the Security Council at its 5053rd meeting on 8 October 2004.
④ See also Commission on Human Rights resolution 2003/37 "Human rights and terrorism".
⑤ A/RES/60/288, 8 September 2006.

受害者进行补偿的方案来解决问题，并最终于 1983 年达成了《关于暴力犯罪受害人补偿问题的欧洲公约》，① 公约于 1988 年生效，公约的目的是建立健全对犯罪受害人补偿的方案、确立物质和非物质损害补偿的最低标准。公约指出，补偿应由恐怖犯罪发生地国向恐怖犯罪针对的公约缔约国国民及在欧洲理事会所有成员国永久居住且该居住地是恐怖主义行为发生地的国民支付。关于受补偿资格问题，公约指出凡遭受可直接归因于故意暴力犯罪的严重的身体伤害或健康损害的人，及那些因此类犯罪而死亡的死者的受抚养人，应有资格获得赔偿，在犯罪人未获起诉或刑罚的情况下同样适用。补偿金应至少包括收入损失、医疗费、住院费和丧葬费，至于受抚养人，还应包括其抚养费。补偿金可以用来对受害者从任何其他来源处获得的补偿做出补充。公约要求缔约国指定一个中央官方机构来接受和应要求提供任何其他缔约国所提出的公约所涵盖的援助。1987 年 9 月 17 日，欧洲理事会颁行了《关于援助受害者的建议》② 和《预防受害法》。③

　　2005 年，欧洲理事会草拟了《恐怖活动受害者保护指南》。④ 指南认为，恐怖行为受害者的痛苦遭遇应当得到国内和国际的帮助和援助，欧洲理事会还强调了国家有义务采取必要措施保护每一个位于其打击恐怖暴力行为司法管辖领域内的人的基本权利，特别是生命权，从而也重点强调了《欧洲人权公约》及欧洲人权法院所秉持的关于国家具有严格责任来实施专为人类生命提供有效保护而设计的政策的决定。⑤ 根据指南，国家应保护因遭受恐怖暴力而身体或心理受到伤害的人，以及在某些情况下近亲属有权从指南确定的服务和措施中受益。指南充分诠释了几项原则，全面而

---

① European Convention on the Compensation of Victims of Violent Crimes of 24 November 1983, ETS No. 116.

② Recommendation R (87) 21 on the Assistance to Victims and the Prevention of Victimisation, adopted by the Committee of Ministers on 17 September 1987 at the 410th meeting of the Ministers' Deputies.

③ For a compilation of the most relevant victim – related Council of Europe documents, see Council of Europe (eds.), Victims – Support and assistance, Strasbourg 2006.

④ Adopted by the Committee of Ministers on 2 March 2005 at the 917th meeting of the Ministers' Deputies.

⑤ Guidelines on the Protection of Victims of Terrorist Acts, adopted by the Committee of Ministers on 2 March 2005 at the 917th meeting of the Ministers' Deputies. The guidelines are available on the website of the Council of Europe at www. coe. int/T/E/Legal_Affairs/Legal_cooperation/Fight_against_terrorism/2_Adopted_Texts.

一致地反映了保护（暴力行为的）"普通"受害者的原则。当深入研究恐怖主义受害者救济途径时，我们发现了这个原则——提供服务和帮助不能只以恐怖行为实施者的身份确定、拘捕、起诉或定罪为条件，也应该根据尊重恐怖主义受害者的人格、隐私和家庭生活的原则来保护其不受媒体之侵扰。指南强调了紧急援助的重要性和长期医疗、心理、社会和物质资助等问题，还强调了对恐怖行为进行有效调查的责任，并强调这项责任与欧洲人权法院关于保护人权的决定是一致的。① 在决定不起诉时，指南建议国家给予受害者申请重新审查这一决定的权利。应向恐怖行为受害者提供有效的法律途径和获得正义的机会，恐怖行为受害者的地位在刑事诉讼中应得到充分认可。指南还提及公正、适当和及时的损害赔偿不应因国界而受到影响。考虑到对恐怖主义行为产生的其他影响进行救济，应该同时提供物质帮助，指南也要求保护隐私权和家庭生活免受媒体过度侵扰，以及保护证人免受在审判恐怖主义程序中作证而带来的生命和健康方面的风险。后者显然涉及针对有组织犯罪的立法，在那里保护受害者和证人被公认是重要的程序性事项。指南还提出需要向恐怖行为受害者提供信息，即与一般性受害者政策中著名的信息规则相一致，该信息是指有关刑事程序、受害者权利和援助等方面的信息。指南以敦促成员国为公务人员处理恐怖主义受害者提供具体的培训方案作为结束语。

目前，恐怖主义受害者指南反映着向犯罪受害者提供支持和补偿的一般性标准。随着对保护刑事程序中的受害者这一问题的关注，隐私保护、公平和有效的补偿（包括预支付）及执法人员的有效培训等焦点问题也得到了进一步关注，这些问题过去三十年来一直是通过对犯罪受害人的律师援助来解决的。

总结欧洲理事会关于恐怖主义受害者的活动，可以得出这样一个结论：这些活动更像一般性受害者政策的一部分而不是专门针对反恐活动的一部分。令人惊讶的是，在反恐公约中没有专门提到过受害者，不论是1997 年的《斯特拉斯堡公约》，② 还是 2005 年《华沙公约》③ 中都是如此。

---

① European Court on Human Rights 28 March 2000, Kilivs Turkey; 18 May 2000, Velikova vs Bulgaria.

② European Convention on the Suppression of Terrorism of 27 January 1977, ETS No. 090.

③ European Convention on the Prevention of Terrorism of 16 May 2005, ETS No. 196.

这条一般性的路径在 2006 年新版的《关于协助犯罪受害者的建议书》① 中再次得到反映，新建议书关注的是所有严重的和国际暴力的犯罪受害者，其文本推动了对受害者及其直系亲属范围内的受抚养人进行公平和适当的补偿，规定补偿不应因不正当理由而被拖延。补偿不仅应包括身体和心理治疗的费用，还第一次提出应包括对遭受的疼痛和痛楚进行补偿，尽管只是以比较微弱的形式提出的。② 新建议还进一步关注法律援助的重要意义，关注所有能有效诉诸民事救济以及主管机关和法院管辖的途径，并再一次指出保护受害者身体、心理健全的重要性和国家保护受害者及其家庭隐私的义务。

（二）欧盟

欧盟通过一系列绿皮书③、声明以及欧洲理事会和欧洲议会颁布的框架决定等方式来处理犯罪受害者和恐怖主义受害者的问题。对犯罪受害者的关注在旨在打击贩卖人口和对儿童盘剥的理事会联合行动④（97/154/JHA）中已清晰可见，也见于理事会的《维也纳行动计划》和 1998 年设立的委员会，该委员会设立的目的就是最为有效地执行《阿姆斯特丹条约》中关于"自由、安全和正义领域"（特别参考其中的第 19 和第 51c 条）⑤ 的规定，还可见于委员会、理事会与欧洲议会和名为"犯罪受害者在欧盟——标准和行为的思考"⑥ 的经济和社会委员会的沟通往来中，亦可见于 2000 年 12 月 12 日针对《理事会框架决议》关于刑事程序中受害者的地位进行动议⑦形成的决议和 2001 年 3 月 15 日最终形成的关于刑事程序中受

---

① Recommendation Rec（2006）8 on Assistance to crime victims, adopted by the Committee of Ministers on 14 June 206 at the 967th meeting of the Ministers' Deputies. The new recommendation is intended to update and amend the earlier recommendations R（87）21（see above）and R（85）11 on the Position of the Victim in the Framework of Criminal Law and Procedure.

② See recommendation no. 8.8："states may consider".

③ Commission of the European Communities：Green Paper. Compensation to crime victims（presented by the Commission）Brussels, COM（2001）536 final, 28.9.2001.

④ OJ L 63E, 4.3.1997, p.2.

⑤ OJ C 19, 23.1.1999, p.1.

⑥ OJ C 59E, 23.2.2001, p.5.

⑦ OJ C 232, 17.8.2001, p.36.

害者地位的《理事会框架决议》。① 然而打击恐怖主义成为欧盟关注的焦点仅仅是在纽约和华盛顿恐怖主义袭击事件发生的前几天，体现在 2001 年 9 月 5 日议会决议（关于欧盟在打击恐怖主义中的地位）② 中，其次是在 2002 年 2 月 6 日③的决议中，该决议对《理事会框架决议》有关打击恐怖主义问题提出了建议，④ 并在 2002 年 6 月 13 日的《理事会框架决议》中真正定义了恐怖主义犯罪。⑤ 在对待恐怖主义问题上，欧盟的声明也认可为了有效应对恐怖主义以破坏社会团结互助的意图，恐怖主义受害者必须得到关照。

按照欧盟的政策，自由、安全保障和正义领域的建构，必须考虑犯罪受害者的需求。1998 年经理事会通过的理事会和委员会的《维也纳行动计划》，⑥ 倡导对在欧盟范围内的受害者补偿项目进行比较调查并评估其采取行动的可行性，借此来解决援助受害者的问题。1999 年，委员会提出一个关于犯罪受害者的报告，⑦ 该报告不仅涵盖了补偿方面，而且包括其他提高在欧盟的受害者地位的事项。1999 年欧洲理事会在坦佩雷的会议成果是，呼吁制定保护犯罪受害者的最低标准，特别是关于犯罪受害者诉诸司法的途径和他们获得损害补偿的权利，同时还呼吁制订国家计划来对帮助性措施和对受害者的有效保护提供资金支持。几十年来，欧洲议会一直坚定地支持改进犯罪受害者补偿计划，2001 年 3 月 15 日理事会通过了一项关于刑事诉讼程序中受害者地位的框架决定，⑧ 决定以欧盟条约第六项规定为基础，包含这样一项成员国义务：确保犯罪受害者有权在刑事诉讼程序中获得关于从犯罪行为人处得到补偿的判决。一项对欧盟犯罪受害者地位的深入研究⑨涵括了除其他方面外，犯罪受害者具有依成员国法律获得

---

① OJ L 82, 22. 3. 2001, p. 1.

② OJ C 72E, 21. 3. 2002, p. 135.

③ OJ C 153E, 27. 6. 2002, p. 275.

④ COM (2001) 521 final, 19. 9. 2001; see also OJ C 332E, 27. 11. 2001, p. 300.

⑤ OJ L 164, 22. 6. 2002, p. 3.

⑥ OJ C 19, 23. 1. 1999, p. 1. Point 51 (c).

⑦ Communication from the Commission to the Council, the European Parliament and the Economic and Social Committee. Crime victims in the European Union – reflexions on standards and actions. COM (1999) 349 final, 14. 7. 1999.

⑧ OJ L 82, 22. 3. 2001, p. 1.

⑨ Wergens, A.: Crime Victims in the European Union, Brottsoffermyndigheten, Umeå 2000.

国家补偿的可能性。这项研究的成果以犯罪补偿问题的绿皮书[1]的形式已公开发表。这里所强调的是，在一个自由流动、正义和安全的公共空间中，需要对犯罪受害人的要求加以认可以及制定类似的法律规制，这特别涉及非歧视原则和公正听证权，以及由欧洲法院做出的规定了某些基本标准的裁决。[2] 研究发现目前的受害者补偿规则原则上包括三类人：直接的受害者、间接的受害者及第三方（因帮助受害者或因介入官方旨在帮助受害者的活动而受伤害的人）。大部分国家的体系包括所有的犯罪受害者，不论其国籍和居住地，对于非欧盟居民，有些国家需要对受害者提供对等援助。大体上来讲都是针对暴力和（或）国际犯罪。通过补偿计划可以涵盖的损失范围首先包括医疗费用，部分国家包括财产损失，所有成员国均把终身残疾列为补偿的范围。在非物质补偿方面（疼痛和痛楚）可以看到存在明显的差异，在辅助原则适用方面也同样存在差异。在一定的期限内向主管部门进行正式的投诉几乎都是必须的，虽然具体期限可能有所不同。几乎所有的成员国都允许预支付，在整个欧盟建立受害者国家补偿制度的根本合法性在于：除了刑事政策基本原理外，还有公平和社会连带这些在 1983 年欧洲议会关于犯罪受害者补偿公约之后形成的基本原则。其他的成员国将国家补偿方案的必要性与刑事政策的考虑结合起来，尽管公认的主要赔偿责任人应该是犯罪人，但人们也广泛认为因为各种原因大部分犯罪受害者未能实际从责任方处获得赔偿。从绿皮书可以得出这样的结论：有关国家补偿计划的作用取决于为受害者提供一个安全保障，因此，应采用一般性路径以强化受害者获得赔偿的权利，而不考虑代价以及随着这一重新分配计划而来的问题（其毕竟是从社会中通过税收筹集的）就不足为奇了。

在提起国家补偿申请以及必须根据申请进行必要性调查的问题上，采用一个欧盟通用的政策具有其合理性，尤其当存在因为跨境而产生的障碍和获得国家补偿信息的障碍时。成员国之间为了就文件资料服务和调取证据而开展司法合作的要出具征询函。

---

① Commission of the European Communities：Green Paper. Compensation to crime victims（presented by the Commission）Brussels, COM（2001）536 final, 28. 09. 2001.

② Case 186/87 Ian William Cowan v. Trésor public［1989］ECR 195；Case of Rolf Gustafson v. Sweden, judgment of 27 May 1997.

欧洲议会的一项决议①对绿皮书②持欢迎态度，它认为应将受害者补偿和援助问题放在既强调安全和公正条件下的自由行动，又考虑刑事犯罪给欧盟居民造成的惨重伤亡，还有必要认可间接受害和恐怖主义对受害者造成的特殊损害的视角下进行观察。形成一个欧盟通用的恐怖主义受害者政策，必须建立在平等、稳固和理性的刑事政策之基础上，而这理性的刑事政策的目的是解决不同成员国不同体系下犯罪受害补偿的差异问题。

法律事务委员会、公民自由和权利委员会及司法和国内事务部同样欢迎委员会关于补偿犯罪受害者的绿皮书，它们声明，欧盟应当采取约束性的共同体规定来为犯罪受害者创造一个公共司法领域。委员会还持这样一种观点：任何此类补偿必须包括物质和非物质损失以体现其完整性和有效性，并呼吁委员会把补偿索赔时限、程序保障和引入以所有共同体语言写好的统一索赔表格等相关事项作为主要的优先事项来对待。此外，必须规定国家对补助申请的最低责任要求，还要让补偿不依赖于国籍。最后，声明提出这样的意见，即必须采取互助体系以解决犯罪受害者在跨境遇害情况下遇到的补偿问题。与筹备工作相一致，在 2004 年 4 月 29 日理事会通过了一项关于补偿犯罪受害者的指令。③ 这项指令是为了保证到 2005 年 6 月 1 日，每个成员国落实一项国家性方案，来保障公平和恰当的受害者补偿。当时该指令的目的是，不管在欧盟任何地方，当一个人成为犯罪受害者时，能够实际上轻松获得补偿，要实现这一目标应当建立一个各国家当局相互合作的机制，而这项合作机制应当在 2006 年 1 月 1 日开始运作。

随着欧盟的声明和决定一同出现的途径当然与福利国家的传统观念相一致，福利国家致力于对现代社会中个体面临的所有风险进行补偿，并且对这些风险所造成的一切损失进行充分的补偿。这超越了传统的实现福利的途径，因为其不仅发展了原来仅在侵权法下可主张的求偿权，还拓宽了请求充分赔偿的途径，而这一途径原来只能在某人对其造成他人受害的行为承担个人全部责任时，才具有合理性。因此，这一新途径很难与以下事

---

① European Parliament resolution on the Commission Green Paper on compensation to crime victims, ［COM（2001）536］ – C5 – 0016/2002 – 2002/2022（COS）.

② OJ C 125, 27. 5. 2002, p. 31.

③ Council Directive 2004/80/EC of 29 April 2004 Relating to Compensation to Crime Victims, OJL 261, 6 August 2004, p. 15.

实相协调：各个成员国的福利体系负担过重，并且这些福利体系也正在被削减，以便允许对何种责任应由国家承担，而何种责任应由个人承担做出新的评估。这种补偿计划中可能存在的欺诈和剥削问题也几乎未得到分析研究。

声明和宣言同样指明了团结互助，既与恐怖袭击个体受害者团结互助，也与陷入恐怖主义困境的国家团结互助。在一项反对恐怖主义宣言中，欧洲理事会对马德里袭击做出应对，强调必须采用委员会关于犯罪受害者补偿的指令来协助恐怖主义受害者。理事会然后要求委员会分配2004年预算中的可支配资金来支援恐怖主义受害者。同时提到的还有关于有效保护恐怖主义案件中的证人的必要性问题，以及少数民族社群间接受害的问题，少数民族在遭受恐怖袭击①后可能受到报复所带来的风险。特别是后者应当受到全面的关注，因为对少数民族区域的报复明显是恐怖主义策略的一部分，是专门用来摧毁社会团结，制造恐怖气氛及种族和宗教仇恨的，容易促使暴力活动的扩散。

为提高成员国对基础设施易受破坏地区的市民进行恐怖袭击所造成的后果的处理能力，《欧盟反对恐怖主义一般方法指南》扩展了犯罪受害者保护的概念。

（三）欧洲以外对恐怖主义受害者补偿和援助的经验

1. 美国联邦针对恐怖主义受害者的立法情况

20世纪80年代初，美国联邦就已经开始为恐怖主义受害者专门立法并付诸实践，其发展进程基于以下信念：虽然恐怖主义的受害者与其他暴力犯罪和灾难的受害者有相当多的共同之处，但他们的经历更为痛苦，也会表现出不同的需求，这部分缘于特定暴力事件的规模和范围。突出强调因恐怖主义和受害事实的跨国性特点而产生的特殊情况，导致对程序、受害者救济的组织工作和支持方案产生了新的要求。事实上，美国为恐怖主义受害者立法已经有相当长的历史。第一部规定了向恐怖主义受害者提供联邦援助的法律是1980年的《人质救援法》，这是针对伊朗人质危机颁布

---

① See also Conclusions and Plan of Action of the Extraordinary European Council Meeting on 21 September 2001, SN 140/01, p. 4.

的法令，然而这部法案的颁行同样针对美国和伊朗之间达成的条约，条约中有一条规定，禁止受害者在美国法院针对伊朗寻求侵权损害赔偿。联邦补偿的利益包括人质的收入损失、因被关押产生的医疗费用、对补偿金的免税以及为配偶或孩子支付的教育费用。对医疗费用还增加了一个辅助性条款。第二部立法是 1986 年的《恐怖主义受害者补偿法》，这部法案仅适用于政府雇员，但是并不专门限于恐怖活动。除了第一个法案提到的补偿外，本法案还规定为每个被关押的受害者提供每日 50 美元的补偿。还有一部法案针对泛美航空公司 103 号航班爆炸事件，规定对所有美国公民提供援助和支持（《关于应对恐怖主义对侨居海外的美国公民的影响的联邦法》第 22 章，1990 年《航空安全改进法》）。俄克拉荷马城爆炸事件促成了《为恐怖主义受害者实现正义法》（修改了《反恐和有效死刑法》第 42 章），根据这一法案，联邦政府要向州、公共机构和非政府组织提供用于救援恐怖主义受害者的资金，除此之外，还要向受害者提供危机应急反应援助。修正案还规定，俄克拉荷马城爆炸事件中的受害者有权参与审判程序。1996 年的《反恐和死刑绩效法》还有一项规定，要求各州的恐怖主义受害者补偿方案包括对各州侨居海外的居民进行补偿。

最近一项法案与"9·11"事件及其余波有关，[①]《恐怖主义受害者减税法》规定为"9·11"事件及其后的俄克拉荷马城爆炸事件和炭疽袭击事件中受害者的亲属提供税收减免，对已身亡的被害人在袭击当年及前一年的收入免征所得税，还提供其他税收减免。2001 年的《航空运输安全及系统稳定法》成立了受害者补偿基金，强调经济和非经济损失的补偿，但也试图让航空公司免受民事起诉。[②] 在案件涉及死亡时，一个合格的索赔人可以立即获得 5 万美元预支赔偿金，在涉及严重伤害时可以获得 2.5 万美元。法案授权赔偿基金的负责人有权根据每个人的具体情况审查其所遭受的经济和非经济损失。规定每位死者的配偶和受抚养人的非经济损失补

---

① Peck, R. S.: The Victim Compensation Fund: Born from a Unique Confluence of Events Not Likely to Be Duplicated. DePaul Law Review 53 (2003), S. 209 – 30.

② Mariani, R. L.: The September 11th Victim Compensation Fund of 2001 and the Protection of the Airline Industry: A Bill for the American People. Journal of Air Law and Commerce 57 (2002), pp. 141 – 186; the final rules governing the Victim Compensation Fund of 2001 were published on March 6, 2002 (P. L. 107 – 42).

偿为 10 万美元，此外有 25 万美元支付给后代作为补偿。但是，其他类别的补偿款及其他来源的补偿款，除税收减免、社会保障收益、工伤赔偿和来源于慈善捐款的援助之外，都要被扣除。

美国联邦政府在恐怖主义受害者领域内的立法，以专门针对恐怖主义立法为特点，美国联邦法律还规定了有效的民事立法使恐怖主义受害者可以根据联邦侵权法在联邦法院起诉外国犯罪人。

在组织和程序方面，犯罪受害者办公室（OVC）起着决定性作用。1996 年，犯罪受害者办公室被授权调用刑事受害者法项下的 5 千万美元紧急储备基金来援助恐怖主义和大规模暴力活动的受害者。

犯罪受害者办公室提供五种类型的支持来应对恐怖主义和大规模暴力：①危机反应补助金；②结果管理补助金；③刑事司法援助金；④补偿金；⑤技术援助和培训服务。

犯罪受害者办公室创建了恐怖主义和国际受害者小组（TIVU），其任务是帮助恐怖主义和大规模暴力活动的受害者，及诸如拐卖妇女和儿童、劫持儿童犯罪等国际犯罪的受害者。[①] 此外，国际恐怖主义受害者补偿项目的管理工作被委托给这个小组，让其维护国际犯罪受害者补偿计划目录，使其与美国国务院合作共同处理受害者与可能的补偿渠道的沟通建立事宜，并提供其他国家犯罪受害者补偿项目清单，来尽力解决国际恐怖主义对位于海内外的美国公民的影响。犯罪受害者办公室发布指南，向美国境内的恐怖主义或大规模暴力行为的受害者提供补偿与协助，并向海外发生的恐怖主义或大规模暴力行为的受害者中的美国政府雇员提供协助。

恐怖主义受害者的具体方案建立在联邦和州的法律规定之上，这是一种与 20 世纪 80 年代初以来欧洲的发展相并列的方式，这意味着参与调查和起诉犯罪的机构对犯罪受害者承担特定的责任和义务，受害者的权利应当受到尊重，他们有权获得相关服务：确认受害者身份，提供可获得的医疗、心理咨询、补偿和赔偿服务的信息，提供关于刑事调查的现状和此后对刑事案件犯罪嫌疑人起诉的信息，为受害者通过旁听审判及在审判过程

---

① U. S. Department of Justice, Office of Justice Programs: International Terrorism Victim Expense Reimbursement Program. Report to Congress. Washington, February 2006.

中的量刑阶段提交对裁判有影响力的信息（受害者影响陈述）等方式参与刑事案件审判提供便利。

美国采取个体化的方法对特定的恐怖主义袭击受害者给予特别的关注，这样一来，在确定是否应为恐怖主义受害者立法及立法至何种程度来应对恐怖袭击这一问题上，就能够考虑（政治和经济上）目的的变化或差异，从而实现一定的灵活性。而其基本的问题则关注于控制自由裁量权和实施中的平等对待。[①]

美国对恐怖主义受害者提供赔偿的方法一直受到批评，因为其存在平等待遇方面的问题。"9·11"事件后在补偿实践中，平等问题变得特别明显。对"9·11"事件受害者的补偿款总量（约 380 亿美元）的确也证明了诸如保险公司、联邦政府、慈善组织和侵权制度等参与的有效性，但也表明了"9·11"事件受害者与其他恐怖袭击事件的受害者之间受到的区别对待，及"9·11"事件受害者之间受到的区别对待。[②] 批判提出恐怖主义受害者补偿的指导原则与侵权法原则过于相似，从而与援助和社会福利的补偿方式相背离。[③]

2. 以色列

以色列在最近的 40 年曾经历了大量的大规模暴力、恐怖主义和战争事件，因此，该国拥有大量的立法和实践经验来应对恐怖主义和各种集体性暴力导致的伤害性事件，这是很正常的。事实上，以色列立法者针对补偿恐怖主义造成的损害引发的两种主要问题设计出了全面的立法。首先，1961 年的《房产税和补偿基金法》[④] 对恐怖主义造成的财产损失进行补偿。其次，1970 年的《敌对行动受害者（养老金）法案》向在恐怖袭击中身体受伤的人以及死者的家庭成员提供补偿。以色列的体系是一个永久性的补偿体系，其产生基于如下政治意愿：战争造成的损失原则上应由公

① See for example Shapo, M. S.: Compensation for Victims of Terror: A Specialized Jurisprudence of Injuries. Indiana Law Review 36 (2003), pp. 237–249.

② Dixon, L., Kaganoff Stern, R.: Compensation for Losses from the 9/11 Attacks. RAND Institute for Civil Justice, Santa Monica 2004.

③ Diller, M.: Tort and Social Welfare Principles in the Victim Compensation Fund. DePaul Law Review 53 (2003), pp. 719–768.

④ Sommer, H.: Providing Compensation for Harm Caused by Terrorism: Lessons Learned in the Israeli Experience. Indiana Law Review 335 (2003), pp. 335–365.

众整体来承担或者说由公共基金来承担，而不是由受到损失的个人来承担。此后这种方式扩大到了恐怖主义受害者领域。因此，其补偿体系因其互助原则和对诸如战争、集体暴力和恐怖主义产生的一般性风险应由公众来承担这一理念的认可而具有合理性。但是在历史上，源于战争的风险曾被认为仅限于由军队或交战各方的成员来承担。第二次世界大战和此后的战事以来这些差异就消失了，因为这些战事表明，严重的生命和财产损失将由社会而不是军方来承担。恐怖主义，当将其与战争并列时，会将任何无辜平民作为打击目标或将其牵扯进来，迫使他们（和整个社会）成为小规模战争或私人战争的被迫应征者。以色列法律不区分战争受害者和恐怖主义受害者，均称之为遭受了"敌人的伤害"（其中也包括由"友军"造成的损失）的受害者。

像美国专门法律一样，以色列法律覆盖了被恐怖主义列为目标的位于海内外的以色列公民，在以色列的领土内受害的外国侨民（合法进入以色列境内的）也被覆盖进来。只要存在合理推论依据就可以推定存在这种敌对行为，这种方式为举证提供了便利。从补偿和互助项目中的获益由国家保险协会管理，补偿包括因医疗保健产生的费用和医治中的生活津贴费用。财政援助数额以受害者受害前的收入为基础来计算，除了医疗费用，法律还对受害者的接受治疗的家庭成员进行补偿，像对因公殉职的军事人员的家庭成员进行补偿一样。在有多种补偿可以选择的情况下受害者可以进行选择。对财产损失的补偿视为拓展了为补偿战争损失而建立的补偿项目。这套适用于财产损失的制度经历了一些变化：从原来的保险模式变成了社会援助体系。法律涵盖了直接和间接的财产损失（但不包括重大恐怖袭击后经济恶化带来的一般性后果）。因为区分敌对行为和单纯的暴力行为（或财产性犯罪）可能会有困难，所以申请人必须提供敌对动机相关的证明。

三　欧洲补偿暴力活动受害者和恐怖主义受害者的不同模式和做法

欧洲国家间的立法有着明显的不同，特别是在暴力活动受害者补偿领域。因为在欧洲理事会中，成员国数量众多，为了进行比较，可以粗略地将国家模式分为三类。①

第一类，已经有专门的恐怖主义受害者立法和方案的国家，其专门法沿袭了之前的对军人和对战争中的平民受害者的补偿。德国有关暴力活动受害者补偿的法律同样是指一个补偿结构，来自组织对战争损失的补偿的立法。参照一下战争，就可以在恐怖行为造成的伤害和战争造成的伤害之间建立一种类比关系。当恐怖主义的平民受害者被定义为被强迫招募的"战士"，被迫参加了一场发生在恐怖主义组织和国家之间的暴力冲突②时，这一情况就更明显了。把现代恐怖主义理解为小型的或私人的战争（当然是以向恐怖主义者宣战的方式），也促进了这样的类比。同样在法国、意大利、希腊、西班牙和俄罗斯也能看到有关恐怖主义受害者的专门立法。不同体系的情况显然是不同的，法国和西班牙已经建立起单独的援助恐怖主义受害者的行政管理机构，俄罗斯则由普通法院依法对申请进行评估，法律在确认谁来补偿和向谁补偿问题上明显拥有很大的自由裁量权。已为恐怖主义受害者创建专门法的大部分国家，过去的40年来都曾遭受过根源于分裂主义或思想意识形态因素的恐怖主义的袭击，但主要的根源是地方性的。

第二类，已经详细制定了犯罪被害者补偿和保护方案的国家，它们的补偿对象实际上涵盖了恐怖主义受害者，却没有将其特别单列出来。

第三类，至今尚未立法或仅在非常有限的程度内对犯罪受害者补偿立法的国家，以及因为各种原因未实施补偿法或受害者协助和援助方案的国家。其原因是，只有有限的公共资金可用来对受害者进行补偿，并且或者因为持有这样一种观点：在决定公众投资的方向时，社会政策的其他领域需要给予更高的重视度。

如此，补偿立法可以分为以下模式。

第一，倾向于提供充分的补偿（尤其针对痛楚和苦难，以侵权法做补

---

① For more detailed information on the situation in the CoE Member States, see Kilchling, M., Albrecht, H. - J.: Victims of Terrorism Policies and Legislation in Europe. An Overview on Victim Related Assistance and Support forschungaktuell - research in brief, No. 30. Freiburg i. Br. 2005, pp. 18 et seq.; the report is also available in Council of Europe (eds.), Victims - Support and assistance, Strasbourg 2006, pp. 199 et seq. (pp. 211 et seq.) or as document no. PC - S - AV (2005) 04 at www. coe. int.

② Sommer, H.: Providing Compensation for Harm Caused by Terrorism: Lessons Learned in the Israeli Experience. Indiana Law Review 335 (2003), pp. 335 - 365.

偿根据的基本方式）。

第二，从应对作为暴力活动的后果的财政困境、特殊心理需求和其他援助需求的社会福利方法中寻求合法性依据。这种合法性依据完全受制于补充性原则，以防国家在犯罪人身份未确认、死亡、经济上无能力充分赔偿受害者时取代行为人而成了补偿者。

在何种情况以及多大程度上补偿受害者这两个问题上，存在更大的差异。有些国家仅提供多少有些象征性的"一次性"补偿，而另一些国家按月或年进行定期支付。最重要的一个例子是意大利的资金充裕的定期补贴系统，在那里受害者和他们的亲属以养老金和额外的补贴的形式领取到最高额的支付款。希腊则呈现另一种典型的特征：那里虽然提供直接财政支付的水平比较低，但家庭成员，特别是公共服务机构的受害者的后代，可以接受一种"同类偿还"，即优先进入公共服务机构。对于遍布全国的公共服务机构而言，这种在这个部门中就业的有效保障无论从实践方面还是从经济方面都具有很高的价值。更有价值的例子来自意大利、希腊和西班牙这类国家，补偿的受益人可以享受部分税务抵免甚至全部免除所得税和（或）其他行政管理费。

四 对恐怖主义受害者的补偿有何特别之处？

国家应该为恐怖主义的受害者专门立法或立项吗？是否应当按照连带互助原则和非歧视原则平等地对待所有的犯罪活动受害者？在这些案件中，什么才是公正而平等的对待？当讨论是否应当区别对待恐怖分子暴力事件的受害者以及对恐怖主义的受害者如何补偿的问题时，必须要考虑一些细节，而我们可以在近几十年发生的大规模恐怖暴力事件以及其对受害者所造成的后果中得到一些关于这些细节的启发。

国际性文件在这一方面的观点有所不同。一方面，欧盟似乎更明确地倾向于关注恐怖主义受害者的项目。根据其 2002 年打击恐怖主义问题的框架决定，"特定措施是必须的"，特别要考虑恐怖犯罪受害者的脆弱性。[①]

---

① Cf. EU Council Framework Decision（2002/475/JHA）of 13 June 2002 on Combating Terrorism, recital No. 8.

欧洲理事会却倾向相反的立场，2005 年欧洲理事会指导方针的序言明确表明其考虑到恐怖主义的受害者有必要受国家和国际的援助，[1] 其 2006 年关于协助犯罪活动受害者的建议的解释性备忘录强调恐怖主义受害者"尽管被一些国家优先对待"，实质上却和其他犯罪活动的受害者的需要相同。[2] 显而易见的是，欧盟部长委员会采用了其最终版本的建议，抛弃了他们起初要给恐怖主义受害者优先权利的想法。[3]

研究表明，暴力犯罪的受害者在身体上、经济上、情感上和法律上存在一系列广泛的需求，包括针对犯罪事件引起的后创伤反应所需要的长期心理健康服务。因此，在将恐怖活动的受害者与严重（个体性）暴力活动的受害者进行比较时，考虑到暴力犯罪的影响以及受害后的需要，恐怖活动的受害者总的来说并无特殊之处。恐怖主义行为给受害者造成一系列影响：脆弱感和创伤，日常生活的中断打乱，因失去双亲和残疾而带来的对未来生活的摧毁和经济问题等，这些对受害者的影响和一般暴力犯罪的影响很类似。

尽管仍然有些不同，但是这种不同多存在于针对伤害所做出的应对的计划、组织和协同等方面，如同美国的经历所显示的那样，[4] 但这种不同也取决于已有的特别就大规模受害情况做出回应的行政系统的类型。恐怖主义者倾向于针对不特定的并有象征意义的目标，旨在最大限度地引起公众注意，这极可能导致在一次暴力行动中造成较多伤亡（极少的案例），也会导致需要安置更多的不同国籍的受害者，"9·11"恐怖袭击或莫斯科大剧院人质事件正表明了这点。这就要求建立起机制，以便能够在短时间内最大限度地提供综合援助并避免在跨国界、不同支持和补偿体制下提供

---

① Guidelines on the Protection of Victims of Terrorist Acts, adopted by the Committee of Ministers on 2 March 2005 at the 917th meeting of the Ministers' Deputies. The guidelines are available on the website of the Council of Europe at www. coe. int/T/E/Legal_Affairs/Legal_cooperation/Fight_against_terrorism/2_Adopted_Texts.

② Cf. Explanatory Memorandum to the COE Recommendation (2006) 8 on Assistance to Crime Victims, para 21.

③ Cf. Reply by the Committee of Ministers to Recommendation 1677 (2004) "Challenge of terrorism in Council of Europe member states"; adopted at the 912th meeting of the Ministers' Deputies on 19 January 2005: Parliamentary Assembly of the Council of Europe Doc. 1041122 of January 2005, item No. 19.

④ U. S. Department of Justice Office of Justice Programs: Responding to Terrorism Victims: Oklahoma City and Beyond. Washington, October 2000.

援助和帮助时可能出现的问题。[①] 对"9·11"恐怖袭击受害者的相关应急情况进行的总结表明，为参与受害者支持援助项目的员工提供应急培训，整合急救中心的补偿和援助人员，将补偿费支付、心理健康与法律援助、受害者财务及日常生活问题方面的支持融为一体，并对处理短时间内出现的大量索赔做好充分的准备，这些都是至关重要的。[②]

造成普通暴力事件受害者与恐怖主义受害者之间不同的因素与恐怖主义者的行为在媒体和政治体系方面得到的特别关注有关。这当然印证了这一观点，即与恐怖主义暴力事件的受害者可以受到较多关注相比，普通暴力事件的受害者没有获得同等的对待。也可能会出现另外一种结果，就是国家制定象征性的（有时是种可悲）法律，旨在表明在其公民安全遇到巨大威胁时，国家具备采取行动的能力。

当考察给予普通暴力犯罪行为受害者及恐怖主义犯罪行为受害者补偿的原因时，我们可以找到同样的法律正当性。给暴力事件受害者及恐怖活动受害者提供国家补偿和帮助的根本依据体现在国家必须表明其社会的连带互助，并同时为国家无力消除并最终造成损伤的风险进行补偿。必须对恐怖活动的受害者补偿的原因是否在于若不补偿则会导致对恐怖主义暴力事件产生恐惧因而更加明显地有助于达成恐怖分子的目标，还值得商榷。[③] 然而，在补偿范围和补偿程度上确实存在不同的受害者补偿模式。后述事实即便从理论和体制视角来看显得公平，但从受恐怖活动直接影响的受害者个人的角度来看，可以被认为是既不公平又不公正的区别对待。对来自经济较发达国家并不幸偶然成为经济水准较低国家恐怖袭击受害者的人们来说，这一点有着特别的意义。莫斯科剧院人质事件之后受害者提起诉讼要求数百万美元的补偿金（该主张并未获支持），而该国的月平均收入不足 200 美元，这些诉讼将广泛充分获得补偿的期望和承诺带来的问题清晰地显现出来。

然而即使如此，外籍公民在国外受到伤害这一问题还是需要得到特别

---

① US Department of Justice: New Directions from the Field: Victims Rights and Services for the 21st Century. Washington 1998; see also Dixon, L., Kaganoff Stern, R.: Compensation for Losses from the 9/11 Attacks. RAND Institute for Civil Justice, Santa Monica 2004.

② Gonzales, A. R., Henke, T. A., Gillis, J. W.: Responding to September 11 Victims: Lessons Learned from the States. www.ovcttac.org.

③ Sommer, H.: Providing Compensation for Harm Caused by Terrorism: Lessons Learned in the Israeli Experience. Indiana Law Review 335 (2003), pp. 335 – 365, 364.

关注。还是有必要提出何种程度的补偿，才能符合这类受害者的利益及需要这一问题，例如，俄罗斯对大多数恐怖袭击案件①中受害者的一般补偿标准为一次性赔偿不到3000欧元，这一数目对那些来自生活水准较高的国家的受害者来说，不过是杯水车薪。由于现代国际恐怖主义威胁的肆意性的特点，受害者的遭遇不仅存在于成为恐怖主义危害事件的攻击目标这一事实，尽管这一点是肆意的，还有以下的事实造成的其他的影响，即公民可能偶然在外国成为恐怖袭击的受害者而该国又没有能力提供足够的经济补偿（特别是考虑到大规模恐怖威胁带来的灾难性伤亡的严重程度，补偿并不足以弥补灾难性的人员伤亡）。这些问题是属地原则的固有结果，而属地原则是常规的、得到受害者协助和补偿领域内的国际文件认可的国家责任标准。② 其他文件也写入了这一原则，如最近的新版《欧洲理事会关于预防恐怖主义的公约》③ 第13条。2005年《华沙公约》再次明确援引了这一原则。

在牵涉不同国籍受害者的恐怖袭击案例中，现存的所有模式，无论是基于侵权行为法做出的充分补偿，还是根据社会连带互助原则制定的补偿计划，都存在问题。它们都无法解决因不同的生活水平而造成的期望值和需要的差异这一问题。只要各国经济状况仍有较大差异，任何制定统一水准的尝试都不会取得成功。在完全不同的背景下，这种努力都同样未能成功且不能解决问题。④ 而做出妥协则如同化圆为方一样困难，即如果倾向于较高的标准的赔偿，经济较不繁荣国家将无法满足要求；而基于较低标

---

① 根据某特定关税制，受害者死亡的，其亲属们可得到500元最低工资；受害者残废的，50至100元最低工资，受害者伤势严重为30元，轻伤为15元。定期抚恤金完全基于一个事实，即未支付恐怖主义受害者补偿。具体数字可以从几个吸引公众注意的案例中查到。2004年喷气式客机坠毁的两个受害者家庭从联邦政府收到100000卢布（约2800欧元）。2004年莫斯科的恐怖爆炸中，基于莫斯科市长签发的法令，负伤的受害者分别收到50000（重伤）和3000（轻伤）卢布。东北的剧院袭击案的幸存者得到约2700美元，死亡者的家庭和亲属得到约9500美元。

② See, e. g., article 2 of the Council Directive 2004/80/EC of 29 April 2004（See also Conclusions and Plan of Action of the Extraordinary European Council Meeting on 21 September 2001, SN 140/01, p. 4.

③ European Convention on the Prevention of Terrorism of 16 May 2005, ETS No. 196.

④ 如何在欧盟成员国范围内以一种可由公众评估为公正的方式向欧洲议会成员补贴，对这个问题的争议是一个良好的事例。现行的支付方式建立在国家标准之上，这可能因为与向所有代表方同程序补偿的体制相一致而引起争议。

准的补贴会给来自高物价国家的受害者们带来权益被侵犯的感觉。从实际的角度来看，唯一可行的措施或许是在总体上使受害者有权获得本国基于本国实际生活水平的额外的财政救济的权利。目前，欧洲一些国家已经自发地提供了这种额外的救济，有的是基于一个特设的，法律上或事实上的（政治的）临时特设的基础，[①] 有的是通过额外的补偿基金，英国[②]最近刚设立了这种基金。[③] 只有极少数国家[④]给予受害者定期向本国索赔的法定权利。[⑤] 这种权利可以以补贴的形式获得，[⑥] 然而这将会偏离国际承认的属地原则。但实际上这将是共同体之间的一种增进连带互助的举动。故意选取特定的国家为袭击目标是国际恐怖主义者的常用手段之一。尽管采取了一切可行的防范措施，一个国家也可能在任何时候成为恐怖袭击的受害国。因此，如果目标国家未能防止恐怖袭击的发生，它就绝不可能，甚至比传统犯罪还不可能，[⑦] 找出合理理由来摆脱其对人员伤亡和个人所遭受损失应负的专有责任。

---

① 2002 年在杰尔巴/突尼西亚发生的犹太教堂爆炸案后，联邦德国政府向德国受害者提供了约 1000 万欧元作为临时补贴，这些受害者无法依照国家的暴力犯罪受害者补偿法（Opferentschädigungsgesetz OEG）合法获得补偿，这部补偿法也是建立在属地原则基础上的。

② 英国新的补偿方案针对侨居海外的恐怖受害者的补偿，在 2006 年注入 100 万英镑发起资金，并由英国红十字会管理。

③ 例如，法国所谓的"保险基金"，根据 1986 年 9 月 9 日关于打击恐怖主义的 86 - 1020 号法律第 9 条第 1 段的规定，也适用于法国公民在法国境外发生的恐怖行为的受害者。

④ 特别参考《奥地利刑事犯罪被害人补偿法》（Verbrechensopfergesetz - VOG），其中第 1 条规定，经常居住于奥地利的奥地利人和 EEA 公民如成为暴力犯罪的受害者，则有权依据本法请求损害赔偿而不论其受害地方。更多信息参见 Raschka, W.: Austria, in: Greer, D. eds., Compensating Crime Victims – A European Survey, Freiburg 1996, pp. 15 et seq.

⑤ 在德国，自由党的两个最近的议会倡议（参见 BT - Drucksache 16/585 of 08.02.2006）和绿党（参见 BT - Drucksache 16/1067 of 28.03.2006）关于 OEG 应用范围扩展的申请（参见 see above, footnote 60），倡议将德国公民在海外恐怖主义或其他形式暴力犯罪中的受害者包括进来，但未获成功。

⑥ 参见一个具体的辅助性条款实例，见上述《奥地利刑事犯罪被害人补偿法》第 3 条第 8 段的规定，受害者有资格依外国法获得赔偿，则可免除对其进行补偿。

⑦ 关于刑事政策一般预防上效果的缺失可以构成国家对刑事犯罪受害人补偿的理论基础这个问题，存在着巨大的争议。更多信息详见 Greer, D.: Compensating Crime Victims – A European Survey, Freiburg 1996, p. 695；也见于 the explanatory report to the 1983 European Convention on the Compensation of Victims of Violent, European Convention on the Compensation of Victims of Violent Crimes in 1983（参见 European Convention on the Compensation of Victims of Violent Crimes of 24 November 1983, ETS No. 116），paragraph 9。

五　结论

作为一种政治战略，对受害者的帮助、保护和补偿在对抗将受害者非人化方面有着显著作用，而非人化是世界范围内恐怖主义者策略的重要组成部分。① 各国形成了不同的（暴力）犯罪受害者帮助、保护和救济模式，实施了不同类型的补偿机制，这种补偿在处理恐怖分子受害者案例时得到了采用甚至拓展。

至于紧急救援、一般性支援和帮助，比较可取的方法是使支援、帮助和紧急救济等之间的协调一致成为大多数欧洲国家已就位的一般性市民和公共灾难应对体系的一部分。此外，少数群体在恐怖袭击后可能会受到强烈的反击，对这种非直接受害的处理也应该成为应对计划的一部分。恐怖袭击之后针对少数群体的大规模强烈反击显然是恐怖主义计划的一部分，恐怖分子希望以此破坏社会连带团结，造成恐慌氛围，并引发有利于暴力行为扩散的种族和宗教仇恨。

自 20 世纪 90 年代跨国有组织犯罪成为突出犯罪问题以来，刑事侦查和审判期间对受害者和证人的保护就被提到了立法者日程的重要位置。而性侵犯（特别是对儿童的性侵犯）案件的增多加剧了抚平二次创伤的需要，这种创伤是由证据引入时使用了录影带和在线视频链接造成的。欧洲的很多国家现在在对待人口拐卖的受害者时注意了这一方面。② 然而恐怖主义的受害者，适用的则是为保护被恐吓的或受武力报复威胁的受害者而制定的法律。证人保护计划也各有不同，特别是在哪种犯罪行为受害者有资格获得保护性措施方面差异较大。

深入研究受害者补偿议题有着特别重要的意义。尽管国际社会做了多种努力，拟定了多种文件，欧洲各国在立法和实践方面的差别仍然很大。由于偏爱原则性方法，根据民事侵权法制定的完全补偿模式看起来并不恰当。这一完全补偿模式在美国发展，并似乎在欧洲得到了某种程度的响

---

① 也可比较 2006 年 4 月 27 日联合国秘书长的报告：Uniting against terrorism：recommendations for a global counter terrorism strategy, U. N. doc. No. A/60/825, p. 5, available at http://www. un. org/unitingagainstterrorism/sg – terrorism – 2 May 06. pdf。

② See, e. g., Council of Europe, Commissioner for Human Rights, Berlin Declaration of November 2004, www. nhri. net/pdf/CommDH – NHRI（2004）1_E. pdf.

应，它是基于惩罚性赔偿这一概念建立的，而这一模式的缺陷也恰恰应该归咎于惩罚性赔偿这一概念。因为对受害者明显的不平等对待，这一方法给社会连带互助造成了压力，同时并未增进社会的整合，现在美国的状况明确显示了这一点。

相对于针对具体恐怖主义行为（或大规模袭击）的受害者制定的就事论事的补偿模式来讲，有力的主张更赞成采取以立法为基础的方式制定补偿方案。尽管基于特定事件和临时的补偿方案更加灵活，却不符合可预见性原则和平等对待原则的要求，恰恰相反，它更容易受到不断变化的政治和经济目标的影响。

试图阐述一个合法且公正的补偿计划时，会发现有些议题仍有待讨论。恐怖主义受害者的问题是由恐怖袭击这种罕见事件造成的。对于欧洲中部地区来说，受害者多达数十位的全面的恐怖袭击事件在未来也明显仍将是罕见的。但俄罗斯联邦是个例外，它所遭受的恐怖主义袭击事件的节奏仍取决于车臣武装冲突。就现状而言，把对恐怖主义受害者的补偿作为一般受害者补偿立法的一部分，而不是为恐怖主义受害者单独建立补偿计划，这样的提议看起来是合理的。

然而，后面这个例子也指出了一个至今仍没有解决的问题，那就是一国公民在国外受到（恐怖分子的）伤害应如何公平补偿的问题。在国际法的属地原则下取决于各个国家的经济水准，受害者在某一特定国家所能得到的国家补偿也不同，这就给来自国外的受害者带来了严重的经济问题。从欧洲方面看，对于暴力犯罪事件的受害者的补偿的正当性来自社会援助和社会公平，[1] 反过来，正是由于社会援助和社会公平，基于暴力行为受害者的经济需要决定补偿的种类和数目的这种提供社会福利的方法才具有正当性。这种方法应该包括必要时由本国对在国外受害的国民进行额外经济补偿的情况。对于这类事件，额外补偿应该由本国以补贴的形式发放。国界线不应成为一国逃避其援助本国恐怖主义（或其他严重灾难）受害者的理由。此外，共同承担照管受害者这一重任同时也表明了共同体在对抗以国家和个人为袭击目标的国际恐怖主义威胁时的团结一致。

---

[1] Preamble of the 1983 European Convention on the Compensation of Victims of Violent Crimes (see European Convention on the Compensation of Victims of Violent Crimes of 24 November 1983, ETS No. 116).

国际刑法

国际刑事法院管辖补充性原则的规范分析

赵晨光[*]

摘　要： 国际刑事法院的管辖权具有补充性的特征，原则上国内法院对国际刑事法院管辖范围内的犯罪享有优先管辖权，国际刑事法院仅可能在出现有罪不罚的例外情形下行使管辖权，如何实现这种管辖权的分配则要依据可受理性标准来判断。《罗马规约》第 17 条规定了国际刑事法院案件的可受理性标准。本文结合有关补充性原则的学理研究及国际刑事法院的判例，探讨现有法律框架下可受理性标准的构成要件、适用前提，并结合相关判例探讨可受理性标准在司法适用中存在的问题及其完善和解决的途径。本文对补充性原则的规范分析，不仅有助于明确《罗马规约》相关条文的具体含义和适用准则，而且可以为国际刑事法院各缔约国及非缔约国更好地理解和运用《罗马规约》来保护各自的权益提供有利的法律保障。

关键词： 国际刑事法院　可受理性标准　补充性的判断　严重性的判断

《国际刑事法院罗马规约》（以下简称《罗马规约》）于 2002 年 7 月 1 日正式生效，这同时意味着人类历史上第一个独立的常设性国际刑事法院正式成立。国际刑事法院的诞生不仅是国际刑事法治领域的一个重要里程碑，也带来了国际刑法理论和实践的新发展、新趋势。十年间，国际刑事法院已经由一个新生儿成长为一个全面运作的国际刑事司法机构。截至 2015 年 4 月 1 日，《罗马规约》的缔约国已达到 123 个，签署但未批准的

---

*　赵晨光，德国弗莱堡大学法学博士，北京师范大学刑事法律科学研究院讲师。

国家为 139 个。① 国际刑事法院可对灭绝种族罪、危害人类罪、战争罪及侵略罪行使管辖权。《罗马规约》第 13 条进一步规定了国际刑事法院行使刑事管辖权的几种方式：①缔约国按照《罗马规约》第 14 条的规定向检察官提交显示一项或多项犯罪已经发生的情势（situation）；②安理会根据《联合国宪章》第七章行事，向检察官提交显示一项或多项犯罪已经发生的情势（situation）；③检察官根据《罗马规约》第 15 条开始调查一项犯罪。② 由此可见，能够启动国际刑事法院管辖权的主体（无论是缔约国还是安理会）只能提交情势，而不能直接提交案件（case）。只有检察官在确定了情势的可受理性后，才能进一步从各个情势中筛选出具体的案件。目前国际刑事法院正在对 9 个情势中的 22 个具体案件进行调查和审理。其中，国际刑事法院正在调查的情势包括：缔约国自行提交的情势 5 个，安理会提交的情势 2 个，检察官自主调查的情势 2 个。③ 国际刑事法院的管辖权通过以上各种途径被激活后，是否能够真正成为国际刑事法院可受理的情势和案件则要经过可受理性标准（admissibility）④ 的检验。

《罗马规约》第 17 条有关案件可受理性标准的规定也是集中体现补充性原则的法律条文。国际刑事法院的补充性原则作为整个《罗马规约》法律结构的基石，⑤ 是一项贯穿全部法律条文的指导性原则，对国际刑事法院管辖权与国家管辖权之间的关系起到平衡的作用，直接影响着案件的启动、管辖和可受理性等重要的法律问题。而可受理性问题可以说是补充性原则的核心，堪称"核心中的核心"，因此对可受理性标准的探讨和研究直接影响和反映对补充性原则的理解和运用。然而，在法院运作初期，作

---

① 参见 http://www.iccnow.org/，最后访问时间：2014 年 4 月 5 日。

② 《罗马规约》第 13 条。

③ 国际刑事法院正在处理的情势包括：（1）缔约国自行提交的情势：乌干达情势、刚果民主共和国情势、中非共和国情势和马里情势；（2）安理会提交的情势：苏丹达尔富尔情势、利比亚情势（两个国家都属于非缔约国）；（3）检察官自主调查的情势：肯尼亚情势、科特迪瓦情势，其中科特迪瓦于 2013 年 2 月 15 日签署了《罗马规约》，成为《罗马规约》缔约国。

④ 《罗马规约》第 17 条。

⑤ See J. T. Holmes, "The Principle of Complementarity", in R. S. Lee, eds., *The International Criminal Court: The Making of the Rome Statute* (1999), p. 73. 国际刑事法院在其判决中也肯定了补充性原则的基石作用，指出："众所周知，补充性原则是《罗马规约》的基石和整个法院运作的指导原则。" Prosecutor v. Kony et al., ICC－02/04－01/05－377, 10 March 2009, para. 34.

为集中体现补充性原则的可受理性标准问题却并没有引起理论界和实务界的关注。直到 2008 年 9 月至 2009 年 9 月随着国际刑事法院三个上诉判决的做出及其相关司法程序的启动，国际刑事法院运作中最为核心和关键的可受理性标准问题才成为焦点，受到理论和实务界的高度关注。但是，理论界对可受理性标准的具体构成要素的概念及其适用前提存在较大的争议，而国际刑事法院的判例也处于初期尝试和探索的阶段，因此本文拟结合有关补充性原则的学理研究以及国际刑事法院的判例，厘定现有法律框架下可受理性标准的构成要件、适用前提，并结合相关判例探讨可受性标准在司法适用中存在的问题及其完善和解决的途径。通过对可受理性标准的规范分析，不仅有助于明确《罗马规约》相关条文的具体含义和适用准则，而且可以进一步具体化对补充性原则含义的理解和认识，为国际刑事法院各缔约国及非缔约国更好地理解和运用《罗马规约》来保护各自的权益提供有利的法律保障。

一　案件可受理性标准的厘定

作为人类历史上唯一一个常设国际刑事法院，其对战争罪、灭绝种族罪、危害人类罪及侵略罪具有管辖权。然而不同于以往的国际刑事司法机构，国际刑事法院的管辖权具有补充性，在国际刑事法院和各国国内法院都对以上犯罪具有管辖权，即存在管辖竞合时，原则上国内法院享有优先管辖权，国际刑事法院仅仅享有补充性管辖权，即只有在一国不愿意或不能够切实对犯罪进行调查和审判时，国际刑事法院才可受理相关案件。这主要是因为国际刑事法院囿于其司法资源有限，没有自身独立的警察和刑事执行机构，其运作主要依赖于缔约国的合作和支持。也就是说，尽管国际刑事法院可以对发生在世界范围内的国际核心犯罪行使管辖权，但是从现实的角度出发，国际刑事法院能够调查和审判的实际案件则很少。而国际刑事法院的可受理性标准正是能够进入国际刑事法院管辖权案件的过滤网。

《罗马规约》第 17 条第 1 款规定了国际刑事法院认定案件不可受理的四种情形：①对案件具有管辖权的国家正在对该案件进行调查或起诉，除非该国不愿意或不能够切实进行调查或起诉；②对案件具有管辖权的国家已经对该案进行调查，而且该国已决定不对有关的人进行起诉，除非做出这项决定是由于该国不愿意或不能够切实进行起诉；③有关的人已经由于作为控告理由的行为受到审判，根据第 20 条第 3 款，法院不得进行审判；④案件缺乏足够的严重程度，法院无采取进一步行动的充分理由。① 以上规定中，前三种情形具体列举了根据补充性原则，当一国国内存在针对某案件的调查或起诉的司法程序时，国际刑事法院如何认定案件的可受理性问题。而第四种情形则是一个独立的判断标准，笔者将这一标准称为"二次过滤标准"，即前面三种不可受理的情形只是判断不可受理性的第一步，只有同时满足缺乏严重性的标准要求，才能最终排除国际刑事法院的管辖权。由此可见，《罗马规约》中规定的案件的可受理性标准主要包括两个方面，即补充性的判断标准和严重性的判断标准。

二 补充性的判断标准

根据《罗马规约》第 17 条第 1 款前三项的规定，补充性的判断涉及以下几个重要的概念，对这些概念本身的界定对理解案件可受理性问题具有决定性的意义。这几个重要的概念分别是：①对案件具有管辖权的国家的调查或起诉的程序；②不愿意；③不能够；④一罪不二审原则。以下将分别就这些概念的理解和适用进行深入的分析和探讨。

（一）对案件具有管辖权的国家的调查或起诉的程序

1. 如何判断具有管辖权的国家"不作为"（inaction）的可受理性

在国际刑事法院的实践中存在一种情形，即具有管辖权的国家针对发生在其境内或由其国民实施的国际刑事法院管辖权范围内的犯罪，既没有启动调查程序也没有对案件进行审判。那么如何判定这种案件的可受理性呢？这一问题在理论界和实务界都存在较大的争议，概括起来主要包括以下两种观点。一种观点认为《罗马规约》第 17 条第 1 款包含的补充性原则的判断只包括"不愿意"（unwillingness）和"不能够"（inability）两个要素，这两个要素是补充性原则适用的必要条件，"该条规定的文义中不

---

① 《罗马规约》第 17 条第 1 款。

包含一国'不作为'的情形"。① 另一种观点则认为，《罗马规约》第 17 条第 1 款的规定本身包含判断补充性原则的三个要素，即"不作为"、"不愿意"和"不能够"。② 该说认为，《罗马规约》第 17 条第 1 款的规定本身就包含了一个前提性的判定要素，即"是否存在国内调查或起诉的程序"。③ 只有在存在国内调查或者起诉程序的情况下，才能进一步进行"不愿意"和"不能够"的判断。因此，"一国完全的不作为可以导致直接认定该案件具有可受理性，并且不再需要对《罗马规约》第 17 条第 1 款第 1 项至第 3 项的规定进行判断"。④ 这一观点在判例法中得到了国际刑事法院检察官和审判庭法官的肯定。检察官办公室组织起草的有关"实践中的补充性原则非正式专家报告"指出，"尽管《罗马规约》第 17 条通常更加突出强调'不愿意'和'不能够'两个要素，但是事实上该条从逻辑上看包括三种不同的情形：不作为、不愿意和不能够"；⑤ 国际刑事法院上诉法庭法官在质疑 Katanga 案件的可受理性的判决书中指出，"在一国不作为的情形下，并不涉及不愿意和不能够的问题，具有管辖权的国家没有正在进行任何调查和起诉或者已经开展了调查和起诉，只要符合犯罪严重性的要求，这本身就可以导致案件的可受理性"。⑥

究竟一国"不作为"的情形属于补充性原则之外的新标准还是其应有之意，笔者拟从以下几个方面进行分析和探讨。

首先，从文义解释的角度来看，《罗马规约》第 17 条第 1 款的前三项

---

① W. Schabas and S. Williams, Article 17, in Otto Triffterer, eds., Commentary on the Rome Statute of the International Criminal Court, Observers' Notes, Article – by – Article, 2nd edition, at 615, 616 (2008).

② Darryl Robinson, "The Inaction Controversy: Neglected Words and New Opportunities", in Carsten Stahn and Mohamed M. El Zeidy, eds., *The International Criminal Court and Complementarity: From Theory to Practice* (Volume Ⅰ), Cambridge University Press, 2011, pp. 460 – 502.

③ Darryl Robinson, "The Inaction Controversy: Neglected Words and New Opportunities", in Carsten Stahn and Mohamed M. El Zeidy, eds., *The International Criminal Court and Complementarity: From Theory to Practice* (Volume I), Cambridge University Press, 2011, p. 462.

④ Jann K. Kleffner, *Complementarity in the Rome Statute and National Criminal Jurisdictions*, Oxford University Press, 2008, p. 105.

⑤ Informal Expert Paper: The Principle of Complementarity in Practice, ICC – 01/04 – 01/07 – 1008 – AnxA 30 – 03 – 2009, pp. 7 – 8.

⑥ Prosecutor v. Katanga and Ngudjolo, ICC – 01/04 – 01/07 – 1497, 25 September 2009 (Katanga Admissibility Appeal Judgment), at 78.

规定的每一项都有一个前提要求，即第 1 项规定要求"对案件具有管辖权的国家正在对该案件进行调查或起诉"，第 2 项规定要求"对案件具有管辖权的国家已经对该案进行调查"，第 3 项规定要求"有关的人已经由于作为控告理由的行为受到审判"。这三个要求的共同点就在于所针对的情形都是国内法院已经开启了调查或者起诉的程序，只是所处的阶段不同而已。特别要注意的是，在第 1 项和第 2 项中前后两段的规定是用"除非"来联结的，这意味着前半段所规定的是前提，后半段规定的是例外，只有符合了前半段的规定，才能进入"除非"之后的判断。因此，从语义解释的角度看，适用第 17 条第 1 款第 1、2、3 项的具体规定的共同前提是具有管辖权的一国国内存在调查或起诉的程序。如果一国既没有调查也没有起诉的程序，则无法进行"除非"情形下的"不愿意"和"不能够"的判断。简言之，一国的"不作为"由于缺乏国内调查或起诉的程序，就不符合不可受理性对起码的调查和起诉的程序的要求，因此，只要案件符合严重性的标准，国际刑事法院就可以受理案件。

其次，从目的解释的角度看，补充性原则的最终目的是实现《罗马规约》序言第四段中所强调的"对于整个国际社会关注的最严重犯罪，绝不能听之、任之不予处罚"。而序言第五段进一步说明对国际核心犯罪进行有效的审判的目的就是"使罪犯不再逍遥法外，从而有助于预防犯罪的发生"。因此，以下将具体探讨在具有管辖权的国家处于完全的不作为状态时，根据上述国际刑事法院的有罪必罚目的的要求，由"不愿意"和"不能够"标准构成的二要素说和主张由"不作为"、"不愿意"和"不能够"构成的三要素说究竟哪个更加符合目的解释的要求。就二要素说来说，该说主张任何案件都要进行"不愿意"和"不能够"的判断，只有相关证据证明具有管辖权的国家或者"不能够"或者"不愿意"进行调查和起诉时，案件才可以被受理。对于"不愿意"和"不能够"的判断标准，《罗马规约》第 17 条第 2 款和第 3 款做了具体的规定。判断一国"不愿意"包括以下三种情况：第一种情况是该国所进行的诉讼程序或做出的决定是为了包庇罪犯，使其免负国际刑事法院管辖范围内的犯罪的刑事责任；第二种情况是"诉讼程序发生不当延误，而根据实际情况，这种延误不符合将有关的人绳之以法的目的"；第三种情况是"已经或正在进行的诉讼程序，没有以独立或公正的方式进行，而根据实际情况，采用的方式不符合将有关的人绳之以法的目的"。① 《罗马规约》第 17 条第 3 款对一国"不能够"进行调查和起诉做出了明确规定："为了确定某一案件中是否有不能够的问题，本法院应考虑，一国是否由于本国司法系统完全瓦解，或实际上瓦解或者并不存在，因而无法拘捕被告人或取得必要的证据和证言，或在其他方面不能进行本国的诉讼程序。"② 如果具有管辖权的一国处于"不作为"的状态，但事实上其司法系统并未完全瓦解或实际上瓦解或并不存在，并且可以拘捕被告人或取得相关证据，但是出于其他政治或者经济的考虑，该国没有启动任何调查或起诉的程序，那么根据二要素的观点，此种情形并不符合"不能够"的标准，接下来就要看是否符合"不愿意"的判断标准。这里需要我们注意的是，有关"不愿意"的判断中，判断的对象都是具体案件的"已经或正在进行的诉讼程序"是否切实地符合将有关的人绳之以法的目的。然而在一国根本没有开启任何调查或者起诉的程序时，则可能存在两种情况。一种情况是该国虽然没有在国内启动任何调查或起诉的程序，但是该国愿意将相关嫌疑人移交国际刑事法院进行审判，即实践中的"自我提交情势"（self - referral）的情形，这种情况下不能认定国内当局"不愿意"。另一种情况是"国内法院"没有开启任何程序也没有提交情势给国际刑事法院，由于缺少"不愿意"标准下的判断对象，只能做出主观的政治判断，这不符合可受理性标准的要求，此时"不愿意"的标准将无法得到证明。③ 因此，根据二要素说，当具有管辖权的一国处于"不作为"的情形时，由于"不愿意"和"不能够"的标准都不能符合，因此国际刑事法院不能受理案件。显然，此处存在明显的有罪不能罚的情形，这与国际刑事法院的目的相悖，也不符合打击和惩罚严重国际犯罪的目的。相比，三要素说实际上坚持了一个"两阶层分析法"，④ 对于一个具体案件，首先判断是否存在国内调查或起诉的程序，如果一国没有启动调查程序或处于完全的"不作为"状态，由于缺乏最起码的调查或

---

① 《罗马规约》第 17 条第 2 款。

② 《罗马规约》第 17 条第 3 款。

③ Darryl Robinson, "The Inaction Controversy: Neglected Words and New Opportunities", in Carsten Stahn and Mohamed M. El Zeidy, eds., *The International Criminal Court and Complementarity: From Theory to Practice* (Volume I), Cambridge University Press, 2011, p. 474.

④ Darryl Robinson, "The Mysterious Mysteriousness of Complementarity", *Criminal Law Forum* 21 (2010): 67 – 102, p. 87.

起诉的程序，因此不符合不可受理性的标准，只要符合犯罪严重性的标准，国际刑事法院就可以受理案件。其次，只有在一国"正在进行或者已经完成调查或者起诉"程序时，才进一步判断是否存在"不愿意"或"不能够"的情形。根据该说的主张，面对具有管辖权的国家"不作为"的情形时，只要证明国内没有启动相关的程序且案件具有严重性就可以认定案件具有可受理性，这就避免了二要素说的弊端，防止了有罪不罚现象的产生，这与国际刑事法院的目的一致。

综上所述，笔者认为，无论从文义解释还是目的解释的要求来看，三要素的主张更加合理，且在实践中避免了由于证明"不愿意"和"不能够"的证据不足而导致的有罪不罚情形的发生，因此"不作为"应当理解为《罗马规约》第17条所具体体现的补充性的应有之意，而不是国际刑事法院判例的新创造和新发明。

2. 如何理解"案件"（the case）的概念

《罗马规约》第17条第1款第1、2、4项的规定中均提到"案件"这个术语，然而《罗马规约》并未对"案件"的概念给出进一步的解释。国际刑事法院的判例法首次对"案件"的概念做出了解释，但是学者们对其解释的理解仍有很大的争议。

国际刑事法院的第一预审分庭将"案件"定义为："在特定的事件中，一个或多个确定的嫌疑人可能实施了国际刑事法院管辖范围内的一个或多个犯罪行为。"① 2006年2月10日，预审分庭的法官对于"案件"的概念做了进一步的解释："由某一被调查的情势中产生的某一具体案件，其具有不可受理性的必要条件是国内的相关调查或起诉程序包含与国际刑事法院指控的案件相同的行为人和相同的犯罪行为。"② 就具体案件来说，在Lubanga案件中，尽管Lubanga被民主刚果共和国国内法院指控犯有危害人类罪、灭绝种族罪、谋杀和非法拘禁等犯罪而被拘留，预审分庭认为这些指控中并没有包含与国际刑事法院检察官指控的雇佣儿童军犯罪相同的犯

---

① PTC Ⅰ, Decision on Applications for Participation in the Proceedings of VPRS - 1, VPRS - 2, VPRS - 3, VPRS - 4, VPRS - 5, VPRS - 6 (the "Decision on Applications for Participation"), ICC - 01/04 - 101 - tEN - Corr, filed by PTC I on 18 January 2006, para. 65.

② Prosecutor v. Lubanga, Decision on the Prosecutor's Application for a Warrant of Arrest, Article 58 ("Article 58 Decision"), ICC - 01/04 - 01/06, 24 February 2006, paras. 38 - 39.

罪行为，因此认定民主刚果共和国与国际刑事法院检察官所指控的不是同一个"案件"。由此可见，判例法中，国际刑事法院的法官采用了"相同行为人＋相同行为"（the same person and the same conduct）的标准。这一标准随后又在民主刚果共和国情势的 Bosco Ntahanda 案件、达尔富尔情势的 Harun and Kushayb 案件以及中非共和国情势的 Bemba 等案件中得到适用。令人遗憾的是国际刑事法院的法官并未对采用该标准的原因进行论证和分析。有学者认为，之所以采用"相同行为人＋相同行为"的标准，原因如下。

在《罗马规约》第 17 条中唯一出现"行为"（conduct）一词的是第 1 款第 3 项的规定："有关的人已经由于作为控告理由的行为受到审判，根据第 20 条第 3 款，本院不得审判。"因此，对于该条规定的理解要结合《罗马规约》第 20 条第 3 款的规定来解释。《罗马规约》第 20 条第 3 款规定，"对于第 6 条、第 7 条或第 8 条所列的行为，已经由另一法院审判的人，不得因同一行为受本法院审判，除非……"。结合以上两条的规定，在第 17 条第 1 款第 3 项的情况下，判断可受理性的标准就是要看"具体的行为"是否一致。与此相对应，只要是以国内司法机构已经对行为人进行了审判为由提起的可受理性的质疑，都必然指向"行为"，即适用的是"相同行为人＋相同行为"的标准。那么第 17 条第 1 款第 3 项的这个解释是否同样适用于没有明确规定"行为"这个概念的第 17 条第 1 款第 1、2 项呢？预审分庭的判决肯定了这种做法。从逻辑的角度分析，如果第 17 条第 1 款第 3 项的这种解释不适用于第 17 条第 1 款第 1、第 2 项的规定，则意味着在判断第 17 条第 1 款第 1、2 项的可受理性时，不要求相同的案件具有相同的行为，只要有相同的行为人则可。那么将导致的后果是，在一国处于"正在对案件进行调查或起诉"而另一国"已经对案件进行调查，而且该国已决定不对有关的人进行起诉"的情况下，该国质疑可受理性时只要证明国内法院与国际刑事法院针对的是相同的行为人即可，显然，国家在这两种情形下成功质疑国际刑事法院可受理性的可能性更大。这里存在的一个矛盾就是，一国诉讼的程序进行得越少，其排除国际刑事法院受理性的可能性越大，这将违背补充性原则下鼓励国内法院切实起诉的目的，不符合《罗马规约》补充性原则的要求。因此，无论从法律条文语义的一致性还是逻辑性的角度看，对《罗马规约》第 17 条第 1 款第 1、第 2

和第 3 项的可受理性条文规定中的"案件"的理解，都要求针对"共同的行为"进行判断。①

除此之外，在 Kushayb 案件中，检察官认为，认定相同的"案件"，不仅要求国内法院与国际刑事法院针对相同的行为人、相同的犯罪行为，还要求针对"相同的事件"（the same incident）。② 那么究竟"行为"是否应当被解释为"特定事件"中的行为呢？即第 17 条规定中涉及的"案件"到底是要求针对发生在同一事件中且在同一犯罪中实施的行为（包括相同的时间、地点、犯罪行为人和被害人），还是可以指一般意义上的相同犯罪，但是并不要求发生在同一事件中呢？即可能是相同的行为人，但是犯罪发生在不同地点、不同时间且被害人也不同。严格来说，一罪不二审原则中的"一罪"是针对特定的事件的，因此与该原则相关的第 17 条和第 20 条中的"行为"也应该是特定事件中的特定行为。如上所述，这同样适用于可受理性规定的全部条文。因此，从严格解释的角度来看，《罗马规约》第 17 条有关可受理性问题的条文中，判断国内法院与国际刑事法院是否针对同一"案件"的标准是"相同行为人（the same person）＋相同行为（the same conduct）＋相同事件（the same incident）"。③

这一标准不仅在 Katanga 案中受到了质疑，而且也引起了学界的争论和批判，Katanga 的辩护律师在其质疑可受理性的文件中指出，国际刑事法院预审分庭创造的"相同行为"的判断标准是错误的标准，它实质上等同于赋予国际刑事法院"优先权"。④ 学者们也对此标准进行了批判，有学者认为，国际刑事法院的判例法中对于同一"案件"的判断采取这种严格的标准完全违背了补充性原则的要求。因为根据这个标准，一国法院如果想要行使其优先管辖权，就必须选取和国际刑事法院检察官可能提起控诉的

---

① Rod Rastan, "What is a 'Case' for The Purpose of The Rome Statute?", *Criminal Law Forum* 19 (2008): 435 – 448, pp. 437 – 438.

② Decision on the Applications for Participation in the Proceedings of VPRS 1, VPRS 2, VPRS 3, VPRS 4, VPRS 5 and VPRS 6, ICC Pre – Trial Chamber Ⅰ, ICC – 01/04 – 101, 17 January 2006, para. 65.

③ Rod Rastan, "What is a 'Case' for The Purpose of The Rome Statute?", *Criminal Law Forum* 19 (2008): 435 – 448, p. 438.

④ Prosecutor v. Katanga and Ngudjolo, ICC – 01/04 – 01/07 – 949, Katanga Admissibility Challenge, paras. 39 – 44.

发生在某一特定事件中的相同的犯罪行为人和犯罪行为。而实践中，国际刑事法院检察官在选取行为人、犯罪行为和事件时具有完全的自由裁量权，即使国内管辖权的起诉程序包括了应当承担更大责任的行为人，并且指控了更加严重的犯罪，国际刑事法院检察官仍可依据上述标准判定案件可受理。这与补充性原则保护国内法院享有优先权的宗旨和目的相悖。[①] 但是，也有学者认为，这个标准具有合理性，预审分庭法官的这个标准是严格按照《罗马规约》第17条的条文做出的唯一解释，至于此标准是否对于国内管辖权过于严格而可能阻碍国内法院行使优先管辖权的政策性考虑，则不属于法官适用该条应当考虑的问题，而应当由缔约国大会对《罗马规约》的法律规定进行审查时进行研究和考虑。[②]

以上争议在 Kenya 情势中得到了判例法的进一步发展和解释。Kenya 情势中，国际刑事法院上诉法庭修正了"案件"的概念，认为相同的"案件"应当是指包括"相同的行为人和实质相同的行为"（the same individual and substantially same conduct）。[③] 这个修正的概念放宽了对犯罪行为的严格要求，特别是"实质相同的犯罪行为"的术语给国家留下更多余地来满足补充性的要求。这主要是考虑到尽管国际刑事法院的缔约国已经达到123个，但是《罗马规约》并没有要求缔约国将《罗马规约》规定的犯罪及其构成要件等纳入其国内法的义务，因此各国可以自由决定如何在其国内法中制定调查和审判国际刑事法院所辖范围内的犯罪的方式。相当一部分的国家运用现有的普通国内刑法中的犯罪来惩罚国际刑事法院所辖犯罪，如运用故意杀人、强奸和抢劫等罪名。因此，如果仅因为国际刑事法院检察官所指控的犯罪行为是构成国际犯罪的行为，而国内法院指控的行为是构成一般普通犯罪的犯罪行为而认定其所指犯罪行为不同，从而导致

---

① Sarah M. H. Nouwen, "Fine – tuning Complementarity", in Bartram S. Brown, *Research Handbook on International Criminal Law*, Edward Elgar Publishing, 2011, p. 211.

② Rod Rastan, "What is a 'Case' for The Purpose of The Rome Statute?", *Criminal Law Forum* 19 (2008): 435 – 448, pp. 439 – 440.

③ Prosecutor v. Francis Kirimi Muthaura, Uhuru Muigai Kenyatta and Mohammed Hussein Ali, Judgment on the Appeal of the Republic of Kenya against the Decision of Pre – Trial Chamber II of 30 May 2011 entitled "Decision on the Application by the Government of Kenya Challenging the Admissibility of the Case Pursuant to Article 19 (2) (b) of the Statute", ICC – 01/09 – 02/11 OA, 30 August 2011, para. 39.

案件由国际刑事法院受理的做法，不符合补充性原则下国内法院具有优先管辖权的立法宗旨。因此，笔者认为修正后的概念更加科学和合理，也更加有利于鼓励国内法院积极行使优先管辖权，避免了国际刑事法院行使实质优先管辖权。特别是很多国家国内法上没有规定相关的国际犯罪概念和构成要件，但是其国内一般刑法的规定可以惩罚相关的犯罪行为，这时如果仅因为犯罪行为是属于国际犯罪而否定其惩治犯罪的能力，显然不利于鼓励相关国家积极行使其优先管辖权，也不利于实现实质上的有罪必罚的目标。

3. 如何理解"调查"（Investigation）的概念

《罗马规约》第 17 条第 1 款中并没有进一步解释"调查"（investiga-tion）的含义，因此这里就会产生一个疑问：该条所指的"调查"是必须具有刑事司法性质的调查，还是说可以包括一切搜集相关证据并且试图还原相关案件真相的调查活动，例如真相与和解委员会（Truth and Reconcili-ation Commission）等机构的调查活动。[①] 笔者认为，这里的"调查"应该更倾向于专指刑事司法性质的调查，理由如下。首先，根据《罗马规约》第 17 条第 2 款第 2、3 项的规定，这些条文中所规定的调查程序要符合"将有关的人绳之以法的目的"。而通常来说，真相与和解委员会的调查程序和赦免措施被认为是为了实现其他目的而采取的妥协性举措，如为了实现和平谈判、为了恢复被破坏的社会关系等，其实质上是与"将有关的人绳之以法的目的"相悖的。[②] 因此，这里的"调查"不能做广义的理解。其次，根据《罗马规约》序言第 6 段的规定，"各国有义务对犯有国际罪行的人行使刑事管辖权"，因此这里明确要求各国对于国际刑事法院管辖范围内的犯罪行使的是刑事管辖权，相应启动的应该是刑事管辖权所要求的刑事调查或起诉活动。再次，这里的"调查"还有另外一个潜在的要求，即如果符合规定，则可以进一步提交检察机关进行起诉，而通常真相

---

① J. J. Lewellyn, "A Comment on the Complementary Jurisdiction of the International Criminal Court: Adding Insult to Injury in Transnational Contexts?", *Dalhousie Law Journal* 24 (2001), p. 192 et seq.

② J. Gavron, "Amnesties in the Light of Developments in International Law and the Establishment of the International Criminal Court", *International and Comparative Law Quarterly* 51 (2002): 51, 91–126, 111.

与和解委员会的发现真相和寻找证据的活动并不具有这一可能性，因此不符合《罗马规约》第17条所规定的"调查"的应有之意。①

（二）不愿意

根据《罗马规约》第17条第1款的规定，即使对案件具有管辖权的国家正在对案件进行调查或起诉，或者虽然已经对案件进行调查但是做出不起诉决定，如果该国被国际刑事法院认定为不愿意或不能够切实进行调查或起诉，则案件仍然可以由国际刑事法院受理。至于何为"不愿意"切实进行调查或起诉，《罗马规约》第17条第2款专门规定三种情形用来具体判断某一案件中存在这一问题：①已经或正在进行的诉讼程序，或一国所做出的决定，是为了包庇有关的人，使其免负第5条所述的本法院管辖权范围内的犯罪的刑事责任；②诉讼程序发生不当延误，而根据实际情况，这种延误不符合将有关的人绳之以法的目的；③已经或正在进行的诉讼程序，没有以独立或公正的方式进行，而根据实际情况，采用的方式不符合将有关的人绳之以法的目的。以下将分别论述这三种情形下不愿意的具体判断问题。

1. 包庇有关的人免负刑事责任

《罗马规约》第17条第2款第1项所描述的"不愿意"的情形是"包庇有关的人免负刑事责任"，这表明争议中的诉讼程序或者决定必须是为了实现"包庇"的目的。然而如何判定一个国家具有"包庇"的主观意图则是理论和实践中的难题，这里需要分为不同情形来具体分析。首先，有直接证据的情况。一国可以通过明示的方式直接传达出"包庇有关的人免负刑事责任"的主观意愿，例如，一国通过声明、颁布赦免法或采取类似的措施来免除对有关行为人的刑事处罚的行为就是典型的例子。② 其次，缺乏直接证据，通过情节证据推断的情况。在没有直接证据的情形中，一国"包庇"的主观意图只能通过情节证据来推断。那么，哪些情节可以构成情节证据并被用来推断一国是否具有"包庇"的

① Sarah M. H. Nouwen, "Fine - tuning Complementarity", in Bartram S. Brown, *Research Handbook on International Criminal Law*, Edward Elgar Publishing, 2011, p. 208.

② Mohamed M. El Zeidy, *The Principle of Complementarity in International Criminal Law: Origin, Development and Practice*, 2008, p. 175.

主观意图呢？2003 年检察官办公室有关补充性原则的实践适用的非正式专家报告附件四中具体列举了一些可以作为情节证据的要素：①证据可能存在于文件中，包括立法、命令和赦免的法令以及指令等；②专家证人有关国内制度政治化的性质证明也可以作为一个判断的依据；③诉讼程序的延误、不公正以及长期的有罪不罚的情况等都可以帮助判断一国具有"包庇"这个主观意图。①

另外一个与"包庇"相关的问题就是，在一些情形下，所谓的"包庇"可能是实现其他更为重要的目的的手段，那么这些情形该如何处理呢？实践中以停止对叛乱组织的首领提起诉讼为前提来换取和平谈判就是一个典型的例子。② 严格地从法律的角度来看，即使是为了追求和实现更高的目的而不得不"包庇"相关的责任人从而免除追究行为人刑事责任，也不能排除《罗马规约》第 17 条第 2 款第 1 项规定的"不愿意"。这也同样适用于因行为人享有国际法上规定的豁免权而一国国内法院对其做出不予起诉的决定的情形，根据官方身份的无关性规定，国际刑事法院仍然可以根据《罗马规约》第 17 条第 2 款第 1 项的"包庇有关的人免负刑事责任"的规定受理此类案件。③

2. 诉讼程序发生不当延误

"诉讼程序不当延误"是用来判断"不愿意"的第二个标准。这一标准本身包含三层含义：第一，客观上存在诉讼程序延误的情况；第二，诉讼程序的延误应当是不当的延误；第三，这种不当的诉讼程序的延误不符合将有关的行为人绳之以法的目的。

根据该标准的要求，仅仅存在诉讼程序的延误是判断这一条件下"不愿意"的必要不充分条件。诉讼程序的延误可以发生在诉讼程序的任何一个阶段。判断"延误"的根据是各国本身的法律规定，也就是说这种延误的判断是与该国一般相似案件的法律程序相比较，而不是与其他国家或者

① International Criminal Court, Office of the Prosecutor, Informal Expert Paper, "The Principle of Complementarity in Practice", 2003, Annex 4.

② Jan Kleffner, *Complementarity in the Rome Statute and National Criminal Jurisdictions*, Oxford University Press, 2008, p. 138.

③ Jan Kleffner, *Complementarity in the Rome Statute and National Criminal Jurisdictions*, Oxford University Press, 2008, p. 138.

国际刑事法院的程序相比较。① 判断的方法应当是以具体的个案为基础，除此之外，国际人权法判例中的做法也可以作为借鉴，如"没有不当延误"、决定刑事指控时要"在合理的时间内"听审②等规则，都是有益的参考。然而，众所周知，与一般犯罪相比，国际核心犯罪由于案件情况复杂，涉及的范围广、人员多，因此其诉讼程序本身就很耗时，因此一国为了符合正当程序要求而延长诉讼程序时间的，不应当视为"不正当"的延误。③

3. 诉讼程序缺乏独立性和公正性

认定"不愿意"的第三个标准是诉讼程序缺少独立性和公正性而不符合将有关的行为人绳之以法的目的。判断司法机关的"独立性"可以从其建立的方式、选任和解雇法官的方式、司法机构对政治机构的附属程度以及司法机构与其他机构之间职能的分离程度④、法官和检察官在司法机构内部的独立性⑤以及司法机构可能面临的来自国内各方的干涉或威胁的程度来进行。2003 年国际刑事法院检察官办公室有关补充性原则的非正式专家报告中指出，另外两个因素也可以作为判断"独立性"的标准：一个是政治对于调查和起诉活动的干涉和影响；另一个是法院运用审判来实现其既定判决结果的可能性。⑥ 除此之外，国际人权法的判例对于如何判断"公正性"也提供了可参考的意见。例如，欧洲人权法院在 McGonnell 诉英国的案例中指出，为了判断国内法院的公正性，必须考虑两个方面的因素：首先，法庭必须符合公正性的要求，并且能够确保消除任何合法的怀

---

① J. T. Holmes, "Complementarity: National Courts versus the ICC", in A. Cassese, P. Gaeta, J. R. W. D. Jones, *The Rome Statute of the International Criminal Court: A Commentary* (Vol. 1), 2002, p. 676.

② Articles 6 (1) ECHR, 8 (1) IACHR, 7 (1) (d) AFCHPR.

③ Markus Benzing, "The Complementarity Regime of the International Criminal Court: International Criminal Justice between State Sovereignty and the Fight against Impunity", in *Max Plank Yearbook of United Nations Law* (Volume 7), p. 611.

④ McGonnell v. United Kingdom, 8 February 2000, ECHR App. No. 28488/95, ECHR 2000 – Ⅱ.

⑤ De Cubber v. Belgium, 26 October 1984, ECHR App. No. 9186/80, ECHR Series A. See also International Criminal Court, Office of the Prosecutor, 2003, Informal Expert Paper: The Principle of Complementarity in Practice. ICC – OTP 2003, Annex 4. p. 29.

⑥ International Criminal Court, Office of the Prosecutor, 2003, Informal Expert Paper: The Principle of Complementarity in Practice. ICC – OTP 2003, Annex 4. p. 29.

疑；其次，诉讼程序要不受任何偏见的影响。①

（三）不能够

《罗马规约》第 17 条第 3 款规定："为了确定某一案件中是否有不能
够的问题，本法院应考虑，一国是否由于本国司法系统完全瓦解，或实际
上瓦解或者并不存在，因而无法拘捕被告人或取得必要的证据和证言，或
在其他方面不能进行本国的诉讼程序。"《罗马规约》的谈判及其结果显
示，判断"不能够"要比"不愿意"相对容易，因为"不能够"的判断
标准更加客观和易于把握。② 根据《罗马规约》第 17 条第 3 款的规定，一
国"不能够"的判断的客观前提是一国司法系统完全或实际上瓦解或者不
存在，由此引起的结果是无法拘捕被告人或取得必要的证据和证言，或在
其他方面不能进行本国的诉讼。以下将分别就这两个方面进行分析。

1. 本国司法系统完全瓦解，或实际上瓦解或者并不存在

虽然通常来说，司法系统的瓦解常常伴随着其他不具有任何司法或法律
实施功能的国家机构瓦解，但是该条文明确规定的是司法系统的瓦解，而不
是整个国家系统的瓦解。索马里就是一个典型，其全部的国家体系，包括立
法委员会、严格意义上的政府、法院以及警察等都停止运作或不能够运作。③
同时，司法系统也应该做广义的理解，不应当仅仅局限于严格意义上的法
院。鉴于本条规定"一国司法系统的完全瓦解，或实际上瓦解或者并不存
在"导致的后果是"无法拘捕被告人或取得必要的证据和证言，或在其他方
面不能进行本国的诉讼程序"，因此对司法系统的理解还应该包括所有与逮
捕嫌疑人、获得相关证据和证言以及开展诉讼活动等相关的国家机构。④ 所
谓"完全瓦解"，是指一国司法系统彻底崩溃，因此该国连最起码的诉讼程

---

① McGonnell v. United Kingdom, 8 February 2000, ECHR App. No. 28488/95, ECHR 2000 -
Ⅱ, para. 52.

② Jann K. Kleffner, "The Impact of Complementarity on National Implementation of Substantive In-
ternational Criminal Law", *Journal of International Criminal Justice* 1 (2003), p. 87. See also
International Criminal Court, Office of the Prosecutor, 2003, Informal Expert Paper: The Principle
of Complementarity in Practice. ICC - OTP 2003, p. 15.

③ N. L. Wallace - Bruce, "Of Collapsed, Dysfunctional and Disoriented States: Challenges to Interna-
tional Law", (2000) 47 NILR, p. 61.

④ Jann Kleffner, *Complementarity in the Rome Statute and National Criminal Jurisdictions*, Oxford U-
niversity Press, 2008, p. 154.

序都无法开展。而"实际上瓦解或者并不存在"则可能发生在以下情形。一个例子是某国相关的权力机构展开了对国内武装冲突中反对派成员的调查，然而该国在反对派有效控制的地区的司法体系瓦解；另一个例子就是一国的警察机构仍然可以进行初步的调查，而检察和法院系统已经瓦解，以至于不能够进一步开展调查和起诉活动。然而，《罗马规约》中也并未对"实际上瓦解或不存在"给出定义，那么与完全瓦解的理解相对应，"实际上的瓦解或不存在"可以理解为瓦解的程度没有达到完全，然而已经处于实质上瓦解的程度。在《罗马规约》的立法过程中，国际法委员会曾使用"部分瓦解"（partial collapse）的术语，然而在罗马会议谈判时，最终采用了"实际上瓦解"（substantial collapse）的术语。这主要是为了排除国际刑事法院在发生武装冲突的一国的司法体系部分瓦解时直接宣布案件可受理的情况。实际上，即使在部分瓦解的状态下，一国也可以通过将案件转移到其他地区来开展有效的诉讼程序而排除国际刑事法院的干涉。[①] 因此，可以说"实际上瓦解"比"部分瓦解"的标准更加严格，这也就进一步限制了国际刑事法院刑事管辖权的条件，从而更好地发挥补充性原则的作用，鼓励国内法院积极开展调查和起诉的程序，行使其优先管辖权。

在判断"实际上瓦解"时，既要考虑定量的因素，也要考虑定性的因素。就定量的因素来说，国际刑事法院应当审查受到国际犯罪影响的司法系统的比例有多大。除此之外，还应当结合定性要素，如受到影响的机构的性质和人员的身份，以及国际犯罪对国内司法体系的实际影响程度。[②] 只有通过以上的定量和定性的分析，才能最后做出一国司法系统是否真正达到"实际上瓦解"的判断。

2. 无法拘捕被告人或取得必要的证据和证言，不能进行本国的诉讼

一国司法系统的瓦解并不必然导致案件的可受理，只有产生无法拘捕被告人或取得必要的证据和证言以及不能进行本国诉讼的结果时，才能认定为符合"不能够"的要件，进而国际刑事法院可以受理案件。然而如何认定一

---

① J. T. Holmes, "Complementarity: National Courts versus the ICC", in A. Cassese, P. Gaeta, J. R. W. D. Jones, *The Rome Statute of the International Criminal Court: A Commentary* (Vol. 1), 2002, p. 677.

② Nidal Nabil Jurdi, *The International Criminal Court and National Courts: A Contentious Relationship*, 2011, ASHGATE, pp. 51 – 52.

国司法体系无法逮捕被告人或获取证据和证言，从而不能启动正常的司法程序呢？有学者提出可以通过以下三个要素来判断一国司法系统是否"不能够"发挥作用：第一，缺乏相关的国内立法；第二，法律上的障碍导致无法启动本国司法程序；第三，现实障碍导致无法启动本国司法程序。①

首先，就缺乏相关法律规定来说，有学者认为一国国内立法上缺乏相关的规定可以导致一国国内司法程序无法启动，从而导致案件由国际刑事法院受理。② 但是这种论断不能一概而论，需要具体问题具体分析。其一，当一国不能对某犯罪行使管辖权时，因其不符合"对案件具有管辖权的国家"而被排除在判断案件可受理性问题之外。其二，当一国国内法没有规定相关国际核心犯罪的概念和构成要件时，一国法院无法对构成相关国际核心犯罪的行为启动任何司法调查和审判的程序，这时则可能符合一国"不作为"的情形，案件可以直接被国际刑事法院受理而无须判断该国是否存在"不愿意"和"不能够"的情形。

其次，就存在法律障碍导致无法启动一国司法程序来说，即使一国规定了与国际刑事法院相同的犯罪概念和构成要件，但是其他的法律条文的规定，如诉讼时效、豁免权等都可能阻碍国内法院对案件行使管辖权而导致案件由国际刑事法院受理。③

最后，就事实上的障碍导致无法启动本国司法程序来说，最为典型的情况就是一国的国内司法体系虽并未崩溃，但是由于无法保证法官、被告人、被害人、证人等诉讼参与人的安全而导致诉讼程序无法进行。④ 也有学者指出，缺少合格的、有能力进行相关诉讼的司法人力资源也能阻碍诉讼程序的进行，从而导致案件由国际刑事法院受理。⑤

---

① Jo Stigen, *The Relationship between the International Criminal Court and National Jurisdictions*: *The Principle of Complementarity*, Martinus Nijhoff Publishers, 2008, p. 318.

② Jann Kleffner, *Complementarity in the Rome Statute and National Criminal Jurisdictions*, Oxford University Press, 2008, p. 156.

③ Antonio Cassese, *International Criminal Law*, Oxford University Press, 2008, p. 344.

④ Gregory S. McNeal, ICC Inability Determinations in Light of The Dujail Case, (2007) 39 Case Western Reserve Journal of International Law, p. 342 (inability because of security situation and lack of witness protection in Baghdad made it difficult to procure witnesses).

⑤ J. T. Holmes, "Complementarity: National Courts versus the ICC", in A. Cassese, P. Gaeta, J. R. W. D. Jones, *The Rome Statute of the International Criminal Court*: *A Commentary*, 2002, Vol. 1, p. 678.

（四）一事不再理（Ne bis in idem）

一事不再理原则起源于罗马法，在人权理念兴起之后，"一事不再理"原则被赋予了保护人权的内涵，并为许多国际公约所确认。《罗马规约》第20条将该原则规定如下："（1）除本规约规定的情况外，本法院如果已经做出某人有罪或无罪的判决，不得就同一行为再行审判该人；（2）已经被本法院判定有罪或无罪的人，不得因该罪行而再由其他法院审判；（3）对于已经由另一法院审判的人，不受本法院审判。"一事不再理原则意味着无论是国际刑事法院本身，还是国际刑事法院和国内法院之间都不能重复审理同一案件，只有在国内法院对同一案件在审理上出现瑕疵的情况下，国际刑事法院才可以重新审理。这样既可以减少国际刑事法院的工作量，也可以使国际刑事法院的审判活动在充分尊重国家司法主权的基础上运行。[①]

《罗马规约》第20条规定了"一事不再理"原则在三种不同情况下的适用问题。①国际刑事法院针对其内部已审的案件。国际刑事法院不得再就本院已经判定某人有罪或无罪的行为审判该人。②另一法院针对国际刑事法院已审案件。如果行为人已经被国际刑事法院审判，另一法院不得因《罗马规约》第5条所述的犯罪审判该人。③国际刑事法院针对另一法院已审的案件。《罗马规约》规定："对于第6条、第7条或第8条所列的行为，已经由另一法院审判的人，不得因其同一行为再受本法院审判，除非该另一法院的诉讼程序有下列情形之一：①是为了包庇有关的人，使其免负本法院管辖权内的犯罪的刑事责任；或②没有依照国际法承认的正当程序原则，以独立或公正的方式进行审判，而且根据实际情况，采用的方式不符合将有关的人绳之以法的目的。"概言之，如果以国际刑事法院为判断核心，这三种情况实际上涉及的是对内和对外的两种情况。对内采用的是"同一行为"标准。对外则包括两种情形：其一是国际刑事法院已经行使管辖权将案件审结时，判断另一法院是否可以再次起诉时采用的是"同一犯罪"的标准，有学者将此情形称为"自上而下的一罪不二审"；[②] 其二

---

① 高燕平：《国际刑事法院》，世界知识出版社，1999，第190页。

② Linda E. Carter, The Principle of Complementarity and the International Criminal Court: The Role of Ne Bis in Idem, 8 *Santa Clara Journal of International Law* 1 (2010), p. 182.

是国内法院行使优先管辖而审结案件时，判断国际刑事法院是否可以再审时，采用的是"同一行为＋特别例外"的标准，有学者将此情形称为"自下而上的一罪不二审"。①

就对内而言，当国际刑事法院已经按照《罗马规约》管辖范围内的犯罪之行为审判了行为人，则不能对同一行为根据其他犯罪罪名再次审判。例如，如果被告人因其行为构成种族灭绝罪而被国际刑事法院起诉，则国际刑事法院不得以这一行为构成危害人类罪或战争罪而再次审判该人。在"自上而下的一罪不二审"情形下，国际刑事法院已经对犯罪人所犯之罪进行审理并做出裁判，则其他法院不得再审理。这里法律条文的措辞是"不得因该犯罪再由另一法院审判"，也就是说这里禁止的是因"该犯罪"的再次审判，而不是"该行为"。这其中似乎暗含着国内法院可以因为"该犯罪"之外的其他犯罪对行为人进行审判。也就是说，即使国际刑事法院对犯罪人依据《罗马规约》第5条的规定的犯罪进行了审判，另一法院仍然可以依据相同的事实以不同于《罗马规约》第5条规定的犯罪罪名起诉行为人，例如可以以国内法规定的谋杀、强奸和伤害等罪名起诉。②

在"自下而上的一罪不二审"的情形下，采用的是"同一行为＋特别例外"的判断标准。也就是说，如果行为人已经由另一法院以谋杀的罪名审判，则国际刑事法院对同一杀害行为不能对被告人以种族灭绝罪、危害人类罪和战争罪审判，除非满足两个例外情形。显然，在这种情形下与行为构成何种犯罪并不相关，只要同一犯罪行为已经由国内法院审判，且不符合例外情形的规定，例如即使国内法院以伤害罪定罪，而国际刑事法院检察官可能指控被告危害人类罪，国际刑事法院不能对同一行为再次审判。对此，有学者持不同观点，认为"第6条、第7条或第8条所列的行为"不是一般的犯罪行为，而应当被解释为"危害人类罪、种族灭绝罪和战争罪条款下符合这些犯罪构成要件的犯罪行为"，因此认为如果一国法院以普通犯罪中的谋杀罪审判了行为人，并不能排除国际刑事法院以危害

---

① Linda E. Carter, The Principle of Complementarity and the International Criminal Court: The Role of Ne Bis in Idem, 8 *Santa Clara Journal of International Law* 1 (2010), p. 179.

② Immi Tallgren & Astrid Reisinger Coracini, Article 20: Ne Bis in Idem, in Commentary on the Rome Statute of the International Criminal Court: Observers' Notes, Article by Article, in Otto Trifftterer eds. C. H. Beck Hart Nomos 2nd edition. 2008, pp. 686 - 687.

人类罪、种族灭绝罪等再次审判行为人。笔者认为，这种观点值得商榷。从补充性原则的目的以及对被告人权利的保护角度看，这里立法者采用"同一行为＋特别例外"的标准的原因主要是考虑到各国对于国际核心犯罪立法的差异性，鉴于大部分国内刑法中缺少对国际核心犯罪的定义或者定义不同，因此实践中很难采用"同一犯罪"的标准进行判断，而"同一行为＋特别例外"则解决了这个难题。相对来说，判断犯罪行为的难度要低于判断是不是相同的犯罪，并且通过两个特别例外的限制，也可以避免因国内虚假审判或不切实审判而出现有罪不罚的现象。根据补充性原则，国内法院享有优先权，因此采用"同一行为＋特别例外"也是对一国司法主权和优先权的极大保护。当然，依靠国内立法规定的普通犯罪行为来审判国际核心犯罪存在的一个潜在风险是国内犯罪行为的范围往往不能够完全覆盖国际核心犯罪的全部犯罪行为，例如，构成战争罪之一的不当使用休战旗的行为就很难找到对应的国内法上的犯罪行为。在这种情况下，根据《罗马规约》第 17 条的规定，由于国内法院不作为或者不能够进行调查或起诉而致使案件由国际刑事法院受理。① 因此，一国如果想要完全排除国际刑事法院对案件的管辖，充分行使优先管辖权，则应当对其国内法进行全面审查，弥补漏洞，做到万无一失。

三　严重性（Gravity）的判定标准

补充性的适用标准主要解决的是在国内法院和国际刑事法院对某一案件出现管辖竞合时，如何确定案件的管辖权。众所周知，囿于国际刑事法院本身司法资源的有限性，即使案件符合国际刑事法院的实质管辖条件，也不可能全部由国际刑事法院来调查和起诉，因此，严重性的标准应运而生。作为判断案件可受理性的最后一层过滤网，保证国际刑事法院审理的案件具有足够的严重性，同时也保障国际刑事法院不会因案件数量过多而不堪重负。因此犯罪的严重性是可受理性的一个独立的判断标准。② 以下

---

① Jann K. Kleffner, *Complementarity in the Rome Statute and National Criminal Jurisdictions*, Oxford University Press, 2008, p. 123.

② See Schabas, "Complementarity in Practice: Some Uncomplimentary Thoughts", (2008) 19 Crim. L. F. 5, p. 28.

将具体分析犯罪的严重性标准的概念、适用及其存在的问题。

《罗马规约》中并没有规定"严重性"的概念，只是区分了"案件的严重性"和"犯罪的严重性"，即《罗马规约》第 17 条第 1 款第 4 项要求国际刑事法院考虑"案件缺乏足够的严重性"，而第 53 条则要求国际刑事法院的检察官"考虑到犯罪的严重程度"。由于《罗马规约》对于"严重性"的概念和适用范围缺少规定，以下将分别从立法的目的、国际刑事法院的判例等方面来具体分析"严重性"的内涵和外延，并就其存在的问题和不足提出完善的意见和建议。

（一）立法的起源和目的

"严重性"标准的问题在罗马会议上没有引起代表们的关注和探讨，虽然大部分的与会代表认为有必要将国际刑事法院管辖的犯罪限定在最为严重的国际核心犯罪之列，但是没有明确强调和讨论"严重性"的概念和内涵问题，因此这一条款在无异议下得到了顺利通过。① 之所以在《罗马规约》的草案中增加"严重性"判断的要求，主要是考虑到国际刑事法院有限的司法资源，不可能审理全部国际核心犯罪，否则国际刑事法院将因案件负担过重而无法运转。因此，"严重性"的标准正是用来过滤那些符合属时管辖、属人管辖、属地管辖以及实质管辖要求的情势或案件，以保证国际刑事法院只审判少数极为严重的案件，因此即使经过了"不愿意"和"不能够"标准的第一重检验，仍需要通过"严重性"考验，才能进入国际刑事法院的管辖范围。换句话说，案件的可受理性标准必须要经过严重性的判断，这是没有任何商量余地的。②

（二）"严重性"标准在实践中的适用

1. 国际刑事法院检察官对"严重性"标准的适用和界定

由于《罗马规约》的起草过程中并没有对"严重性"标准进行解释

---

① Ignaz Stegmiller, "Interpretative Gravity under the Rome Statute: Identifying Common Gravity Criteria", in Carsten Stahn and Mohamed M. El Zeidy, eds. , *The International Criminal Court and Complementarity: From Theory to Practice* (Volume I), Cambridge University Press, 2011, p. 608.

② Mohamed M. EL Zeidy, The Gravity Threshold Under the Statute of the International Criminal Court, *Criminal Law Forum* 19 (2008): 35 – 57, at 39.

和说明，因此，按照国际刑事法院的诉讼程序规定，国际刑事法院检察官办公室就成为首先对"严重性"标准做出判断的机构。在整个诉讼过程中，检察官要对"严重性"标准做出两次判断：第一次是在决定是否就某一情势展开调查时；第二次是在决定是否就某情势中的一个或多个案件进行调查时。检察官对于"严重性"标准的适用具有双重意义。首先，作为一种法定的义务，检察官在确定情势或案件是否可以由国际刑事法院受理时，必然要判断该情势或案件是否符合第 17 条第 1 款第 4 项中的"严重性"标准。有学者将这种情形下的"严重性"称为"法定的严重性"。① 其次，作为一种刑事政策，检察官指出："严重性是筛选情势和案件的最为重要的标准之一。"② 换句话说，即使检察官认定某一情势或案件已经符合《罗马规约》的管辖要求及可受理性标准中的补充性要求，案件能否最后被受理，还要取决于检察官运用自由裁量权去衡量各个情势或案件的相对严重性，最终确定相对来说最为严重的情势或案件作为国际刑事法院调查和起诉的对象。有学者将这种情形下的"严重性"称为"相对的严重性"。③

综上所述，"严重性"标准的适用阶段包括情势和案件两个阶段，而且，"严重性"具有双重性质，即"法定的严重性"和"相对的严重性"。其中"法定的严重性"是检察官不可自由裁量的，必须遵循《罗马规约》的规定，而"相对的严重性"是检察官可以据其自由裁量权来判断的。对于如何具体适用"严重性"的标准，国际刑事法院的检察官指出，鉴于国际刑事法院司法资源的有限性，检察官办公室将着重起诉那些"最应受处罚的领导者"，判断情势或案件是否具有"严重性"的标准主要包括：①犯罪的性质；②犯罪的范围；③犯罪实施的方式；④犯罪的后果和影

---

① Ignaz Stegmiller, "Interpretative Gravity under the Rome Statute: Identifying Common Gravity Criteria", in Carsten Stahn and Mohamed M. El Zeidy, eds., *The International Criminal Court and Complementarity: From Theory to Practice* (Volume Ⅰ), Cambridge University Press, 2011, at 603.

② Luis Moreno - Ocampo, "Keynote Address: Integrating the Work of the ICC into Local Justice Initiatives", *21 AM. U. INT'L L. REV*, at 498 (2006).

③ Ignaz Stegmiller, "Interpretative Gravity under the Rome Statute: Identifying Common Gravity Criteria", in Carsten Stahn and Mohamed M. El Zeidy, eds., *The International Criminal Court and Complementarity: From Theory to Practice* (Volume Ⅰ), Cambridge University Press, 2011, at 603.

响。① 为了更加清晰地了解和分析检察官对于"严重性"标准的适用，笔者将分别探讨情势和案件中"法定严重性"和"相对严重性"的适用情况。

（1）情势中"严重性"标准的判断

检察官在判断某一项情势的严重性时主要采取三阶段的判断方法。第一个阶段是通过初步审查，筛选并排除那些根本不符合法院调查的要求从而无须法院进一步采取措施的情形。第二个阶段是通过筛选，对于那些可能构成法院管辖范围内的犯罪的"严重性"进行审查，进而确定整个情势是否足够严重并需要国际刑事法院的介入。例如，在判断是否对英国军队在伊拉克境内实施的犯罪进行调查时，检察官分析指出，"的确有合理的理由相信英国军队在伊拉克境内实施了故意杀人和不人道待遇的犯罪"。② 然而，检察官认为："在这一情势中，符合国际刑事法院管辖范围内的故意杀人犯罪的被害人为 4～12 名，而不人道待遇犯罪的被害人人数也很有限，这完全无法与检察官办公室正在调查的长期受冲突困扰的乌干达、民主刚果和达尔富尔情势中成千上万的故意杀人及大规模性暴力犯罪的被害人数量相比。"③ 因此，指控英国军队在伊拉克境内实施犯罪的情势由于缺乏足够的严重性而不可受理。显然，此处检察官所依据的判断严重性的标准是被害人的数量和规模，而并没有进行犯罪本身性质和严重性的比较。第三个阶段是在初步确定了情势的严重性后，根据第 17 条的规定审查那些可能被受理的案件，并根据《罗马规约》第 53 条的规定，在考虑犯罪的严重程度和被害人的利益的基础上，判断调查是否有助于实现公正。

（2）案件中的"严重性"标准的判断

事实上，在国际刑事法院运作的初期，案件的"严重性"标准并没有得到检察官的重视。直到 2005 年检察官从乌干达北部情势中选取第一个案件时，"严重性"标准的判断才成为其最重要的判断依据。检察官办公室对乌干达圣灵抵抗军（简称 LRA）以及乌干达政府军（又称"乌干达人民防卫军队"，简称 UPDF）双方被指控的罪名分别进行了调查。2005 年 10

---

① "The Office of Prosecutor, Report on Prosecutorial Strategy", 14 September 2006, The Hague, p. 5.

② Luis Moreno‐Ocampo, Letter Concerning the Situation in Iraq, at 8, 9 February 2006.

③ Luis Moreno‐Ocampo, Letter Concerning the Situation in Iraq, at 9, 9 February 2006.

月，检察官宣布将指控 LRA 的五名成员，但是对乌干达政府军的犯罪行为暂不起诉，原因是："选取第一个案件的标准就是严重性。我们分析了由 LRA 和 UPDF 在乌干达北部实施的全部犯罪的严重性。结果表明由 LRA 实施的犯罪较 UPDF 方面具有更大的严重性，因此我们决定对 LRA 的成员提起指控。"① 同样在刚果共和国情势中，检察官指出："鉴于情势所涉范围之广，我们在刚果共和国的调查可能需要持续较长的时间。因此，我们首先按照严重性的标准筛选一到两个案件，同时继续筛选其他案件。我们的调查结论是在以下分析的基础上做出的：第一，我们确认了刚果共和国东北部区域（伊图里地区）是在国际刑事法院属时管辖范围内发生最严重犯罪的地区；第二，我们确定了最为严重的犯罪事件；第三，我们追溯到了最应负刑事责任的行为人。"② 最后，在达尔富尔情势中，检察官指出了将如何开展调查的步骤，"在调查的第一阶段，检察官办公室将搜集与发生在整个达尔富尔的相关的全部犯罪信息，以及应对犯罪承担责任的群体或者个人；调查的第二个阶段，检察官将选取特定的案件进行起诉。相应地，检察官将绘制一个尽可能全面反映自 2002 年 7 月 1 日以来发生在达尔富尔地区的严重犯罪的分布图，检察官将从中确定最具严重性的案件"。③由此可见，在判断不同情势下案件的严重性时，检察官采用了不同的判断标准，例如在乌干达情势中，检察官比较了冲突双方实施犯罪的严重性，选取其中实施更为严重犯罪的团体作为其调查和起诉的对象。笔者认为这种判断标准过于主观化，缺少客观的判断依据。通常情况下，引起国际犯罪的冲突双方都对犯罪具有不可推卸的责任，而仅仅筛选反政府武装中的犯罪分子作为审理的对象，不免有失公正。检察官在其他案件中主要运用的判断严重性的标准有三个要素：犯罪最为严重的地区、犯罪最为严重的

---

① See Luis Moreno – Ocampo, Statement by the Chief Prosecutor on the Uganda Arrest Warrants (Oct. 14, 2005), available at http://www. icc – cpi. int/NR/rdonlyres/3255817D – FD00 – 4072 – 9F58 – FDB869F9B7CF/143834/LMO_20051014_English1. pdf, at 2 – 3.

② See Luis Moreno – Ocampo, Statement at the Informal Meeting of Legal Advisers of Ministries of Foreign Affairs (Oct. 24, 2005), available at http://212. 159. 242. 181/iccdocs/asp_docs/library/organs/otp/speeches/LMO_20051024_English. pdf, at 6 – 7.

③ ICC Second Report of the Prosecutor of the International Criminal Court to the UN Security Council Pursuant to UNSCR 1593 (Dec. 13, 2005), available at http://www. icc – cpi. int/NR/rdonlyres/2CFC1123 – B4DF – 4FEB – BEF4 – 52E0CAC8AA79/0/LMO_UNSC_ReportB_En. pdf, at 2 – 3.

事件以及最应受惩罚的犯罪行为人。

（3）对检察官提出的"严重性"标准的评析

检察官提出的判断"严重性"的标准没有区分"法定的严重性"和"相对的严重性"，并且缺乏对其内涵和适用条件的解释和说明。以下将针对检察官提出的有关"严重性"的四个判断标准进行具体分析。①犯罪的性质。检察官认为所有的国际刑事法院管辖范围内的都是核心国际犯罪，其本身的严重性不言而喻，同时，不同犯罪之间的严重性具有一定的等级划分[1]，例如故意杀人、强奸和征募儿童兵被认为是具有特别严重性的犯罪。[2] 这具有一定的合理性，而这里存在的问题是国际刑法上并没有统一的区分犯罪严重程度等级的标准，因此，这种判断具有很大的自由裁量性，并不符合严格的法律判断的要求。②犯罪的范围。就犯罪范围来说，例如，在伊拉克情势中，检察官将"死亡率"作为判断"严重性"的唯一标准，仅仅就伊拉克情势中英国军队实施的犯罪这一特定情势导致的被害人人数与发生在乌干达、民主刚果境内的全部情势中的死亡率相比，而不是与发生在伊拉克境内的全部犯罪的被害人进行比较，这种比较基数本身就不相当，足见其比较结果之无益，比较方法之荒谬。因此仅仅依据定量要素来判断严重性的做法是存在严重缺陷的。Schabas 教授建议，应当增加定性要素的判断，例如行为必须是由代表国家的个人来实施的。[3] Heller 则建议在判定情势的严重性时，增加三个定性判断的要素：a. 某一情势是否包含作为某一计划或政策的一部分而被系统地实施的犯罪；b. 某一情势是否包含对国际社会造成惊恐的犯罪；c. 某一情势是否包含由国家实施的犯罪。[4] ③犯罪实施的方式。检察官办公室主要考虑犯罪的手段是否特别残忍，犯罪所针对的对象是否为易受侵害的弱势群体，如妇女、儿童等，犯

---

[1] Paul. Seils, "The Selection and Prioritization of Cases by the Office of the Prosecutor of the ICC", in Bergsmo, eds. , *Criteria for Prioritizing and Selecting Core International Crimes Cases* (FICHL Publication Series 4) (Oslo, PRIO, 2009), at 57.

[2] Fabricio. Guariglia, "The Selection of Cases by the Office of the Prosecutor of the International Criminal Court", in Stahn, Sluiter, eds. , *The Emerging Practice of the International Criminal Court* (Leiden – Boston, Martinus Nijhoff, 2009), at 209.

[3] W. Schabas, "Prosecutorial Discretion v. Judicial Activism at the International Criminal Court", (2008) 6 JICL 731, 747 – 748.

[4] Kevin Jon Heller, *Situational Gravity under the Rome Statute*, Carsten Stahn &Larissa van den Herik, *Future Perspectives on International Criminal Justice*, T. M. C. Asser Press, 2010, p. 228.

罪是否包含歧视、滥用法律上的或事实上的权力以及犯罪的后果是否增加了易受侵害的弱势群体受害的可能性，例如通过袭击维和人员而产生这种危害后果。① 检察官的这个判断标准没有区分法定要素和酌定要素，也没有给出具体的判断方式，缺乏适用的一致性和可操作性。④犯罪的后果和影响。犯罪的后果和影响具有不确定性和主观性，而检察官并没有区分该判断中的客观要素和主观要素，导致了适用标准的模糊，该判断标准的可裁量的性质决定了其不适宜作为法定的判定标准，而应作为酌定的判定标准。

鉴于检察官提出的"严重性"标准存在以上的不足和缺陷，有学者建议应当根据"严重性"适用的阶段，将其分为情势相关的严重性判断标准和案件相关的严重性判断标准。根据"严重性"判断标准中的法律要素和政策要素的区分，将"严重性"标准划分为"法定的严重性"和"相对的严重性"。将以上两种标准相结合，又具体分为四种情形，即情势的法定严重性、案件的法定严重性、情势的相对严重性和案件的相对严重性。《罗马规约》第 53 条第 1 款第 2 项及第 17 条第 1 款第 4 项规定了情势的法定严重性，第 53 条第 2 款第 2 项及第 17 条第 1 款第 4 项规定了案件的法定严重性。而与情势和案件对应的相对严重性则分别由第 53 条第 1 款第 3 项和第 53 条第 2 款第 3 项规定。判定法定严重性和相对严重性的共同标准是采用定量与定性相结合的方法，而具体到法定严重性和相对严重性各自的判定上，又有细微的差别，即判定法定严重性主要采用定量因素进行判断，而判定相对严重性则采用定量与定性混合的方法。② 笔者认为这种做法具有合理性，可以弥补和修正检察官适用"严重性"标准时存在的缺陷和不足。

2. 国际刑事法院法官对"严重性"标准的界定

（1）国际刑事法院法官对"严重性"判断标准的基本主张

目前与《罗马规约》第 17 条第 1 款第 4 项中的"严重性"的判断标

---

① ICC – OTP, Criteria for Selection（2006），para. 17.

② Ignaz Stegmiller, "Interpretative Gravity under the Rome Statute: Identifying Common Gravity Criteria", in Carsten Stahn and Mohamed M. El Zeidy, eds., *The International Criminal Court and Complementarity: From Theory to Practice*（Volume Ⅰ），Cambridge University Press, 2011, at 603 – 604.

准有关的唯一判例法解释是由国际刑事法院第一预审分庭在对检察官向Lubanga发出逮捕令的审查中做出的。第一预审分庭的法官首先区分了规定在《罗马规约》中的战争罪、危害人类罪、种族灭绝罪和侵略罪本身的严重性与第17条第1款第4项中的"严重性"标准的不同，即使案件针对的是构成以上四种最为严重的国际核心犯罪之一的犯罪行为，也并不能代表案件具有可受理的足够的严重性。第一预审分庭认为，规定在第17条第1款第4项中的"严重性"标准是开启调查某一犯罪情势阶段以及在确定了某一情势而进一步确定调查和起诉的案件阶段必须适用的标准。[1] 其次，预审分庭在采用上下文解释以及目的解释方法的基础上，提出了一个三要件的"严重性"判断标准：第一，作为案件对象的行为必须具有系统性或广泛性；第二，在判断具体行为的严重性时，必须适当考虑这样的行为对整个国际社会可能引起的社会惊恐（social alarm）；[2] 第三，被告人的地位是否处于最应受处罚的最高领导人之列。在具体如何判断被告人的地位时，第一预审分庭列举了三个判断要素：①被告人所处的地位；②行为人所属的机构、组织或武装群体实施了系统性、大规模的国际刑事法院管辖范围内的犯罪时，行为人通过其作为或者不作为在这些犯罪中所起的作用；③相关的情势中，这些国家机构、组织或武装群体在实施整个《罗马规约》规定的犯罪中所起的作用。[3] 最后，第一预审分庭强调以上的判断标准所包含的要素并不是可自由裁量的酌定因素，而是判断是否符合《罗马规约》第17条第1款第4项中的"严重性"标准的必要条件。[4]

然而，预审分庭提出的这个标准却受到检察官和上诉法庭法官的质疑和否定。检察官对预审分庭的这个标准提出了上诉，并质疑其在Ntaganda案件中适用的正确性。检察官认为，预审分庭提出的如此严格的标准无论是根据《罗马规约》第17条第1款第4项的语义还是立法者的意图都是

---

[1] Prosecutor v. Thomas Lubanga Dyilo, Decision on the Prosecutor's Application for a Warrant of Arrest, Art. 58, Case No. ICC – 01/04 – 01/06, 10 February 2006, para. 44.

[2] Prosecutor v. Thomas Lubanga Dyilo, Decision on the Prosecutor's Application for a Warrant of Arrest, Art. 58, Case No. ICC – 01/04 – 01/06, 10 February 2006, para. 46.

[3] Prosecutor v. Thomas Lubanga Dyilo, Decision on the Prosecutor's Application for a Warrant of Arrest, Art. 58, Case No. ICC – 01/04 – 01/06, 10 February 2006, paras. 50 – 53, 63.

[4] Prosecutor v. Thomas Lubanga Dyilo, Decision on the Prosecutor's Application for a Warrant of Arrest, Art. 58, Case No. ICC – 01/04 – 01/06, 10 February 2006, para. 62.

不合理的。具体来说，《罗马规约》的条文中并没有规定"社会惊恐"的概念，这个标准具有极大的主观色彩，不是客观的判断标准。除此之外，将行为人仅仅局限于"最高领导者"，不仅不能最大限度地发挥国际刑事法院的威慑作用，反而会导致大部分的犯罪行为人对国际刑事法院失去恐惧感。如果按照预审分庭创设的标准执行，检察官的自由裁量权将在一定程度上受到限制，而且将不可能调查或起诉那些处于指挥领导阶层之外的犯罪行为人。事实上，调查或起诉处于中等地位的犯罪行为人，在一定情况下是提供有力的证据并进一步调查或起诉最高领导人的必然需要。① 值得注意的是，上诉法庭完全支持检察官的上诉意见，认定预审法庭创设的判断"严重性"的标准是错误的，② 理由如下。①针对预审分庭提出的第一个标准，即"系统性或大规模"的要求，上诉法庭指出这一要求与国际刑事法院管辖范围内的犯罪的定义不一致。具体来说，就战争罪而言，"大规模"实施犯罪与"作为一项计划或政策的一部分"实施的犯罪是"或选项"的关系而不要求同时具备，而且，这两个要求只是特别强调的情形，而不是绝对的情况。此外，"系统性"这个要求是战争罪条款中没有规定的，只有第7条危害人类罪中才规定了"系统性"的要求。③ 接下来，上诉法庭肯定了检察官的主张，认为预审分庭要求犯罪行为具备"系统性或广泛性"的特点，不仅违反了《罗马规约》第8条第1款的字面解释原则，而且致使那些本属于第8条第1款规定范围内的非某计划或政策范围内且非大规模实施的战争犯罪行为由于不符合预审分庭设定的严重性标准而永远不可能被国际刑事法院受理。④ ②针对预审分庭提出的"社会

---

① Situation in the Democratic of Republic of the Congo, Judgment on the Prosecutor's Appeal against the Decision of Pre – Trial Chamber I entitled "Decision on the Prosecutor's Application for Warrants of Arrest, Article 58", ICC – 01/04 – 169 23 – 09 – 2008 1/49 CB PT OA. paras. 66 – 67.

② Situation in the Democratic of Republic of the Congo, Judgment on the Prosecutor's Appeal against the Decision of Pre – Trial Chamber I entitled "Decision on the Prosecutor's Application for Warrants of Arrest, Article 58", ICC – 01/04 – 169 23 – 09 – 2008 1/49 CB PT OA. para. 68.

③ Situation in the Democratic of Republic of the Congo, Judgment on the Prosecutor's Appeal against the Decision of Pre – Trial Chamber I entitled "Decision on the Prosecutor's Application for Warrants of Arrest, Article 58", ICC – 01/04 – 169 23 – 09 – 2008 1/49 CB PT OA. para. 70.

④ Situation in the Democratic of Republic of the Congo, Judgment on the Prosecutor's Appeal against the Decision of Pre – Trial Chamber I entitled "Decision on the Prosecutor's Application for Warrants of Arrest, Article 58", ICC – 01/04 – 169 23 – 09 – 2008 1/49 CB PT OA. para. 71.

惊恐”的标准，上诉法庭认为这是一个《罗马规约》根本没有规定的标准，而且这一标准的判定主要依赖于对犯罪的主观判断，而不是依赖于其客观的严重性，因此“社会惊恐”不应被当作判定“严重性”的要素。①③根据被告人的地位是否处于最应受处罚的最高领导人之列的标准，上诉法庭认为预审分庭这一要求也是对第17条第1款第4项的错误解释，而且认为只有对“处于最高级别的领导人进行调查或起诉才能发挥国际刑事法院的最大威慑效果”的观点也是令人质疑的，原因如下：不可否认，对于最高领导人的起诉或审判的确可以发挥国际刑事法院的威慑作用，然而如果只有个别最高领导人被起诉，其余的犯罪行为人一概被排除在国际刑事法院可受理的范围之外，本身并不能说明可以达到最大威慑效果，相反，只有大部分犯罪行为人都有被法院审判的可能时才能更好地发挥法院的最大威慑作用。同时，刻板地将“严重性”的标准局限于最高领导人，不仅不能发挥刑罚应有的作用，也达不到预防的效果。相反，这种事先认定只有处于最高领导地位的犯罪行为人才符合“严重性”的标准，容易致使其他犯罪行为人通过改变其在组织和机构中的等级来回避法院的管辖，而且也会导致那些虽处于一般地位却实施了极为严重的犯罪行为的行为人被排除在法院可受理的范围之外，这与《罗马规约》的有罪必罚的宗旨和目的相悖。②

（2）对国际刑事法院法官提出的“严重性”标准的评析

通过上述论述可以看出，国际刑事法院预审分庭提出的“严重性”判断标准过于严格，因此可能排除一些可能符合“严重性”判断目的的情形。③为了弥补这一不足，应当对第一预审分庭提出的判断标准做一定的修改和调整，只有这样才能更加符合《罗马规约》的要求和实践的需要。第一，对于行为的认定，不应当仅仅考虑犯罪行为的系统性或广泛性以及是否引起社会惊恐。理由如下：①虽然第一预审分庭给出了以上判定标

---

① Situation in the Democratic of Republic of the Congo, Judgment on the Prosecutor's Appeal against the Decision of Pre‐Trial Chamber I entitled "Decision on the Prosecutor's Application for Warrants of Arrest, Article 58", ICC‐01/04‐169 23‐09‐2008 1/49 CB PT OA. Para. 72.

② Situation in the Democratic of Republic of the Congo, Judgment on the Prosecutor's Appeal against the Decision of Pre‐Trial Chamber I entitled "Decision on the Prosecutor's Application for Warrants of Arrest, Article 58", ICC‐01/04‐169 23‐09‐2008 1/49 CB PT OA. Paras. 73‐79.

③ SáCouto, Susana and Katherine A. Cleary, "The Gravity Threshold of the International Criminal Court", *American Journal of International Law* 23, No. 5 (2008): 807‐854, at 838.

准，但是其判定标准本身就存在概念模糊的情况，例如对"系统性"、"广泛性"以及"社会惊恐"都没有明确的定义和解释；② "广泛性"和"系统性"是《罗马规约》在规定战争罪、危害人类罪和种族灭绝罪中对于犯罪行为的要求，但是并不能将"严重性"的标准等同于具备"系统性"或"广泛性"。例如在某一情势中，"与其他情势相比，虽然受害人的数量和范围相对比较小，但是犯罪对相关国家造成了巨大的破坏"。① 典型的例子就是美国2001年的"9·11"事件，与其他暴力事件相比其绝对被害人数虽然不是很多，但是对美国的影响却史无前例。第二，对于行为人的职位和作用的理解不能仅仅局限于其是否在形式上担任最高领导的职务，而应采用在事实上具有领导者地位的标准。第三，由于第一预审分庭仅仅给出了判定被告人地位的三个标准，但是没有说明是三个要素同时具备才能判定行为人具有最高领导者的地位，还是在特定的案件中某一要素比其他要素更重要，② 这些相关的问题都有待进一步的说明和解释。

四 结语

建立在补充性原则上的国际刑事法院突破了以往国际刑事司法机构与国家之间的对立和竞争的关系定律，首次在人类历史上明确肯定了国家对国际核心犯罪具有优先管辖权，这不仅是罗马会议谈判中各国外交谈判博弈的结果，也是国际刑事法院的现实选择。《罗马规约》通过补充性原则试图建立一个以《罗马规约》为核心的法律体系，而各国和国际刑事法院是该体系中的主体，该体系的目标和宗旨是通过各国和国际刑事法院的共同努力实现国际核心犯罪的有罪必罚。各国在这一体系中起着决定性的作用，该法律体系的最成功的表现就是各国积极行使优先管辖权，从而致使国际刑事法院无案可审。而国际刑事法院的可受理性标准就是管辖权的一

---

① Christopher Keith Hall, Suggestions Concerning International Criminal Court Prosecutorial Policy and Strategy and External Relations 21, 28 (2003), available at http://212.159.242.181/iccdocs/asp_docs/library/organs/otp/hall.pdf.

② War Crime Research Office, The Gravity Threshold of the International Criminal Court, International Criminal Court Legal Analysis and Education Project, March 2008, at 49–50.

个分配机制和筛选机制，通过可受理性标准的适用来分配由国际刑事法院和各国国内法院审理的案件范围。然而，通过对《罗马规约》相关法律条文的解析和判例法的分析，我们可以看出，《罗马规约》中有关可受理性标准的规定过于抽象和概括，对具体的法律术语缺少进一步的解释和限制，而判例中国际刑事法院检察官和法官对于可受理性标准的意见也存在争议，因此，《罗马规约》的可受理性标准的解释和适用仍然处于一个动态发展的状态，有待于今后理论界及国际刑事法院判例的进一步发展和明确。对于我国而言，虽然《刑法》第9条中规定了普遍性管辖权并可在我国加入的国际公约的义务范围内对国际核心犯罪进行管辖，但是具体的犯罪指控的适用仍然是国内普通犯罪的犯罪概念和构成要件，例如故意杀人、强奸等。将来具体案件中适用国内法律规定来调查或起诉国际核心犯罪到底是否可以通过可受理性标准的检验，则依赖于对可受理性标准各个判断要素和适用条件的理解。因此，密切关注和了解国际刑事法院的可受理性的相关理论，特别是一国是否可以行使优先管辖权的主权性权力问题，有助于我们检讨和完善自身的法律保障，从而能够在将来充分而主动地主张和行使《罗马规约》赋予国家的优先审判权。

The Normative Analysis on the Complementary Principle of the Jurisdiction of the International Criminal Court

Zhao Chenguang

Abstract：The jurisdiction of the ICC is complementary to national jurisdictions and generally, national courts have primary jurisdiction over crimes regulated in the Rome Statute. Therefore, the ICC only carries out its jurisdiction when there is a possibility of impunity. However, how to realize the distribution of jurisdictions between the ICC and national courts relies on the criteria of admissibility. Article 17 of the Rome Statute regulates the criterion of case admissibility. This article will discuss not only the theory of the principle of complementarity but also combine with case study in order to discover the problems of the application of the principle of complementarity in practice. Through this normative analysis, it is not only helpful to distinguish the meaning of the related regulations in the Rome Statute, but also provide state parties and non-state parties stronger legal protection on their national interests.

Keywords: the International Criminal Court (the ICC); Admissibility; the Criteria of Complementarity; the Criteria of Gravity

国际犯罪构成论体系新考

宋健强*

摘　要：在比较刑法学中，"犯罪论体系"是关于犯罪成立和形态（或形式）的知识体系，包括"犯罪构成论体系"和"犯罪形态论体系"两个子系，前者具有独立性和自足性，两个子系具有判断对象（行为人）的同一性。在国际刑法学中，"国际犯罪论体系"依然是关于国际犯罪成立与形态（或形式）的知识体系，包括"国际犯罪构成论体系"和"国际犯罪形态论体系"两个子系，前者解决"小鱼"的犯罪认定，后者解决"大鱼"的刑事归责。由于两个子系具有判断对象（行为人）的相异性，若想完成国际犯罪（"大鱼"归责）的充足性判断，两个子系缺一不可。因此，"国际犯罪论体系"与"犯罪构成论体系"具有同一性，后者同样包含"国际犯罪形态论体系"。可见，比较刑法学中的"犯罪论体系"之争可以提供国际体系思考的知识论基础，但不能也不应直接进行国际转化。照搬法系或国内体系直接套解国际体系，无法使两种研讨实现互动与双赢。

关键词：国际犯罪论体系　国际犯罪构成论体系　国际犯罪形态论体系

犯罪论体系的学术范畴取自大陆法系，是关于犯罪成立与形态（或形式）的知识体系；犯罪构成论体系是关于犯罪成立的知识体系，属于犯罪论体系的支系和骨干体系。据此推演，国际犯罪论体系是关于国际犯罪成立与形态的知识体系，国际犯罪构成论体系是关于国际犯罪成立的知识体

---

* 宋健强，哈尔滨工业大学国际司法研究所所长，北京大学法学博士。

系：后者是前者的系属和核心。因此，国际犯罪构成论体系是关于国际犯罪成立的国际刑事实体法知识体系，是规范国际刑法学的核心。

对上述问题，国内外学者尚未专门进行直接、系统的讨论，国际法学者的讨论机会更少。经过学理、规范与司法的综合性考证，笔者得出了本文结论。① 刑法现代化，主要是向先进法系学习；刑法国际化，主要是向国际刑事法院学习。国际犯罪构成论体系就是学习心得之一。

一 ICC 活法模型

既然"体系"的逻辑差异具有理论上的相对独立性，各国的立法并无太大差异；各国立法即使存在较大差异，也与"构成论体系"的差异"并无关系"。两大法系的"体系"和"构成体系"首先都是"学者对刑事司法的理性总结"，这确无疑问。既然如此，讨论"国际体系"及其"国际构成论体系"，绝不能离开对国际刑事判例法则与实践理性的实证考察。为此，本文选择世界唯一常设的国际刑事法院（下称 ICC 或本法院、法院）经典、冗长的三案《确认起诉裁决》②（下称《裁决》）为考察样本。国际刑事裁决的"实体说理"部分是对国际法官刑法基本功力的残酷检验，也形成了"国际犯罪论体系"、"国际犯罪构成论体系"及"国际刑事责任模式体系"等判例法之活法模型。

（一）检察官诉卢班加案的"体系"考证

本案"实体说理"部分的体系结构大体可概括为：从"犯罪要件"到"罪刑法定原则与法律认识错误"再到"刑事责任"，"三要件"看似"并列"和"递进"关系。我们据此容易提出的第一个问题就是，这是一个大陆法系经典"三阶层"体系吗？

---

① 详见宋健强《司法说理的国际境界——兼及"国际犯罪论体系"新证》，法律出版社，2010。

② ICC - 01/04 - 01/06 - 803 - tEN, 14 - 05 - 2007（民主刚果情势，检察官诉卢班加，裁决长达 157 页，下称第一案《裁决》）；ICC - 01/04 - 01/07 - 717, 01 - 10 - 2008（民主刚果情势，检察官诉卡坦加和楚伊，裁决长达 226 页，下称第二案《裁决》）；ICC - 01/05 - 01/08 - 424, 15 - 06 - 2009（中非共和国情势，检察官诉贡博案，裁决长达 186 页，下称第三案《裁决》）.

1. "犯罪要件"等于"（构成要件）该当性/符合性"吗？

本《裁决》指称的"犯罪要件"所涵盖的要素是"语境要素"、"特定要素"和"语境关系"。

（1）"语境要素"

系宏观要素，指的是"犯罪要件"本身。其包含客观与主观两面，并且是先客观、后主观。本《裁决》确认的是"战争罪"，成立本罪之法定的"语境要素"是"国内/国际武装冲突"。另外需要特别注意的是，《罗马规约》规定的四种法定犯罪（战争罪等）相当于我国的类罪名，罪名很少、罪行很多，其中的"语境要素"类似类客体或类法益。

然而任何犯罪都是具体的，国际犯罪也无例外。

（2）"特定要素"

就是具体犯罪行为，《罗马规约》第 8 条（战争罪）一共列出 4 类 50 种，每种具体行为都有具体而完整的构成体系，本案确认的只是其中一种：利用或征募童子军。"特定要素"是具体犯罪并自成体系，共同支撑"类法益/类客体"，也是类罪名的"行为要素"却同时涵盖特定的主观要素。但是，"先客观、后主观"的思维法则仍然没有疑问。

然而，具体犯罪行为又不能孤立存在，离开"语境要素"的"特定要素"（例如杀害、抢劫乃至非法征募或利用儿童等）还可能是国内法犯罪，但不再可能是法定的国际犯罪。

（3）"语境关系"

就是"特定要素"与"语境要素"的关联。"语境关系"要素不可或缺，控方必须证明"特定要素"与"语境要素"有关。

由此，整个犯罪构成分析体系之"先客观、后主观"特性十分明显，并且浑然一体——客观的宏观"语境要素"打头、主观的微观"语境关系"殿后。

综上所述，我们发现：这是一个独立的、独特的、复合的、交错的和浑然一体的国际构成论体系，但在复合、交错的体系结构中，"客观、主观分立"以及"先客观、后主观"的思维法则清晰可见。

2. "罪刑法定原则与法律认识错误"分析等于"违法性"判断吗？

法官认为辩方没有根据罪刑法定原则，只是根据对生效法律的认识错误而提出排除刑事责任的可能性；法定的法律认识错误射程是相当有限的，排除刑事责任事由只有两项，只有在人犯由于没有发现有关禁止性规范的社会意义（也是日常意义），因而没有意识到有关犯罪的规范的客观要素时才会获得解脱。本《裁决》将其夹在"犯罪要件"与"刑事责任"之间，大陆法系的经典"犯罪构成论体系"意味的经典性似乎已不容置疑，这可能是本案分析体系贴近大陆法系体系最明显的一处。然而，如果经典体系的"有责性"没有紧随其后，此处的"违法性"初步定位结论就会立生悬疑，甚至整个考察结论也将会被颠覆。

3. "刑事责任"分析等于"有责性"判断吗？

在大陆法系经典体系的"有责性"判断中，责任能力、罪过形态以及期待可能性是固定判断要素。十分遗憾，本《裁决》中的"期待可能性"分析已经发生了体系脱位。

本法院《法院条例》明确要求《指控文件》不但必须阐明对犯罪的定性，而且还必须阐明具体参与形式（责任模式）。本案法官将"刑事责任"问题直接等同于"责任模式"问题，至少是只讨论"责任模式"问题：本案主要涉及"共同正犯"模式。可见第一案《裁决》没有体现出大陆法系的"三阶层体系"。相反，"犯罪要件"与"刑事责任"是两套并列的、各自独立的犯罪定性体系，而其间夹杂的"违法性"分析又不在两个独立"体系"之内，却在两个独立体系之间，十分怪异。

（二）检察官诉卡坦加和楚伊案的"体系"考证

本案"实体说理"部分的体系结构与"第一案"基本相同，不同之处在于以下几方面。

第一，本案在"犯罪要件"中多出一个"明知语境关系"，也就是具体犯罪认定中的"相关背景"之主观要素。

第二，在"责任模式"中集中论证"主犯"，凸显"犯罪分工"或"犯罪控制"理论"抓大鱼"的功利目标。

第三，"特定要素"只分析其中的"客观要素"，"主观要素"留在"责任模式"中讨论。

第四，关于"主犯"责任，《裁决》为此确立并分析了3个一般客观要素、2个特殊客观要素和3个主观要素。这就进一步证明在国际刑事司法中，"刑事责任"分析体系具有完全的独立性，不隶属于"犯罪构成"

的基本分析体系，更不是其中的"有责性"。

此外，关于罪数形态，犯罪要件"一般性导言"第 9 款规定"一项行为可构成一罪或数罪"，本来是综合了（或称简单相加）大陆法系与普通法系的各自特征，供检察官自由选择，供法官自由裁量。但是，检察官和法官的实践理性一致地显示：只要不同犯罪语境存在时间上的竞合，"一项行为"一定会被当作"数罪"指控和认定。这是完全倒向普通法系的做法。

（三）检察官诉贡博案的"体系"考证

本案确认的是战争罪和危害人类罪两罪，"实体说理"部分的体系结构略有差异。尽管本案三位断案法官与前两案完全不同，我们仍然可以发现以下几点。

第一，所谓"检察官指控的犯罪"，就是指"犯罪要件"，而"刑事责任"仍然是指"责任模式"。《裁决》仍然承续"犯罪要件"与"刑事责任"两个独立体系并立的分析范式。

第二，第一个分析体系基本遵循了从宏观到微观、从客观到主观的思维法则。

第三，第二个分析体系指出"共同正犯"与"指挥官责任"势不两立，不能共存。驳回"共同正犯"指控，只分析了主观要素。也就是说，法官通览全案后，感到明显不成立的只是主观要素，所以无须讨论客观要素，这或许可谓"思考经济"。但这并不等于说法官在"通览"案情时的分析序位也是颠倒的。本《裁决》所确认的"指挥官责任"依然遵循了全方位思维法则，要素的分析序位严格遵循罪状立法模式，客观、主观要素呈现混合状态，这或许可谓"思考严谨"，但"体系思维"考证价值不大。

二 《罗马规约》不能展示特定法系之"体系"

"立法体系"的确不等于，不能自动显示，也不能决定"学理体系"，它只能提供体系思考的规范基础。根据上述"活法模型"启示，再对《罗马规约》的立法体系进行逻辑梳理，结果如下。

（一）《罗马规约》的"体系"

对要素与序位若严格按照《罗马规约》的立法体系进行"体系"考察，我们就会发现以下几点。

第一，"犯罪种类及其构成要件"与"个人刑事责任"的立法体系地位的确各自独立，前者属于第二编（管辖权、可受理性和适用的法律），后者属于第三编（刑法的一般原则）。

第二，"犯罪种类及其构成要件"的体系结构基本相同。

可见，我们不能从中发现普通法系、大陆法系或苏俄体系的国际规范特征。抛开"法系"成见并以"主、客观分立"、"先客观、后主观"和"不能重叠思考"等基本逻辑对上述立法体系模式进行学理提炼，显然可以出现多种新的排列组合。当然，若依"法系"成见，还可有其他"法系"特色组合体系。国际实定法只能展示一般体系，没有也不能展示特定"法系"之体系。国际规范移植了特定法系范畴，并不等于移植了特定法系的整个思维体系。

（二）"犯罪要件"的"体系"

由于唯有"特定要素"或"具体行为"的"国际犯罪构成论体系"才具有国内法或比较法的直接可比性，我们就需要特别观察要素与序位严格符合"犯罪要件"立法体例的具体"构成体系"，并据此发现以下几点。

第一，具体"犯罪要件"存在法定的"一般组合原则"，并充分体现"主、客观分立"与"先客观、后主观"的思维法则，立法体例异常稀罕与珍贵。

第二，由于不开列"排除刑责事由"或"违法性"要素，导致大陆法系体系特征无法直接显示，或许立法者是在有意回避"体系"差异之争。

第三，"行为人、行为、结果"与"特定对象"及"对特定对象的明知"并列，可能既是出自行文方便，更是基于四种国际法定犯罪"对象"都异常特殊、异常重要的考虑。

第四，"行为人"即可能的"犯罪主体"，称谓中性无价，十分可取。"具体行为"中的"主体"一般是指疑犯（特别是共犯和指挥官或上级责任中的疑犯）属下，"行为"与"结果"指向亦然。疑犯本身的"行为、结果"需要在"责任模式"中确定，"心理要件"亦然。

第五，"行为"不是仅指"客观具体行为"，还包括与此对应的具体"心理要件"，因为除非另有规定，"故意和明知"的"心理要件"具有通用性。

第六，"特定对象"及"对特定对象的明知"分别属于客观与主观要素，此处再次显示"主、客观分立"与"先客观、后主观"的思维法则。此外，对特定对象的认识也不是一律限于"明知"，有时还会例外开列"应当知道"（例如非法招募或使用童子军）。

第七，"相关背景情况"（"语境关系"与"明知语境关系"）属于特殊要件并须列在最后，不具有国内法与比较法上的经典考察意义。但是，两个具体"语境要素"孰先孰后，立法体系并不一致，但是多数体例还是显示出"先客观、后主观"的立法规律。

总之，国际犯罪与国际刑事司法的特性决定了国际"体系"具有复合性、交错性，这是绝对不能直接套用特定"法系"之体系的真正原因。《规约》虽然没有直接显示国际"体系"，结合活法模型，还是可以梳理出来的。然而，似乎多数学者并没有这样做，至少是学术自觉意识不强、专业性思考付出不足；直接套用"法系"之体系或凭空臆断，显然是一种简单化和懒惰的处理方式。

三 学理现状喜忧参半

经过活法与规范考证，再反观学理，我们容易发现：国际"体系"的国内研讨现状令人忧虑，其中基本范畴与直接议题的缺失以及简单套用国内法体系，证明国内学理基本不成体系；相反，域外研讨情况却接近国际规范与活法模型。我们可以从代表性著作中"梳理"出若干现状。

（一）域外考察：国外的国际"体系"贴近国际"问题"

1. 美洲代表：巴西奥尼体系

美国学者 M. 谢里夫·巴西奥尼教授在其组织起草的《国际刑法典草案》中，原始要件与排列体系是"物质要件→心理要件→因果关系→危害"。由此，巴西奥尼最初的"立法"体系并不见明显的"法系"特征，更不见明显的国际特色。巴西奥尼教授还曾在上述特定"四要件"基础上增加了诸多"刑事责任豁免或者免除的要件",形式上才大体符合普通法系的一般体系特征。而从其《国际刑法中的危害人类罪》第五章至第十章连续反映出的"国际体系"中,我们发现:巴西奥尼上述"四要件体系"既接近 ICC 活法模型与规范实际——基本遵循了"语境要素→特定要素→刑事责任"基本体系,又有普通法系特征——"合法辩护事由"殿后。如果再把前三个要件统一视为"犯罪本体要件",就是经典的普通法系之体系,尽管这未必符合巴西奥尼本人原意。由于"构成要件"立法资源的历史局限,巴西奥尼对"特定犯罪内容"或"具体犯罪行为"的展开方式没有展示出严格、细致的"体系"特征,因而整体"国际犯罪构成论体系"无法实现学术贯通。

2. 欧洲代表:科塞斯体系

梳理安东尼奥·科塞斯的代表著作《国际刑法》的"实体"部分,我们发现以下几点。①此处的"实体刑法"的独立设计可以深化国际"体系"研究。②"国际犯罪论→国际刑事责任基础论"的基本体系框架与ICC 活法和规范模型以及"巴西奥尼'危害人类罪'国际'体系'"基本一致。③把"共犯/正犯"责任与"不作为"的"上级责任"完全分开,凸显两种责任模式的巨大差异,立场可取。④对"国际刑事责任基础论"进行"一般原则→犯罪心态→正犯/共犯→不作为→数罪→抗辩/赦免"的设计,琐碎之外既不能展现任何"体系"特征,更有混杂"国际刑法论"于"刑事责任论"中之嫌。⑤"概念"全部打头,展示出各罪的法益或客体。然而概念本身毕竟不是"国际犯罪构成论体系"的当然要件,仅仅是要件提示或序言。⑥战争罪中明确陈列"与武装冲突的语境关系",而灭绝种族罪中的与危害人类罪的区别以及危害人类罪中的"概念的起源"和"国际习惯与ICC",也间接揭示了"语境要素",只是分析序位飘忽不定。⑦三罪都陈列出规整的"犯罪的客观要素"与"犯罪的主观要素",严格遵循"主、客观分立"和"先客观、后主观"的思维法则。⑧"危害人类罪"中的"犯罪的可能主体"与"犯罪的潜在被害人"之提法十分可取,解决了如何做到中性无价问题。⑨三罪"体系"并不一致,各要件的"标定"(或标签)(labeling)、界定与排序也不完全清晰、一致,显示"体系"的"成型度"不高。⑩危害人类罪中的"主体"与"对象"的体系地位原理不清，他罪为何省略也不明了。总之，就"国际犯罪构成论体系"基本要件与排序而言，科赛斯体系反映活法模型与规范模式的正确度明显不如"巴西奥尼危害人类罪国际'体系'"。

但不论怎样，两个"体系"都接近国际活法体系。

（二）国内考察：学理现状不容乐观

1. 国际犯罪论体系

根据近年的学术"整理"，笔者发现，国际犯罪论体系在国内既无人提出也无人展开，证明没有对"国际犯罪论"进行"体系性思维"的自觉意识。甚至可以说，我国的国际刑法学体系及其国际犯罪论体系目前还相当混乱，至少一时还很难形成"通说"，勿论深度与质量如何。其原因是：①"体系"问题具有突出的刑法学特点，国际法学或刑诉法学背景出身的学者难以关注与展开。②国际刑法学为"综合法学"，进行程序与实体拆分尚不容易，勿论拆分后的深度展开。③国际刑事实体立法向来简约粗疏，对规范要素进行正确而细致的拆分与组合并不容易。④重定义轻构成、重演变轻要素、重动态轻静态、重反思轻建构等，似乎已是国外著作的演绎惯例，国内学者多据此因循。⑤多数国际刑法议题的政治敏感性和程序紧迫性很强，导致法学的专业性和技术性趋弱，国际刑法学本身很难形成一门精确和精致的学问。⑥最重要的是，学者对国际刑事司法中的活法模型缺乏细致观察与梳理，不能适时进行学理升华与反思。

2. 国际犯罪构成论体系

根据近年的学术"整理"，笔者发现，我国学界似乎没有国际犯罪构成论体系之说，关于"国际犯罪的构成"，主要是讨论"国际犯罪的构成要件"问题和"国际犯罪的主体"问题。之所以把"国际犯罪的主体"问题与"国际犯罪的构成要件"问题并列为"国际犯罪的构成"的附属问题，是因为"犯罪主体并非国际犯罪的构成要件，而是应当作为刑事责任的主体加以规定"。关于"国际犯罪的构成要件"，主要是"四要件说"（客体和客观方面、主体和主观方面，也就是国内刑法学"通说"体系）与"两要件说"（主观要件、客观要件，不含犯罪主体）的并立。

当然还有"犯罪客体"存废之争，等于把国内刑法学之争直接延伸到国际刑法学之争，试图增加国际刑法学研究亮点。殊不知，我们对国际犯罪论体系和国际犯罪构成论体系的实然与应然尚缺乏基本的"体系"思考，谈废除什么、保留什么，不可不谓操之过急。

随着国际刑法理论体系特别是犯罪论体系与犯罪构成体系的深度分化，如果"突破与建构"仍不能逃离"法系"特色，与不能逃离（改良的或重构的）"国内刑法体系"并无本质差异。随着国内"理论"的分化与鼎立，"受影响"或"直接套用"将会是多元化的。"受影响"是正常的，"直接套用"是因为理解不深、考证不细。

四　特定问题决定特定体系

经过事实、规范与学理的整合性考察，笔者认为，特定问题决定特定体系，而不是相反。"国际犯罪构成论体系"之特殊性显而易见。

第一，"犯罪要件"与"责任模式"两个体系并立并且递进

为了把并非"实行犯"的"罪恶之尤"们（"大鱼"）作为"主犯"绳之以法，如何区分和发挥"犯罪要件"与"责任模式"两个并立体系的不同功能至关重要。

（1）"犯罪要件"子体系：解决"部下"或"小鱼"是否触犯特定国际犯罪问题。分析套路是：①是否存在法定的、宏观的和客观的"语境要素"，例如武装冲突、灭种政策、大规模或有系统迫害政策和侵略政策。如果没有，就是普通刑事犯罪，分析停止。如果有，就要继续分析。②法定的、微观的和主客观统一的"特定要素"，分析这些具体犯罪详情及其自身严重性，还要考虑国际司法正义需求。如果没有问题，就要继续分析。③上述"特定要素"与"语境要素"的主客观关联度。如果答案是肯定的，才能最终解决"部下"或"小鱼"究竟是否触犯特定国际犯罪问题。但是，这仅仅是"国际犯罪构成论体系"的半拉子工程。

（2）"责任模式"子体系：解决"上级"或"大鱼"是否对应上述特定国际犯罪负责问题。分析套路是：要么负共犯或正犯责任，要么负指挥官或上级责任，不能对同一事件负两种责任。如果两种责任都不能负，案件即告终结。如果负其中之一罪责，就要分别独立分析。共犯与扩张的正犯责任〔目前的判例法主流是"（共同）间接正犯"模式〕与指挥官或上级责任是两类独立的责任模式。正因如此，"责任模式"成了与"犯罪要

件"并列的和独立的"责任模式体系"，两者共同组成"国际犯罪构成论体系"。"犯罪要件"与"责任模式"的分离与并立，导致国际"体系"本身就具有分立性和复合性。检察官为了保险，有时可能会对同一事件同时指控两种罪责，法官只能驳回其一，确认或驳回其二，不可能都予确认。这种责任模式分析又是一套独立的和主客观想统一的分析体系。

先后完成"犯罪要件"与"责任模式"两个子体系分析，才算最终完成了"国际犯罪构成论体系"工程。但若存在"违法性"疑问需要特别分析，国际法官的做法是：要么在两个子体系之间独立讨论，要么随遇而安、见缝插针、随机讨论。

第二，国际犯罪法定罪名属于国内刑法"类罪名"，特色可谓鲜明。"特定要素"只是"类罪名"的核心构成之一，还受"语境要素"和"明知语境要素"的夹击。这就直接导致"类构成"与"具体构成"的复合与交错。

第三，"特定要素"本身又具有多样性（非法招募、杀人、强奸、洗劫等），每项"特定要素"都有独立的和独特的"具体构成"。此外，单一"特定要素"的构成体系既有"罪体"要素又有"罪责"要素，同时还有"语境关系"要素和"明知语境关系"要素，本身又是复合与交错的。

第四，"罪数"问题成为一个独特问题，又与"犯罪要件"与"责任模式"两个体系存在复合交错关系：不论是何种模式下的何种罪名，都存在"一罪或数罪"的选择问题。

因此，国际"问题"如此特殊，"国际犯罪构成论体系"不可能不特殊。

A New Review on Theoretical System of International Crimes

Song Jianqiang

Abstract：In comparative criminal law，theoretical system of crimes refers to a systemic knowledge about establishment and forms of crimes, in which two systems at second level, namely, constitutional system of crimes and theoretical system of forms of crimes standing hand by hand—the former being independent and complete, at the same time both of them being with a same judging object of crime. Generally speaking, in international criminal law, the case is the same while the difference is that two systems are not only co − dependent on each other but also must go in order for both the valuing objects and the goals of them are not the same even though with a same, final destination—to bring big fishes to justice. In this means, case − by − case method is extremely important.

Keywords: International Theoretical System of Crimes; International Constitutional System of Crimes; International Theoretical System of Forms of Crimes

论法人的国际刑事责任

〔德〕马克·恩格尔哈特[*]著 黄 涛[**]译

一 引言

各国就法人能否承担刑事责任[①]的问题已激烈地争论了一个多世纪。[②] 国际社会对这个问题的讨论也不是一天两天了,[③] 但很多方面仍然处于起步阶段。这其中的原因主要是,自纽伦堡审判后,国际刑法再没有获得前进的动力。这种状况一直持续到 20 世纪 90 年代。自此以后,国际刑法在个人承担国际犯罪刑责及承担标准的确定方面取得了长足进步。

近年来,关于法人与人权的讨论尤其是联合国特别代表约翰·G. 鲁杰[④]的报告为法人承担国际犯罪刑责的问题指明了方向。鲁杰的报告表明,由于不存在一个法人承担刑事责任的明确框架和普遍标准,故而在所有侵

---

* 马克·恩格尔哈特,德国马普外国刑法与国际刑法研究所研究员。

** 黄涛,中国社会科学院研究生院刑事诉讼法学专业博士研究生。

① 本文中,responsibility,liability 和 accountability 三个术语均表达"责任"的意思,故可相互替换。

② 参考英国早期案例 Reginn v. Great North of England Railway Company (1846) 9 QB 215 或 E. Hafter, *Die Delikts – und Straffahigkeit der Personen wrbande* (Berlin: Julius Springer, 1903)。

③ 更多事例参考 1929 年在布加勒斯特召开的第 2 届国际刑法学协会会议,M. Mbhrenschlager, "Developments on the International Level", in A. Eser. G. Heine and B. Huber, *Criminal Responsibility of Legal and Collective Entities* (Freiburg im Breisgau: Edition Iuscrim, 1999), 89 – 103, at 91 – 2。

④ 有关联合国秘书长特别代表就人权与跨国公司及其他营利性企业的发言信息,http://www. business – humanrights. org/Gettingstarted/UN Special Representative,最后访问时间: 2009 年 8 月 1 日。

犯人权的案件中，法人共犯的问题仍悬而未决。①

本文通过澄清法人承担国际犯罪刑责所涉及的相关问题，以期对国际社会就此问题的讨论有所裨益。由于问题的许多层面并没有得到清晰的界定，因此本文的写作目的之一就是提出正确的问题。另外，该文立场鲜明地承认一国政府对法人的管束责任。当然，并不是所有问题都能在此找到答案，也并不是问题的所有层面都进行了深入探讨。因此，在将来的研究过程中，许多观点是值得进一步深思的。

本文首先分析法人是否能够参与国际犯罪的问题。接下来，在考察当前立法情势和历史发展状况后，本文探讨了三个基本问题。第一个问题是，如果国际社会确有必要处置的话，那么国家或者国际社会应采取何种程度的处置方式？第二个问题是，如果需要采取刑事制裁方式，应适用何种实体法（行政法、民法还是刑法）对法人的行为进行规制？第三个问题与机构层面有关，即国际法院，如国际刑事法院，是否有必要强制执行裁决？

二　法人对国际犯罪的参与

在讨论规制法人行为问题尤其是以刑法或者国际刑法的立法层面之前，有必要考察法人的国际犯罪的参与问题。这里的"参与"一词应严格地从现象学观点上进行理解，并不是专门参与犯罪或侵权行为的概念。只有当法人实质性地参与国际犯罪行为，才有理由也有必要对法人提起诉讼。

事实上，法人不法行为的种类繁多，《国际刑事法院规约》中规定的法人犯罪仅仅是其中的一部分。② 当考察法人行为的主要方面时，可以将

---

① 国际法和国内法中共犯概念十分模糊，共犯概念在刑法和民法中也是如此，原因在于共犯概念的出现是与个人联系在一起的。参考联合国特别代表的报告，UN doc. A/HRC/8/16（15 May, 2008）, paras. 26－44, 70。同时参考 UN doc. A/HRC/8/5（7 April 2008）, paras. 73－81 and UN doc. A/H RC/8/5/Add. 1（23 April 2008）, paras. 143－147; J. Ruggie, "Business and Human Rights: The Evolving International Agenda", *The American Journal of International Law* 101（2007）819－840, at 830－832。

② 当然，有关法人犯罪的事例有很多（从生产致残致死的有害产品到利用虚假广告欺骗消费者），但本文主要探讨法人最严重的行为。这些行为既可以是《国际刑事法院规约》中规定的犯罪，也可以是国际犯罪。

法人犯罪行为分为三种类型。

第一种类型是法人直接参与国际犯罪。在第二次世界大战中，如法本化学工业公司或德固赛公司不是使用强迫劳工就是参与掠夺。[①] 卢旺达的报纸和广播公司蛊惑人们参与种族灭绝行为。[②] 如今，当某个法人私自作为当事人一方，有时甚至作为雇佣兵参与军事冲突时，此类行为被视为犯罪。[③]

第二种类型是法人通过物资援助的方式间接参与国际犯罪。援助方式也包括武器或技术设备的运输。一个例子就是在第二次世界大战期间，所谓的泰斯塔公司为集中营提供氢氰酸。[④] 其他例子还包括最近在荷兰提起公诉的案件，荷兰公司向尼日利亚出售武器和将用于制造毒气的化学原料运输给萨达姆·侯赛因。[⑤] 在许多冲突中，这可能是法人为冲突各方提供的最重要的帮助。

[①] 参考美国军事法院，纽伦堡，案卷号 57，The I. G. Farben Trial, U. S v. Krauch et al. , 14 Aug. 1947 – 29 July 1948，联合国战争罪行委员会，Law Reports of Trials of War Criminals (London 1949)，Vol. X, p. 1, 以及 P. Hayes, *Industry and Ideology*: *LG. Farben in the Nazi Era* (Cambridge: Cambridge University Press, 1987)，p. 325。关于德固赛公司，参见 P. Hayes, *From Cooperation to Complicity*: *Degussa in the Third Reich* (Cambridge: Cambridge University Press, 2004)，p. 236。

[②] 参考国际刑事法庭卢旺达审判 Ruggiu 案，Tnal Chamber, 1 June 2000, paras. 37 – 5 和国际刑事法庭卢旺达审判 Nahimana et al. , Tnal Chamber, 3 December 2003, paras. 9 – 62。

[③] 关于雇佣兵的使用引发各种各样的难题，请参考向人权理事会提交的专家报告，Report of the Working Group on the Use of Mercenaries as a Means of Violating Human Rights and Impeding the Exercise of the Right of People to Self-determination. UN doc. A/HRC/7/7 (9 January 2008)。关于私人军事公司的问题，参考 C. Forcese, "Deterring 'Militarized Commerce': The Prospect of Liability for 'Privatized' Human Rights Abuses," 31 *Orrawa Law Review* (1999 – 2000): 171 – 211, at 174。

[④] 参考英国军事法院审判该公司老板案，Hamburg, Case No. 9, The Zykton B Case, Trial of Bruno Tesch and Two Others, I March 1946 – 8 March 1946, 及联合国战争罪行委员会的 Law Reports of Trials of War Criminals (London 1947)，也可参考 P. Hayes, *From Cooperation to Complicity*: *Degussa in the Third Reich* (Cambridge: Cambridge University Press, 2004)，p. 272 及 J. Kalthoff, M. Werner, *Die Händler des Zyklon B. Tesch&Stabenow. Eine Firmengeschichte zwischen Hamburg und Auschwitz* (Hamburg: VSA Verlag, 1998)，p. 91。

[⑤] 胡斯·考恩霍文因被指控对利比里亚人民犯有战争罪而遭到起诉，然而在上诉审时被宣布无罪。详情参考 http://www. haguejustice portal. neUeCache/DEF/6/412. html；弗兰斯·范·安纳特（绰号化学武器专家弗兰斯）因向萨达姆·侯赛因提供研制化学武器的物资而被作为战争罪的共犯遭到起诉，并于 2007 年被判处 17 年的有期徒刑。详情参考 H. G. Van der Wilt Genocide, Complicity in Genocide and International v. Domestic Jurisdictions: Reflections on the van Anraat Case"，*Journal of Internarional Criminal Justice* 4 (2006): 239 – 257。还可访问 http://www. hague justice portal net/eCache/DEF/6/411. htmt。

第三种类型是法人通过金钱援助的方式间接参与国际犯罪。在这些案件中，合法援助与非法援助之间的界限有时很难划分，正如法人经常为合法服务而向对方支付费用。例如，石油公司、天然气公司和矿业公司为取得天然资源开采权向包括政府在内的冲突各方及所谓军阀支付金钱。① 没有这些金钱支持，冲突方就无法满足战争的资金支持。

在所有类型中，法人均扮演了主要角色。在大多数情况下，只有法人才能驱使自然人实施或者参与国际犯罪。在许多案件中，自然人均难逃被起诉的命运。② 然而，鲜有法人面临同样的后果。③ 到目前为止，法人的国际犯罪问题

---

① 事例请参考发生在刚果民主共和国内的非法开采自然资源以及法人参与武装冲突及严重侵犯人权等事件。这些事件都记录在向联合国安理会提交的几份专家报告中，即 UN doc S/2005/436 (26 July, 2005); UN doc. S/2003/1027 (23 October, 2003); UN. doc. S/2002/1146 (16 October, 2002) 和 UN doc S/2001/357 (12 April, 2001)。另外也参考安维尔矿业公司案，在该案中，该公司不遗余力地帮助军人实施严重的犯罪。案件详情参考 J. Kyriakakis, "Australian Prosecution of Corporations for International Crimes", *Journal of International Criminal Justice* 5 (2007): 809 – 826, at 811。

② 事例如 IG 法本公司案，参考美国军事法院，纽伦堡，案卷号57，The I. G. Farben Trial, U. S v. Krauch et al., 14 Aug. 1947 – 29 July 1948, 联合国战争罪行委员会，Law Reports of Trials of War Criminals (London 1949), Vol. X, p. 1, 以及 P. Hayes, *Industry and Ideology: LG. Farben in the Nazi Era* (Cambridge: Cambridge University Press, 1987), p. 325。关于德固赛公司，参见 P. Hayes, *From Cooperation to Complicity: Degussa in the Third Reich* (Cambridge: Cambridge University Press, 2004), p. 236; Zyclon B 案件，参考英国军事法院审判该公司老板案，Hamburg, Case No. 9, The Zyklon B Case, Trial of Bruno Tesch and Two Others, I March 1946 – 8 March 1946, 及联合国战争罪行委员会的 Law Reports of Trials of War Criminals (London 1947), 也可参考 P. Hayes, *From Cooperation to Complicity: Degussa in the Third Reich* (Cambridge: Cambridge University Press, 2004), p. 272 及 J. Kalthoff, M. Werner, *Die Händler des Zyklon B. Tesch&Stabenow. Eine Firmengeschichte zwischen Hamburg und Auschwitz* (Hamburg: VSA Verlag, 1998), p. 91; 以及卢旺达案件，参考国际刑事法庭卢旺达审判 Ruggiu 案，Tnal Chamber, 1 June 2000, paras. 37 – 5 和国际刑事法庭卢旺达审判 Nahimana et al., Tnal Chamber, 3 December 2003, paras. 9 – 62。

③ 例如，改变名称后的泰斯塔公司，重新成立后不久，便几乎接管了原来公司的所有业务 (Kalthoff and Werner, 参考英国军事法院审判该公司老板案，Hamburg, Case No. 9, The Zyklon B Case, Trial of Bruno Tesch and Two Others, I March 1946 – 8 March 1946, 及联合国战争罪行委员会的 Law Reports of Trials of War Criminals (London 1947), 也可参考 P. Hayes, Cooperation, supra note 7, at 272 及 J. Kalthoff, M. Werner, *Die Händler des Zyklon B. Tesch & Stabenow. Eine Firmengeschichte zwischen Hamburg und Auschwitz* (Hamburg: VSA Verlag, 1998), p. 91.], IG 法本公司被分为几个独立公司，只有核心公司和名称遭到了清算的命运 [P. Hayes. Industry 参考美国军事法院，纽伦堡，案卷号57，The I. G. Farben Trial, U. S v. Krauch et al., 14 Aug. 1947 – 29 July 1948, 联合国战争罪行委员会，Law Reports of Trials of War Criminals (London 1949), Vol. X, p. 1, 以及 P. Hayes, *Industry and Ideology: LG. Farben in the Nazi Era* (Cambridge: Cambridge University Press, 1987), p. 325. 关于德固赛公司，参见 P. Hayes, *From Cooperation to Complicity: Degussa in the Third Reich* (Cambridge: Cambridge University Press, 2004), p. 236]。

仍没有引起人们的重视，因此有必要对这些法人提起诉讼。

三　现今的立法情势

如果现今的国际法并没有认为法人应承担法律责任尤其是刑法责任，那么对法人提起诉讼的呼吁就是正当的。尽管国际刑法和法人责任法中包括许多法律文件，却没有直接规定法人承担刑事责任。

《国际刑事法院规约》第 25 条规定国际刑事法院仅对自然人具有管辖权。但是其条文措辞没有明确将法人排除在外，它指出如果法人行为可归因于自然人行为，那么国际刑事法院对法人也具有管辖权。[①] 然而，在 1998 年最后批准《国际刑事法院规约》时，对条文做出（影响如此深远）的诠释明确地与多个国家的意愿相违背。[②] 因此，在没有明确提到法人的情况下，《国际刑事法院规约》仅适用于自然人。除条约法外，国际惯例法也没有明确规定法人的刑事责任问题。[③]

国际刑事法律可能没有规定对法人的制裁措施，但一般国际法规定了对法人的制裁措施。越来越多的国际条约规定国家对自然人和法人采取制裁措施。这种发展趋势在反恐和洗钱等领域就可以找到例证。[④] 然而，这些责任仅仅是对国家而言的，实际上是由国家采取的制裁措施，而且也不一定是刑事制裁措施。[⑤] 相对新颖的地方就在于将法人列在所谓的"恐怖分子

---

① A. Eser, "Individual Criminal Responsibility", in A. Cassese, P. Gaeta, and J. Jones, eds., *The Rome Statute of the Internarional Criminal Court: A Commentary* (Volume I), (Oxford: Oxford University Press, 2002), 767 – 822, at 778.

② "Individual Criminal Responsibility", in A. Cassese, P. Gaeta, and J. Jones, eds., *The Rome Statute of the Internarional Criminal Court: A Commentary* (Volume I) (Oxford: Oxford University Press, 2002), 767 – 822, at 778 – 779；《国际刑事法院规约》的历史参考下文第四部分。

③ H. Kreicker, *Völkerstrafrecht im Ländervergleich* (Berlin: Duncker & Humblot, 2006), p. 268.

④ Art. 5 of the Intemational Convention for the Suppression of the Financing of Terrorism (9 December, 1999) and Art. 10 of the United Nations Convention against Transnational Organized Crime (15 November, 2000).

⑤ 两个公约［Art. 5 of the Intemational Convention for the Suppression of the Financing of Terrorism (9 December, 1999) and Art. 10 of the United Nations Convention against Transnational Organized Crime (15 November, 2000)］规定法人承担的责任可能是刑事责任，民事责任和行政责任。采用何种类型的责任完全取决于履约国。

名单"上。① 尽管这不是刑事制裁措施，② 但是由于恐怖主义犯罪与制裁措施的严厉程度紧密相关，这使将法人列在所谓的"恐怖分子名单"的做法具有准刑事制裁的意味。③ 然而，这种做法的主要目的在于改变将来的行为，而不是对过去的行为进行惩罚（或者做出反应）。因此，这至少不是典型意义上的刑事制裁措施。④

除了刑事层面上的讨论外，法人责任问题引起了广泛关注，尤其当涉及人权问题时更是如此。⑤ 这种关注不仅使联合国任命了上文提及的联合国特别代表，而且还产生了数量惊人的软法。⑥ 例如，联合国全球契约组织的全球契约计划在人权、劳工、反腐败和环境保护等方面为跨国公司设定了标准。⑦ 经济合作与发展组织也开展了类似的项目，这也推动了《跨国企

① 这里名单主要有两份，一份由联合国制定，另一份由欧盟制定。I. Cameron，"UN Targeted Sanctions，Legal Safeguards and the European Convention on Human Rights，" *Nordic Journal of International Law* 72（2003）159 – 213，at 163；F. Meyer，„Lost in Complexity – Gedanken zum Rechtsschutz gegen Smart Sanctions in der EU "，*Zeitschrift für europarechtliche Studien*（ZEuS）（2007）1 – 69，at 5.

② Third Report of the Analytical Support and Sanctions Monitoring Team Appointed Pursuant to Resolution 1526（2004）Concerning Al/ – Qaida and the Taliban and Associated Individuals and Entities. UN doc. S/2005（572（9 September 2005），para. 39.

③ L. van den Herik，"The Council's Targeted Sanctions Regimes：In Need of Better Protection of the Individual P"，20 *Leiden Journal of International Law*（2007）797 – 807，at 806.

④ 这里不能详细论述这个问题，但是制裁措施很可能具有刑事制裁的特征。

⑤ C. Avery，"Business and Human Rights in a Time of Change"，in M. Kamminga and S. ZiaZarifi，*Liability of Multinational Corporations under International Law*（The Hague et al.：Kluwer Law Internationale 2000），17 – 73，at 32；D. Kinley and J. Tadaki，"From Talk to Walk：The Emergence of Human Rights Responsibilities for Corporations at International Law"，44 *Virginia Journal of International Law*（2003 – 04）931 – 1023；S. Ratner，"Corporations and Human Rights：A Theory of Legal Responsibility"，111 *The Yale Law Journal*（2001 – 02），443 – 545；J. Ruggie，"Business and Human Rights：The Evolving International Agenda"，*The American Journal of International Law* 101（2007）819 – 840，at 819.

⑥ 详细内容参见 C. Avery. supra note 5，at 32；D. Kinley and J. Tadaki，supra note 5，at 948；S. Ratner. supra note 5，at 478；the Reports of the UN Special Representative UN doc A/HRC/4/35（19 February 2007），paras. 45 – 62；UN doc. A/HRC/4/35/Add. 4（8 February 2007），paras. 100 – 112。

⑦ http://www. unglobalcompact. org（最后访问时间：2009 年 8 月 1 日）；C. Hillemanns，"UN Norms on the Responsibility of Transnational Corporations and Other Business Enterprise：S with Regard to Human Rights"，4 *German Law Journal*（2003）1065 – 1080，at 1066；D. Weissbrodt and M. Kruger，"Norms on the Responsibilities of Transnational Corporations and Other Business Enterprises with Regard to Human Rights"，97 *The American Journal of International law*（2003）901 – 922.

业行为规范准则》的发展。① 直接针对法人所做的这些尝试非常具有创新性，因此，通过引入国家对人权加以横向保护的做法也改变了现存的国际法体系。② 这些准则可能也有助于一般标准的建立，但这些准则在本质上属于软法，并不能创造出具有强制力的条款，制定制裁措施尤其是刑事制裁措施。③ 目前，国际法采取了不承认法人刑事责任的立场。

四 历史演变

目前的国际法没有规定法人的制裁措施，有人可能会问在历史上是否存有先例。国际刑法领域中的第一座里程碑，④《纽伦堡国际军事法庭宪章》承认组织可以构成犯罪，⑤ 从而该组织成员也被视同亲自犯罪。⑥

---

① The OECD website for the revised edition of 2000: http://www. oecd. org/data oecd/56/36/1922428. pdf（最后访问时间：2009 年 8 月 1 日）; The "Tripartite Declaration of Principles Concerning Multinational Enterprises and Social Policy" by the International Labor Organization (fourth revised edition 2006): http://www. ilo. org/empent/Whatwedo/Publications/lang_en/doc Name _WCMS_094386/index. htm.

② 横向意味着这项制度使非官方当事人之间产生了义务，这与个人和国家之间形成的纵向义务截然不同。J. Knox, "Horizontal Human Rights Law", 102 *The American Journal of International Law* (2008), 1–47, at 1, 37.

③ 这意味着软法也能够改变法制环境，如经济合作与发展组织制定的反贪污规章所引起的变化。M. Pieth, "Preventing Corruption, A Case Study", in M. Delmas–Marty, M. Pieth and U. Sieber, eds., *Les chemins de l'harmonisation pénale* (Paris: Société de l égislation comparée, 2008), 225–252, and in general U. Sieber, The Forces Behind the Harmonization of Criminal Law, in M. Delmas–Marty, M. Pieth and U. Sieber, eds. ibid., 385–417, at 408.

④ 国际刑法的发展情况，参考 M. Engelhart, „ Der Weg zum Völkerstrafgesetzbuch – Eine kurze Geschichte des Völkerstrafrechts ", *Juristische Ausbildung* (2004) 734–743, at 737。

⑤ Art. 9 IMT – Statute as well as the following Law No. 10 of the Allied Control Council for Germany [Art. U (1) (d) of the Control Council Law No. 10, Punishment of Persons Guilty of War Crimes, Crimes Against Peace and Against Humanity. 20 December, 1945]. S. Darcy, *Collective Responsibility and Accountability Under International Law* (Leiden : Transnational Publisher, 2007), 271; N. Jorgensen, *The Responsibility of States for International Crimes* (Oxford: Oxford University Press, 2000), 60, 66; G. Rauschenbach, *Der Nürnberger Prozeß gegen die Organisationen* (Bonn: Ludwig Rohrscheid Verlag, 1954), 26; Q. Wright, "International Law and Guilt by Association", 43 *The American Journal of International Law* (1949), 746–755.

⑥《纽伦堡国际军事法庭宪章》第 10 款。1945 年，法国代表团根据《法国刑法典》第 265 条至 267 条的规定专门提出犯罪集团成员的罪行问题。S. Darcy, supra note 5, at 263–265; N. Jorgensen, supra note 5. at 60–61; see also S. Pomorski, "Conspiracy and Criminal Organization", in G. Ginsburgs and V. Kudriavtsev, eds., *The Nuremberg Trial and International Law* (Dordrecht et al. : Martinus Nijhoff, 1990), 213–248, at 215–21.

然而，纽伦堡法庭不赞同这种观念，因为它特别重视个人罪行，并认为不能仅仅因为成员个人隶属于该组织就认为该成员也是罪犯。① 组织成员构成犯罪至少要有证据表明该成员知道或接受组织的犯罪目的。② 这种诠释使《纽伦堡国际军事法庭宪章》规定的组织成员构成犯罪的范围和重要性大打折扣。③ 有少数的组织机构被宣布为罪犯，其中没有一家法人。④ 因此，与其说适用这些条款是惩罚组织犯罪的先例，还不如说是在共犯⑤和企业共犯的概念下追究个人刑责的先例。企业共犯的概念是由南斯拉夫问题国际法庭确立的。⑥ 然而，《纽伦堡国际军事法院规约》中的规定在国际刑法上是建立一种新模式的尝试，即该规定名副其实地直接针对的是团体罪犯，并将其实体自身贴上罪犯的标签。⑦

纽伦堡审判后，人们开始经常建议重新使用犯罪组织的概念和创建

---

① 对自然人犯罪的重视清楚地表现在判决可能最著名的那一段话："实施国际法犯罪是人，而不是抽象实体，只有根据个人的罪行判处相应的刑罚，才能保证国际法的贯彻落实。"International Military Tribunal（Nuremberg），Judgement and Sentences，1 October 1946，reprinted in 41 The American Journal of International Law（1947）172 – 333，at 221. See also S. Pomorski，"Conspiracy and Criminal Organization"，in G. Ginsburgs and V. Kudriavtsev, eds.，The Nuremberg Trial and International Law（Dordrecht et al.：Martinus Nijhoff，1990），213 – 248，at 238 and G. Rauschenbach，Der Nürnberger Prozeß gegen die Organisationen（Bonn：Ludwig Rohrscheid Verlag，1954），at 40 for the discussion in court and at 93 – 125 for subsequent proceedings.

② The judgment，supra note 1，at 255 – 6，262，266 – 7.

③ S. Darcy，Collective Responsibility and Accountability Under International Law（Leiden：Transnational Publisher，2007），at 278；H. Leventhal et al.，"The Nuemberg Verdict"，60 Harvard Law Review（1946 – 47）857 – 907，899.

④ 法庭宣布纳粹党部分领导集体、盖世太保、帝国保安部及党卫军为犯罪集团，随后将判决对象限定为犯有最严重罪行的政治、警察及军事集团。The judgment，supra note 1，at 255 – 6，262，266 – 7.

⑤ 本质上，《纽伦堡军事法庭规约》第9款规定与共犯概念非常接近。参考 Q. Wright，"International Law and Guilt by Association"，43 The American Journal of International Law（1949），at 754。因此，法庭按照共犯概念对犯罪组织进行界定，没有任何不妥。See the judgment，supra note 1，at 251.

⑥ 纽伦堡审判后的发展，参考 A. Danner and J. Martinez，"Guilty Associations：Joint Criminal Enterprise，Command Responsibility，and the Development of International Criminal Law"，93 California Law Review（2005）75 – 169，at 117。

⑦ S. Pomorski，"Conspiracy and Criminal Organization"，in G. Ginsburgs and V. Kudriavtsev, eds.，The Nuremberg Trial and International Law（Dordrecht et al.：Martinus Nijhoff，1990），213 – 248，at 247；G. Rauschenbach，"International Law and Guilt by Association"，43 The American Journal of International Law（1949），at 139 for similarities to models of corporate criminal liability.

法人的定罪量刑标准，但都徒劳无功。① 最后一次主要的尝试是在国际刑事法院的筹备期间。例如，法国提议中有几条②就是针对法人的定罪量刑。③ 然而，最终的提案却删除了这些提议。④ 一个主要原因就是有些国家，如德国，因本国制度根本没有规定法人的刑事责任，担心《国际刑事法院规约》可能会强迫它引进这样的规定。⑤ 这就引出管辖权互补的难题。另外，还有很多细节问题模糊不清。例如，如何给法人下定义（如是否包括国立公司等）。要对这么多问题一一做出满意的回答，时间实在是太仓促了。规约起草者也担心讨论法人责任的问题会分散对个人责任的注意力。因此，《国际刑事法院规约》没有规定法人责任。

五　国际社会的解决方法

如果让法人承担责任的问题需要国际社会共同解决的话，那么就是说（至少在很大程度上）国家对这个问题应当有行之有效的解决方法。在很多情况下，事实并非如此。上文已经提到过，法人共犯的认定标准十分模糊。另外，习以为常的是，许多当事国家不能或者不愿对法人提起诉讼，因为这些国家通常缺少独立或者稳定的司法机关，无法应对如此复杂和公众高度关注的案件。更有甚者，基于这些困难的存在，一国政府并不想为

---

① 关于犯罪组织的概念，参考 N. Jorgensen, "A Reappraisal of the Abandoned Nuremberg Concept of Criminal Organisations in the Context of Justice in Rwanda", 12 *Criminal Law Forum* (2001) 371 – 406. For the punishment of corporations see the Drafts for an International Criminal Code from 1980 and 1987: M. Bassiouni, *International Criminal Law. A Draft International Criminal Code* (Alphen aan den Rijn: Sijthoff & Noordhoff, 1980), 152; M. Bassiouni, *A Draft International Criminal Code and Draft Statute for an International Criminal Tribunal* (Dordrecht et al.: Martinus Nijhoff, 1987), 96。

② UN doc. A/Conf 183/C. 1/L. 3 (16 June 1998).

③ The compilation in M. Bassiouni, The Legislative History of the International Criminal Court, Volume 2, An Article – by – Article Evolution of the Statute from 1994 – 1998 (Ardsley, NY: Transnational Publishers, 2005), 191 – 203.

④ The text transmitted by the Drafting Committee to the Committee of the Whole in M. Bassiouni, supra note 3. 192 – 3.

⑤ 关于理由，参考 K. Ambos, "General Principles of Criminal Law in the Rome Statute", *Criminal Law Forumk* (1999) 1 – 32, at 7; A. Eser, "Individual Criminal Responsibility", in A. Cassese, P. Gaeta, and J. Jones, eds., *The Rome Statute of the Internarional Criminal Court: A Commentary* (Volume I), at 779。

难在国内投资的法人，因为法人的投资实际上有益于该国的财政收入。当然，在另一国家（并非案件发生地）对法人提起诉讼面临着许多实际困难，尤其是涉及证据收集和政治事件。

甚至连立法情势也不令人满意。在承认法人承担刑事责任的国家中，法人实施了《国际刑事法院规约》中所规定的犯罪，《国际刑事法院规约》的贯彻落实为起诉法人提供了良机。然而，这样的例子，如澳大利亚，实在是凤毛麟角。① 其他许多国家不是没有规定法人承担刑事责任，就是在实施《国际刑事法院规约》时并没有将其适用于法人。②

在许多案件中，采用刑事法律的应对之策显得困难重重。在这种情况下，采用民事法律的应对方式便被提了出来。③ 然而，一国的民事法律通常不允许具有治外法权。在通常情况下，国家都不愿为规范法人的行为而扩展治外法权的管辖范围。近年来，很多国家为控制海外法人而做出的努力在议会以失败而告终，原因就是害怕对国内经济产生负面影响。例如，2000 年，本该有助于改善人权状况的《澳大利亚法人行为准则法案》在议会却遭到了否决。④ 2003 年，英国议会也否决了一个类似的法案。⑤

---

① J. Kyriakakis, "Australian Prosecution of Corporations for International Crimes", *Journal of International Criminal Justice* 5 (2007): 809 - 826, at 814. Other countries are for example Canada or France, H. Kreicker, *Völkerstrafrecht im Ländervergleich* (Berlin: Duncker & Humblot, 2006), at 268 - 9.

② H. Kreicker, supra note 1, at 268.

③ E. Engle, "Alien Torts in Europe? Human Rights and Tort in European Law", ZERP - Diskussionspapier 1/2005, available online at http://www.zerp.uni - bremen.de/english/pdf/dp1_2005.pdf（最后访问时间：2009 年 8 月 1 日）; A. Ramasastry and R. Thompson, "Commerce, Crime and Conflict, Legal Remedies for Private Sector Liability for Grave Breaches of International Law", Fafo - report 536, September 2006, available online (with additional information) at http://www.fafo.no/liabilities（最后访问时间：2009 年 8 月 1 日）; 参考 M. Badge, "Trans_boundary Accountability for Transnational Corporations: Using Private Civil Claims", Working Paper March 2006, available online at http://www.chathamhouse.org.uk/files/3320_ilp_tnc.pdf（最后访问时间：2009 年 8 月 1 日）.

④ S. Deva, "Corporate Code of Conduct Bill 2000: Overcoming Hurdles in Enforcing Human Rights Obligations Against Overseas Corporate Hands of Local Corporations", 8 (Issue 1) *The Newcastle Law Review* (2004), 88 - 116.

⑤ 几个非政府组织对《2003 年法人责任法案》表示支持。该法案规定母公司应负有对海外子公司统一监管并保证其遵守法律的义务。

　　然而，即使赋予国家治外法权，国家也很难对法人提起诉讼。① 美国的《外国人侵权索赔法》允许外国人就违反该国法律的侵权行为提起民事诉讼。② 根据这个法案提起的诉讼不计其数。③ 在苏丹，多家石油公司因严重侵犯人权而遭到起诉。在南非，多家银行也因种族隔离罪而官司缠身。④ 在很多案件中，当事人以违反国际刑法为由提起索赔。这些诉讼中存在两个主要问题：第一，国际刑法是否适用于法人；第二，就法人而言，如何理解共谋犯罪关系。⑤ 在这两个问题存在的情况下，美国最高法院于 2004 年索萨一案的判决中严格限制了《外国人侵权索赔法》的适用范围。⑥ 结果到目前为止，几乎所有的侵权索赔，至少是侵权索赔之诉，都以失败而告终。

　　对法人逃脱国内管辖权的担心是有道理的。许多法人对营业场所的选择是非常灵活的。这种灵活性会导致底线竞争局面的出现。法人寻求的营业所

---

① 关于治外法权的问题，参考 the report of the UN Special Representative UN doc. A/HRC/35/Add. 2 (15 February, 2007)。

② 美国法典第 1350 条规定：“联邦地区法院对外国人因违反美国法律或美国条约而提起任何侵权之诉，均拥有原始管辖权。”

③ For examples, S. Anderes, *Fremde im eigenen Land: Die Haftbarkeit transnationaler Unternehmen Nr Menschenrechtsverletzungen an indigenen Völkern* (Zülrich: Schulthess Juristische Medien, 2001), 186 - 207; C. Bradley, J. Goldsmith and D. Moore, "Sosa, Customary International Law and the Continuing Relevance of Erie", *Harvard Law Review* 120 (2006 - 07), 869 - 936, at 887 - 901; "Developments in the Law, International Criminal Law", *HarvardLaw Review* 114 (2000 - 01) 1943 - 2073, at 2033 - 2049; G. Trnavci, "The Meaning and Scope of the Law of Nations in the Context of the Alien Tort Claims Act and International Law," *University of Pennsylvania Journal of International Economic Law* 26 (2005), 193 - 266, at 228 - 247.

④ Presbyterian Church of Sudan v. Talisman Energy, Inc., 453 F. Supp. 2d 633 (U.S Distr. 2006) and Khulumani v. Barclay National Bank Ltd. et al., 504 F. 3d 254 (2nd Cir. 2007); these decisions are just illustrative examples of a number of decisions on the cases and not the final judgments.

⑤ Presbyterian Cburch of Sudan v. Talisman Energy, Inc., 244 F. Supp. 2d 289 (U. S. Distr. 2003), at 308 - 319. On the question of accomplice liability Khulumani v. Barclay National Bank Ltd. et al., 504 F. 3d 254 (2nd Cir. 2007), at 268 - 284; Doe I et al. v. Unocal Corporation, 395 F. 3d 932 (9th Cir. 2002), at 947; C. Bradley, J. Goldsmith and D. Moore, supra note 2, at 924; A. Nichols. "Alien Tort Statute Accomplice Liability Cases: Should Courts Apply the Plausibility Pleading Standard of Bell Atlantic v. Twombly?", 76 Fordham Law Review (2008) 2177 - 2225; G. Skinner, "Nuremberg's Legacy Continues: The Nuremberg Trials' influence on Human Rights Litigation in U. S. Courts under the Alien Tort Statute", 71 *Albany Law Review* (2008) 321 - 367, at 347 - 353.

⑥ Sosa v. Alvarez - Machain, 542 U. S. 692 (2004); C. Bradley, J. Goldsmith and D. Moore, supra note 2, at 910.

在地通常是法人和管理层认为承担责任最少和提供的保护最多的地点。对一个国家来说，在对待法人责任问题上设定过高的标准而不必担心法人从该国撤资，实在是太困难了。仅仅是法人要关闭歇业的威胁对一国所产生的压力就不容低估，因为许多法人的经济实力要远远超出多国的年度预算。[①]

总的来说，当前国家层面上的法律既缺乏连贯性，也不能提供让法人承担责任的满意答案。因此，国际社会应共同制定统一的解决方案，尤其是阐明法人共谋犯罪标准的方案。这是首选。[②]

六　刑事解决机制

既然需要国际解决方案是确定无疑的，那问题在于，解决机制能否采用刑事方式以及能否确切地说出这种机制的运用方式。为了回答这个问题，本文不可能深入探讨由法人承担刑事责任引出的许多问题的所有细节，[③] 只能肤浅地描述一些要点。

（一）法人的刑事责任

1. 为什么是刑法？

上文提到的例子表明法人可能才是国际犯罪真正意义上的罪魁祸首，却因作为法人实体的缘故而逍遥法外。将来调整后的国际法应填补这个空白。仅仅依靠国际层面上的软法是行不通的：当投资利润非常可观时，自我监管总是形同虚设，这使得法人口惠而实不至。为明确对法人行为的谴责，国际社会应当使法人承担刑事责任，而不是仅仅借助民事或行政措施。民事制裁措施关注的是损害赔偿金，行政制裁措施的主要目的是未来对法律的遵守。两者既未重视法人过去的罪行，也未能明确表达出国际社

---

① 了解跨国公司经济影响力方面的信息，参考 UNCTAD, World Investment Report 2007, 24 –
32, available online at http://www. unctad. org/Templates/Page. asp? intltemID = 1485&lang = l
（最后访问时间：2009 年 8 月 1 日）; see also W. Laufer, *Corporate Bodies and Guilty Minds*:
The Failure of Corporate Criminal Liability (Chicago et al.: The University of Chicago Press,
2006), at 55。

② On the different possible international solutions, see infra section 6. A. 2.

③ 各个国家正在激烈地讨论这个问题。For example, W. Laufer, supra note 1; K. Mittelsdorf,
Unternehmensstrafrecht im Kontext (Heidelberg: C. F. Müller, 2007)。

会对这种行为的否定。①

民事法律唯一的选择就是惩罚性损害赔偿金，惩罚性损害赔偿金的目的也是对过去行为的惩罚。然而，支付给个人的赔偿金要远远超过弥补损失所需的费用。这让人非常疑惑。同样让人疑惑的是，刑罚制裁措施仅仅依据民事诉讼中普通的"优势证据"原则，而不是根据刑事案件中较高举证责任（即超出合理怀疑）。进一步说，仅根据所犯下的罪行和行为人的罪责是不可能裁定所适用的制裁措施的，因为通常存在（宪法意义上的）限度，以防止支付过度损害赔偿金的情况发生。②

另外，只有刑法才能称得上是社会采取制裁措施的最后手段，也只有刑法能充分地对严重违反法律的行为做出反应：最严重的罪行必须施以最严厉的制裁措施。人们不应轻视一个独立执法制度（起诉机关）的价值，它不必过分考虑金钱赔偿（这一点在民事诉讼中表现尤其明显）。起诉机关对犯罪的严厉惩罚给法人造成了巨大压力，迫使其不得不遵规守法。

刑法存在的主要问题是现有针对自然人的制裁手段是否充分。对法人的员工进行处罚的主要缺陷在于不能完全说明法人犯罪的全部情况。正如社会学的研究表明，法人是一套特殊的社会系统，本身拥有规则和动力系统即企业文化。③ 一般情况下，法人员工不应为企业文化承担责任，因为审判员工是根据个人应受谴责的行为；法人员工之所以受到惩罚，是因为

---

① 这一点的难题在于是何种情况把法律转换为刑法，并将其与其他制裁措施相区别。就监禁来说，这种特殊的制裁构成了刑事法律层面。然而，这种观点不能适用于和其他金钱罚相类似的情况。笔者认为，就罚金刑而言，公众对犯罪的断然否定（表现在清晰明白的规则中）是其核心所在，这使金钱制裁措施成为刑事制裁的原因。民事损害赔偿不具有这种污点特征。

② 例如，美国最高法院认为4：1的比例（惩罚性损害赔偿金与赔偿性损害赔偿金）就是接近宪法上的过多含义。State Farm v. Campbell（2003）538 US 408. 这样的限度降低了人们对如何仅仅就犯罪人的行为和罪责找到充分的制裁措施的热情。

③ M. Clinard, R. Quinney and J. Wildeman, *Criminal Behavior Systems: a Typotogy*（3rd edition, Cincinnati. Ohio: Anderson, 1994）, 204. A main aspect is the neutralizing effect of the corporate surrounding on the individuals, see R. Hefendehl, "Neutralisationstechniken bis in die Unternehmensspitze _eine Fallstudie am Beispiel Ackermann", 88 *Monatsschriftfiir Kriminotogie und Srrafrechtsreform*（2005）444 – 458, at 452, based on the research of G. Sykes and D. Matza, "Techniques of Neutralisation: a Theory of Delinquency", 22 *American Sociological Review*（1957）, 1664 –670.

其在法人犯罪中发挥了作用。所起作用的大小通常取决于该员工在法人中的地位，但是作用再大，也只是一部分，也不能说是全部。由于法人企业文化的特殊作用，法人自身必须承担责任。

2. 国际刑事解决的不同机制：直接责任模式和间接责任模式

国际层面上的刑事解决机制不必完全相同，具有直接责任模式和间接责任模式存在的可能性。① 直接责任模式就是对法人直接适用国际法，创建一种真正意义上的超国家惩罚模式。间接责任模式则要求国家根据国际标准来追究法人的刑事责任。这是一种协调刑法的手段。为了尊重一国国家的主权（在刑法领域中，国际规则将会影响主权的某个核心要素），间接责任模式将是首要之选，除非有重大事件发生需要直接追究法人的刑事责任。

此处不宜确切地划分直接责任模式和间接责任模式之间的界限，但是直接责任模式似乎应当适用于国际法所公认的犯罪，即《国际刑事法院规约》所规定的犯罪。② 这些犯罪之所以引起国际社会的特别关注，是因为这些犯罪是针对严重侵犯人权和严重违反冲突法而制定的。因此，国际社会应当对此采取特殊的制裁措施。在这些犯罪中，法人应同个人一样，被视为国际法中的主体。③ 对于国际刑法没有规定的其他犯罪（例如在条约中规定的恐怖主义犯罪、环境犯罪等），间接解决机制已足以应对。倘若如此，国际条约不但可以为法人罪责设定统一标准，还可以规定制裁措施以保证有效实施法律。④

3. 反对运用刑法手段的传统观点

反对追究法人刑事责任的论据有三条：与自然人相反，法人无法实施

---

① For this discussion (mainly in the context of soft law) C. Vázquez, "Direct vs. Indirect Obligations of Corporations Under Intenational Law", 43 *Columbia Journal of Transnational Law* (2004 – 05) 927 – 959; see also Knox, "Horizontal Human Rights Law", 102 *The American Journal of International Law* (2008), 1 – 47, at 18.

② 笔者在这一点上进行了归纳，在此不想详细地探讨《国际刑事法院规约》是否推进或是阻碍了国际惯例法的发展。

③ 跨国公司是否国际法主体的问题仍然没有解决，大多数案件对此抱否定态度。I. Brownlie, *Principles of Public Intenational Law* (7th edition) (Oxford: Oxford University Press, 2008), 65 – 67; G. Dahm, J. Delbrück and R. Wolfrum, Völ – kerrecht Band 1/2 (2nd edition) (Berlin: De Gruyter, 2002), 243 – 258.

④ 对间接责任模式来说，国际法院不是解决问题的方式。相反，普遍管辖可能是解决问题的方式，目的是当国家不能或不愿对法人提起诉讼时，可以对法人提起诉讼。

犯罪，主观上没有罪过以及无法对法人进行处罚。① 据说，法人缺乏自由意志，无法分辨是非对错，也缺乏刑事制裁所带来的耻辱感。批评者主要是站在传统大陆法系国家对刑法及其原则的立场上来进行理解的。人们必须承认刑法及刑法主要规范自然人的观念是启蒙运动的结果。这也有益于约束国家权力的专断甚至是几乎毫无限制的行使。因个人的罪行而将整座城市化为废墟的集体制裁方式已经被废止了，但它也有历史功绩。② 但是，这种保障刑法实施的方式不具有强制性，这与现在的人权法律制度为防止国家侵犯人权而提供实质性保护的方式相同。③

于是，刑法将会得到进一步发展，并且有超越传统刑法的趋势。只要现存人权标准允许，这种情况就会继续存在。④ 刑法体系的罕见发展使得在国际层面上推动刑法体系的进一步发展要比在国家层面上容易得多，因为国家并不具备促进刑法发展的连贯和长久的方法。当然，刑法的任何发展都应在有效保护个人权利的前提下扩大刑事责任范围。刑事责任与有效保护刑事被告人的权利两者必须并重。⑤

刑法发展的开放性在行为、罪过及责任能力等方面表现得尤为真实。这些都是标准概念。因此，随着时间的推移，这些概念都发生了改变，并且在每个国家各不相同。这让人一点都不觉得惊讶。⑥ 每一个国家都赋予这些概念不同的内涵，并且使其得到了相应的发展。在法人扮演经济上主

---

① See F. von Freier, *Kritik der Verbandsstrafe* (Berlin: Duncker & Humblot, 1998), 55 – 179; see also the outline in K. Mittelsdorf, *Unternehmensstrafrecht im Kontext* (Heidelberg: C. F. Müller, 2007), at 73 – 85. Besides these points criticism often refers to the scope and application of corporate criminal liability, see for example W. Laufer, *Corporate Bodies and Guilty Minds: The Failure of Corporate Criminal Liability* (Chicago et al.: The University of Chicago Press, 2006), at 44 et seq. about the US – American system.

② 这就解释了为何 1907 年《海牙尊重陆战法律和惯例公约》第 50 条和 1949 年《日内瓦公约》禁止集体制裁的原因。这些条款并没有禁止制裁法人本身，因为这些条款仅仅是在没有确定个人罪行时将个人排除在外。

③ 德国法律制度是一个典范：当 1872 年《德国刑事法典》生效时，宪法并没有规定对个人权利的保护。刑法不得不形成一套保护机制。1949 年，基本法规定了有效的宪法调控方式，并且通过对个人权利的保护防止受到刑法的管制和刑事制裁。

④ 当然，这并不能排除人权标准仅仅提供最低限度的保护，而刑法提供额外保障的可能性。

⑤ 乍一看，这似乎是不言自明的，但是上文的恐怖分子名单的例子表明，制裁措施常常在没有采取保护性措施或者在采取保护性措施之前就已经实施了。

⑥ See for a comparative "synthesis", G. Flechter, *The Grammar of Criminal Law, American, Comparative, and International Volume One: Foundations* (Oxford: Oxford University Press, 2007), 221 – 339.

要角色的时候，法律几乎在任何方面将其视为执法对象。只有将法人纳入刑法概念中来，才能维持法律体系的连贯性。这并不意味着将放弃刑法，尽管刑法的发展是因为自然人的缘故。这也并不意味着刑法所有方面都适用于法人。人们必须就法人刑事责任专门制定一套规则。因此，真正的挑战是以行为、罪过和刑罚清楚界定法人相应的刑事责任。①

（二）一套可能行之有效的刑事解决机制

法人有自己的生存之道，它们在股票市场、新闻报道和公共舆论等领域的活动有目共睹。但法人的运作和存在的基础是法人员工。因此，有两方面的问题总是值得仔细考虑：法人员工和特殊背景下的法人。如果就法人刑事责任问题而构建一套规则的话，那么两个方面都必须被考虑到。假如人们仅仅考虑到了两个方面中的一个，在此基础上制定出的规则将无法真实地反映法人刑事责任问题的复杂性：将法人员工的犯罪行为只是归因于法人是一种简单的解决方式。这样的话，法人仅仅因为雇佣员工而承担责任，在没有考虑法人特殊背景的情况下，这是一种将复杂问题过于简单化的解决方式。构建法人刑事责任体系时，如不考虑法人员工所犯下的罪行，则优势在于不必证明员工与法人之间的代理关系，也不必证明该员工的罪行。这种方式仅仅使法人承担风险责任，而法人本应该为其造成的事实后果承担责任。② 因此，只有在法人犯罪的语境下对法人员工的罪行进行评估，这个问题才能得到合理的解决。这种构思不但为法人共犯问题设

---

① 有很多种法人惩罚模式已经被提出，这里不便详细讨论。See for example P. Bucy, "Corporate Ethos: A Standard for Imposing Corporate Criminal Liability", 75 *Minnesota Law Review* (1990 - 91), 1095 - 1184; G. Heine, *Die strafrechtliche Verantwortlichkeit von Unternehmen* (Baden - Baden: Nomos Verlagsgesellschaft: 1995): 316 - 317; M. Pieth, "Internationale Anstösse zur Einführung einer strafrechtlichen Unternehmenshaftung in der Schweiz", 119 *Schweizerische Zeitschrift für Strafrecht* (2001) 1 - 17, at 12 - 13.

② 如法人因自身原因（如生产的产品）导致存在伤亡后果的风险，法人应为此承担责任。这样的责任是典型的民事损害赔偿责任。G. Heine, Sapra note 1. 因此，不需要额外要求法人采取必要的预防措施。然而，在这种情况下，法人应当为未能避免风险而承担责任。但广义上的未能避免风险（导致了伤害事件的发生）仅仅是民事损害赔偿的典型案例（及对促进产品安全的行政措施而言）。因此，这个概念太宽泛了。概念应具有必要性，不应过多超越刑法范围。只有与现有的罪名（罪名反映着通过刑法手段对善的保护范围）紧密相关的概念才被允许。当法人员工犯罪被认为是法人承担责任的开始时，才会存在这样的联系。

定了规则标准，① 而且更进一步地规定了法人自身所应承担的刑事责任。

　　根据该种模式，法人员工的犯罪行为是认定法人承担责任的前提条件之一。当然，这种模式必须分清个人责任与法人责任之间的区别。个人和法人是两类不同的主体，因此应尽可能地区别对待。就目前而言，对个人科处刑罚并不是对法人科处刑罚的前提：个人免除处罚的理由不一定适用于法人，反之亦然。法人所雇的员工实施了犯罪，要对法人提起诉讼，难就难在该员工的身份和（或）犯罪行为的证据的认定。② 为了保证对法人提起诉讼，需要形成专门的证据规则。例如，这样的解决方式不需要确认法人员工与法人之间的代理关系，只要明确法人内部的人员实施了犯罪行为就够了。③

　　上述方式为确定法人的罪行奠定了思想基础：如果是法人的运行模式和政策导致法人员工实施犯罪，法人应当为此承担责任。如果法人员工完全因自身原因实施了犯罪，在这种情况下，法人不承担任何责任。为防止员工实施犯罪行为，法人应专门采取使其遵纪守法的措施。这也意味着只有在法人无所作为的情况下，法人才承担责任。法人采取的措施越多，法人受处罚的可能性就越小。这种方式对法人非常具有吸引力，它能促使法人建立遵纪守法的运行模式。

　　这一点是再清楚不过了，即解决方式不仅是采取刑事手段。尤其是仅仅依靠刑法并不能解决为防止法人员工犯罪或降低犯罪的风险而如何调整法人运行模式的问题。要解决这个问题，还需要依靠民法、行政法以及软法。与政府制裁相关的是法人抑或公司在各自行业里采取的行业自律措施。既然标准已经设立了，那么国际组织应该能阐明最低限度标准，并且推动其进一步发展。因此，法人刑事责任能力是绝不能独立存在的，而必

---

　　① 到目前为止，关于法人共犯问题的讨论在一定程度上受到了严格的限制。

　　② 这个问题经常被作为法人员工犯罪不能成为法人承担刑事责任的理由。然而，这个理由缺乏坚实的实证基础，并且在处罚具有代理关系的个人时也存在同样的问题。从本质上讲，这个问题涉及刑法如何追究较大集团内部（仅对较大的法人适用）与其具有代理关系的个人刑事责任问题。刑法通过认可参与或共犯、行为责任等特殊规则解决了这个问题。因为个人躲在"法人面纱"的后面，法人具有免于刑罚的风险。到目前为止，该风险似乎被过度夸大。如果像下文所说的那样，对诉讼规则进行调整，这个问题就能得到解决。

　　③ 德国法律（《秩序违反法》第 30 条）规定制裁法人可以采取匿名制裁措施。

须在全球法人治理的立法大背景下进行考虑。①

(三) 模式构建的其他细节问题

构建法人刑事责任模式时必须考虑许多细节问题，这里只讲三点。第一点是关于法人的定义。国家本身不应被包括在内。与法人恰恰相反，国家拥有主权。因此，国家的刑事责任问题是另外一个话题，绝不能与法人刑事责任问题相混淆。②

第二点指的是法人犯罪只能通过法人员工完成。正如上文提及的，为达到根据国际法构建直接责任模式的目的，法人犯罪的种类应限制在《国际刑事法院规约》规定的犯罪内。本文一开始列举的事例表明，事实上，这些犯罪对许多法人都适用。通过与法人员工犯罪相联系的方式构建法人刑事责任体系，将法人可能实施的所有犯罪全部包括在内的做法有容易扩大法人犯罪范围的可能性。这能够对《国际刑事法院规约》中规定的犯罪适用相同的责任标准。因此，《国际刑事法院规约》规定的犯罪可以根据国际法采用直接责任模式来科处刑罚，《国际刑事法院规约》没有规定的犯罪只能由国际条约加以调整。③

要提到的第三点是制裁措施的问题。典型意义上制裁措施是科处罚金，这在观念上与经济背景相符合。然而，人们不应停留在这一点上。通

---

① 联合国特别代表也持同样的观点，2007 Report, UN doc. A/HRC/4/35 (19 February 2007), para. 88；J. Ruggie, "Business and Human Rights: The Evolving International Agenda", *The American Journal of International Law* 101 (2007) 819 – 840, at 839。

② 因此，在起草《国际刑事法院规约》时，国家的提案中关于"法人"的定义一律删除。The drafts in M. Bassiouni, The Legislative History of the International Criminal Court, Volume 2, An Article – by – Article Evolution of the Statute from 1994 – 1998 (Ardsley, NY: Transnational Publishers, 2005), at 194 – 200. 国家刑事责任问题参考 N. J. Orgensen, *The Responsibility of States for International Crimes* (Oxford: Oxford University Press, 2000), 165 – 186. See also A. Chouliaras, p. 191. 这里专门提到的是国立公司的责任问题，国立公司和私人公司之间不应存在差异，因为这些差异使得国家根据国家文件成立公司。如果以法人的市场经济活动为依据对法人加以定义，那么该定义将两者均包括在内。

③ 这一点与前述国际社会采取不同的解决机制相对应。通过签署要求各国付诸行动的国际条约，完全有可能追究法人的责任。如将来《国际刑事法院规约》增加对恐怖犯罪管辖的规定，这对法人来说，改变的仅仅是犯罪性质（从国内犯罪转变为国际犯罪），而不是责任承担方式。这样的解决机制保证了法律的确定性，也能使法人从长远的立场调整自身的运行机制。

过媒体宣传法人所作所为的做法不失为一种极富价值的变相制裁措施。①
国际社会如对外宣布法人参与实施了种族灭绝的犯罪行为，这将带来极为
明显的制裁效果。除此之外，对法人采取的制裁措施还能强制性改进法人
的运行机制。② 实际上，这样的制裁措施能够达到对犯罪法人有效改造的
目的。当犯罪主体为自然人时，类似的制裁措施很难达到有效改造的
目的。

七 国际法院

关于这个问题的最后一点是，如果国际法院需要起诉法人，那么应由
哪个机构贯彻执行法律？还有一个问题：国际解决机制是不是必需的？换
言之，各国在对待法人刑事责任问题上的司法管辖方式截然不同，国际法
院能够保证有效地执行法律吗？这两个问题的答案基本相同。国际法院能
够保证统一适用标准，从而克服国际法零散的缺点。国际解决机制也有利
于防止法人搬迁营业总部以达到逃脱一国对其实施司法管辖的目的。对一
国政府来说，起诉法人所带来的压力可能比管束法人行为时的压力要大
得多。

接下来的问题是：哪个法院负责审理法人犯罪案件？由管辖全部案件
的国际法院负责审理法人犯罪案件要比指定专门机关审理法人犯罪案件好
得多。③ 到目前为止，这样的法院尚不存在，而且也不能期望将来很快就
能建立。这似乎看起来没有必要。如果根据国际法的规定，法人仅对《国
际刑事法院规约》中列举的犯罪承担直接责任，国际刑事法院就很有可能
得担负起对绝大多数严重的法人犯罪进行起诉的重任。

---

① 媒体宣传法人的制裁措施不限于公开宣布判决的方式，比如将判决登载在媒体上（书面
和网络）。制裁效果主要体现在法人的声望下降和金钱损失。Buell, S. W., "The Blaming
Function of Entity Criminal Liability", 81 *Indiana Law Journal* (2006) 473 – 537；B. Fisse and
J. Braithwaite, *The Impact of Publicity on Corporate Offenders* (Albany: State University of New
York Press, 1983)。

② 此种改造有可能在美国联邦制度下实现。参考《美国联邦量刑指南》关于缓刑的
规定。

③ 提案内容参考 K. Jackson, "A Cosmopolitan Court for Transnational Corporate Wrongdoing: Why
Its Time Has Come", 17 *Journal of Business Ethics* (1998), 757 – 783。

　　如果国际刑事法院对法人提起诉讼，一个主要问题就是管辖权的互补。没有规定法人刑事责任制度的国家是不是就可以视为"不能或不愿对法人提起诉讼"呢？从政治意义上讲，这一点很难被认同。从近期看，一个解决方法就是国家根据《国际刑事法院规约》的规定履行国家义务，国家针对法人至少要规定准刑事制裁措施，就像德国制定《秩序违反法》。①从长期看，只有国家之间达成共识，即不论根据国内法还是国际法，法人都应承担刑事责任，这个问题才能得到满意的解决。在这方面，国际刑事法院在各国国内法的协调上能够发挥重要的推动作用。②

　　赋予国际刑事法院更大的权限可能圆满地完成法院起诉严重践踏人权罪行的任务。笔者认为，国际刑事法院权限的扩大不会降低国际刑法对个人犯罪的重视度。国际刑法重视个人犯罪的主要原因是，由于国际法的开放性，个人责任是超越国家责任的历史变革结果。国际刑法重视个人犯罪的主要原因绝不是仅仅因为一时心血来潮而决定针对个人责任适用国际刑法。正如刚果民主共和国国内的情形一样，③ 很多国家的武装冲突仍完全处于时断时续的状态，除非国际刑事法院能够就法人在这些武装冲突中所扮演的实际角色对法人进行审判，否则重建家园将会困难重重。对法人进行管辖并不能意味着起诉涉及犯罪的所有法人。起诉主要针对法人所犯下的非常严重的犯罪。这里的"严重的犯罪"与个人所犯下的严重的犯罪相当。倘若如此，这至少可以使在大多数严重侵犯人权等恶名昭彰案件中的无罪释放现象一去不复返。

---

① 《秩序违反法》第 30 条。2001 年，意大利就法人责任问题也制定了类似法律（D. Lgs. 8 giugno 2001，n. 231）。

② The harmonizing effect of the ICC‑Statute E. Fronza and E. Malarino, "L'ettet harmonisateur du Statut de la Cour pénale internationale", in M. Delmas‑Marty, M. Pieth and U. Sieber, eds., *Les chemins de l'harmonisation pénale* （Paris：Société de 1 égislation comparée, 2008），65‑80.

③ 当时（2009 年 8 月 1 日），国际刑事法院起诉了四个人，这些人都是各民兵组织的主要领导人。联合国安理会的专家报告记载了法人对这些民兵组织提供援助的详细情况。这一点在上文已经提到。事例请参考发生在刚果民主共和国内的非法开采自然资源以及法人参与武装冲突及严重侵犯人权等事件。这些事件都记录在向联合国安理会提交的几份专家报告中，即 UN doc S/2005/436（26 July, 2005）；UN doc. S/2003/1027（23 October, 2003）；UN doc. S/2002/1146（16 October, 2002）；UN doc S/2001/357（12 April, 2001）。另外也参考安维尔矿业公司案，在该案中，该公司不遗余力地帮助军人实施严重的犯罪。案件详情参考 J. Kyriakakis, "Australian Prosecution of Corporations for International Crimes", *Journal of International Criminal Justice* 5 （2007）：809‑826, at 811。

国际刑事法院管辖权与国家关系

——以利比亚情势为视角

杨宇冠　陈子楠[*]

摘　要： 利比亚战争期间，国际刑事法院依据联合国安理会提交的情势对非缔约国行使管辖权引发了非缔约国对国际刑事法院与国内法院管辖权关系的质疑。本文从利比亚战争中国际刑事法院的一系列活动着眼，分析了国际刑事法院与国内法院管辖权之间合作、补充、冲突的相互关系，提出当前我国应当在坚持从国情出发的同时，借鉴国际经验，通过联合国安理会加深与国际刑事法院的关系，并最终批准《国际刑事法院罗马规约》，以维护国家的利益，促进世界的和平与稳定。

关键词： 利比亚战争　国际刑事法院　国内法院　管辖权

一　国际刑事法院的现状

国际刑事法院（the International Criminal Court，ICC）是根据 1998 年 7 月签署的《国际刑事法院罗马规约》（*Rome Statute of the International Criminal Court*，以下简称《罗马规约》）而设立的世界历史上第一个常设国际刑事裁判机构。依据《罗马规约》，国际刑事法院仅对《罗马规约》生效后的灭绝种族罪、危害人类罪、战争罪、侵略罪四种国际罪行有管辖权，以结束对最严重犯罪之有罪不罚的现象。

根据最新的统计，自 2002 年 7 月 1 日生效以来，截至 2015 年 4 月 1 日共有 123 个国家批准或加入《罗马规约》。[①] 目前中国、美国和俄罗斯三个

---

[*] 杨宇冠，2011 计划司法文明协同创新中心教授，中国政法大学诉讼法研究学院副院长、教授、博士生导师；陈子楠，中国政法大学刑事司法学院博士研究生。

[①] 参见 International Criminal Court, ICC at a glance, http://www. icc – cpi. int/en_menus/icc/about% 20the% 20court/icc% 20at% 20a% 20glance/Pages/icc% 20at% 20a% 20glance. aspx，最后访问时间：2013 年 11 月 22 日。

联合国安理会常任理事国还未成为《罗马规约》的缔约国。此外，国际刑事法院管辖的四类犯罪中没有包含传统的诸如海盗罪、恐怖主义犯罪、腐败犯罪等罪名，因此，就惩罚国际重大犯罪行为而言，打击范围十分有限。

然而，不容忽视的是，国际刑事法院是国际法律制度中不可缺少的一环，如果没有国际刑事法院作为一种执法机制来处理个人的责任问题，灭绝种族行为和严重侵犯人权的行为往往能够逃避国际社会的惩罚。因此，一个具有公正性、独立性、权威性和重要性的国际刑事法院符合国际社会的利益。

（一）国际刑事法院的公正性

《罗马规约》在序言中指出，"决心保证永远尊重国际正义的执行"。确保程序正义和实体正义，是法院公正性的突出表现。《罗马规约》第67条为被告人设立了一系列权利，比如公开公平审讯、举证质证、不强迫自证其罪、无罪推定及自我辩护与指定辩护等，在刑事诉讼程序中能够保障被告人的主体地位，维护被追诉者的合法权益。另外，《罗马规约》对适用的刑罚也做出了具体规定：适用有期徒刑不得超过30年，仅在犯罪极为严重且被定罪并证明确有必要的情况下才能判处无期徒刑，排除了死刑的适用。在刑罚的执行方面，确保囚犯的待遇符合广为接受的国际条约标准，判刑人与法院的通信不受阻碍。甚至对于服刑期满后的移送，也做了周全的考虑，即在考虑被移送人意愿的基础上，将其移送至有义务接受该人或者同意接受该人的另一国家。

（二）国际刑事法院的独立性

《罗马规约》第4条确立了国际刑事法院在行使其职能和实现其宗旨时所必须具备的法律人格，第119条"关于该法院司法职能的任何争端，都由该法院的决定解决"，即是对法院独立性的文本性叙述。与作为联合国下设机构的国际法院（ICJ）不同，国际刑事法院与联合国系统之间通过缔结协定建立关系，是互相平行的国际组织。

国际刑事法院的独立性，不仅表现在其人格的非从属性上，也可以从其追责范围的广度上探知。① 《罗马规约》确立了"官方身份无关原则"、"不予豁免原则"、"执行命令不免责原则"和"指挥官责任"等原则，展示了其对于制裁国际犯罪责任人的决心和力度。

（三）国际刑事法院的权威性

国际刑事法院的权威，一方面表现为权力行使的强制性，另一方面，无论在检察官初步调查时的信息收集，还是在执行逮捕令时对缔约国与非缔约国的指示，以及向国际刑警组织发出协助执行的请求阶段，都体现出其与众多国际组织和国家之间进行合作的广度和深度。

国际刑事法院作为常设性国际刑事审判机构，其权威性来源于《罗马规约》缔约国对条约义务的遵循、非缔约国提交案件的特殊声明以及联合国安理会通过《联合国宪章》第七章做出决议的授权。对于《罗马规约》成员国而言，它们有义务接受国际刑事法院管辖权的行使并采取相应的措施（如提交证据、移送引渡等），保障诉讼活动的顺利进行；对于非缔约国而言，在提交特殊声明的情况下等同于让渡权力；若基于安理会决议而接受管辖，则是对《联合国宪章》义务的遵循。②

除此之外，国际刑事法院的权威性还特别表现在其裁判的终局性上，《罗马规约》第20条规定，"对于第5条（即犯罪清单）所述犯罪，已经被法院判定有罪或无罪的人，不得因该犯罪再由另一法院审判"。出于对条约义务的遵循，该法院的判决能够有效排除国内司法机构就相同罪名进行的再次审判，体现出其判决的权威性。

（四）国际刑事法院的重要性

安理会根据《联合国宪章》第七章做出决议，向国际刑事法院提交情势，始于2005年对苏丹达尔富尔问题的处理。在讨论苏丹达尔富文问题的第5159次会议上，将该地区情势提交国际刑事法院的第1593（2005）号决议以11票赞成、4票弃权的结果通过，作为非缔约国的中国和美国虽然

---

① 杨宇冠：《国际刑事法院管辖权探究——以利比亚情势为视角》，《北方法学》2012年第2期。

② 杨宇冠：《国际刑事法院管辖权探究——以利比亚情势为视角》，《北方法学》2012年第2期。

没有行使否决权阻止该决议，但对国际刑事法院管辖权的行使仍持谨慎的态度。而在利比亚问题的处理上，安理会各国纷纷采取了更为坚定的态度，一致同意将其提交给国际刑事法院，这一方面固然反映出卡扎菲政府在利比亚境内所犯的罪行受到国际社会的共同谴责，另一方面也凸显国际刑事法院以司法诉讼手段处理国际性暴行的有效性和重要性。

二　国际刑事法院对利比亚情势的管辖

2011 年 2 月 26 日，联合国安理会召开第 6491 次会议，参与表决的五个常任理事国及十个非常任理事国一致通过第 1970（2011）号决议，决定将 2011 年 2 月 15 日以来阿拉伯利比亚民众国政府最高层煽动并实施对平民的敌意和暴力行为的局势问题提交国际刑事法院检察官。[①] 但利比亚并非《罗马规约》的成员国，卡扎菲当政时对国际刑事法院的管辖权持反对态度。[②] "国际刑事法院能否对其行使管辖权，管辖权的行使是否会违背条约相对性原则，是法院诉讼活动正当性需要解决的先决问题。"[③]

（一）《罗马规约》对非缔约国行使管辖权的规定

《维也纳条约法公约》第 34 条规定，"条约未经第三国同意，对第三国既不创立义务，亦不创立权利"，确定的条约相对性原则，只有在非缔约国提交特殊声明、宣布承担《罗马规约》义务的情况下，国际刑事法院才能对该国行使管辖权。同时，考虑到联合国安理会在维护国际安全与和平中的重要作用，《罗马规约》第 13 条第 2 款规定 "安全理事会根据《联

---

① 见联合国安理会第 1970（2011）号决议，S/RES/1970（2011），第 2 页，"Decides to refer the situation in the Libyan Arab Jamahiriya since 15 February 2011 to the Prosecutor of the International Criminal Court"。

② 杨宇冠曾于 2007 年 1 月 10 日至 11 日应利比亚社会科学院（Academy of Graduate Study）的邀请参加了在利比亚首都的黎波里召开的《国际刑事法院罗马规约》国际研讨会。利比亚人民代表大会外事秘书、利比亚社会科学院院长，来自英国、法国、美国等几十个国家的代表，国际刑事法院等国际组织的代表以及各国驻利比亚外交使团出席了会议。杨宇冠在第一天的大会上就国际刑事司法有关问题发言，并主持第二天上午的大会，并在会议期间了解到利比亚当时政府对国际刑事法院的反对态度。

③ 杨宇冠：《国际刑事法院管辖权探究——以利比亚情势为视角》，《北方法学》2012 年第 2 期。

合国宪章》第七章行事，向检察官提交显示一项或多项犯罪已经发生的情势"，国际刑事法院也可以对所述犯罪行使管辖权。且《罗马规约》第 12 条第 2 款关于行使管辖权的先决条件之规定排除了前款情况下"一个或多个国家是本《罗马规约》缔约国或依照第 3 款接受了本法院管辖权"的要件，即国际刑事法院依据联合国安全理事会提交的情势获得管辖权具有绝对性。

（二）基于安理会情势提交获得管辖权

"对于联合国做出决议提交情势而取得管辖权的案件，权力行使依据并非是《罗马规约》，而是安理会在处理世界和平与安全问题上的权威性和终局性。"① 理论上，根据《联合国宪章》第 25 条的规定，安理会做出的"联合国成员国在国际刑事法院调查该案件过程中提供合作"之要求，对所有成员国具有约束力和强制性，因此，国际刑事法院对涉及非缔约国案件管辖权的取得，并不存在对条约相对性的违反问题，相反，恰恰说明了承担条约义务的强制性。② 事实上，如同安理会通过 1593 号决议，将 2002 年 7 月 1 日以来发生在达尔富尔地区的情势提交国际刑事法院检察官一样，苏丹亦非《罗马规约》的缔约国。但苏丹及达尔富尔地区冲突各方，都应根据安理会决议对国际刑事法院及检察官的工作给予完全配合。③

（三）国际刑事法院取得管辖权的正当性

穆阿迈尔·卡扎菲作为当时利比亚政府最高领导人，直接煽动并实施对和平示威民众的敌意和暴力行为，这类发生在利比亚境内针对平民的大规模、有系统的攻击已经符合《罗马规约》第 7 条危害人类罪的构成要件。④ 此时期待作为非缔约国的利比亚政府提交特殊声明从而接受国际刑

---

① 杨宇冠：《国际刑事法院管辖权探究——以利比亚情势为视角》，《北方法学》2012 年第 2 期。
② 此种情况下，非缔约国义务的承担是出于对《联合国宪章》的遵循，而非《罗马规约》的强加。
③ 见联合国安理会第 1593（2005）号决议，S/RES/1593（2005），第 1 页，"Decides to refer the situation in Darfur since 1 July 2002 to the Prosecutor of the International Criminal Court"。
④ 见联合国安理会第 1593（2005）号决议，S/RES/1593（2005），第 1 页，"Considering that the widespread and systematic attacks currently taking place in the Libyan Arab Jamahiriya against the civilian population may amount to crimes against humanity"。

事法院的管辖，显得不切实际。"为了追究袭击平民事件，包括其控制的部队袭击平民的事件责任者的责任"，① 安理会将利比亚情势提交国际刑事法院，成为国际刑事法院行使管辖权正当性的基础。

（四）国际刑事法院管辖权的行使

2011 年 3 月 3 日，国际刑事法院检察官宣布，根据对所收集信息的分析，利比亚情势已经达到了《罗马规约》规定的开展初步调查的标准（the statutory criteria），同时与联合国制裁委员会合作，对犯罪嫌疑人的个人财产进行调查；5 月 16 日，检察官向国际刑事法院第一预审分庭提交有关材料，证实卡扎菲政府为了维护政权的绝对权威，招募雇佣兵，指挥对示威平民的暴力攻击，已经有合理的证据认为其已经涉嫌危害人类罪，要求预审分庭签发逮捕令；6 月 27 日，国际刑事法院在对检察官提交的申请书及相关证据进行审查之后，以涉嫌危害人类罪对穆阿迈尔·卡扎菲、其子赛义夫·卡扎菲和情报部长阿卜杜拉·赛努西发布逮捕令。

（五）国际刑事法院对利比亚情势的管辖

尽管利比亚没有参加《罗马规约》，不承认国际刑事法院的管辖权，国际刑事法院仍然对利比亚行使了管辖权。在对利比亚情势的处理中，检察官在开展调查的同时，就与联合国制裁委员会多次接触，对卡扎菲等三人的个人资产进行确认。2011 年 6 月 27 日，国际刑事法院以涉嫌危害人类罪对穆阿迈尔·卡扎菲、赛义夫·卡扎菲和情报部长阿卜杜拉·赛努西发布逮捕令。法院认为根据检察官调查所收集的证据，此三人是当年 2 月份下令武力镇压并迫害在班加西等城市进行抗议示威活动的平民的主要责任人，应该根据《罗马规约》第 5 条、第 25 条接受对危害人类罪的指控并承担个人刑事责任。9 月底，国际刑事法院曾向利比亚全国过渡委员会、缔约国和联合国安理会中的非缔约国发出请求，希望在它们的帮助下，对犯罪嫌疑人的财产进行查明（identify）、追寻（trace）、扣押（seize）和冻结（freeze），以保证法院最后予以赔偿的判决能够执行，切实维护受害者

---

① 见联合国安理会第 1593（2005）号决议，S/RES/1593（2005），"Stressing the need to hold to account those responsible for attacks, including by forces under their control, on civilians"。

的潜在利益（potential benefit）。

最后，国际刑事法院对案件判决的执行也离不开国内法院的合作。如卡扎菲之子赛义夫·卡扎菲通过私人途径向检察官办公室提出了一系列法律问题，包括如果他准备向法庭自首，将受到怎样的对待，是否会被送回利比亚，如果他被定罪或免罪又会怎样时，检察官办公室明确回复，根据《罗马规约》第107条，他可以要求法官在定罪或免罪后不将他送回利比亚，而送往一个同意接受他的国家。这说明国际刑事法院裁决内容的实现是以缔约国或其他国家的同意为前提的，而且裁决的有效性因各国对国际法的态度不同有所区别，国际刑事法院裁决内容的真正实现离不开国内法院的配合。

三　国际刑事法院与国家的关系

国际刑事法院管辖权所及的案件并非普通案件，主要是一些国家或区域组织的领导人所犯的严重罪行。在行使管辖权过程中不可避免会产生该法院与被告人所在国家主权之间的关系，另外，国际刑事法院不仅可以对缔约国，也可以对非缔约国或国际组织有关事务进行处理。

（一）国际刑事法院与国家的合作关系

国际合作与司法协助是国际刑事法院所面临的重要问题之一。国际刑事法院作为以国际条约为基础的一个独立的国际司法机构，它与联合国没有隶属关系。国际刑事法院虽然接受联合国的经费资助，但它既不由安理会创建，也不接受联合国大会的管理。前南斯拉夫国际刑事法庭则与卢旺达国际刑事法庭则是联合国安理会根据《联合国宪章》第七章的规定成立的，因此世界上所有的国家都有义务与之合作，否则，安理会有权对相关国家采取包括制裁在内的行动。联合国维和部队也应前南斯拉夫国际刑事法庭与卢旺达国际刑事法庭要求提供包括逮捕羁押有关的人员、调查取证和移交被告等在内的协助。

《罗马规约》第9篇规定了国家的国际合作和司法协助义务。国际刑事法院的国际合作与司法协助分为两个方面，一是与缔约国之间的合作与协助，二是与非缔约国之间的合作与协助。《罗马规约》第86条规定了缔约国与国际刑事法院合作的一般性义务，即缔约国应依照《罗马规约》的规定，在国际刑事法院调查和起诉其管辖权内犯罪时提供充分合作。由于非缔约国及其国内法院的合作在特定情况下非常重要，《罗马规约》第87条第5款规定了通过协议及其他方式设立的与非缔约国之间的特殊合作制度包括：第一，国际刑事法院可以依据与任何非《罗马规约》缔约国达成的协议或者其他适当要求提供协助；第二，如果非缔约国没有依据与国际刑事法院之间的安排或协议给予合作，国际刑事法院可以视情形通知缔约国大会或联合国安理会。

（二）国际刑事法院与国家的补充关系

依据《罗马规约》，与先前临时国际法庭相比较，国际刑事法院的特点主要表现在：国际刑事法院是依据条约设立的常设机构，不会因使命完成而被撤销或者不复存在。在法律适用上，国际刑事法院必须适用各缔约国普遍接受的国际法，且其与国内法院之间具有特殊的关系。根据《罗马规约》精神及国际司法实践经验，笔者认为，从理论上看，国际刑事法院与国内法院之间的关系还体现为国际刑事法院是国内法院管辖权的补充。

国际刑事法院与国内法院之间的关系的实质是国际刑事司法权与国家主权之间的关系。尊重国家主权是国际刑法的一项基本原则，各国在预防、控制和惩治国际犯罪时应当尊重国家主权。刑事司法权是国家主权的主要表现形式之一，传统上一直不受任何外来力量与意志的干涉与控制。《罗马规约》在管辖权方面进行了许多限制，如《罗马规约》第11条规定国际刑事法院只对《罗马规约》生效后实施的犯罪具有管辖权，对于在《罗马规约》生效后成为缔约国的国家，法院只对缔约生效后实施的犯罪行使管辖权；在管辖权适用对象方面，根据《罗马规约》第1条、第25条的规定，国际刑事法院只对个人具有管辖权，任何国家、组织和法人均不受国际刑事法院的管辖。另外，从管辖权适用的罪名来看，根据《罗马规约》的规定，国际刑事法院只对侵略罪、灭绝种族罪、危害人类罪以及战争罪等几种罪行实施管辖。

此外，国际刑事法院管辖上述国际犯罪行为时，依据《罗马规约》第12条之规定，首先应当具备以下先决条件之一：第一，所发生的国际犯罪行为所应追究的行为者必须是国际刑事法院缔约国的公民；第二，一个或多个国家成为《罗马规约》的缔约国或声明接受法院的管辖权且有关行为发生在该国境内，或者发生在该注册的船舶或航空器上，或者被告具有该国国籍；第三，一国虽然未成为《罗马规约》的缔约国，但声明接受法院对有关罪行的管辖权。

可以看出，国际刑事法院虽然是一个国际性质的机构，但其职能受制于管辖权的范围以及缔约国的多少。国际刑事法院受理的犯罪案件相当有限，只限于特别严重的国际犯罪案件，而且是国内法院没有行使管辖权的案件。因此，为将国际刑事法院与国内法院之间管辖权的划分进一步明确、具体，《罗马规约》规定了"补充性原则"，为处理国际刑事法院与各国国内法院之间管辖权关系提供了依据。补充性原则对国际刑事法院行使管辖权做了严格的限制，各国国内法院的刑事管辖权处于优先、首要地位。补充性原则是各国同意设立国际刑事法院的最重要的理由，如果没有这一原则，很难解决国际刑事法院与各国主权的冲突。

如根据《罗马规约》第 15 条和 53 条的有关规定，检察官在做出开始调查的决定前，应考虑案件的管辖权（jurisdiction）、可受理性（admissibility）、严重程度（gravity）和是否有助于实现公正（interest of justice）。检察官对情势的调查，意味着诉讼程序的正式开始。

检察官在对安理会提交的第一份报告[①]中指出：现有的证据能够表明利比亚境内正在发生并将持续发生危害人类罪等其他严重的犯罪行为，符合《罗马规约》犯罪清单管辖权条件；尽管卡扎菲政府于 2 月 22 日宣布将组建一个特殊国家委员会对此案件进行调查，但是并没有迹象表明，在其国内可以成立一个真正能够对该案的责任人进行调查或起诉的机构，因此，国际刑事法院享有补充管辖权；安理会一致同意提交利比亚情势，充分体现了该案的严重性，虽然现在无法给出确切的数字，但有证据充分显示仅在 2 月这一个月里，就有 500 到 700 人因为枪击丧命。根据全国过渡委员会的统计，截至该报告递交之时，已有 1 万多名民众死亡，5

---

① 根据安理会第 1970（2011）号决议，国际刑事法院检察官在该决议通过后两个月内，并在其后每隔 6 个月，向安理会报告根据本决议采取的行动，这是第一份报告，本段内容是对该份报告就检察官开展调查合理性分析的归纳与总结。

万多名民众受伤；另外，并没有实质理由认为调查无助于实现公正。正是基于以上原因，检察官于 3 月 3 日宣布对利比亚情势展开初步调查。

根据补充性管辖的原则，各国国内法院对《罗马规约》确定的刑事犯罪调查、起诉和审判负首要的责任，国际刑事法院仅作为各国国内法院刑事管辖权的补充，仅在国内法院不能履行职责或不愿履行职责的特殊情况下对有关罪行行使管辖权。对于《罗马规约》确定的四类严重犯罪，如果国内法院已经对有关的犯罪行为进行了充分的调查或起诉，或者国内法院基于充分的理由对有关罪行决定不予起诉，或者相关人员已受到审判，国际刑事法院就无权受理该案。补充性管辖原则构成了对一国司法主权的尊重。在国际刑事法院管辖与国家司法主权的补充关系中，国内法院的刑事管辖权具有优先性。但是，根据《罗马规约》第 17 条，如果一个国家的司法机关所做的决定是为了使有关的人免负犯罪的刑事责任，或者诉讼程序发生不当延误，以及采用的方式不符合将有关的人绳之以法的目的，那么国际刑事法院仍可以管辖。

（三）国际刑事法院与国家的冲突关系

《罗马规约》在规定补充性原则，强调国内法院首要、优先地位的同时，并不能完全消除国际刑事法院与国内法院的冲突。在解决冲突的问题上，《罗马规约》第 19 条第 1 款规定："本法院应确定对收到的任何案件具有管辖权。本法院可以依照第 17 条，自行断定案件的可受理性。"第 89 条第 2 款又规定："如果被要求移交的人依照第 20 条规定，①根据一罪不二审原则向国内法院提出质疑，被请求国应立即与本法院协商，以确定本法院是否已就可受理性问题做出相关裁定。"可见，《罗马规约》的缔约国一旦接受了国际刑事法院的管辖，即意味着该国承担将国内刑事司法程序提交国际刑事法院审查的义务。而对非缔约国来说，

---

① 《罗马规约》第 20 条规定："一国已根据本国法律对被要求移交的人进行了审判，在这种情况下，该国还有义务与国际刑事法院协商，由国际刑事法院对该国国内法的程序进行审查，如果国际刑事法院认为该国法院的诉讼程序是为了包庇有关的人，使其免负本法院管辖权内的犯罪的刑事责任或没有依照国际法承认的正当程序原则，以独立或公正的方式进行，采用的方式不符合将有关的人绳之以法的目的，国际刑事法院还要受理此案。"

虽然没有明确负有任何与国际刑事法院就国内刑事司法程序进行协商的义务，亦没有将本国相关实体法与程序法提交给国际刑事法院审查的责任，但根据《罗马规约》的有关规定，国际刑事法院也可能对其进行管辖。以不参加《罗马规约》而抵制国际刑事法院的管辖在一般情况下可能奏效，但当一个国家发生动荡或者紧急情形时，国际刑事法院可能介入。

在利比亚情势中，国际刑事法院发布对卡扎菲等人逮捕令的当晚，利比亚司法部就发表声明，称利比亚没有批准《罗马规约》，因此不承认国际刑事法院，也不承认其发布逮捕令的效力。[①] 与此形成鲜明对比的是，早在4月14日，反卡扎菲政府组成的全国过渡委员会就曾致信国际刑事法院检察官，宣称将"全力支持逮捕令的执行，也希望国际社会能够依照《罗马规约》和安理会根据《联合国宪章》第七章做出的第1970号决议，开展广泛的合作"。[②] 政治利益的冲突导致了利比亚两方势力对于逮捕令不同的评价。国际刑事法院对非缔约国行使管辖权不仅是一个司法问题，而且对利比亚国内冲突、局势的走向都发挥了重大作用。

四 国际刑事法院与国内法院管辖权关系对我国的启示

（一）我国对国际刑事法院管辖权的态度

我国一直以来都支持建立一个常设国际刑事法院，并积极参加了《罗马规约》的拟定与谈判过程。[③] 由于我国对《罗马规约》的某些条款持保留意见，我国代表在1998年罗马外交大会表决时对《罗马规约》投了反

---

① 《利比亚反告北约犯下战争，不承认国际刑事法院》，环球网，http://world. huanqiu. com/roll/2011 – 06/1786280. html。

② 见第一份检察官报告 First Report of the Prosecutor of the International Criminal Court To the UN Security Counsil Pursuant To UNSCR 1970（2011），第8页，In a 14 April 2011 letter, the Interim National Council answered to the Office of the Prosecutor that "We are fully committed to supporting the fast implementation of such arrest warrants and expect the international community to cooperate fully as is required by the Rome Statute of the ICC and in accordance with Security Council Resolution 1970 adopted under Chapter VII of the UN Charter"。

③ 中华人民共和国常驻联合国日内瓦办事处和瑞士其他国际组织代表团：China and the International Criminal Court, http://www. china – un. ch/eng/gjhyfy/hflygz/t85684. htm。

对票并在后来详细解释了不加入《罗马规约》的原因，但我国对国际刑事法院工作的关注并未就此而终止。我国仍积极参与了根据罗马外交大会通过的《最后文件》（Final Act）所设立的预备委员会（Preparatory Commission）关于《犯罪要件》与《程序和证据规则》的起草工作。① 自 2002 年《罗马规约》生效后，我国以观察员的身份列席了国际刑事法院的缔约国大会，并参加了缔约国大会所设立的侵略罪特别工作组有关侵略罪定义和管辖权行使条件的讨论。② 2010 年在坎帕拉召开的《罗马规约》审查会议（Review Conference）中，作为非缔约国的我国虽无权对会议决议投票但同样派出代表团列席了会议并表达了立场。③ 此外，作为安理会的常任理事国，我国不可避免地与国际刑事法院发生着间接联系，例如，在引介苏丹达尔富尔和利比亚的安理会决议中，我国就在赋予国际刑事法院管辖权的问题上发挥了建设性的作用。④

（二）对我国处理国际刑事法院与国内法院管辖权关系的建议

国际刑事法院的建立是当前经济全球化发展的必然要求，而经济的全球化必然导致国际社会对全球基本价值认识的一致性，而国际基本价值认识的一致性又必然带来各国对侵犯这些基本价值的犯罪的认识一致性。国际刑事法院的诞生本身便是这种趋势的产物，从长远来看，各国不可能永远游离于国际政治社会之外，不可能永远游离于国际司法社会之外。

1. 积极发挥联合国安理会对国际刑事法院的影响

从利比亚情势中可以看出，国际刑事法院能够对没有参加《罗马规约》的国家行使管辖权，"事实上，国际刑事法院管辖权的行使并不囿于《罗马规约》，或多或少依附于联合国安理会的权威，安理会情势的提交构

---

① Statement by Mr. Qu Wensheng（China），6th comm. , 9th mtg. , UN GAOR, 55th Sess. , 12 Dec. 2000, A/C. 6/55/SR. 9, para. 21.

② Statement by Mr. Xu Hong（China），At the General Debate of the Eighth Session of the Assembly of States Parties to the Rome Statute of International Criminal Court, 20 November 2009, http://www. iccnow. org/documents/ICC – ASP – ASP8 – GenDeba – China – ENG. pdf.

③ Statement by Chinese Delegation at the General Debate of the Review Conference of Rome Statute, http://www. icc – cpi. int/iccdocs/asp – docs/RC2010/Statements/ICC – RC – gendeba – China – ENG. pdf.

④ 我国在安理会将达尔富尔情势引介至国际刑事法院的 1593（2005）号决议中投了弃权票，在安理会将利比亚情势引介至国际刑事法院的 1970（2011）号决议中投了赞成票。

成其权力行使的正当性前提"。① 逮捕令虽然是根据《罗马规约》有关规定由国际刑事法院做出的，但是其效力源于联合国安理会第 1970（2011）号决议。根据《联合国宪章》第 25 条，安理会做出的决议，对所有联合国成员国具有约束力和强制性。利比亚既然是联合国的成员国，就必须受到作为联合国基本条约框架之一《联合国宪章》的约束，即便是卡扎菲政府亦须承认逮捕令的效力，否则就是对国际条约的根本性违反，将要承担相应的制裁。

由于联合国的地位及其在现代国际社会的重要影响，《罗马规约》对联合国特别是安理会在国际刑事法院的作用做了明确规定。例如，美国正是希望利用联合国安理会来控制国际刑事法院管辖权的行使。在利比亚情势中，除了对卡扎菲等三人案件的处理，检察官在报告中也提出，北约（NATO）部队和全国过渡委员会指挥的部队在利比亚战争中所受指控之犯罪，比如对涉嫌雇佣军的平民进行非法拘禁、杀害被拘禁的战斗士兵等，也将会受到检察官办公室公正且独立的审查。检察官在第二次报告书中指出，将会对北约部队在利比亚所犯罪行之指控进行调查。在笔者看来，这种调查权行使之效力是薄弱的，即便有证据证明此种犯罪现象确实存在，国际刑事法院的管辖也能够被轻易排除。因为《罗马规约》第 16 条规定，联合国安理会有权根据《联合国宪章》第七章通过决议向法院提出要求，在其后 12 个月，排除法院对情势开始或进行调查或起诉，安理会还可以根据同样条件延长该请求，在这种情况下，国际刑事法院的管辖权就被暂停或无限期推迟。即便安理会没有做出此类延期决定，法院管辖权的行使也存在极大障碍。对于非缔约国而言，比如美国，可依据安理会第 1970（2011）号决议第 6 款 "阿拉伯利比亚民众国以外的不是《国际刑事法院罗马规约》缔约国的国家的国民、现任或前任官员或人员，要为据说是安理会规定或授权在阿拉伯利比亚民众国采取的行动引起的或与之相关的所有行为或不作为，接受本国的专属管辖，除非该国明确放弃这一专属管辖权" 的规定，排除法院的管辖权；对于非缔约国而言，国际刑事法院的管辖权是补充性的，如果对案件具有管辖权的国家正在对该案进行调查或起

---

① 杨宇冠：《国际刑事法院管辖权探究——以利比亚情势为视角》，《北方法学》2012 年第 2 期。

诉，或者经调查后决定不对该人进行起诉，或者已经受到作为控告理由行为的审判，那么该案件就会因为不具备可受理性而排除国际刑事法院管辖权。

从国际刑事法院管辖权由依据缔约国提交情势对乌干达、刚果民主共和国、中非共和国和索马里展开调查，逐渐发展到根据联合国安理会决议提交的情势对非缔约国苏丹达尔富尔和利比亚进行调查的过程中，我们可以看出，经过 10 年的发展，国际刑事法院已经越来越受到国际社会的认可，且联合国安理会对国际刑事法院的影响力逐渐扩大。虽然中国政府曾在 2005 年表示，"对是否将有关局势提交国际刑事法院，安理会应谨慎行事"，① 但是，笔者认为，随着实践的发展，联合国安理会的作用已经不可忽视，且安理会决议的权威性和强制性能够更好地保障国际刑事法院管辖权的实施。此外，作为安理会常任理事国和《罗马规约》的非缔约国，中国完全可以发挥自身在联合国安理会的作用，充分运用相关机制，扩大自身与国际刑事法院的交流与合作，维护自身的国家利益。

2. 稳妥推进中国加入《罗马规约》工作

中国是国际法治与和平解决国际争端原则的坚定维护者和促进者。中国政府一贯奉行独立自主的和平外交政策，主张遵循《联合国宪章》的宗旨和原则，坚持和平解决国际争端。同时，中国政府一贯致力于促进和保护人权及基本自由，并积极参与国际人权对话与合作。② "中国不仅是具有人道主义法象征的《日内瓦公约》的缔约国，也是具有人权宪章标志的《经济、社会及文化权利国际公约》的批准国和《公民权利和政治权利国际公约》的签署国，而这些国际法律精神在《罗马规约》中体现得更加淋漓尽致，中国政府既然能够接受上述体现人权和人道主义的国际法律文件，说明事实上并不排斥同样蕴涵着上述公约内容和精神的《罗马规约》。"③

---

① 参见《中国关于联合国改革问题的立场文件》，http://www.fmprc.gov.cn/mfa_chn/ziliao_611306/tytj_611312/zcwj_611316/t199083.shtml。

② 《中国等 64 个国家竞选联合国人权理事会的首届成员》，中央政府门户网站，http://www.gov.cn/zwjw/2006-05/09/content_275737.htm。

③ 王秀梅：《从苏丹情势分析国际刑事法院管辖权的补充性原则》，《现代法学》2005 年第 6 期。

2005 年 6 月 7 日，中国政府发布了《关于联合国改革问题的立场文件》，其中再次提到中国不参加《罗马规约》的原因，具体是："中国支持建立一个独立、公正、有效和具有普遍性的国际刑事法院，以惩治最严重的国际罪行。由于《罗马规约》尚存的一些不足可能影响法院公正、有效地行使职能，因此中国尚未参加，但仍希望法院能以其实际工作赢得非缔约国的信心，赢得国际社会普遍接受。对是否将有关局势提交国际刑事法院，安理会应谨慎行事。"①

至于《罗马规约》尚存哪些不足和可能影响法院公正、有效地行使职能的规定，中国政府没有明说。中国政府实际上还处在一种观望的阶段，但"仍希望法院能以其实际工作赢得非缔约国的信心，赢得国际社会普遍接受"。②

另外，2005 年 3 月 31 日安全理事会第 5158 次会议以 11 票赞同、0 票反对和 4 票弃权的结果，通过了提交苏丹达尔富尔情势的 1593（2005）号决议；2011 年 2 月 26 日，联合国安理会召开第 6491 次会议，参与表决的五个常任理事国及十个非常任理事国一致通过提交阿拉伯利比亚民众国情势的第 1970（2011）号决议。表决结果的背后固然隐含着各种因素和势力的博弈，但也从一个侧面反映出国际刑事法院的作用和重要性正逐步得到国际社会的认可。

因此，笔者认为，作为世界最大的发展中国家和联合国安理会常任理事国，中国与其不断徘徊在《罗马规约》大门之外，扮演旁观者的角色，不如在时机成熟时尽快加入《罗马规约》，并在国际刑事法院各项事务中发挥更大作用，例如，提出修改《罗马规约》的意见，使其更加符合公正的标准，参与国际刑事法院的法官及检察官的遴选，在利用国际刑事法院处理国际事务方面发挥更加积极和重要的作用，等等。

我们应寻找国际刑事法院与国内法院价值追求一致的方面，削弱、协调二者之间的矛盾，以促成二者之间的良好合作，实现国际刑事法院的有序运行，为维护国际社会的和平与安定、控制犯罪和保障人权事业做出贡献。

---

① 参见《中国公布关于联合国改革问题的立场文件》，新华网，http://news. xinhuanet. com/world/2005 - 06/07/content_3056686. htm。

② 参见《中国关于联合国改革问题的立场文件》，中华人民共和国外交部网站，http://www. fmprc. gov. cn/mfa_chn/ziliao_611306/tytj_611312/zcwj_611316/t199083. shtml。

On the Relationship of the International Criminal Court Jurisdiction and States —the Perspective of the Libya War

Yang Yuguan and Chen Zinan

Abstract: During the Libya War, the International Criminal Court exercised jurisdiction in non-parties in accordance with the UN Security Council, which raised questions about the relationship between ICC and the domestic courts on the jurisdiction. By analyzing the activities of the ICC during the Libya War, this paper studies the cooperation, complementary and conflicting relationships between ICC and the domestic judiciary. And the paper recommends that the Chinese government should promote the cooperation with ICC, and expand its influence on the ICC through the United Nations Security Council. It is also suggested that Chinese government could consider the possibility of ratifying *the Rome Statute of the International Criminal Court*, in order to protect the interests of the country and promote peace and stability of the world.

Keywords: The Libya War; ICC; Domestic Courts; Jurisdiction

德国的国际刑法？

——国际刑法在德国的反映以及德国对国际刑法的影响

〔德〕托马斯·魏根特[*]著　樊　文^{**}译

能够在著名的中国社会科学院做报告，是我极大的荣幸。我衷心感谢对我的邀请。

我的报告题目虽然讲的是我的祖国——德国，但是，中国的法学人，或许对它也是很感兴趣的。报告所涉及的问题是：独立的国际刑法的形成，对于国内刑法会产生怎样的影响？当然，中国的情况与德国有所不同，因为中国不怎么受能够对刑法产生影响的国际条约的紧密约束。但是，这种情况在未来可能会发生变化，因此，德国的经验或许就具有重要的意义。

不仅在欧洲，不同国家的法律制度正在逐渐相互关联并且相互影响，而且，德国也不再是一个孤岛，德国突出地只是作为一个榜样性的刑法制度的出口国的时代已经过去了。虽然，我们能够始终把刑法的以及刑事程序法的核心内容称作"真正的德国"——尽管这期间的所有改革，它还是接续着 19 世纪后半叶产生于德国的自由主义的立法工作在继续发展。

但是，在德国刑法中，还是会看到越来越多的其他法律制度的影响。首先是欧盟法的影响。在《里斯本条约》中，欧盟成员国授权欧盟机构，通过指令（指针）要达到刑法和刑事程序法的不同领域的协调，欧盟这种

---

   * 托马斯·魏根特，德国科隆大学法学院外国刑法与国际刑法研究所所长、刑法学教席教授。

   ** 樊文，中国社会科学院法学研究所副研究员，中国社会科学院国际法研究所国际刑法研究中心主任。

努力的第一个成果已经在德国法中得到了反映。① 此外，不容忽视的是《欧洲人权公约》对德国法的影响。尽管《欧洲人权公约》是一个国际法条约，德意志联邦共和国加入了该条约。该公约保障特定的基本人权，这些基本人权很大程度上与联合国《公民权利和政治权利国际公约》是一致的。而《欧洲人权公约》的特点在于，它规定了欧洲人权法院这个机构。任何人感到其受公约保障的某种人权受到国家机关侵害的，都可以诉诸这个法院。在该法院最近的判决中，人权法院把公约保障的人权做了很宽的解释，尤其是对于基本上以英美对抗制的刑事诉讼模式为取向的刑事程序中的被告人的权利的解释。德意志联邦共和国在过去的几十年，多次因为侵犯人权遭遇到该法院的判决，而这也被看作其国内法适应欧洲人权法院规定的契机。这样，一块外国的刑事诉讼文化就输入德国法中了。即便人们可以批判性地看待这种发展，但是对国际法上约束德国的跨国的和超国家的规范进行解释，并转化为德国法，这种趋势可能也是不会逆转的。

一　德国法中的国际刑法

但是，下面谈到的应该不是德国法的"欧洲化"，而是德国法对国际刑法的适应。在这部分内容中，大家知道，涉及的是处理针对国际社会的和平和安全的犯罪行为。国际刑法在过去的数十年，首先在几个重要的节点取得了飞跃性的持续发展。针对第二次世界大战主要战争罪犯的纽伦堡和东京判决以及根据盟国管制委员会法第 10 号令的后续纽伦堡追诉程序，② 总体上看，仍然处于各自的独立分离状态，直到 20 世纪 90 年代南斯拉夫战争期间的暴行和卢旺达的种族屠杀（种族灭绝）唤醒了这些国家。东西冲

---

① 主要是恐怖主义犯罪（129a Ⅱ）、贩卖人口（232ff.）、洗钱的犯罪构成和刑罚幅度的统一。欧盟对成员国的刑法的影响有这么几种工具：（1）欧盟法；（2）指针（指令）；（3）框架决定；（4）共同行动计划等。这几种工具对成员国的约束力是不同的：欧盟法直接适用于所有欧盟成员国；指令对任何在所要达到目标的成员国有约束力，但是，形式和手段的选择则交由各国国内当局（第 249 条）。框架决定要转换成国内法（比如，欧洲逮捕令或拘捕令）。

② 纽伦堡审判和盟国管制委员会法第 10 号令在国际法上有两个突破：第一，不采用各国普遍实行的"法不溯及既往"（Rückwirkungsverbot）原则，提出了反人类罪这一新罪名；第二，发动战争是严重的国际罪行，不仅有关国家而且有关个人也应受到法律惩处。

突结束之后，很少有地缘政治的和谐一致要求联合国安理会建立处理这种冲突以及在那里实施的犯罪行为的刑事法庭。南斯拉夫和卢旺达临时刑事法庭的规约中，针对国际社会的主要犯罪——种族灭绝、战争犯罪和反人类犯罪，虽然并没有具体准确的规定，但是，毕竟做了具体的列举。两个刑事法庭通过它们判决的这些案件，提出了一种包括不成熟的总则规则在内的这些犯罪构成要件的义理学。

与此同时，在国际—外交层面，关于创建常设国际刑事法院（IstGH）的协商工作也开始了。这些协商汇聚于 1998 年的罗马外交会议。在罗马，建立国际刑事法院得到了代表国家的多数赞同并通过了该法院的规约。《国际刑事法院罗马规约》包含了一定程度上精心琢磨的国际法上的犯罪构成要件的目录，并且第一次提出了一系列个人的国际刑法责任的一般前提条件，即分则和总则，此外还有关于侦查和审判程序的规则，以及关于法院与成员国合作的规则。不过，根据所谓的补充性原则，只有联合国安理会委托它审判刑法上重要的案件或者直接涉及的行为地国家、行为人国家或者被害人国家不愿意或者不能把案件交付自己的法院审理，国际刑事法院才能管辖审理这些国际法上的犯罪。《国际刑事法院罗马规约》也把对国际罪行追诉的首要责任保留给了直接的当事国家。

德国虽然是特别积极支持创设有效率的国际刑事法院并很快加入该规约的国家之一，但是，这也表明德国法律要考虑能够有效处罚国际刑法的"核心犯罪"的愿望。《德国刑法典》就有种族灭绝和准备发动侵略战争的犯罪的规定，但是，没有战争犯罪或者反人类犯罪的规则。当然，《国际刑事法院罗马规约》定义为反人类的犯罪或者定义为战争犯罪的大量行为方式的绝大部分，德国国内刑法的某些规定也是予以刑罚处罚的——比如谋杀、伤害、性强制或者自由方面的犯罪。但是，与这些行为相关的破坏国际社会和平的共同生活的这个特殊的国际维度，国内法并没有考虑进去。

对于德国的立法者来说，也存在这样的问题：是否，以及回答如果是"是"的话，那么应该以何种方式把《国际刑事法院罗马规约》的大量的分则内容以及其总则内容转化为国内刑法。在创建国际刑事法院的时候，德意志联邦共和国就试图实现这个基本愿望，即让国际犯罪的行为人承担责任，并防止这些犯罪得不到刑罚处罚。另一个愿望是要避免因为德国出于法律的理由而不能或者不愿在其法院审理的"德国的"案件，而在国际刑事法院予以指控。因此，在转化为国内法的时候，人们想尽最大可能准确地模仿《国际刑事法院罗马规约》。

把国际法上的犯罪的新规则整合进《德国刑法典》，从技术上看，是可能的。但是，德国的立法者反对这种构想，而赞成把整个的这个方面的规则整合为一个独立的法律。这样，其一，德国赋予国际刑法的极端重要性应该说就突显出来了；其二，尤其是可以避免总则中规范受到冲击而零碎化，这种令人担心的零碎化是指对于适用范围很小的犯罪构成要件，反倒是引入了大量的特殊规定。因此，就产生了一个概括性的包括 14 个条文的特别法，这个特别法以了不起的《国际刑法典》的冠名在 2002 年生效了。

这个法律给德国进口了多少"外来"法？《国际刑事法院罗马规约》是参加罗马谈判的国家间的妥协，但是在其实体法部分，主要的根据还是国际习惯法。这些习惯法来自国际条约，来自所有人民认可的普遍的法的基本原则，也来自"一般的、被看作法的实践"，即来自国家及其法院的法的实践。对于国际刑法特别重要的是所谓的《海牙陆战规则》，1948 年的《防止及惩治灭绝种族罪公约》，1949 年的保护武装冲突期间的非战斗人员的四个日内瓦公约及其对非国际武装冲突的补充议定书。此外，战争犯罪和反人类犯罪领域的国际习惯法，是通过第二次世界大战后欧洲和远东的纽伦堡军事法庭和其他的占领法庭的判例，以及联合国南斯拉夫和卢旺达临时法庭的判例所形成的。

至于其法律效力的根据，所有的这些法源都有"国际的"性质。这些法源获取其权威并不是从国内的议会立法，而是要么来自许多国家的条约协商（比如 1949 年的四个日内瓦公约几乎世界上的所有国家都参与了），要么，甚至是补充性的，来自绝大多数国家及其机构对其法律命题的认可和适用。另外，在其产生方面，国际刑事习惯法的法源具有"国际的"性质：对于其形成，来自极不相同的法律制度的法律人都共同起了作用。不仅对于外交达成的多边国际条约是这样，而且对于不同国际刑事法庭的判决也是这样。国际刑事法庭的法官库，始终是由来自不同的国家的法律人占据着，并且，这些法官也带来了其各自国家的视角。第二次世界大战结束以来，英语国家对世界政治的主导，也在普通法法律制度对于国际刑法发展到《国际刑事法院罗马规约》的形成的特定影响中得到了反映。

当德国的立法者决定把《国际刑事法院罗马规约》转换成德国法时，也就进口了一个包含极不相同法源的不同观点的规范。其中也有在刑法方面并不专长的国际法学者的表述。对于德国的立法者来说，这种进口的困难主要是：一方面，新法应尽可能忠实地接受《国际刑事法院罗马规约》的规定；另一方面，它也应该成为德国刑法的一部分。《国际刑法典》也要尊重根据《基本法》对于德国刑法有效的基本原则，尤其是罪刑法定原则（《基本法》第103条第2款）和罪责原则。看一眼《国际刑事法院罗马规约》的实体法部分，就会发现，其中所使用的立法技术和表述方式与人们所熟悉的德国刑法中的立法技术和表述方式，有的部分有着重大的差别。总则部分的规则是不成熟的，并且在内容上以及表述上所起的作用有时相当的异类。具体犯罪构成要件的规定，虽然包含一些部分很详尽的定义，但是，表述得很是简单，并没有达到德国宪法所保障的刑法规范的明确性原则所希望的那样的准确程度。

为了通过专业来解决这种困境，联邦司法部召集了一个工作组，这个工作组由司法部有兴趣的代表、刑法学者和国际法学者组成。工作组的绝大部分建议得到了立法者的采纳。该工作组的工作方针是：只是在绝对必要的情况下，才在总则中引入国际刑法的特殊规则。相反，只要可能，犯罪构成要件的描述应尽可能地与《国际刑事法院罗马规约》的描述保持一致。尽量保持德国总则规则不变的理由，主要是出于这样的考虑：《国际刑事法院罗马规约》的一些规定与德国所解释的罪责原则，并不相符。这主要是指这种情况：尽管禁止错误对行为人是不可避免的，仍然要全面排除这种（不可避免的）禁止错误情况下的免责。

因为德国的立法者宁愿冒"不能"做出有罪判决的危险，也不愿违反德国法认为正确的原则，立法者认为《德国刑法典》的总则原则上也是可以适用于《国际刑法典》上的犯罪行为的。特殊的规则只是适用于根据命令的行为，适用于时效以及适用于上司（上级）的刑事可罚性。

在《国际刑法典》的分则部分，追求的是尽可能不加变化地接受《国际刑事法院罗马规约》的犯罪定义。在战争犯罪方面，《国际刑事法院罗马规约》第8条部分包含出自《海牙陆战规则》和四个日内瓦公约的规则，在该条中，严格区分了国际的武装冲突和非国际的武装冲突。相反，德国立法者根据专业范围排列战争犯罪的构成要件，对于国际武装冲突只规定了几个本质的特别犯罪构成要件。但是，《国际刑法典》中的战争犯罪的规则在内容上与《国际刑事法院罗马规约》的战争犯罪的规定只有很小的差异。

纽伦堡国际军事法庭适用的 1945 年的《伦敦条约》中的反人类犯罪，以笼统的形式引入了国际刑法。这种犯罪的准确描述，第一次出现在《国际刑事法院罗马规约》第 7 条中。尽管《国际刑事法院罗马规约》第 7 条包含了可罚行为的许多定义，但是，这么多规则主要的问题还是其缺少明确性。迫害（persecution）的构成要件和"其他的类似的不人道行为"的构成要件，表述得就特别模糊。要让这些规定符合德国的明确性的要求，对于这种困难，立法者在具体的犯罪构成要件上给予了不同的反应。对于"其他的不人道行为"，与《国际刑事法院罗马规约》所提到的例举行为一样，没有改变地用了这样的表述："使他人遭受严重的身体和精神伤害"。相反，国际迫害的犯罪构成要件的模糊概念，以字面翻译的形式被接纳进了德国法。严格地讲，这种规定，可能导致明确性基本原则下的严重违宪问题。

二　实务中的德国国际刑法

德国的《国际刑法典》自 2002 年生效以后，就进入了为期 7 年的沉睡，这是让人没有想到的，因为立法者赋予了《国际刑法典》覆盖全世界的效力范围，根据该法第 1 条，"对于本法规定的重罪，即使行为是在外国实施的并且与本国没有任何联系，本法亦得适用"。由此，德国法院取得了对于国际法上的所有犯罪的管辖权，而不论这种犯罪是世界上的任何人在任何地方实施的，即便犯罪嫌疑人没有在德国居留，也同样受德国法的管辖。如此广泛理解的世界法基本原则的效力，在国际法上不是完全没有争议的，因为它让人担心该法院所在的国家会有干涉他国内部事务的嫌疑。为什么要授权德国法院审理刚果公民在刚果共和国实施的战争犯罪呢？在这样的案件中，对于德国法院行使国际刑法的"核心犯罪"的管辖权，至少提出了这样的论据：这些犯罪所针对的不仅仅是刚果的个体的被害人，而且，同时损及武装冲突中的人权最低标准的效力，并且由此间接地涉及所有国家之间的相互关系。因此，任何国家某种程度上都会感到，作为国际社会负责任者，有责任和有使命来审判这种行为。

尽管德国对于世界上任何地方实施的任何战争犯罪和反人类犯罪有着潜在的管辖权，但是直到 2009 年还不曾进行过一起适用《国际刑法典》的刑事诉讼。对此的解释是，由于刑事诉讼法上有一个规定，该规定是与《国际刑法典》同时制定的。该规定允许联邦总检察长，在嫌疑人并不在德国居留并且德国也不允许其居留的情况下，放弃追究其国际罪行。此外，尽管外国的犯罪嫌疑人在德国居留，如果可以期待犯罪嫌疑人在其祖国、行为地国家或者在国际刑事法院受到追究，那么，德国检察官就不必启动追诉程序。根据这种规定，联邦总检察长就阻止了人权组织的所有企图，比如针对高级别的美国政治家或者军官，因为其在伊拉克和关塔那摩的作为，而在德国启动刑事程序。

只是当姆瓦纳什亚科（Ignace Murwanashyaka）博士，卢旺达解放民主武装（FDLR）政治领导人在德国曼海姆遭到逮捕之时（2009 年 11 月 17 日），《国际刑法典》才在 2009 年苏醒过来。针对姆瓦纳什亚科及其副手穆索尼（Straton Musoni）的刑事程序目前正在斯图加特高等法院进行。姆瓦纳什亚科被指控，作为卢旺达解放民主武装的战争犯罪的军事指挥官，要承担刑事责任。卢旺达解放民主武装是胡图族的武装组织，该组织在卢旺达内战失败后撤退到了比邻的刚果共和国的基伍省。2008 年卢旺达解放民主武装失去了刚果中央政府起初保障的支持，而陷入刚果和卢旺达部队腹背夹击的两线战争。在这样的困境中，他们对疑似对方的支持者采取惩罚行动，以此来强迫刚果当地的和平居民支持他们。在此过程中，针对和平居民出现了屠杀、强奸和其他的严重侵犯，检察官起诉的就是这种战争罪行和反人类罪行。

姆瓦纳什亚科案不同寻常的地方在于，两个被告人被指控参与了在刚果共和国的卢旺达解放民主武装的士兵实施的犯罪行为，尽管他们两个人一直都居住在德国。据说，关键的参与行为，他们是在其德国的居所通过电话和电子邮件来实施的。由此来看，这里，德国法院的管辖权并不是根据世界法基本原则，而是根据《国际刑法典》上的规定，即根据该规定德国刑法适用于本国内实施的所有犯罪行为。

因为姆瓦纳什亚科不在行为地，并且他也没有下实施暴行的任何直接命令，检察官就不能指控他是正犯或是教唆犯，而只是希望以故意不阻止其下属的罪行让他承担指挥员（司令员）的责任。在上级的责任方面，德国法不同于《国际刑事法院罗马规约》的规定，《国际刑事法院罗马规约》第 28 条规定，如果行为人当时应当知道（理应知道）其下属将要实施犯罪行为而他对此并没有予以阻止，该军事上级就要为其下属的犯罪行为承担上级责任。与此相反，德国的《国际刑法典》的上级的故意的前提条件是，至少对于下属即将实施犯罪行为这样的可能性是有认知的并且是同意的。在这一点上，有利于被告人的德国法不同于国际习惯法（即《国际刑事法院罗马规约》）的规定，国际习惯法中，对于主观的犯罪构成要件提出了更高的要求。

2010 年姆瓦纳什亚科博士对于其羁押的延期提出了申诉，对于该延期，联邦最高法院要做出裁定。联邦最高法院在该裁定中仅仅适用了德国《国际刑法典》，并没有接受《国际刑事法院罗马规约》的不同规则。因此，联邦最高法院具体讨论了这个问题：被告人怎么能够准确地知道，卢旺达解放民主武装的成员将要实施什么样的犯罪行为；而且在针对姆瓦纳什亚科的主审程序中，这个问题起着最关键的作用。

在姆瓦纳什亚科申诉的同一天，姆巴鲁希玛纳（Calixte Mbarushimana）在巴黎被捕（在巴黎居住了十多年，通过网络实施行为）。他是卢旺达解放民主武装的秘书长，负责该组织的外宣公关工作。位于海牙的国际刑事法院的公诉人指控姆巴鲁希玛纳的，与姆瓦纳什亚科在斯图加特的法庭上受审的，基本上是同一事件。但是，2011 年 12 月国际刑事法院的预审庭在一个详细的决定中否定了指证姆巴鲁希玛纳的指控。他们没有看到充分的证据线索，能够证明作为上级的被指控人参与了发生在刚果共和国的战争犯罪和反人类犯罪。海牙预审庭做出这样的决定的第一个理由是，在卢旺达解放民主武装内部，姆巴鲁希玛纳并不怎么抛头露面，第二个理由是，这里的证据状况完全不同于案卷呈现给联邦最高法院的证据状况。但是，所提到的德国的国际刑法与国际的国际刑法之间在细节上的不同，也可能起了很关键的作用。

对姆瓦纳什亚科和穆索尼进行德国诉讼程序的法官，肯定对国际刑事法院预审庭的决定感兴趣，但是，这个决定对于在斯图加特进行的程序，无论是在法律上还是在事实上都不会有直接的影响。无论如何，根据《国际刑法典》进行的第一个德国刑事程序已经说明，德国的立法者并不是毫无保留地附随了 20 世纪末国际习惯法具体化的《国际刑事法院罗马规约》，而是在一些问题上，走出了自己的、符合德国特殊的法信仰的特色之路。德意志联邦共和国的立法者特别致力于《国际刑事法院罗马规约》规定的转换，在此转换中并不至于对德国刑法与其学理的连接造成太多的混乱。在此，在两个方向上出现了妥协：一些表述如果没有被国际习惯法和（或）《国际刑事法院罗马规约》的规则使用过，立法者也不会选进《国际刑法典》；而在一些地方，德国的立法者考虑到德国法律制度的整体性，拒绝了跟从《国际刑事法院罗马规约》的规定——正如卢旺达的案件所显示的，会出现重要的实务上的后果。但是，总体看来，可以说国际法成功地融进了德国法。

三　国际刑事法院的德国法？Lubanga 案、Katanga 案与德国的刑法学理

到这里，我的报告描述的是国际刑法在德国的反映。但是，也有德国刑法对国际刑法产生影响的迹象。

如果看一看国际刑事法院的第一个大的判决，在法律的一些基本要点上，在脚注中都会发现著名的德国刑法学教授的大名，比如克劳斯·罗克辛、阿尔宾·艾瑟。判决也明确地涉及德国刑法学理的概念，比如共同正犯的"功能性行为支配"的前提条件，或者通过支配一个组织的间接正犯的思想。那么，怎么来解释国际刑事法院在这些地方只能适用该法院的规约？

对这个问题的回答确实很简单。如果涉及的是确定个别领导人为其下属的滥用行为的责任，那么，对于国际刑事法院来说，和国内刑法制度一样，遇到的都是同样的问题。《国际刑事法院罗马规约》对这个问题只是提供了概念，比如"伙同他人或者通过他人……实施"，而在真正的国际刑法层面，迄今还没有提出解释这些概念的标准。在此，援引国内法律制度的解决方案（建议），可谓信手拈来。在此，有人主张可以看一看德国法，在纳粹的民主德国独裁专制政体被清除之后，在德国对于领导责任的问题进行了特别激烈的讨论并在学术上进行了处理。

在检察官诉托马斯·鲁班嘎第由鲁的案件中，国际刑事法院庭审的第一

个判决在 2012 年 3 月宣布，一个重要的法律问题就是：被指控人是否能够作为共同正犯中的间接的行为人被刑罚处罚。在这个问题上，两名拉丁美洲的法官形成的法官多数，明确采取了罗克辛和施特拉腾韦特的组织支配下的间接正犯理论。但是，英国籍的法官 Adrian Fulford 在其不同的意见中，明确批判他的两位法官同事的德国刑法学理取向。他特别反对正犯和共犯之间的明确划分，也反对"功能性的"行为支配论，该理论认为只是在一个不可或缺的行为贡献的情况下才存在共同正犯。对此，Fulford 法官建议直接适用"规约的明文"，从他这里获得的是对于共同正犯重要的进一步的理解，而不是法庭的多数。在后来的判决中国际刑事法院比利时籍的女法官 van den Wyngaert 同样反对国际刑事法院的实务见解以德国刑法学理的思维方式为取向。

德国的学说是否会在国际刑事法院的实务见解中获得长期的效力，似乎还不能确定。这可能主要取决于它是否能够让国际刑事法院的多数法官相信它的内容，即与国际刑法上的犯罪特性有关的内容。如果唯一一个国家的法律制度被证明主宰了国际刑事法院，那么，鉴于刑事管辖权的国际性以及对于国际刑法的发展特别感兴趣的"共同体"的国际性，无论如何，这都是令人惊讶的。很多人主张，这个刑事法院最终会为其规约概念找到独立、自主的解释。

四 结论

德国刑法的"国际化"可能是一个不可阻挡的进程。这不仅指的是德国的《国际刑法典》——该法典不能不受德国法庭之外的国际刑法的持续发展的影响，而且指的是"纯正的"德国刑法适用于有国际关联的案件。但是，德国的法官学会把欧盟法的规定以及《欧洲人权公约》的规定整合进他们的法律解释之中，或许尚需时日。因此，如果事实上有这样的要求，他们也会慢慢地开始讨论国际刑事法院的判决，而这也就足够了。因为有生命力的国际刑法的诞生给我们法学人的生活，不仅带来了更加复杂的理据，而且世界范围内法学人的交流，让这种论据也更加丰富，即便他们认为，德国是一个孤岛（法学的唯一高地），德国的法学人必须学会在国际的海洋中游泳。

衷心感谢您的出席和关注。

论我国刑法与《联合国反腐败公约》的协调

黄 芳[*]

摘　要：《联合国反腐败公约》是第一个全球性的反腐败法律文件，它首次在国际社会建立了反腐败的法律机制，奠定了反腐败国际合作的法律基础。我国作为《公约》的缔约国，应该切实履行《公约》规定的各项国际义务，完善我国刑法，以使其在惩治腐败犯罪方面与《公约》更好地协调与衔接。

关键词：腐败犯罪　预防机制　定罪机制　国际合作

2003 年 10 月 31 日，第 58 届联合国大会审议并通过了《联合国反腐败公约》（以下简称《公约》）。《公约》涉及预防和打击腐败的立法、司法、行政执法以及国家政策和社会舆论等方方面面，是一个重要、全面、综合性的反腐败国际法律文件。《公约》要求缔约国认真履行其承担的国际条约义务，同时，《公约》的规定是对缔约国在预防和打击腐败犯罪方面的最低要求，各缔约国均可以采取比本《公约》的规定更为严格或严厉的措施，对腐败犯罪绝不姑息。

2005 年 10 月 27 日，中华人民共和国第十届全国人民代表大会常务委员会第十八次会议决定批准《公约》。我国作为《公约》的缔约国，应该切实履行《公约》规定的各项国际义务。具体来说，为了使我国的刑法在惩治腐败犯罪方面与《公约》更好地协调与衔接，主要应当做到以下几点。

---

* 黄芳，中国社会科学院国际法研究所国际刑法研究中心研究员，中国社会科学院法学研究所研究员。

一　腐败犯罪的预防机制的协调与衔接

腐败犯罪的预防机制，是指采取法律的、政治的、经济的、教育的等各种措施，消除、抑制能够引起、促进腐败犯罪发生的各种因素，以有效控制腐败犯罪的形成和发展。我国一直致力于腐败犯罪的预防，但与《公约》的内容相比，我国现有的腐败犯罪预防机制还存在一定的不足，需要进一步予以完善。

第一，我国应根据《公约》的要求，进一步制定和执行或者坚持有效而协调的反腐败政策，这些政策应当促进社会参与，并体现法治、妥善管理公共事务和公共财产、廉正、透明度和问责制的原则。[①]

第二，在建立和完善公务员制度方面，我国应进一步努力采用、维持和加强公务员和适当情况下其他非选举产生公职人员的招聘、雇用、留用、晋升和退休制度，这种制度："（一）以效率原则、透明度原则和特长、公正和才能等客观标准原则为基础；（二）对于担任特别容易发生腐败的公共职位的人员，设有适当的甄选和培训程序以及酌情对这类人员实行轮岗的适当程序；（三）促进充分的报酬和公平的薪资标准，同时考虑到缔约国的经济发展水平；（四）促进对人员的教育和培训方案，以使其能够达到正确、诚实和妥善履行公务的要求，并为其提供适当的专门培训，以提高其对履行其职能过程中所隐含的腐败风险的认识。"[②] 同时，还应在公职人员中特别提倡廉政、诚实和尽责；制定措施和建立制度，以便于公职人员在履行公务过程中发现腐败行为时向有关部门举报；建立公职人员重要事项申报制度和防止利益冲突的制度，要求公职人员特别就可能与其公职人员的职能发生利益冲突的职务活动、任职、投资、资产以及贵重馈赠或者重大利益向有关机关申报；对违反守则或者标准的公职人员采取纪律等制裁措施等。[③]

第三，在预防腐败犯罪的机构建设方面，《公约》要求各缔约国根据

---

① 《联合国反腐败公约》第5条。
② 《联合国反腐败公约》第7条。
③ 《联合国反腐败公约》第8条。

本国法律制度的基本原则，设立一个或多个具备工作独立性，能够有效地履行实施、监督和协调反腐败法律政策等职能，免受任何不正当的影响的反腐败机构；同时配备必要的物资和专职工作人员。① 现阶段，我国已经成立了多个腐败犯罪预防机构，主要有：2000 年最高人民检察院设立了职务犯罪预防厅；2004 年 4 月，我国成立反洗钱监测分析中心，直属于中国人民银行总行；2004 年 10 月，国家外汇管理局设置了反洗钱工作管理处；2007 年 9 月，我国成立了国家级预防腐败的专门机构——国家预防腐败局，其首要的职责就是负责全国预防腐败工作的组织协调、综合规划、政策制定、检查指导。这些机构的出现对于我国预防腐败犯罪起到了积极的作用，然而，现实社会中腐败犯罪层出不穷且数额越来越大，说明我国现有的腐败犯罪预防机构的作用还没有得到很好的发挥。同时，在预防司法腐败方面，我国与《公约》的要求相比还相差甚远。我国应该进一步采取措施加强审判机关人员的廉正，并防止出现腐败机会。②

第四，在通过完善行政管理制度预防腐败犯罪方面，我国应该建立健全以透明度、竞争和按客观标准决定为基础的公共采购制度，加强公共财政管理的透明度和建立问责制③；坚持行政管理行为的透明、公开和程序简化原则，让公众有知情权，能够了解公共行政部门的运作和决策过程，了解相关的决定和法规；建立公共事项的公告制度，包括公共行政部门腐败风险问题定期报告等④。

第五，加强洗钱犯罪的预防措施，主要是建立全面的国内管理和监督制度，遏制并监测各种形式的洗钱，监测和跟踪现金和有关流通票据跨境转移的情况，加强金融机构的业务管理，加强反洗钱的国际合作，努力为打击洗钱而在司法机关、执法机关和金融监管机关之间开展和促进全球、区域、分区域及双边合作等。⑤

第六，预防和监测犯罪所得的转移，主要包括明确金融机构的强化账户审查（监管）职责，规范金融机构对账户实行强化审查（监管）的对象

---

① 《联合国反腐败公约》第 6 条。
② 《联合国反腐败公约》第 11 条。
③ 《联合国反腐败公约》第 9 条。
④ 《联合国反腐败公约》第 10 条。
⑤ 《联合国反腐败公约》第 14 条。

和范围，规定保存审查（监管）对象的账户和交易纪录资料，禁止设立非法金融（银行）机构，建立公职人员财产申报制度和国外资产报告制度。[①]

二　刑事定罪机制的协调与衔接

《公约》首次以联合国公约的形式规定了对腐败行为的定罪。根据《公约》第三章的规定，可以定罪的腐败行为包括：①贿赂本国公职人员；②贿赂外国公职人员或者国际公共组织官员；③公职人员贪污、挪用或者以其他类似方式侵犯财产；④影响力交易；⑤滥用职权；⑥资产非法增加；⑦私营部门内的贿赂；⑧私营部门内的侵吞财产；⑨对犯罪所得的洗钱行为；⑩窝赃；⑪妨害司法。《公约》还对法人的腐败犯罪，腐败犯罪的主观要素及其认定，腐败犯罪的参与、未遂和中止，腐败犯罪的刑事制裁原则、时效、管辖权及相关诉讼事项进行了规定。

从内容上看，贿赂本国公职人员的行为与我国《刑法》中规定的行贿罪和受贿罪相近；贿赂外国公职人员或者国际公共组织官员的行为与我国《刑法》第 164 条第 2 款（《刑法修正案（八）》第 29 条）规定的内容相近；公职人员贪污、挪用或者以其他类似方式侵犯财产与我国《刑法》规定的贪污罪、挪用公款罪相近；影响力交易行为与我国《刑法》第 388 条之一（《刑法修正案（七）》第 13 条）中规定的利用影响力受贿罪相近；滥用职权行为与我国《刑法》规定的滥用职权罪相近；资产非法增加与我国《刑法》中的巨额财产来源不明罪相近；私营部门内的贿赂与我国《刑法》中对非国家工作人员行贿罪和非国家工作人员受贿罪相近；私营部门内的侵吞财产行为与我国《刑法》规定的职务侵占罪相近；对犯罪所得的洗钱行为与我国《刑法》规定的洗钱罪相近；窝赃行为与我国《刑法》掩饰、隐瞒犯罪所得、犯罪所得收益罪相近；妨害司法行为与我国《刑法》规定的妨害作证罪和妨害公务罪相近。

受《公约》的影响，我国立法机关不断通过刑法修正案的形式完善《刑法》的有关内容，如《刑法修正案（七）》规定的利用影响力受贿罪，《刑法修正案（八）》规定的为谋取不正当商业利益，给予外国公职人员或者国际公共组织官员以财物的行为，等等。但是，我们不难发现，我国

---

① 《联合国反腐败公约》第 52 条。

《刑法》的规定与《公约》的内容之间还存在不少的差异。例如，《公约》中贿赂本国公职人员是指："（一）直接或间接向公职人员许诺给予、提议给予或者实际给予该公职人员本人或者其他人员或实体不正当好处，以使该公职人员在执行公务时作为或者不作为；（二）公职人员为其本人或者其他人员或实体直接或间接索取或者收受不正当好处，以作为其在执行公务时作为或者不作为的条件。"我国《刑法》第 385 条规定的受贿罪是指国家工作人员利用职务上的便利，索取他人财物，或者非法收受他人财物，为他人谋取利益的行为。我国《刑法》第 389 条规定的行贿罪是指为谋取不正当利益，给予国家工作人员以财物的行为。从立法层面上看，这里存在两个重大差异。一是"财物"与"不正当好处"的区别。应该如何理解"财物"的内涵？对"财物"的解释不当扩大或者缩小，都会影响受贿罪的规制范围。目前理论界通说认为"财物"包括具有价值的金钱、物品以及财产性利益。[①] 但是，也有学者认为凡是可以满足人的物质和精神需求的，都是这里所说的"财物"，因而，贿赂的范围也包括非财产性利益，如安排子女就业、解决招工指标、提职晋级乃至提供色情服务等。[②] 我们认为，根据现行刑法的规定，从解释论的立场看，如果说将财产性利益解释为"财物"还可勉强算是一种扩大解释的话，将非财产性利益解释成"财物"就超出了"财物"一词含义可能的最大边界，属于类推解释，有违罪刑法定原则。国家工作人员获取的任何与其职务行为相关的不正当利益都应该属于贿赂的范围，受贿罪的本质是公职人员的廉洁性与不可收买性。因此，相对于我国《刑法》规定的"财物"，《公约》使用"不正当好处"这一术语，大大拓宽了我们认为的贿赂只是实体性财物的传统认识，将财产性利益以及非财产性利益均包含于其中，更具有合理性。二是行贿罪中的"为谋取不正当利益"或受贿罪中的"为他人谋取利益"与行贿"以使该公职人员在执行公务时作为或者不作为"或受贿"以作为其在执行公务时作为或者不作为的条件"的区别。应该如何理解受贿罪中的"为他人谋取利益"以及行贿罪中的"为谋取不正当利益"？对于"为他

---

① 参见张明楷《刑法学》，法律出版社，2007，第 875 页；陈兴良《规范刑法学》（下册），中国人民大学出版社，2008，第 1007 页。

② 参见魏平雄、王然冀《贪污贿赂罪的认定与对策》，群众出版社，1992，第 50 页。

人谋取利益"到底是主观构成要件要素还是客观构成要件要素，刑法学界
有争论。如果认为是主观构成要件要素，则只有当行为人主观上确实具有
为他人谋取利益的意图，才构成受贿罪，这明显不当缩小了受贿罪的规制
范围。有学者认为"为他人谋取利益"是客观构成要件要素，其最低要求
是许诺为他人谋取利益。许诺包括明示与暗示两种方式，当他人主动行贿
并提出为其谋取利益的要求后，行为人既未承诺也未拒绝而收受贿赂的，
就是暗示的许诺。① 问题在于，当行贿一方并未明确提出要国家工作人员
为其谋取利益而给予国家工作人员以财物时，该如何处理？如行贿方利用
过节、婚礼等时机给予国家工作人员财物的所谓"感情投资"的情况，因
为很难认定行贿方有要求国家工作人员为其谋取利益的意图，进而也将无
法认定国家工作人员收受财物的行为是一种暗示的许诺。"受贿罪行为的
本质不在于为他人谋取利益，而是索取或者收受贿赂以作为其在执行公务
时作为或者不作为的条件"，② 因此，"为他人谋取利益"并不是受贿罪的
构成要件要素，而是量刑情节。针对行贿罪的"为谋取不正当利益"，有
学者指出，"从行贿案件的具体情况来看，谋取不正当利益与谋取正当利
益是相对的，区分颇为困难。特别是时下我国正处于新旧体制转轨的社会
转型时期，这使许多领域，尤其是经济领域的一些'利益'正当与否更难
区分"，并以《联合国反腐败公约》的相关规定为参照，主张废除这一构
成要件要素。③ 对此，我们表示赞同。

通过比较不难发现，《公约》规定的内容比我国《刑法》规定的内容
更为科学，更为合理。我们应该尽可能地将《公约》所规定的腐败犯罪行
为全面而系统地规定在我国的《刑法》之中，缩小二者的差异，从而更加
有力地打击腐败犯罪。

三　国际司法合作与执法合作机制的协调与衔接

为有效预防和打击腐败犯罪，《公约》在序言中载明"铭记预防和根

---

① 参见张明楷《刑法学》，法律出版社，2007，第878页。
② 赵秉志：《中国反腐败刑事法治国际化论纲》，《江海学刊》2009年第1期。
③ 参见王作富、但未丽《〈联合国反腐败公约〉与我国贿赂犯罪之立法完善》，《法学杂志》
2005年第4期；赵秉志《中国反腐败刑事法治国际化论纲》，《江海学刊》2009年第
1期。

除腐败是所有各国的责任，而且各国应当相互合作"。为此，《公约》在第四章"国际合作"中详细规定了引渡（第 44 条）、被判刑人的移管（第45 条）、司法协助（第 46 条）、刑事诉讼的移交（第 47 条）、执法合作（第 48 条）和联合侦查（第 49 条）等。可见，《公约》非常重视反腐败领域的国际刑事司法合作。

第一，关于双重犯罪的限制，《公约》规定，在国际合作事项中，凡将双重犯罪视为一项条件的，如果协助请求中所指的犯罪行为在两个缔约国的法律中均为犯罪，则应当视为这项条件已经得到满足，而不论被请求缔约国和请求缔约国的法律是否将这种犯罪列入相同的犯罪类别或者是否使用相同的术语规定这种犯罪的名称。[1] 可见，《公约》中并没有要求"双重犯罪"一定是指在双方法律中都规定了相同的罪名，或者所受处罚的性质和量度一致，而只要求协助请求中所指的犯罪行为在两个缔约国的法律中均为犯罪即可。同时，《公约》还规定了双重犯罪原则的例外情况：首先，在不属于双重犯罪的情况下，被请求缔约国对于请求国提出的协助请求做出反应时，应当考虑到本公约的宗旨；[2] 其次，缔约国可以因"不属于双重犯罪"而拒绝提供刑事司法协助，但被请求缔约国应当在符合其法律制度基本概念的情况下提供不涉及强制性行动的协助；[3] 最后，各缔约国均可以考虑采取必要的措施，以使其能够在不属于双重犯罪的情况下提供更为广泛的协助。[4]

第二，关于对腐败犯罪的引渡制度，《公约》规定，当被请求引渡人在被请求缔约国领域内时，本条应当适用于根据本公约确立的犯罪，条件是引渡请求所依据的犯罪是按请求缔约国和被请求缔约国本国法律均应当受到处罚的犯罪。[5] 该规定体现了引渡应该遵循双罚性的引渡原则。《公约》还在尊重主权的基础上，规定了双重可罚性原则例外的引渡，即只要缔约国本国法律允许，可以就本公约所涵盖但依照本国法律不予处罚的任

---

① 参见《联合国反腐败公约》第 43 条第 2 款。
② 参见《联合国反腐败公约》第 46 条第 9 款第 1 项。
③ 参见《联合国反腐败公约》第 46 条第 9 款第 2 项。
④ 参见《联合国反腐败公约》第 46 条第 9 款第 3 项。
⑤ 参见《联合国反腐败公约》第 44 条第 1 款。

何犯罪准予引渡。①《公约》还要求各缔约国将其确立的腐败犯罪均作为可引渡的犯罪，而不应视为政治犯罪。②《公约》可作为引渡的法律依据，以订有条约为引渡条件的缔约国如果接到未与之订有引渡条约的另一缔约国的引渡请求，可以将本公约视为对本条所适用的任何犯罪予以引渡的法律依据。③

第三，关于被判刑人的移管制度，《公约》规定，缔约国可以考虑缔结双边或多边协定或者安排，将因实施根据本公约确立的犯罪而被判监禁或者其他形式剥夺自由的人移交其本国服满刑期。④

第四，关于司法协助，《公约》规定，从对象来看，缔约国之间不仅可以针对自然人犯罪进行刑事法协助，还可以对法人犯罪进行司法协助。《公约》第46条第2款规定，对于请求缔约国中依照本公约第26条⑤可能追究法人责任的犯罪所进行的侦查、起诉和审判程序，应当根据被请求缔约国有关的法律、条约、协定和安排，尽可能充分地提供司法协助。《公约》要求缔约国应在对本公约所涵盖的犯罪进行的侦查、起诉和审判程序中相互提供最广泛的司法协助。⑥其范围主要包括：①向个人获取证据或者陈述；②送达司法文书；③执行搜查和扣押并实行冻结；④检查物品和场所；⑤提供资料、物证以及鉴定结论；⑥提供有关文件和记录的原件或者经核证的副本，其中包括政府、银行、财务、公司或者商业记录；⑦为取证目的而辨认或者追查犯罪所得、财产、工具或者其他物品；⑧为有关人员自愿在请求缔约国出庭提供方便；⑨不违反被请求缔约国本国法律的任何其他形式的协助；⑩根据本公约第五章的规定辨认、冻结和追查犯罪所得；⑪根据本公约第五章的规定追回

---

① 参见《联合国反腐败公约》第44条第2款。
② 参见《联合国反腐败公约》第44条第4款。
③ 参见《联合国反腐败公约》第44条第5款。
④ 参见《联合国反腐败公约》第45条。
⑤ 关于法人的法律责任，《公约》第26条规定："一、各缔约国均应当采取符合其法律原则的必要措施，确定法人参与根据本公约确立的犯罪应当承担的责任。二、在不违反缔约国法律原则的情况下，法人责任可以包括刑事责任、民事责任或者行政责任。三、法人责任不应当影响实施这种犯罪的自然人的刑事责任。四、各缔约国均应当特别确保使依照本条应当承担责任的法人受到有效、适度而且具有警戒性的刑事或者非刑事制裁，包括金钱制裁。"
⑥ 参见《联合国反腐败公约》第46条第1款。

资产。① 此外，关于司法协助，《公约》还规定了保密制度、主动提供协助制度、双边条约或多边条约优先制度、专用原则以及证人、鉴定人的保障制度等。

第五，关于刑事诉讼的移交，《公约》规定，缔约国如果认为相互移交诉讼有利于正当司法，特别是在涉及数国管辖权时，为了使起诉集中，应当考虑相互移交诉讼的可能性，以便对根据本公约确立的犯罪进行刑事诉讼。②

第六，关于执法合作和联合侦查，《公约》要求缔约国采取有效措施，以加强并在必要时建立各国主管机关、机构和部门之间的联系渠道，以促进安全、迅速地交换有关本公约所涵盖的犯罪的各个方面的情报，并彼此合作，就与本公约所涵盖的犯罪有关的事项进行调查。同时，为了实施《公约》，缔约国应当考虑订立关于其执法机构间直接合作的双边或多边协定或者安排，并在已经有这类协定或者安排的情况下考虑对其进行修正。缔约国应当在适当情况下充分利用各种协定或者安排，包括利用国际或者区域组织，以加强缔约国执法机构之间的合作。③ 缔约国应当考虑缔结双边或多边协定或者安排，以便有关主管机关可以据以就涉及一国或多国侦查、起诉或者审判程序事由的事宜建立联合侦查机构。如无这类协定或者安排，可以在个案基础上商定进行这类联合侦查。有关缔约国应当确保拟在其领域内开展这种侦查的缔约国的主权受到充分尊重。④

针对上述《公约》关于反腐败的国际合作制度安排，我国应在现有的立法的基础上，完善我国的《引渡法》或相关的法律规定，以使我国关于引渡及司法协助等内容的立法与《公约》更好地予以协调。由于《公约》中关于国际合作的规定非常全面且具有可操作性，全国人大常委会可直接将《公约》作为我国与《公约》的其他缔约国开展司法合作的依据，笔者认为，这不失为一个简单有效的方法。

---

① 参见《联合国反腐败公约》第 46 条第 3 款。
② 参见《联合国反腐败公约》第 47 条。
③ 参见《联合国反腐败公约》第 48 条。
④ 参见《联合国反腐败公约》第 49 条。

结　语

　　《公约》是第一个全球性的反腐败法律文件，首次在国际社会建立了反腐败的法律机制，奠定了反腐败国际合作的法律基础。为了使我国刑法在惩治腐败犯罪方面与《公约》更好地协调与衔接，主要应当在腐败犯罪的预防机制、刑事定罪机制以及国际司法合作与执法合作机制等方面予以协调与衔接，以切实履行《公约》规定的各项国际义务。

On the Harmonization of China's Criminal Law and UN Anti－Corruption Convention

Huang Fang

Abstract：As the first global anti-corruption legal document, the United Nations Convention against Corruption has helped establish a legal framework for fighting corruption around the world for the first time, laying the legal foundation for international cooperation on anti-corruption efforts. As a signatory to the Convention, China should implement its international duties set forth in the Convention by improving its criminal law and bringing it in line with the Convention in punishing corruption-related crimes.

Keywords：Corruption-related Crimes；Preventive Mechanism；Conviction Mechanism；International Cooperation

图书在版编目(CIP)数据

刑事法前沿. 第 8 卷 / 陈泽宪主编. —北京:社会科学文献出
版社,2015. 11
ISBN 978 - 7 - 5097 - 7706 - 0

Ⅰ.①刑… Ⅱ.①陈… Ⅲ.①刑法 - 研究②刑事诉讼法 -
研究 Ⅳ.①D914. 04②D915. 304

中国版本图书馆 CIP 数据核字(2015)第 167134 号

刑事法前沿(第八卷)

主 编 / 陈泽宪

出 版 人 / 谢寿光
项目统筹 / 芮素平
责任编辑 / 朱 姝 关晶焱

出 版 / 社会科学文献出版社·社会政法分社(010)59367156
地址:北京市北三环中路甲 29 号院华龙大厦 邮编:100029
网址:www. ssap. com. cn
发 行 / 市场营销中心 (010) 59367081 59367090
读者服务中心 (010) 59367028
印 装 / 三河市东方印刷有限公司

规 格 / 开 本:787mm × 1092mm 1/16
印 张:21.5 字 数:354 千字
版 次 / 2015 年 11 月第 1 版 2015 年 11 月第 1 次印刷
书 号 / ISBN 978 - 7 - 5097 - 7706 - 0
定 价 / 88. 00 元